W0195727

James Bond Berlin Hollywood

Die Welten des Ken Adam

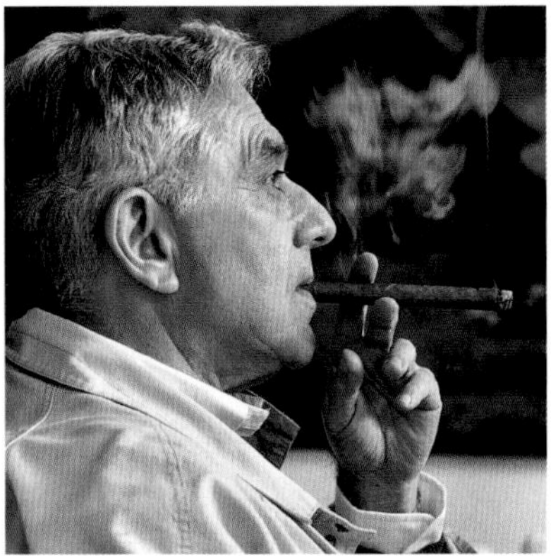

Alexander Smoltczyk

James Bond
Berlin
Hollywood

Die Welten des KEN ADAM

mit einem Vorwort von
Volker Schlöndorff

nicolai

Dieses Buch hätte ohne die intensive Mitwirkung von Ken Adam nicht geschrieben werden können. Er hat in vielen ausführlichen Gesprächen gemeinsam mit dem Autor und dem Verlag die inhaltliche und gestalterische Konzeption des Buches entwickelt, mit seinen autobiographischen Aufzeichnungen die Grundlage für den Text geliefert und das Manuskript sorgfältig geprüft und an vielen Stellen ergänzt. Darüber hinaus hat er die hier abgedruckten Zeichnungen und weiteres Bildmaterial aus seinem Archiv zur Verfügung gestellt. Er stand jederzeit für Auskünfte und Ratschläge bereit und hat dieses Buchprojekt in allen Phasen seiner Entstehung bis zum Schluss mit großem Engagement begleitet.

So ist dieses Buch über Ken Adam in vielerlei Hinsicht auch sein Werk geworden.

© 2002 Nicolaische Verlagsbuchhandlung GmbH, Berlin

Lektorat: Diethelm Kaiser, Berlin · Gestaltung: Dorén + Köster, Berlin · Repros: Mega-Satz-Service, Berlin
Druck: Bosch-Druck, Landshut · Bindung: Lüderitz & Bauer, Berlin · Alle Rechte vorbehalten · Printed in Germany
ISBN 3-87584-069-0

Inhalt

Vorwort

Es gibt im internationalen Film wohl keinen Produktionsdesigner, der einen so unverwechselbaren Stil hat wie Ken Adam. Die von ihm entworfenen Sets sind stets unmittelbar wiederzuerkennen. Er hat den Filmen, die er ausstattete, seinen Stempel aufgedrückt. Selbstverständlich haben auch andere bedeutende Filmdesigner großen Einfluss auf die Gestalt von Filmen genommen, so etwa der Art Director Alexander Trauner auf Marcel Carnés *Die Kinder des Olymp* oder die Produktions- und Kostümdesigner Danilo Donati und Dante Ferretti auf viele Filme Federico Fellinis, aber selbst dabei war der »Look« der Filme fast immer sehr viel deutlicher vom Regisseur und vom Kameramann bestimmt als vom Set Designer.

Zu den wenigen Ausnahmen, bei denen die Handschrift des Filmdesigners so augenfällig ist, dass sie den Stil des gesamten Films prägt, gehören insbesondere die großen Werke des deutschen Stummfilms wie Friedrich Wilhelm Murnaus *Der letzte Mann* und Fritz Langs *Metropolis* – entstanden im Berlin der zwanziger Jahre, in jenem Berlin, in dem Ken Adam aufgewachsen ist. Seine besondere Leistung besteht, in einem Satz zusammengefasst, in Folgendem: Er hat es verstanden, die meisten seiner Filme in einer Dekoration, in einem Set, genauer gesagt, mit dem Entwurf zu einer Dekoration oder einem Set, auf den Punkt zu bringen. Das bekannteste Beispiel hierfür ist der imaginäre War Room eines ebenso imaginären Pentagons in dem allzu realistischen Film *Dr. Seltsam oder Wie ich lernte, die Bombe zu lieben*.

»Think big – ihr müsst im großen Stil denken!«, war der erste Rat, den er uns bei einer »kleinen« Morgenzigarre in seinem »kleinen« Rolls Royce Cabriolet gab, als Eberhard Junkersdorf und ich ihn in London aufsuchten, um ihn für die Verfilmung des Grass-Romans *Die Blechtrommel* zu gewinnen. In den Pinewood Studios war gerade eine Heerschar von Zeichnern damit beschäftigt, Kens Entwürfe zu dem Bond-Film *Der Spion, der mich liebte* in detaillierte Baupläne zu verwandeln. Zur gleichen Zeit wurde eine riesige Blechbüchse für diesen Film errichtet, die einzig und allein dazu dienen sollte, die Atom-U-Boote zu beherbergen, die mit ihren schieren Dimensionen die Maße aller existierenden Atelierhallen sprengten.

In ähnlichen Größenordnungen stellte er sich die Bauten für *Die Blechtrommel* vor. Was ihn besonders reizte, war eine Stadtarchitektur, die sich nicht an der realen Höhe der Gebäude orientierte, sondern an den Ausmaßen, die sie in der Erinnerung eines Kindes haben. »Es ist eigenartig«, sagte er, »wie klein mir Berlin vorkommt, wenn ich es heute besuche. In meiner Erinnerung sind diese Bauten aus der wilhelminischen Gründerzeit immens hoch und wuchtig. Die Karyatiden und weltkugeltragenden Sandstein-Atlanten an der Leipziger Straße müssen dem kleinen Oskar Matzerath wie Giganten vorkommen.« Gerne hätten wir Danzig als eine solche Riesen-Spielzeug-Stadt gebaut – dazu reichte allerdings selbst das Budget für eine Grass-Verfilmung nicht.

Ich bedaure sehr, dass es damals nicht zu einer Zusammenarbeit mit Ken Adam kam; er war durch die vielen anderen Projekte zu sehr in Anspruch genommen. Aber die Gespräche, die ich mit ihm führte, haben mir später bei der Arbeit mit dem Kameramann Igor Luther sehr geholfen, als es darum ging, mit Hilfe der Kameraeinstellung das zu produzieren, was wir uns zu bauen nicht leisten konnten.

Es ist eine Architektur der Phantasie, die Ken Adam in seinen Arbeiten konzipiert. Obwohl er von der Architektur herkommt, sind seine Entwürfe zeichnerische Visionen, die auf die optische Wirkung angelegt und auf eine spezielle Brennweite hin berechnet sind und die stets berücksichtigen, aus welchem Winkel sie aufgenommen werden sollen. Seinen Ursprung hat diese Arbeitsweise in expressionistischen Verfahren des deutschen Stummfilms – in Verfahren, die sich selbst bei den Bauten für das Hollywood-Musical *Tanz in den Wolken* mit Steve Martin nicht übersehen lassen.

Auch die Bond-Romane bringt Ken Adam auf den Punkt: Er verstand sie als eine Gebrauchsanweisung für den Lebemann alteuropäischer Prägung, welche die Mode der Marken, die wir heute mit Prado, Vuitton und Nike zelebrieren, um Jahrzehnte vorwegnahm. Wie bei Fleming zu erfahren ist, welches Eau de Toilette, welcher Herrenschneider, welcher Schuh den Mann von Welt ausmacht, so umgibt Ken Adam ihn mit den Räumen und dem Mobiliar, die ihm allein angemessen sind. Die Tatsache, dass Kens Vater – es war die Zeit, als James Bonds Vorläufer Rudolf Carraciola in Silberpfeilen auf der Avus siegte – ein großes Mode- und Sportgeschäft in Berlin-Mitte besaß, dürfte ihm dabei ebenso geholfen haben wie der unfehlbare Geschmack seiner weltläufigen italienischen Gattin Letizia.

Dieses Buch ist aus vielen ausführlichen und intensiven Gesprächen mit Ken und Letizia Adam hervorgegangen, es hat insofern fast autobiographischen Charakter. Und es besitzt darüber hinaus etwas von jener Lebendigkeit, jener anregenden und immer auch leicht ironischen Atmosphäre, die die Gespräche mit diesem großen Filmdesigner des 20. Jahrhunderts auszeichnen.

Volker Schlöndorff

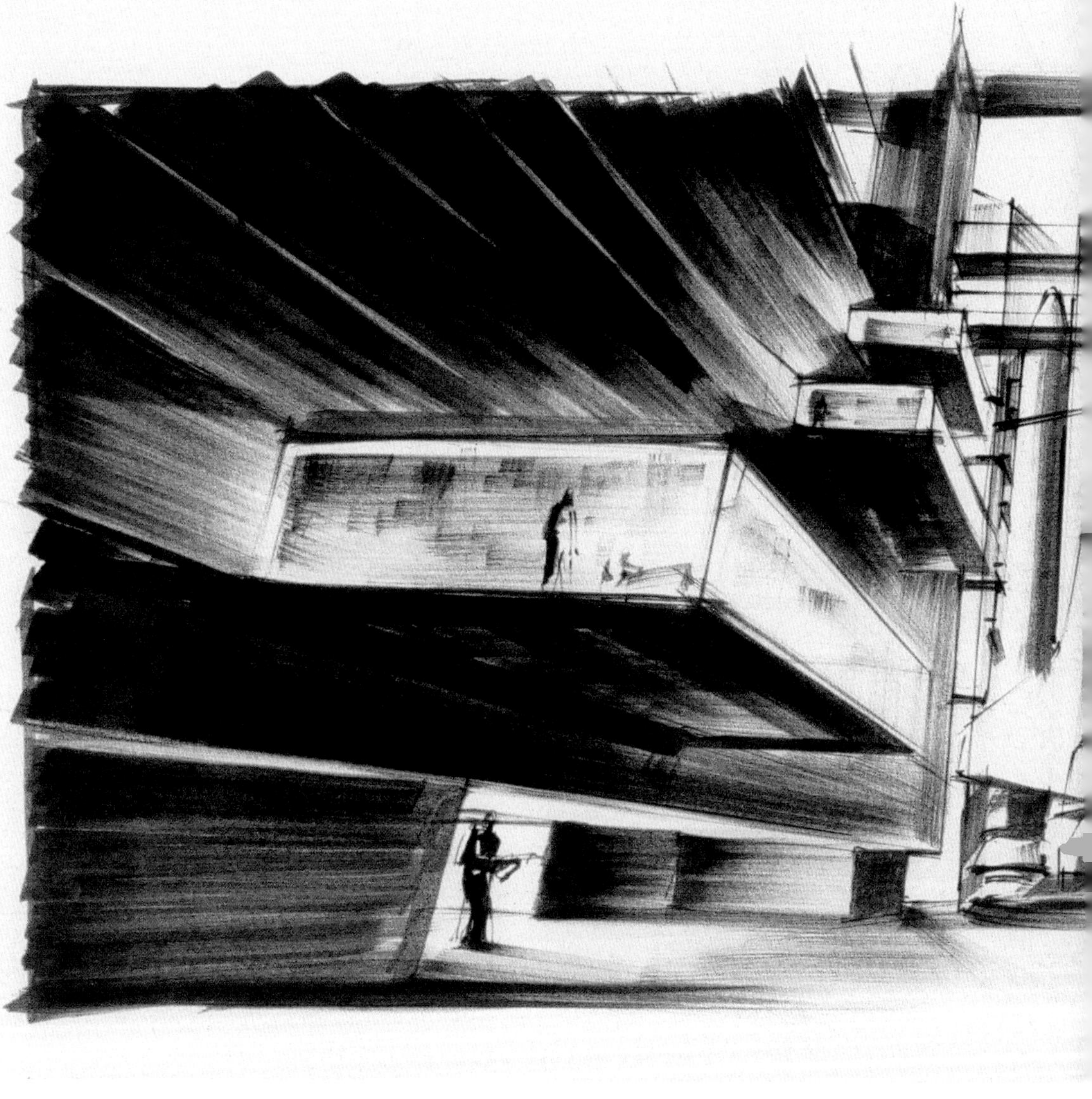

Ken Adams Studie für die Abschussrampe der Raumfähre aus dem Bond-Film *Moonraker – streng geheim*

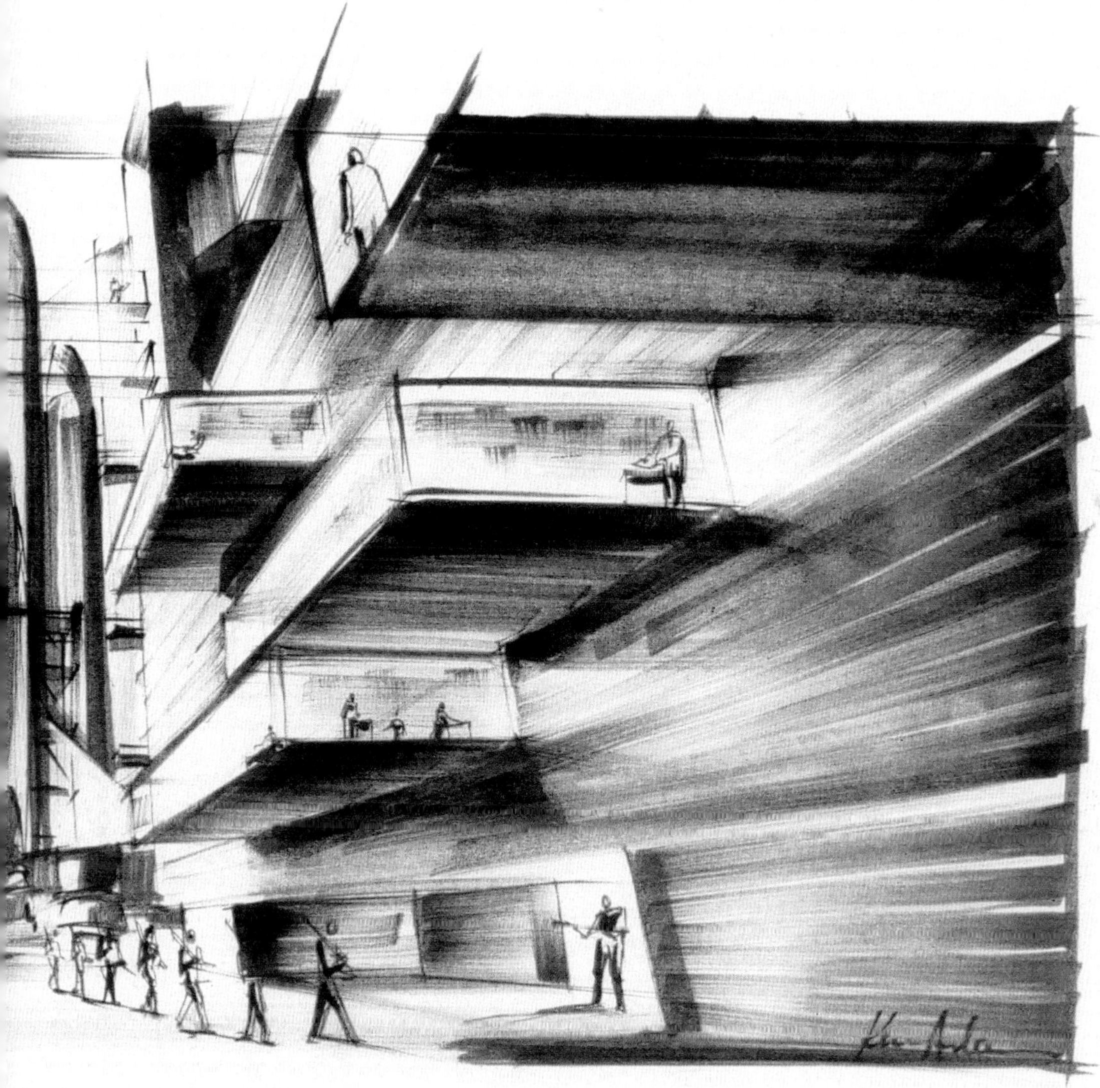

Prolog

Es war die perfekte Maschine.

Wie eine Verheißung stand sie im Schaufenster des Automobilgeschäfts »Rudolf Carraciola & Co.« in der Budapester Straße 9. Schlank und schnell und stark und rot wie Blut. Sieben Liter Hubraum, das war die Kraft von 225 Pferden unter der Motorhaube, die ein breiter Lederriemen umklammerte, als müsse sie gebändigt werden. Der Kühler war majestätisch. Der Werkzeugkasten am Trittbrett ähnelte einem U-Boot-Torpedo. Aus den sechs Zylindern saugten schenkeldicke, chromglänzende Rohre die verbrannten Benzingase. Der Automobilist saß fast auf der Hinterachse, in den Händen das hölzerne Lenkrad und weit, weit vor sich den silber leuchtenden Stern: »Mercedes-Benz Typ 720, Modell SSK« stand auf dem Schild in der Vitrine.

Es war im Mai 1929 in Berlin, der Hauptstadt des Deutschen Reiches. Im »Ufa Pavillon« am Nollendorfplatz spielten sie *Lichter der Großstadt*, den neuesten Film von Charlie Chaplin, im »Ufa Palast« am Zoo lief *M – Eine Stadt sucht einen Mörder*. »Deutsche, kauft deutsche Kraftfahrzeuge!« stand in einer Annonce neben dem Kinoprogramm. Klaus Adam, der Junior vom Sportgeschäft »S. Adam« in der Leipziger Straße, ließ sich von seinem Kinderfräulein Lina jeden Morgen zum Schaufenster von Carraciolas Autohaus führen, um diese Maschine zu bewundern. »Damals war es Mode in Berlin, amerikanische Autos zu fahren. Auch meine Familie fuhr Buicks und Packhards. Trotzdem habe ich diesen Mercedes Zweisitzer SSK nie vergessen können.«

Der Inhaber des Automobilgeschäfts, der erfolgreiche deutsche Rennfahrer Rudolf Carraciola, wurde in einem anderen Mercedes wenige Jahre später, auf der neu gebauten Reichsautobahn Frankfurt-Darmstadt, der schnellste Mensch auf Rädern. Die Zeitungen schrieben: »Dabei erreichte der Wagen, der mit EC-Kolben, Bosch-Zündung und Continental Reifen ausgerüstet war, in einer Fahrtrichtung die unerhörte Spitzengeschwindigkeit von 436,893 km/Std., die größte Fahrgeschwindigkeit, die je auf einer Verkehrsstraße erreicht wurde. Ein neuer Beweis für die Beherrschung des Kraftfahrzeugbaus durch Mercedes-Benz.«

Aber das war viel später, im Januar 1938, als ganz Deutschland eine auf Irrsinnsgeschwindigkeit gebrachte Maschine geworden war, gelenkt von einem Besessenen. Klaus Adam sollte zu dieser Zeit längst weit weg sein, ein junger Exilant, dem seine Welt geraubt worden war und der sein ganzes weiteres Leben damit verbringen sollte, sich neue Welten zu bauen und neue Maschinen, die so schön und stark und rätselhaft sein mussten wie der Typ 720, Modell SSK, den er im Schaufenster der Budapester Straße 9 bewundert hatte.

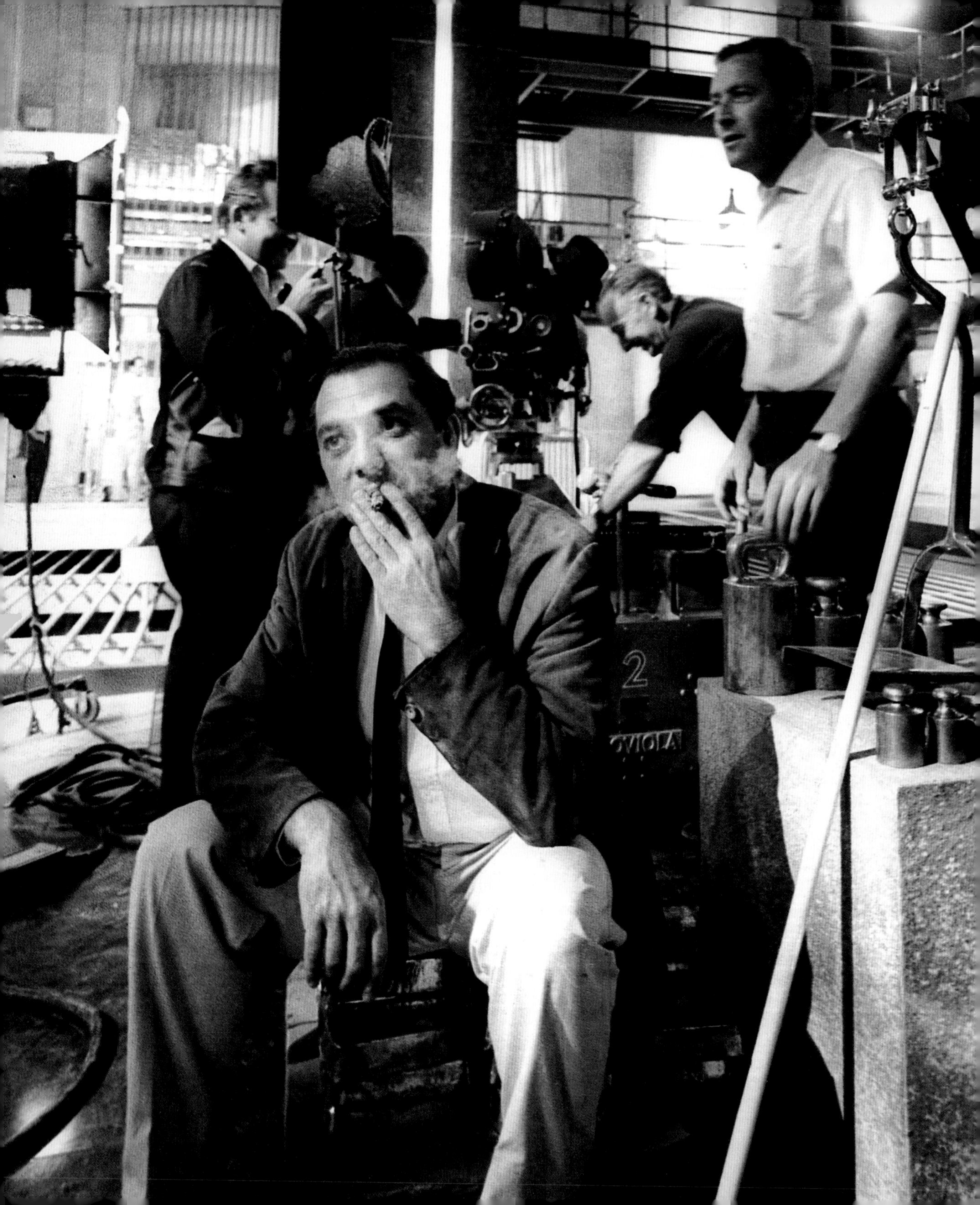

Mein Name ist Adam, Ken Adam

Filme schaffen sich ihre eigene, eigentümliche Welt – eine Welt, die anderen Gesetzen folgt als die Wirklichkeit. Doch wer bestimmt, wo in ihr das Licht sei und wo die Finsternis, wo das Land endet und wo das Meer beginnt und weshalb zum Beispiel in dem Wasserbett da vorne Goldfische schwimmen? Wer schafft die Räume für das gewagte Spiel mit der Phantasie und wer sorgt dafür, dass jedes Detail in diesen Räumen stimmt und alles zueinander passt?

Wer ans Kino denkt, denkt an rasante Action und große Gefühle, er denkt an Schauspieler und vielleicht noch an jene Männer (zumeist sind es Männer) im Regiestuhl, die den Schauspielern zurufen, wie sie sich in der Filmwelt zu bewegen haben. Seit der Filmpionier George Méliès am Beginn des 20. Jahrhunderts mit seinen Zauberkulissen spektakuläre Effekte erzielte, vor allem aber seit im Jahre 1908 erstmals eine Kamera von der Statik des Stativs befreit, an einen Galgen geschraubt oder auf Schienen gesetzt und damit zum beweglichen Teil der Handlung wurde, gibt es jedoch einen weiteren Hauptdarsteller im Studio: den Set. Der Set ist die Kinowelt, der Kosmos des Films, ein Hintergrund, der jederzeit sichtbar ist und doch meist unauffällig bleibt, manchmal allerdings auch so stark in den Blick treten kann, dass er die Schauspieler fast vergessen macht.

Seit die Kamera sich bewegt, hat das Kino aufgehört, nur abgefilmtes Theater zu sein. Es ist eine neue Dimension hinzugekommen, und in dieser Dimension müssen erheblich mehr Phantasie und Kunstfertigkeit aufgebracht werden, um jene Illusionen zu erzeugen, von denen das Kino lebt. Doch es sollte noch einige Zeit dauern, bis auch ein Setdesigner sich aus dem Hintergrund löste und ganz vorn mitspielte. Das geschah in Filmen, welche die Künstlichkeit der in ihnen geschaffe-

Ken Adam bei den Dreharbeiten zu *Goldfinger*

nen Welt so überzeugend demonstrierten, dass auf eine tiefgründige Charakterzeichnung oder logisch-konsequente Handlungsführung leicht verzichtet werden konnte: in den Filmen über einen Agenten des britischen Geheimdienstes mit der Nummer 007.

Ein Set macht Filmgeschichte

James-Bond-Filme haben die sechziger Jahre ebenso geprägt wie die Beatles oder Che Guevara. Dem Geheimagenten Seiner Majestät gelang in wenigen Auftritten, was keiner seiner Widersacher, sei es Goldfinger, Dr. No oder Stromberg, jemals erreichen würde: eine Art von Weltherrschaft. Bonds Siegeszug überwand mühelos ideologische Grenzen, die Kinofigur schlich sich in die Phantasien der Kinder und in die Hirnlappen der Politiker. Elvis Presley hatte eine Privatkopie von *James Bond – 007 jagt Dr. No* in seinem Kino in Graceland, Leonid Breschnew ließ sich die Bonds im Kreml vorführen. Denn Bond war etwas vollkommen Neues, und das lag vor allem am Set, um genau zu sein, am Set für den Film *Dr. No*.

Der Zeitpunkt, an dem der erste 007-Film aufhört, ein mittelmäßiger Agententhriller zu sein, lässt sich präzise bestimmen. Es ist die 34. Minute. In diesem Moment begreift jeder im Kino, dass die Welt des James Bond eine eigene ist, anders als jede bekannte Welt: Ein Mann betritt einen Raum. Besser gesagt, er gerät in einen Raum, er wird durch eine automatische Tür in eine Leere geschoben. Auf den ersten Blick ist es kein unfreundlicher Ort, hell und still, mit einem ovalen Oberlicht in der Decke. Doch die Öffnung ist vergittert, und der Schatten der Stäbe legt sich auf den Mann wie ein Netz. Es ist ein Raum ohne Entkommen, ohne Erbarmen, ein Raum des Schreckens. Das einzig Lebendige ist eine Vogelspinne, die in einem Käfig hockt. Aus dem Off ertönt eine sanfte Stimme: »Setzen Sie sich.«

Das »Tarantel-Zimmer« war der erste der Sets, die die Bonds zu etwas Unverwechselbarem, etwas Einzigartigem werden ließen. Ausgedacht hat sie sich ein Mann, dessen Name auf keinem Kinoplakat genannt wurde, dessen Phantasie und Besessenheit aber verantwortlich dafür waren, dass die Bonds zur erfolgreichsten Filmserie der Kinogeschichte wurden: Ken Adam. Er ist ohne Frage einer der wichtigsten visuellen Künstler des Nachkriegsfilms.

»Ich hatte damals nur noch 450 Pfund übrig, um diese Szene zu machen«, berichtete er später. »Sie war nicht eingeplant. In dem Set gab es nur einen Tisch, eine Tarantel und einen Stuhl. Es ist meine Lieblingsszene. Sie hat genau die richtige Atmosphäre, und sie ist sehr stilisiert.«

Nach der »Tarantel-Szene« ist plötzlich alles anders, und *Dr. No* gewinnt an Fahrt. Zum ersten Mal treten Schauspieler, Musik und Handlung völlig zurück, und die magnetische Wirkung des Films geht allein vom Dekor aus. Hauptdarsteller sind nun das Licht und der Schatten des Gitters, der auf den Menschen fällt. Mag der Film auch in den Klischees der sechziger Jahre baden, mit seinen Asiaten in Müllbeutel-Schutzanzügen und den Kinnhaken zu Calypso-Musik, so bleibt er doch keineswegs darin gefangen – seine zentralen Sets verleihen ihm eine beklemmende Authentizität jenseits aller Stereotypen, sie geben ihm eine surreale Dimension, jeder einzelne von ihnen könnte auch als Theaterbühne für eine Kafka-Inszenierung dienen.

Bonds Welt wird zu einer düsteren Version von *Alice im Wunderland*, in der die Dinge ein zweites Gesicht haben. Swimming-Pools werden zu Haifischbecken, unter jedem Teppich kann sich eine Tunnelöffnung verbergen, Eisbärfelle führen ein Doppelleben, und man weiß nie, ob sich ein Raum nicht unversehens in eine Gaskammer verwandelt. Es ist, bei aller Ironie, welche die Bond-Filme auch auszeichnet, eine klaustrophobische Welt, eine Welt der doppelten Böden und bedrohlichen Schrägen, wie sie sich vielleicht nur jemand ausdenken kann, dem seine vertraute Welt abhanden gekommen ist.

Der in Berlin geborene Ken Adam hat an 90 Filmen und Filmprojekten im 20. Jahrhundert mitgearbeitet. Er ist befreundet gewesen mit Federico Fellini, Marlon Brando, Barbra Streisand, Stanley Kubrick, Luchino Visconti und François Truffaut. Sein Adressbuch gleicht einem Filmlexikon. Adam gilt als einer der erfindungsreichsten und unerschrockensten Produktionsdesigner in der Geschichte des Kinos. »In den meisten der von Ken Adam ausgestatteten Filmen«, schreibt ein Kritiker, »wissen wir schon mit unseren ersten Blicken auf die Dekorationen mehr über die innere Dramaturgie einer Beziehung und über die Verletzungen einer Person, als die Handlung uns für lange Zeit offerieren wird.«

Seine Sets und Ausstattungsideen, seine drohend aufragenden Formen und beangstigenden Perspektiven ließen die sieben ersten James-Bond-Filme zu Klassikern werden, und manche Interieurs sehen auch vierzig Jahre nach Drehbeginn noch futuristisch aus. Man hat Ken Adam in Anlehnung an den großen amerikanischen Architekten, der eine völlig neue Formensprache entwickelte, den »Frank Lloyd Wright des Décor Noir« genannt. Er hat den Stil einer Filmserie geprägt, die ihrerseits den Stil einer Zeit maßgeblich beeinflussen sollte. Durch ihn fand das technische Zeitalter in einer Weise Eingang in den Film, wie man es seit Fritz Langs Klassiker *Metropolis* nicht mehr gesehen hatte.

Im Vorspann zum ersten Bond-Film wird Ken Adam als »Production Designer« aufgeführt. Dies ist die in der Filmbranche gängige Bezeichnung für die Person, die das visuelle Konzept eines Films entwirft und dessen Umsetzung überwacht. Ein Produktionsdesigner muss also, in Zusammenarbeit mit dem Regisseur, das Drehbuch in die fiktive Realität des Films übersetzen. Er sucht nach geeigneten Außen- und Innenmotiven, beaufsichtigt den Bau von Kulissen, trägt die Verantwortung für die angemessene Ausstattung und achtet darauf, dass die Kostüme zum Gesamtkonzept passen. Er hat eine Mittlerfunktion inne, die in der Regel eine enorme logistische Herausforderung darstellt: Es geht darum, einen Ausgleich zu schaffen zwischen den finanziellen und technischen Machbarkeiten und Rahmenbedingungen und demjenigen, was dem Regisseur als Vision, als kreative Leistung vorschwebt.

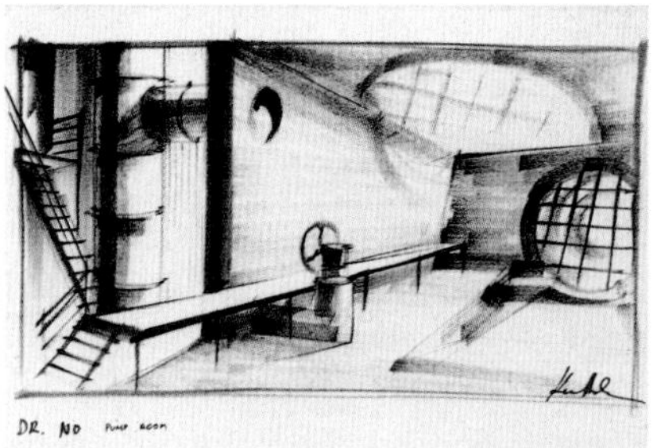

Entwurf des Pumpenraums für den Bond-Film *Feuerball*

Ken Adam hat nicht nur das ganze Berufsfeld des Setdesigners und Ausstatters grundlegend beeinflusst, sondern das Aussehen des modernen Films insgesamt. Zwar hat das Produktionsdesign schon immer eine bedeutsame, zuweilen auch hervorragende Rolle gespielt – man denke nur an die großen Zukunftsfilme der zwanziger und dreißiger Jahre wie etwa *Metropolis*. Und auch im Hollywood-Kino, das in seiner Frühzeit fast ausschließlich im Studio gedreht wurde, war die Arbeit des Setdesigners unverzichtbarer Bestandteil der Produktion. Im Genre des zu jener Zeit beliebten Kostümfilms beispielsweise hatte der Ausstatter dafür Sorge zu tragen, dass die historische Inszenierung möglichst perfekt war, dass alles, von der dreimastigen Galeone bis zum Spitzenjabot, so aussah, wie man sich das vorstellte. Ken Adam aber machte den Set zum gleichberechtigten Hauptdarsteller im Filmgeschäft und verschaffte ihm eine völlig neue Wertschätzung. Er hat seine Techno-Phantasien ins kollektive Unbewußte der Kinogänger projiziert. Viele werden sich an seine Architekturen und Ausstattungen erinnern, auch wenn sie seinen Namen vermutlich nicht im Gedächtnis behalten haben. Den Filmen haben sie jedenfalls ihr unverwechselbares Gesicht gegeben: *Der Rote Korsar, In 80 Tagen um die Welt, Dr. Seltsam oder Wie ich lernte, die Bombe zu lieben, Tschitti Tschitti Bäng Bäng, Mord mit kleinen Fehlern, Barry Lyndon, Tanz in den Wolken, Die Addams Family in verrückter Tradition, King George – Ein Königreich für mehr Verstand, In & Out,* auch *Der letzte Kaiser* – bis zum Bruch mit dem Regisseur Bernardo Bertolucci. Doch davon später mehr; die Entstehungsgeschichten von Filmen sind oft wesentlich komplizierter als das Geschehen auf der Leinwand.

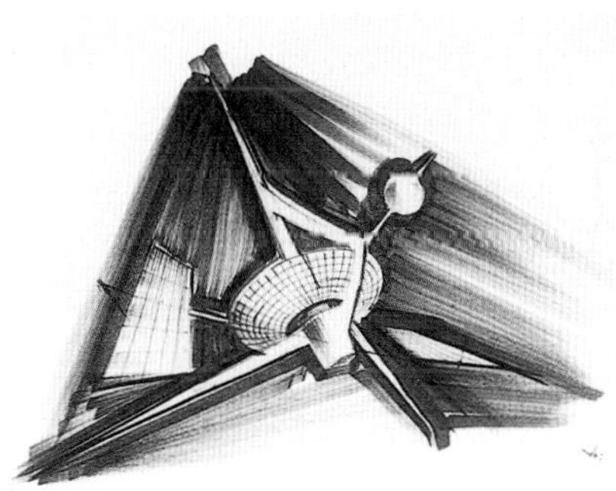

Endgültiger Entwurf des Diamanten-Satelliten *(Diamantenfieber)*

Vor allem dann, wenn Kino die Maßstäbe des Normalen und Alltäglichen sprengt und mit phantastischen, unmöglichen Dingen spielt, ist der Produktionsdesigner gefragt. Er ist derjenige, der die Illusionen am Set realisieren, oft auch im buchstäblichen Sinne bauen muss. Ken Adam hat Raumstationen, Riesentanker, Tiefseepaläste und jede Menge sinistrer Luxusgehäuse entworfen. Für den Bond-Film *Man lebt nur zweimal* entwarf er den größten und komplexesten Set, der je in Europa für einen Film gebaut wurde: einen 40 Meter hohen Vulkan mit einem künstlichen, verschiebbaren Kratersee. Die Vorstellung, die man sich in den siebziger Jahren vom Weltuntergang machte, war zum nicht geringen Teil von Ken Adams legendären Sets in Stanley Kubricks *Dr. Seltsam oder Wie ich lernte, die Bombe zu lieben* geformt.

In der Wirklichkeit verschwinden Ken Adams Filmwelten nach kurzer Zeit, man kann sie nicht befühlen und ertasten, nicht betreten. Es sind Bauten der Phantasie, die nur für wenige Wochen in der realen Welt stehen und dann in die Traumwelt des Kinos entschwinden – um dort die Zeiten zu überdauern.

Märchenheld im technischen Zeitalter

Dr. No war der Anfang. Im Herbst 1961 standen sich am Checkpoint Charlie in Berlin sowjetische und amerikanische Panzer gegenüber. In London befand sich Ken Adam gerade in einer finanziellen Klemme und musste sich von seinem geliebten, aber zu teuren Mercedes-Cabriolet 540 Kompressor trennen: »Es war wie eine Scheidung«, sagt er im Rückblick. Als die amerikanischen Filmproduzenten Harry Saltzman und Albert »Cubby« Broccoli mit dem Drehbuch für *Dr. No* in London erschienen, hatte Adam dennoch ernsthafte Zweifel. Die Romanvorlage war konfus und die Gage bescheiden: »Soweit ich mich erinnere, boten die beiden mir eine Gewinnbeteiligung an. Das Drehbuch war so wenig erfolgversprechend, dass ich selbstverständlich ablehnte und auf einer Pauschale bestand.« In einer der ersten Drehbuchversionen war aus Dr. No sogar ein Affe geworden, worüber Broccoli so in Wut geriet, dass er gegenüber dem Regisseur Terence Young fast handgreiflich geworden sein soll.

Bei den späteren Bond-Produktionen galt das Gesetz, dass alles und jeder eine wichtige Rolle spielte, nur das Geld nicht. *Dr. No* war jedoch noch eine Low-Budget-Produktion. Die Produzenten Saltzman und Broccoli hatten insgesamt 350 000 Pfund (nach damaligem Umrechnungskurs also etwa vier Million Mark) für ihren ersten Bond-Film eingeplant, davon 14 000 Pfund für die Ausstattung. Ken Adam sagte, er bräuchte 6000 Pfund zusätzlich, und er bekam sie auch.

Für die gesamte Besetzung hatte die Filmgesellschaft United Artists 140 000 Dollar bewilligt. Das schloss von vornherein die Möglichkeit aus, prominente Schauspieler zu engagieren. Der damals noch nahezu unbekannte Sean Connery bekam 6000 Pfund, Ursula Andress erhielt die gleiche Summe in Dollar. Jahre später sollte allein der Bikini, den sie in diesem Film trug, bei Christie's für 50 000 Pfund versteigert werden.

Ken Adam traf sie zum ersten Mal in der Villa von Robert Aldrich in Hollywood, wo er vor Beginn der Dreharbeiten noch einmal Urlaub machte. Die Schweizerin und zweite Ehefrau des Schauspielers John Derek besaß alle Eigenschaften eines künftigen Bond-Girls. »Look, those are driving-tracks!« war noch einer ihrer klügeren Sätze. Aber sie kreierte den Typus der starken, athletischen, unabhängigen Frau im Film, und noch Jahrzehnte später schwärmte der Drehbuchautor Richard Maibaum: »Meine Lieblingsszene ist die aus dem ersten Bond-Film, wo Ursula Andress

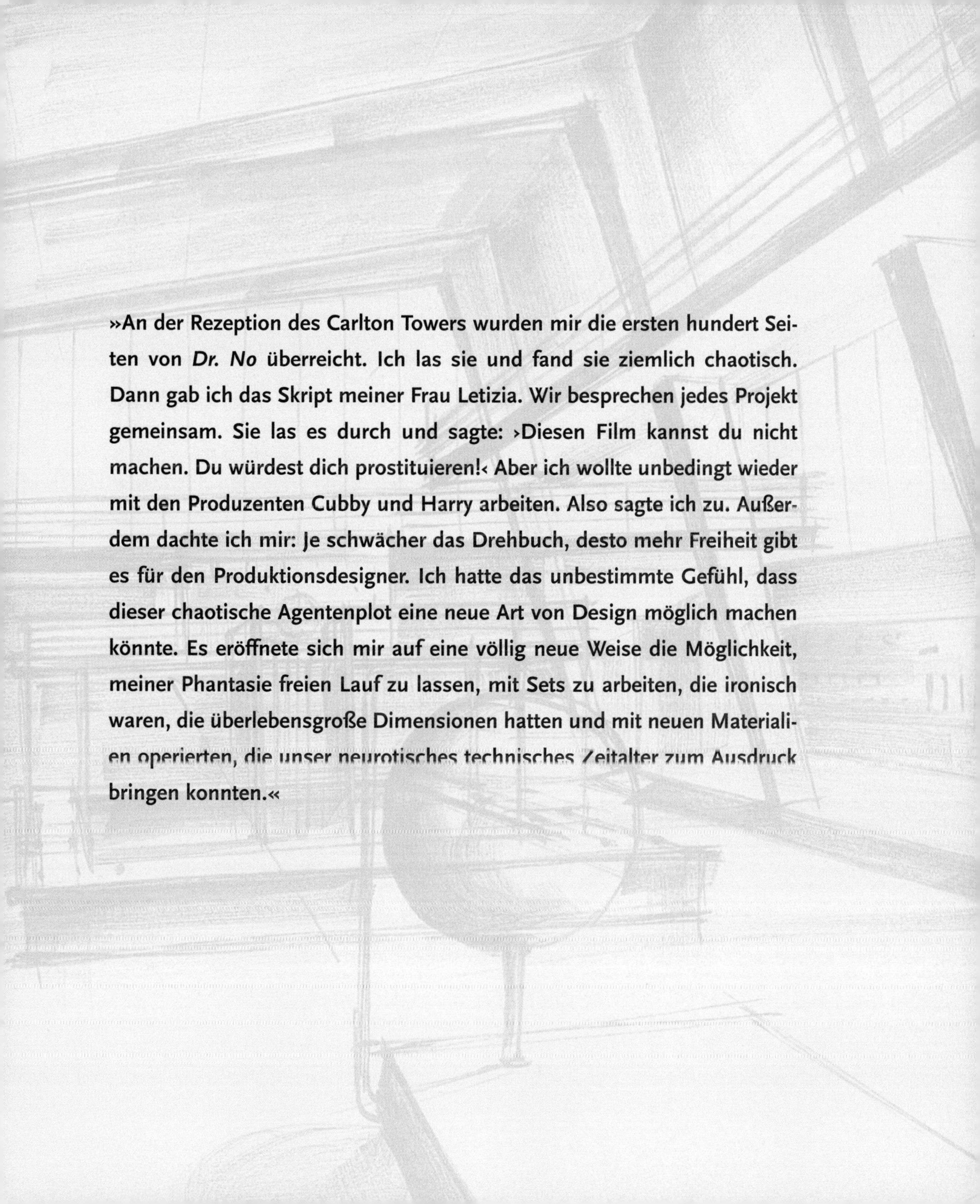

»An der Rezeption des Carlton Towers wurden mir die ersten hundert Seiten von *Dr. No* überreicht. Ich las sie und fand sie ziemlich chaotisch. Dann gab ich das Skript meiner Frau Letizia. Wir besprechen jedes Projekt gemeinsam. Sie las es durch und sagte: ›Diesen Film kannst du nicht machen. Du würdest dich prostituieren!‹ Aber ich wollte unbedingt wieder mit den Produzenten Cubby und Harry arbeiten. Also sagte ich zu. Außerdem dachte ich mir: Je schwächer das Drehbuch, desto mehr Freiheit gibt es für den Produktionsdesigner. Ich hatte das unbestimmte Gefühl, dass dieser chaotische Agentenplot eine neue Art von Design möglich machen könnte. Es eröffnete sich mir auf eine völlig neue Weise die Möglichkeit, meiner Phantasie freien Lauf zu lassen, mit Sets zu arbeiten, die ironisch waren, die überlebensgroße Dimensionen hatten und mit neuen Materialien operierten, die unser neurotisches technisches Zeitalter zum Ausdruck bringen konnten.«

aus dem Wasser kommt, die Sonne auf den Beinen, und das Wasser perlt von ihrem Körper ab. Das werde ich nie vergessen.«

Keiner, der es gesehen hatte, sollte es vergessen. Die Bond-Filme hatten das größte Kinopublikum der sechziger und siebziger Jahre. Auf den Straßen und in den Kellern wurde die Kulturrevolution vorbereitet, derweil raste auf den Leinwänden ein schottischer Geheimagent in einem Sportwagen durch die Landschaft und zerschnitt den Bösen die Reifen. James Bond war Pop, er war Zeitgeist und Revolte für alle. Er war der Märchenheld der technischen Welt. In Bonds Welt ist das Böse allgegenwärtig, allwissend, und es verfügt über ganze Armeen von willfährigen, zumeist gesichtslosen Handlangern. Um es zu bekämpfen, braucht das Gute starke Nerven, einen gerührten Martini und jede Menge Wunderwaffen. Letztere liefert der geniale Erfinder Q, der in Wirklichkeit Ken Adam heißt.

Mit Ian Flemings Romanvorlagen allein lässt sich der Erfolg der 007-Filme sicher nicht erklären. »Als wir den Film drehten, hatte sich der Roman *Dr. No* kaum verkauft«, erinnerte sich Harry Saltzman. Der Plot des Buches war chaotisch, der Duktus frei von jener Selbstironie, die die Bond-Filme auszeichnete: »Brausender Unsinn von Anfang bis Ende«, schrieb der *New Yorker* über Flemings Buch. Das mag man so sehen. Aber es war modern. Es passte in die Zeit. Noch vor den Filmemachern hatte John F. Kennedy den Agenten 007 für sich entdeckt und *Liebesgrüße aus Moskau* in eine Liste seiner zehn Lieblingsbücher aufgenommen. Der Kalte Krieg war der allgegenwärtige Hintergrund, die Atombombe ständig präsent. Die Geschichten boten ein wildes Durcheinander von Weltraumraketen, Bikinis und Todesstrahlen – und zwischen alledem gab es einen Agenten, der mit der einzig möglichen Haltung durch das Chaos dieser Welt wirbelte: mit Ironie, Distanz, Abgeklärtheit. Später würde man es *Coolness* nennen.

Utopien mit Gebrauchsanweisung

Heute, vierzig Jahre nach Drehbeginn, ist unübersehbar, dass *Dr. No* um ein Haar ein belangloses Agentenfilmchen geworden wäre. Dass er es nicht wurde, ist zu einem guten Teil der Lässigkeit und dem Sexappeal Sean Connerys zu verdanken. Gewiss trug auch Ursula Andress als spärlich bekleidete Muschelsammlerin Honey Ryder ihren Teil dazu bei. Aber hängen geblieben im kollektiven Gedächtnis der

Cineasten sind vier Räume in diesem Film: das Tarantel-Zimmer, das Luxusapartment unter dem Meer, der Foltertunnel von Dr. No und die kalte Innenwelt seiner Atomanlage. Ian Fleming lieferte die Story. Ken Adam machte Räume daraus, die die Phantasie der Zuschauer überstieg und zugleich anregte und die so jedem in Erinnerung geblieben sind, der in den sechziger und siebziger Jahren ins Kino gegangen ist. Und das waren viele. Seit *Dr. No* hat die Menschheit Angst vor Taranteln, auch wenn sie Belinda heißen.

Als Produktionsdesigner war Ken Adam für alles verantwortlich, was mit Räumen und Farben zu tun hatte. Er bestimmte gemeinsam mit Regisseur und Produzent die Drehorte außerhalb des Studios, legte das Aussehen der Sets und aller Gegenstände fest, die im Film zu sehen sein sollten, er dirigierte die Filmarchitekten, Kostümbildner und Requisiteure. Die Außenaufnahmen von *Dr. No* sollten auf Jamaika gedreht werden. Dort hatte Adams Art Director Syd Caine bereits das erste jener »Bond-Mobile« gebaut, die auch in künftigen 007-Filmen eine Rolle spielen wurden: Es war ein Flammen spuckendes, mit Drachenzähnen bemaltes Geländegefährt, das von der einheimischen Inselbevölkerung wie eine böse Gottheit verehrt wurde und heute eher wie ein verirrter Karnevalswagen wirkt.

Für die fünfzehn größeren Sets hatte United Artists die »Pinewood Studios« in der Nähe von London gemietet. Das Drehbuch verlangte nach einem Atomkraftwerk, einem flutbaren Tunnellabyrinth, einem Spielkasino, einer Unterwasserwohnung und diversen Schlafzimmern. »Niemand hatte eine genaue Vorstellung, wie die Sets aussehen sollten«, berichtet Ken Adam. »Terence Young, der Regisseur, hatte nur gesagt: ›Ken, du machst das schon‹, und war nach Jamaika abgereist. Schließlich beschloss ich, jeden Naturalismus über Bord zu werfen und mich zum ersten Mal richtig auszutoben.«

Die Sets sollten nach der Vorstellung von Ken Adam immer etwas avantgardistisch wirken und in ihrem Konzept *larger than life* sein, also größer als die Wirklichkeit, mit gelegentlichen ironischen Einschüben. Der Abschied von der naturgetreuen Darstellung folgte damit einem Prinzip klassischer künstlerischer Vorgehensweisen: Es wird nicht etwa die Erfindung gänzlich neuer Welten angestrebt, sondern die gegebene wird verändert, verfremdet: einerseits durch Übertreibung, andererseits durch ironische Distanzierung. Dadurch wird eine Stilisierung der Realität erreicht. Die Bond-Sets waren nicht zuletzt als Reflexion auf unser technologisches Zeitalter und auf die Zukunft gedacht: »Die meisten Entwürfe sind einfache, lineare Kom-

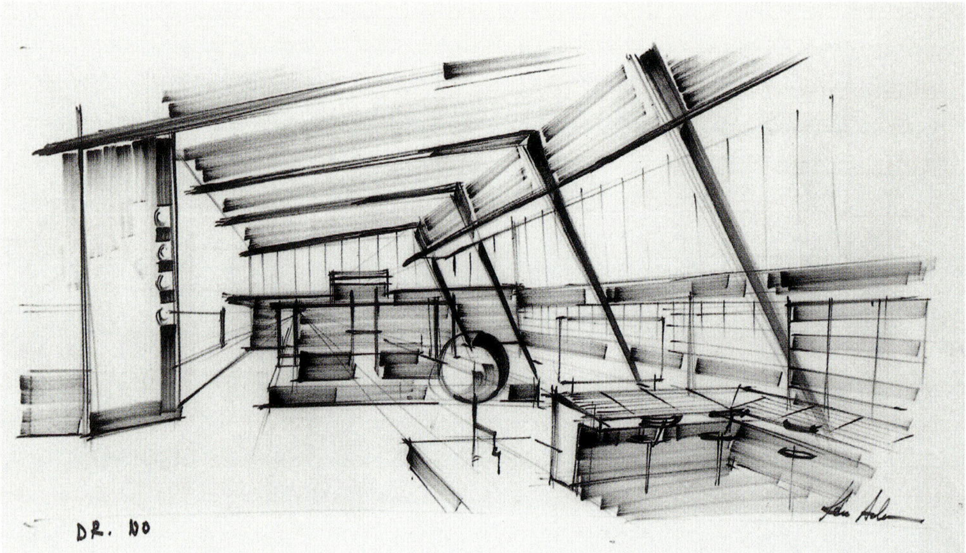

Das unterirdische Atomlabor von Dr. No: ein Entwurf in Schwarz-Weiß (oben), ein weiter ausgearbeiteter, farbiger Entwurf (unten) *(James Bond – 007 jagt Dr. No)*

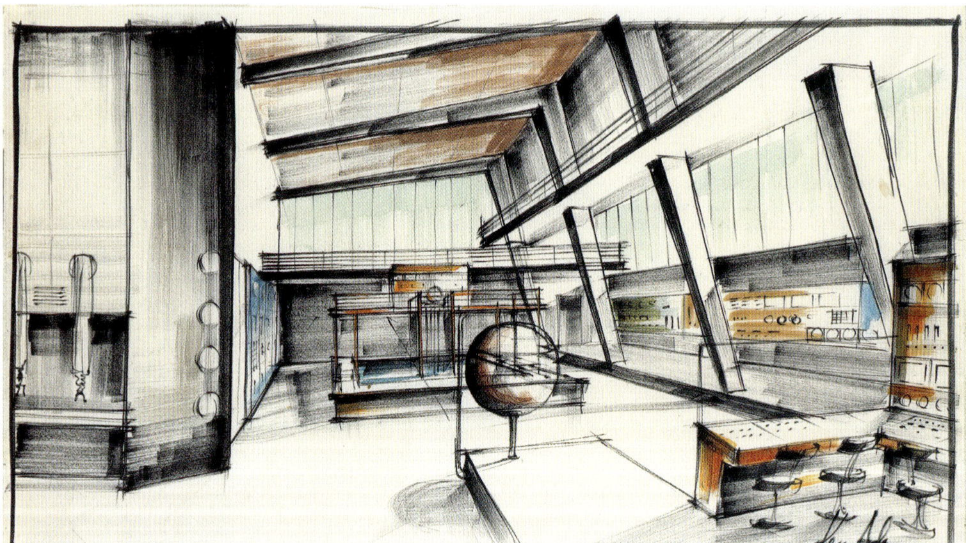

positionen, aus Materialien, die bis dahin im Filmdesign kaum verwendet worden waren: Kupfer, Messing, Stahl und Plastik.«

In Pinewood trommelte Adam alle Abteilungsleiter der Studios zusammen und erklärte ihnen, sie sollten nur mit den neuesten Materialien und Techniken arbeiten. Bislang hatte man beispielsweise eine Oberfläche erst mit Jute, dann mit Papier bedeckt, bevor die Maler sich ans Werk machten. Das war arbeitsintensiv und teuer. »Ich hatte von einer neuen Technik gehört, bei der man Nitritsäure auf eine Fläche sprüht, bis sie zu einer Art Spiegel wird, auf den sich dann der Farblack auftragen lässt, Kupfer, Messing oder Stahl. Wir kombinierten diese metallischen Oberflächen mit furniertem Sperrholz und sparten so eine Menge Geld.«

Ken Adam fertigte grundsätzlich von den Räumen, in denen die Szenen des Films Realität gewinnen sollten, wie auch von vielen Gegenständen, insbesondere den »Gadgets«, den technischen Spielereien, zunächst Zeichnungen an. Von fast allen Filmen, an denen er mitgewirkt hat, sind diese Skizzen erhalten, was die faszinierende Möglichkeit eröffnet, jeweils den Weg vom zweidimensionalen Entwurf zur Umsetzung in die dreidimensionale Gestalt zu verfolgen. Ken Adams Zeichnungen sind trotzdem alles andere als bloße Vorstufen, sie überzeugen auch als eigenständige Darstellungen von künstlerischem Rang – ohne dass es Ken Adam je darum gegangen wäre, Kunstwerke zu schaffen, wenn er zeichnete. Die Zeichnungen sind mit breitem Faserstrich hingeworfen. Dennoch ist genau auszumachen, wo die Kamera stehen und welches Objektiv sie haben sollte. Man sieht das Licht. Man sieht jede Reflexion, jeden Glanz und Schatten. Es sind Zeichnungen, in denen die Dynamik des bewegten Bildes bereits angelegt ist, deren Perspektiven auf den Betrachter zurasen und ihn überwältigen. Das Entscheidende aber ist: Die Techniker konnten nach ihnen bauen. Es sind Visionen eines gelernten Statikers, Utopien mit Gebrauchsanweisung. Ken Adam setzte auf kongeniale Weise eine Devise des Bond-Autors Ian Fleming um, der geschrieben hatte: »Meine Plots gehen wild über alles Wahrscheinliche hinaus, aber nicht, denke ich, über das Mögliche.«

Als Regisseur Terence Young aus Jamaika zurückkehrte, hatte sein Produktionsdesigner drei komplette Hallen in Pinewood mit Sets gefüllt. Und zu Ken Adams großer Überraschung reagierte Young nicht mit brüsker Ablehnung. Im Gegenteil, die Sets gefielen ihm ausgezeichnet. Sie gefielen auch Sean Connery, Harry Saltzman und Cubby Broccoli sowie sämtlichen Statisten und Technikern: »Plötzlich hatten alle abstruse Ideen und dachten sich lustige Situationen und neue

Szenen aus. Das Filmstudio wurde ein Debattierklub mit offener und demokratischer Atmosphäre. Das sollte bei allen späteren Bonds so bleiben«, erinnert sich Ken Adam.

So kam zum Beispiel jemand auf die Idee, in Dr. Nos unterseeischem Apartment solle Goyas Porträt des Herzogs von Wellington hängen, das gerade aus der National Gallery gestohlen worden war. Adam genügte ein Wochenende, um den Meister zu kopieren. Außerdem sollten tropische Fische vor den Fenstern schwimmen. »Wir wollten die Fische von hinten auf die Glasscheiben projizieren. Natürlich hatte ich kein Geld, jemanden zu einem tropischen Großaquarium zu schicken. Wir mussten uns mit Archivmaterial aus irgendeinem Film über Aquarien begnügen und vergrößerten die Fische optisch auf das Zehnfache. Dadurch hatten sie dann plötzlich die Größe von Haien und Barrakudas.« Im Film wird Dr. No etwas von »konvexem Glas« murmeln, um die Panne zu kaschieren.

Für den Bau des Atomreaktors konsultierte Ken Adam zwei junge Wissenschaftler aus Harwell, die später auch bei dem Film *Goldfinger* mitarbeiteten. »1962 hatte keiner von uns auch nur die leiseste Vorstellung, wie es im Innern eines Druckwasserreaktors aussehen könnte.«

Die Räume sollten »einfach, aber sexy« werden, wie Honey Ryder. Die Aufgabe ist schon in *Dr. No* hervorragend gelöst: Ken Adams Räume sind hoch abstrakt, sie verlieren sich nie in Details, sie entfalten vielmehr eine allgemeine Idee, in ihnen ist stets die große Geste spürbar, mit der sie entworfen wurden. Sie betonen Licht und Schatten. Und sie sind unheimlich. Die kalte und bedrohliche Welt draußen ist nach innen gespiegelt und Interieur geworden. Es sind die Räume des Bösen schlechthin. In ihnen müssen die Schauspieler weite Strecken zurücklegen, und sie wissen, dass sie nicht nur von einer Kamera beobachtet werden. Hinter jedem Möbel, jedem noch so kleinen Detail kann sich eine List des dunklen Genies verbergen. Für die Wände von Dr. Nos Kerkertunnel verwendete Ken Adam Waffenstahl und ließ die Wände schräg in den Raum hineinragen. Das Fenstergitter steht unter Starkstrom. Es ist der Inbegriff des Kerkers.

Es sind diese Räume, die der Figur von Dr. No die Dimension seiner ebenfalls promovierten Kollegen Caligari und Mabuse verleihen, die in den Stummfilmen von Robert Wiene und Fritz Lang als Prototypen des dämonischen Machtmenschen auftraten. Sie alle sind sinistre Untergrund-Geister, die mit ihren Netzwerken nach Weltherrschaft streben. Dr. Nos Unterwassergemächer wurden zum Muster für alle

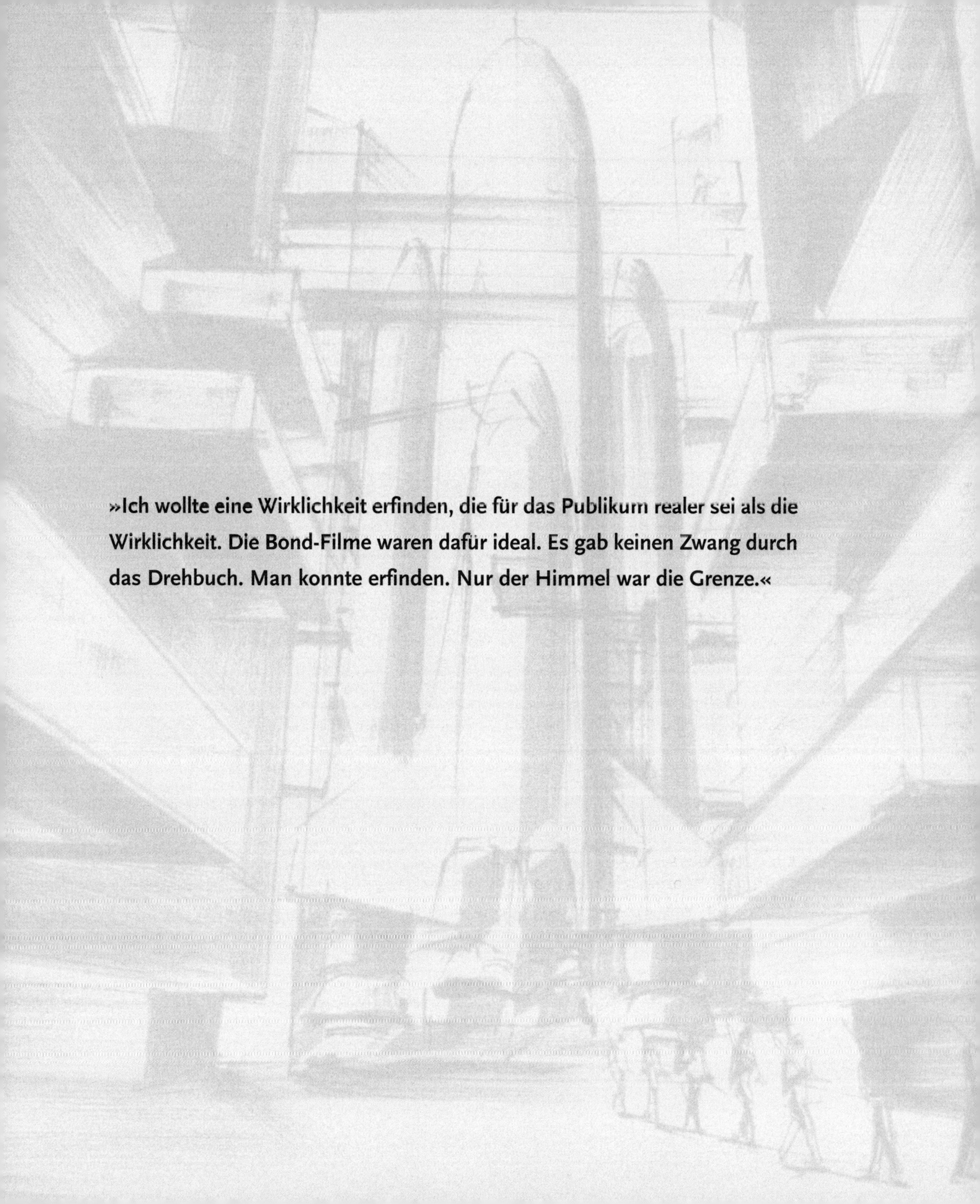

»Ich wollte eine Wirklichkeit erfinden, die für das Publikum realer sei als die Wirklichkeit. Die Bond-Filme waren dafür ideal. Es gab keinen Zwang durch das Drehbuch. Man konnte erfinden. Nur der Himmel war die Grenze.«

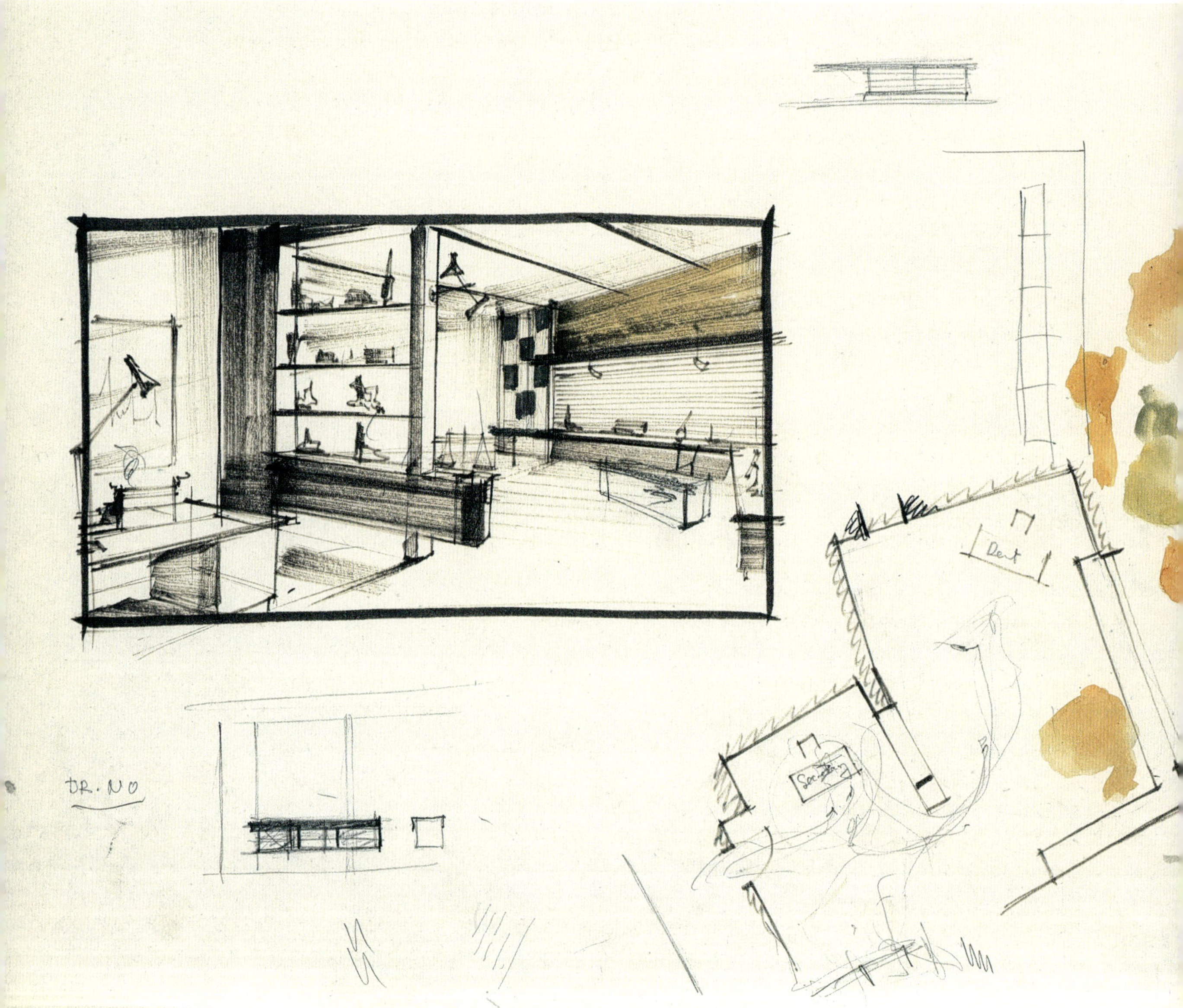

Studie für das Büro von Professor Dent *(James Bond – 007 jagt Dr. No)*

folgenden Gehäuse des Bösen. Es sind stets Räume, die, nach Ken Adams eigener Aussage, in der Zeit leicht nach vorne versetzt sind. »Seit Fritz Lang, dem Regisseur von *Metropolis*, und William Cameron Menzies, dem legendären Produktionsdesigner Hollywoods«, sagt er, »ist ein guter Set immer auch Ausdruck der Tendenz unserer Zeit.« Sonderbare Zeiten müssen das gewesen sein.

Ken Adam kreierte Dr. Nos Apartment als Mischung aus hochmodernen Bauhaus-Möbeln und klassischen Malereien, mit Türen aus Kupfer und Kunststoff, die lautlos in wuchtigen Wänden aus rohen Granitblöcken verschwinden. Der britische Filmkritiker Philip French schrieb über diese Architektur: »Sie begründete ein Muster für die bombastischen Sanktuarien, die sich Adam für künftige Feinde von 007 ausdenken würde. Die Hightech-Apparaturen – die Lifte, Laufkatzen, blinkenden Kontrolltafeln, startbereiten Raketen – sind die notwendige Grundausstattung für jemanden, der die moderne Welt beherrschen will. Aber die Privatgemächer der Bösen, mit ihren schlossartigen Steinwänden, alten Meistern und Tapisserien, großen offenen Kaminen mit antiken Feuerböcken und ausladenden Esstischen, zeigen sie in der Vorstellung Adams als Prinzen der Renaissance, als Medici, Sforza, Visconti. Keiner trägt Kleidung des 20. Jahrhunderts.«

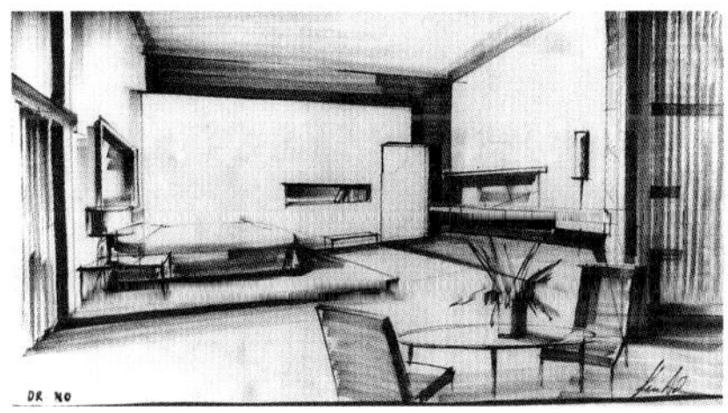

Entwurf für Dr. Nos unterirdisches Gästezimmer, ein klassisches Beispiel für das Design der sechziger Jahre *(James Bond – 007 jagt Dr. No)*

Höchstentwickelte Technik und absolute Macht – diese Pole, zwischen denen sich sein Jahrhundert aufspannte, mag Ken Adam im Kopf gehabt haben, als er die Räume von Bonds Gegenspielern konzipierte. In den sechziger Jahren lag der Zweite Weltkrieg noch nicht allzu lang zurück. Peenemünde und Berchtesgaden waren damals noch mehr als nur geographische Bezeichnungen. Sie standen für den Mythos der absoluten Waffe V1 und den Wahn vom Übermenschen, für das Nebeneinander, ja Ineinandergreifen von Moderne und Archaik. In allen Bond-Filmen wird der alte Nazi-Traum von der totalen Weltherrschaft in immer größeren Explosionen, in immer dramatischeren Sets in die Luft gesprengt.

Dr. No war der Auftakt zu einer der erfolgreichsten Serien der Filmgeschichte. James Bond wurde zum populärsten Spion in der Literatur, ja zum bekanntesten Helden der Nachkriegszeit. Unter den ersten achtzehn Taschenbüchern, die in England mehr als eine Million mal verkauft wurden, waren nicht weniger als zehn Titel von Ian Fleming. Der Bond-Forscher Siegfried Tesche berichtet in seinem Werk *Das große James-Bond-Buch* von einer Umfrage in sechs Ländern aus dem Jahr 1989, wonach 97 Prozent aller jungen Erwachsenen 007 kannten.

»Ich glaube, es war genau der richtige Zeitpunkt«, sagte Sean Connery. »Bond betrat in dem Moment die Szene, als die Leute genug hatten vom Krieg, von Rationierungen, von grauen Zeiten und gebrauchten Klamotten. Und plötzlich taucht dieser Typ auf, mit guter Kleidung und schnellen Autos, der Wein trinkt und schöne Frauen um sich hat, der wie ein heißes Messer durch die Butter geht. Bond ist wie ein tägliches Überlebenspaket. Die Männer beneiden ihn um seinen Erfolg, und die Frauen möchten ihm nahe sein und von ihm verführt werden.«

Dr. No spielte in England in 38 Tagen 5,2 Millionen Mark ein. In den USA erbrachten die Erlöse das Sechsfache der Produktionskosten. Wer neben Sean Connery für den Erfolg des ersten Bond-Films verantwortlich ist, darüber sind sich die Beteiligten ziemlich einig:

»Ken Adam, der Produktionsdesigner, war durch die Größe und die Opulenz seiner Sets ganz wesentlich für den späteren Erfolg von James Bond verantwortlich« (Charles Juroe von Cubby Broccolis Eon Productions); »Ken ist ein brillanter Produktionsdesigner. Er ist ein Genie, und ich benutze dieses Wort selten« (David Picker, damaliger Chef von United Artists); »Ken zählt zu jenen, die am meisten zu dem Erfolg der Bond-Filme beigetragen haben« (Robin Browne, der Kameramann für Spezialeffekte); »Ken Adams Beitrag ist immens ...« (Christopher Wood, Drehbuchautor), »... geradezu unbeschreiblich« (Normann Wanstall, Tonregisseur).

Und Ursula Andress schrieb im Juli 1963 an Ken Adam und seine Frau: »Liebe Letizia, lieber Ken, ich habe unzählige Komplimente für Euch bekommen – ständig kommt jemand auf mich zu und sagt: ›Oh, ich habe Sie in *Dr. No* gesehen, die Sets sind phantastisch‹!«

Ken Adams Visionen schufen die Welt, in der Mr. Bond sich zurechtfinden musste: die Führerbunker des Bösen, die übertrieben glamouröse Welt exotischer Schauplätze mit ihren typischen Ingredienzien wie Roulettetischen, Martinis, Dekolletés und Sportwagen und die verrückten, aber stets unmittelbar einleuchtenden Gadgets. Ebenso wie Sean Connery, mehr vielleicht sogar als Ian Fleming prägte Ken Adam mit seinen Sets die allgemeine Vorstellung von dem, was »Bond« ist, und kreierte dabei einen eigenen Stil. Noch heute hört man Leute sagen, sie hätten ein Haus gesehen, »das war reiner James Bond«, noch heute findet sich in Stilkritiken die Bemerkung: »Hierin hätte sich der Bond-Bösewicht wohl gefühlt.« Und bis heute sind für viele Kinobesucher die Gadgets, die technischen Kabinettstückchen in den Händen der Akteure, die eigentlichen Helden der Bond-Filme.

»Ich hatte die Gelegenheit und das große Glück, diesen Stil gewissermaßen erfinden zu können. Der unerwartet große Erfolg von *Dr. No*«, sagt Ken Adam im Nachhinein, »machte ihn zum Arbeitsmodell für alle künftigen Bond-Filme.«

So verdankte der erste Kinofilm über den Agenten mit der Nummer 007 viel von seinem Erfolg jenem Mann, dessen Name nicht auf dem Filmplakat zu finden ist. Einem Mann namens Ken Adam, alias Klaus Hugo Adam, geboren im großbürgerlichen Berlin-Tiergarten im Jahre 1921.

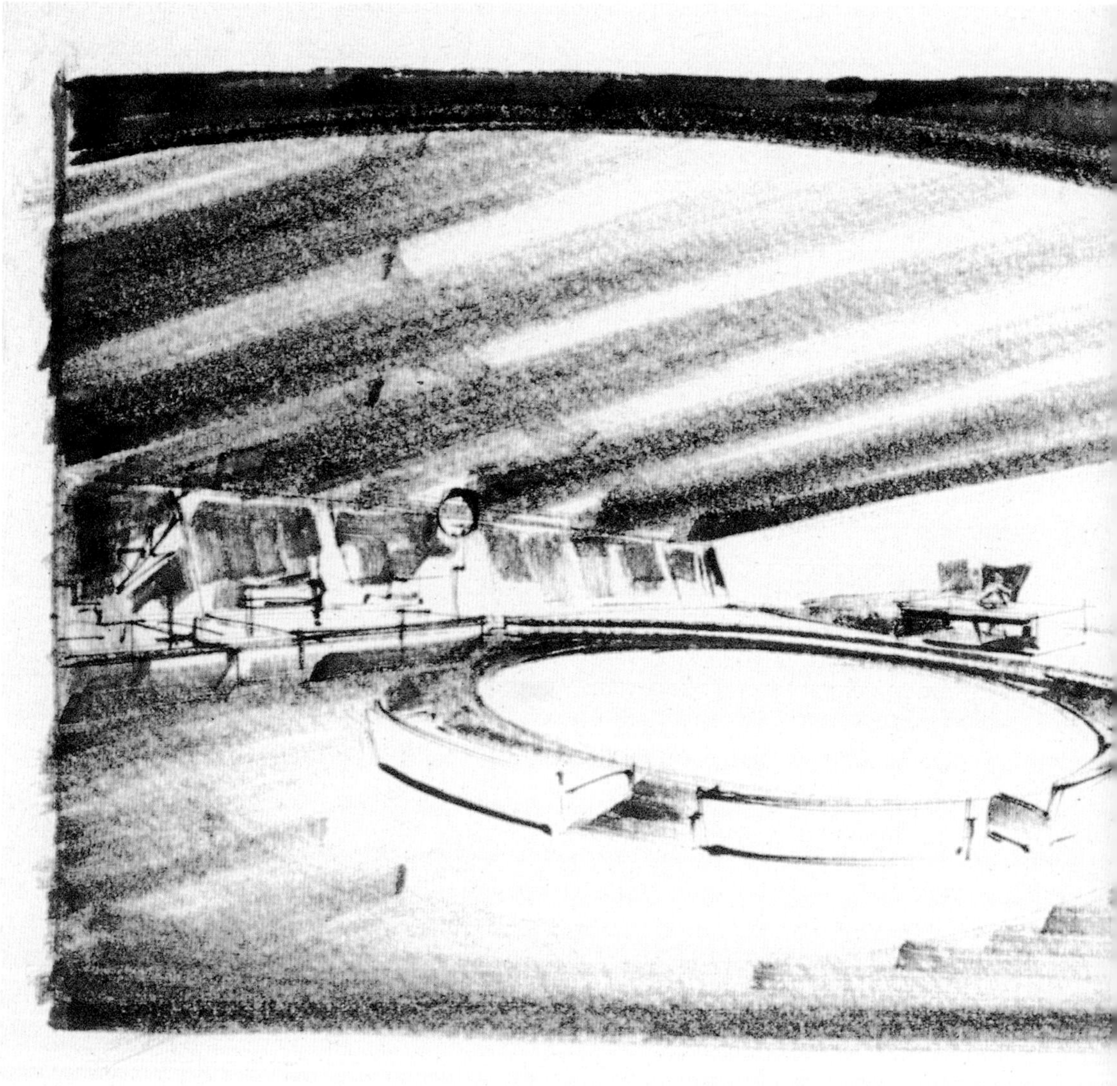

Studie für Willard Whytes Penthouse *(Diamantenfieber)*

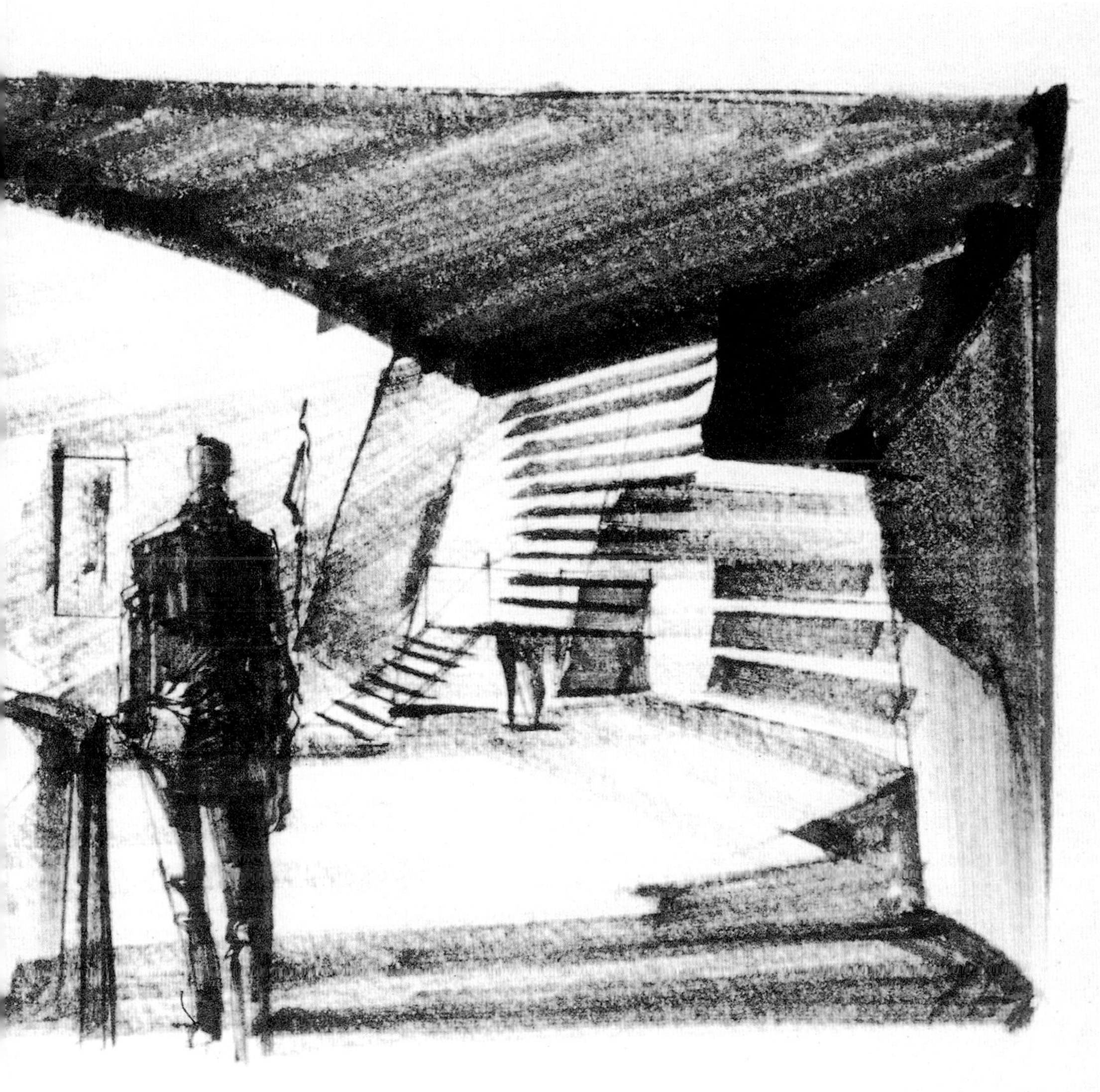

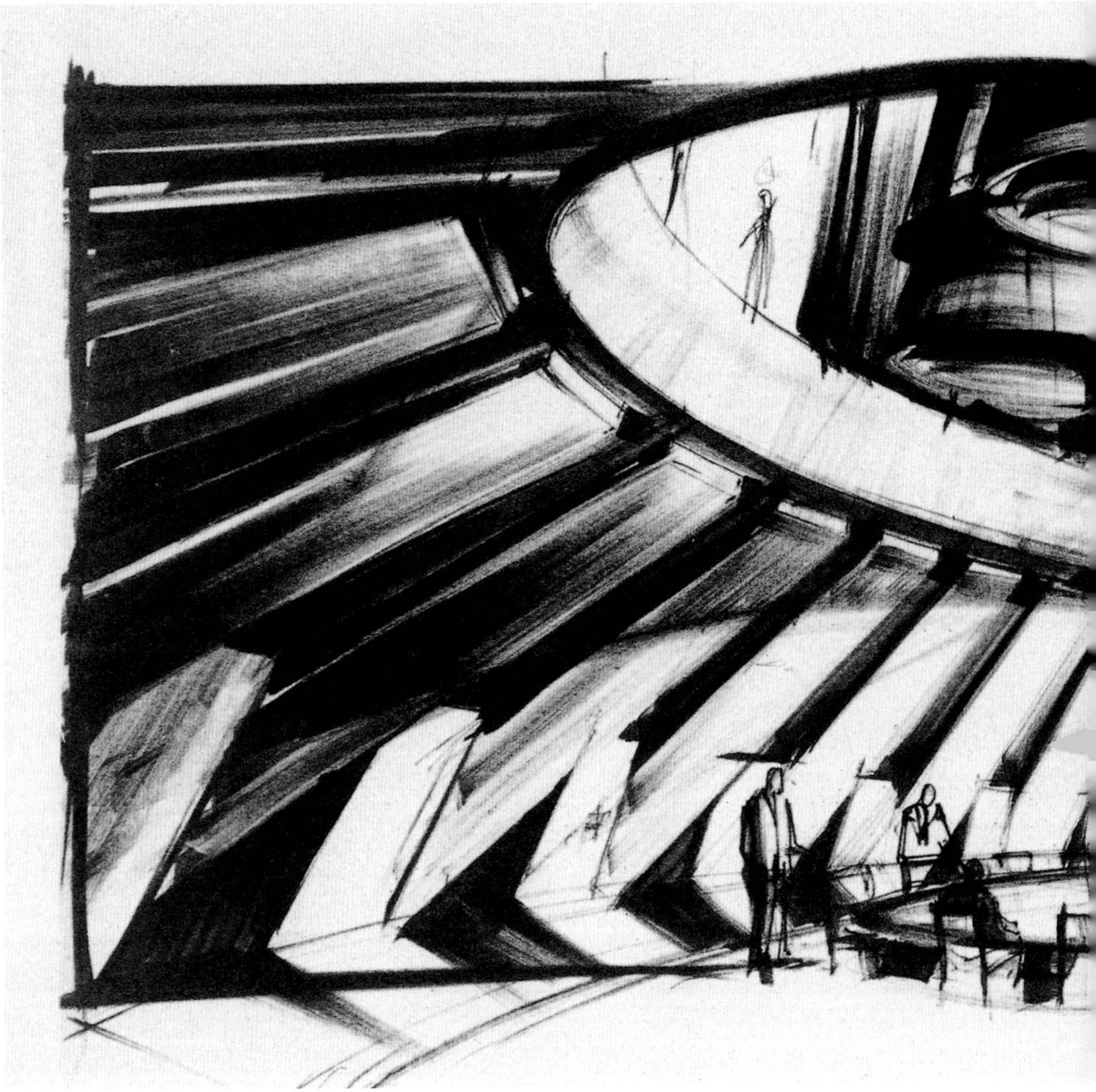

Endgültiger Entwurf für die Abgaskammer der Raumfähre *(Moonraker – streng geheim)*

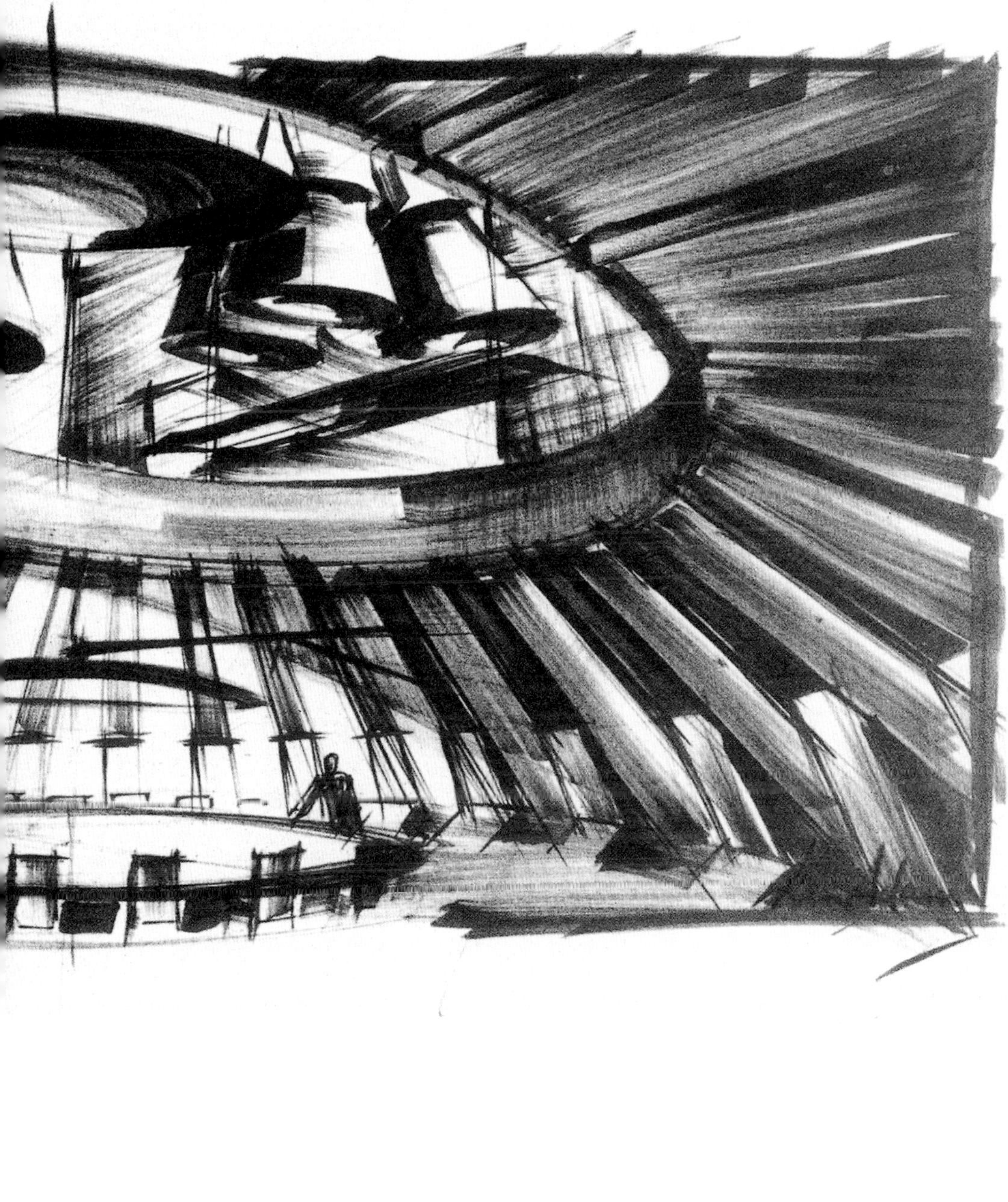

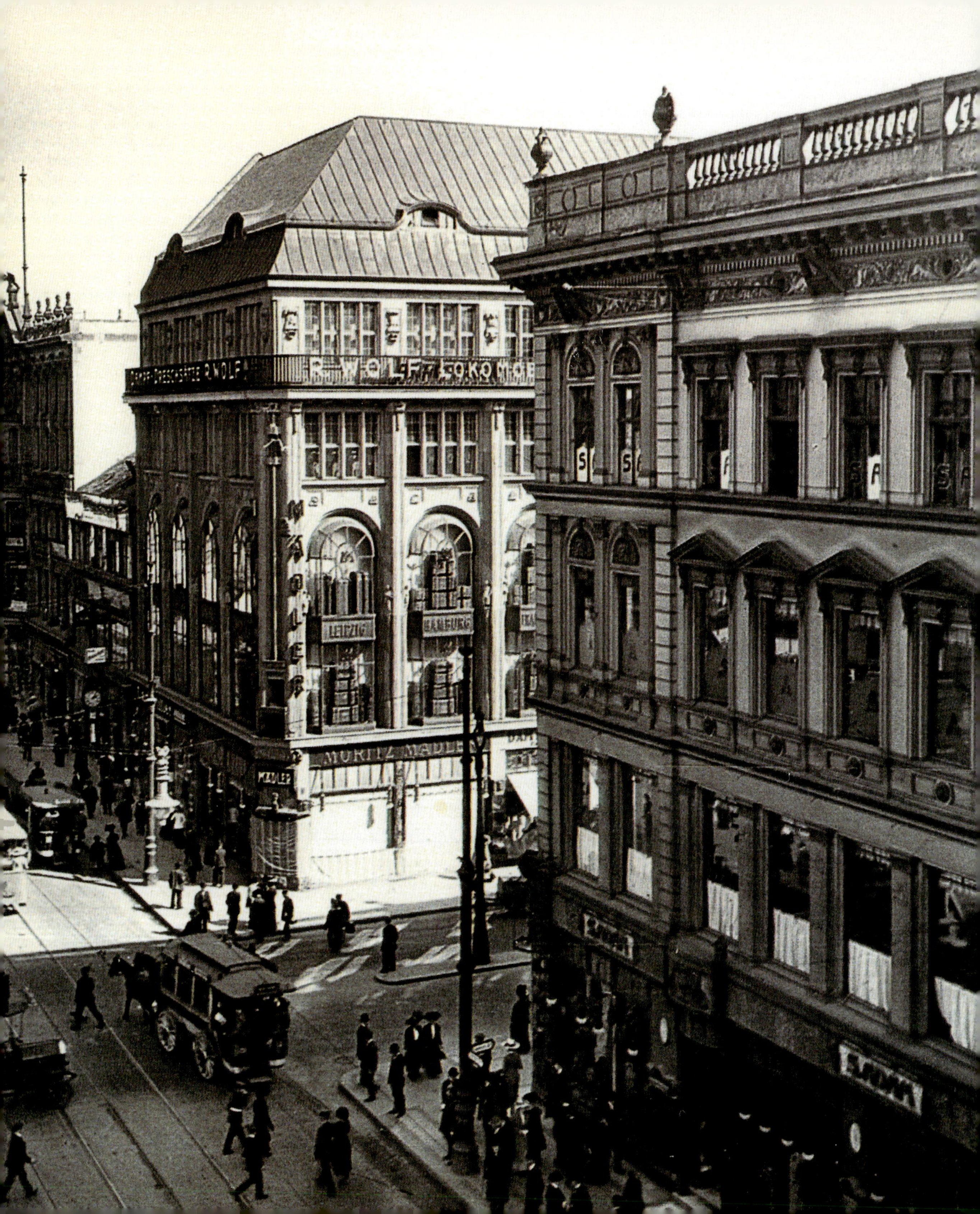
LEIPZIG
HAMBURG
MÄDLER

Man lebt nur zweimal

Der Name Adam war kein unbekannter im Berlin zwischen den Kriegen. Im *Berliner Lokalanzeiger* und im *Tageblatt* standen die Anzeigen des exklusiven Sport- und Modegeschäfts, das Saul Adam 1863 gegründet hatte, bald schon mit dem Zusatz: »Kaiserlicher Hoflieferant für Wilhelm I.« »Jeder kannte damals ›S. Adam‹. Später in England, im Pionierkorps, fragten die Emigranten, sobald sie meinen Namen hörten: ›Ach, war das ihr Vater?‹«, berichtet Ken Adam.

Das vierstöckige Kaufhaus stand an einer der belebtesten Orte Berlins: Leipziger Straße, Ecke Friedrichstraße. Mitten in der Stadt, direkt an der Tramlinie. Schon von weitem sah man die Initialen, die im obersten Stockwerk hinten auf die Paravents gemalt waren: S.A. Im Rückblick ein makabres Menetekel.

Im Schaufenster war der »Pol-Anzug« des Forschungsreisenden Roald Amundsen ausgestellt, und es waren mechanische Puppen zu sehen, Skisportler, die sich vor einer Alpenkulisse bewegten. Das war ungewöhnlich, selbst auf der marktschreierischen Leipziger. Aber schon Saul Adam war ein Mann der Moderne gewesen, überzeugt davon, dass das neue Jahrhundert eine Zeit sein würde, in der Wettkämpfe vor allem sportlich ausgetragen werden. Er stiftete einen Wanderpreis für Stafettenlaufen und rüstete 1911 die »Deutsche Antarktische Expedition« des Oberleutnants Filchner aus. Auch die Deutschen würden ein Volk von Sportsleuten, Automobilisten, Exploratoren und Reisenden werden, wie die Engländer. Es war selbstverständlich, dass er einen seiner Söhne, Fritz, zur Ausbildung nach London schickte, zu »Burberrys«, deren Vertretung für Deutschland von »S. Adam« übernommen worden war.

Als geschäftstüchtigster der Söhne übernahm Fritz Adam die Firma samt eigener Regenmäntelfabrik. Zu Ken Adams Erinnerungsschatz gehören die alten Con-

Das Kaufhaus »S. Adam« an der Leipziger Straße, Ecke Friedrichstraße

tinental-Schreibmaschinen im Büro seines Vaters, die in Leder gebundenen Bände über Togoland, Kamerun und über die Kunst des Fußballspielens. Fritz Adam war ein Kind seiner Zeit, zerrissen, ohne es wahrhaben zu wollen, mit einem Bein noch in der Kaiserzeit, als man morgens im Tiergarten ausritt und penibel darauf achtete, seinen Status in der besseren Gesellschaft zu zeigen, und zugleich ein unbedingter Anhänger alles Neuen. Ein Sportsmann, ein Entrepreneur und Mäzen – und einer der ersten Aviatiker der Stadt. Schon vor dem Krieg hatte Fritz Adam an einer Fahrt im »Parzifal«-Luftschiff teilgenommen.

Als später, im April 1928, deutsche Flieger zum ersten Mal den Atlantik in Ost-West-Richtung überquerten, war es selbstverständlich, dass der Festempfang der Lufthelden Köhl, Fitzmaurice und Freiherr von Hunefeld vom Sportgeschäft »S. Adam« ausgerichtet wurde. Aber Fritz Adam war auch ein Filmnarr, und er wusste um die Macht der Werbung und des Sports als Massenphänomen. Er engagierte die damaligen Stummfilm-Stars Harry Liedtke und Friedrich Zelnik und ließ sie für »S. Adams« Sportmoden posieren, und er lieferte 1921 die Ausstattung für einen der ersten Kriminalfilme, für Friedrich Wilhelm Murnaus *Schloß Vogelöd*.

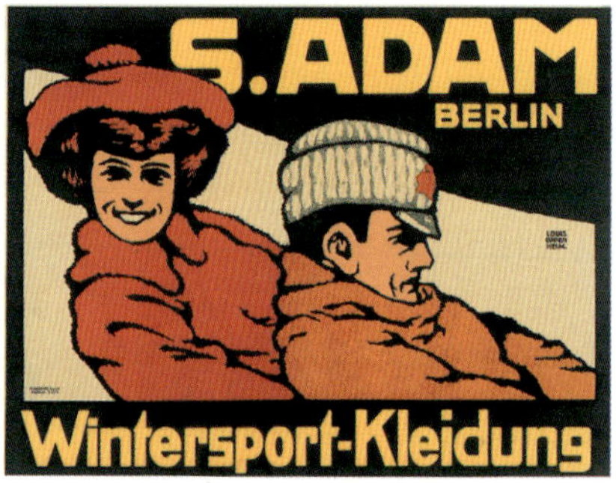

Werbeplakat für das Bekleidungsgeschäft »S. Adam« von Louis Oppenheim (1910/11)

Als guter Freund und Bewunderer von Carl Diehm, dem Leiter der Hochschule für Leibesübungen, stattete Adam auch einen der ersten Ski-Filme aus, die jemals gedreht wurden: *Wunder des Schneeschuhs* von Arnold Fanck (1920). Später folgten *Die weiße Hölle vom Piz Palü* (1929), ebenfalls von Fanck, und *Silberkondor über Feuerland* von Günther Plüschow (1929). Dem Deutschen Sportforum stiftete Fritz Adam ein Freilichtauditorium, das die Studenten »Paradies« nannten. 1922 wurde er zum Ehrendoktor der Technischen Hochschule Karlsruhe ernannt und spendete der Universität Geld für den Bau eines Sportplatzes.

1921 – ein gutes Jahr für einen Sohn

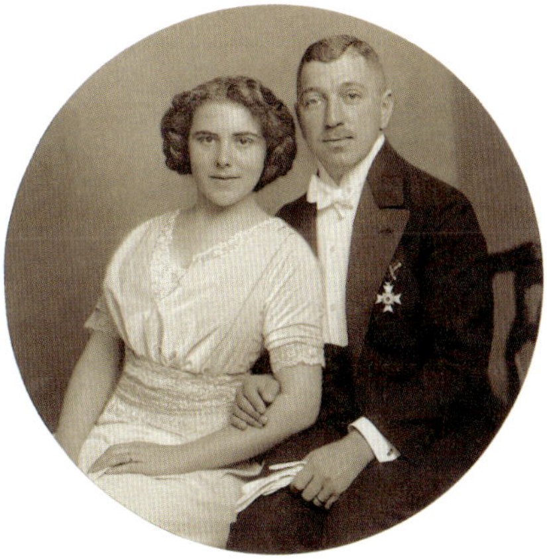

Die Eltern Fritz und Lilli Adam im Jahr ihrer Hochzeit (1912)

»Er war zweifellos ein Showman«, sagt Ken Adam über seinen Vater, und er setzt hinzu: »aber auch ein Schwerenöter und Playboy – bis er meine Mutter kennen lernte.« Fritz Adam gefiel es, *tout Berlin* zu den sogenannten »Fafa«-Soireen einzuladen, den »Fritz Adam Fest Abenden«. Auf einem dieser Feste (es soll zwei Tage und zwei Nächte gedauert haben) begegnete er im Jahr 1912 der jungen Lilli Saalfeld, der einzigen Tochter einer alten Berliner jüdischen Familie. Jettchen Gebert, die einen der berühmtesten Berliner Salons geführt hatte, war Lillis Großmutter. Die Saalfelds waren vor der spanischen Inquisition nach Preußen geflüchtet und hatten später bei Friedrich dem Großen als Stallmeister gedient. In Stettin gründete die Familie ein Handelsgeschäft. Lilli war in der Schweiz auf dem Internat gewesen, und die Beziehung mit einem Neureichen und Bonvivant wie Fritz Adam stieß bei ihrer Familie auf alles andere als Begeisterung. Aber Lilli Saalfeld war nicht nur eine begabte Malerin, sie war vor allem eine moderne Frau, die sich durchzusetzen wusste. Fritz und Lilli heirateten am 10. November 1912. Kurz vor Ausbruch des Ersten Weltkriegs kam ihr erstes Kind, Peter, auf die Welt.

Im Weltkrieg diente Fritz Adam, damals 35 Jahre alt, bei den Fürstenberger Ulanen, einer Kavallerieeinheit, zu der auch ein Bohlen und Halbach, Spross der Krupp-Dynastie, gehörte. Adam war einer der wenigen jüdischen Kavallerie-Offiziere. Doch in derartigen Kategorien zu denken, lag ihm fern. Er war ein guter Deutscher, und der Dienst für den Kaiser war für ihn selbstverständlich – wie für so viele andere patriotisch gesinnte deutsche Juden auch. Adam wurde mehrere Male an der Westfront ausgezeichnet, kehrte mit Eisernem Kreuz, Asthma und Herzproblemen aus dem Krieg zurück und konnte später einfach nicht verstehen, dass Deutschland ihn, den Frontkämpfer und Freund eines Bohlen und Halbach, des Landes verwies. »Ich bleibe und denke deutsch für mein ganzes Leben«, sagte er.

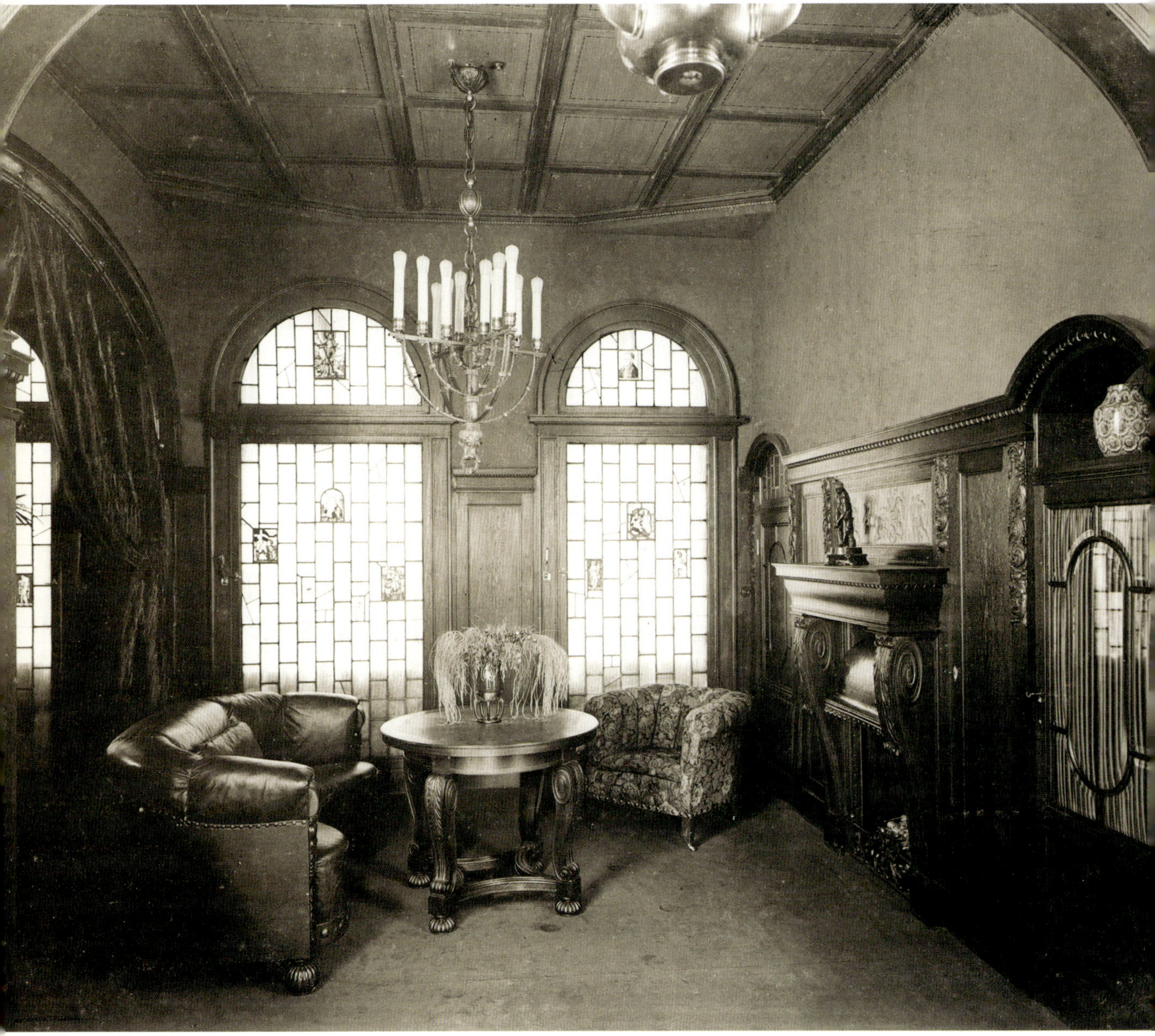

Die Diele im Elternhaus von Klaus Adam in der Tiergartenstraße 8

Am 5. Februar 1921 wurde in der Tiergartenstraße 8 Klaus Hugo Adam geboren, unmittelbar nachdem seine Eltern in größter Eile das Sechstagerennen im Berliner Sportpalast verlassen hatten. Es war der Tag, an dem Charlie Chaplins *The Kid* uraufgeführt wurde. Der Krieg war lang genug vorbei, um wieder an die Zukunft denken zu können, und die Inflation und andere Katastrophen waren noch nicht abzusehen – ein gutes Jahr für einen Sohn. Im Theater geben Max Reinhardt und Elisabeth Bergner den Ton an; Albert Einstein wird den Nobelpreis erhalten; Georges Braque und die Expressionisten Oskar Kokoschka, Edvard Munch, Frans Masereel malen einige ihrer wichtigsten Bilder, Otto Dix und George Grosz porträtieren die Nachkriegsgesellschaft in all ihren Verzerrungen – und in Berlin wird die erste Autobahn eröffnet, die Automobil-Verkehrs- und Übungs-Straße, kurz: Avus. Die politischen Unruhen des Jahres werden als Spätfolgen des Ersten Weltkrieges verbucht: In Oberschlesien kämpfen deutsche Freikorps gegen Polen; im Mansfelder Zechenrevier wird ein kommunistischer Aufstand militärisch niedergeschlagen; Nationalisten ermorden Reichsfinanzminister Mathias Erzberger. Er war Jude.

Klaus war nach Peter und Loni (geboren 1920) das dritte Kind der Adams. 1924 würde noch ein Bruder, Dieter, folgen. »Wir hatten eine elegante, bürgerliche Wohnung in dem Haus Tiergartenstraße 8, ungefähr an der Ecke Matthäikirchstraße. Über uns, daran kann ich mich noch genau erinnern, gab es einen Kommerzienrat Landau oder Landauer, und die Ullsteins wohnten ganz in der Nähe.«

Das Haus der Adams war eine der Tiergartenvillen mit ihren »säulengetragenen Vorhallen, Friesen und Architraven«, die eine Generation zuvor den Nachbarsjungen Walter Benjamin beeindruckt hatten: »Die Haustür unten sank mit einem Seufzen, wie ein Gespenst zurück ins Grab, zurück ins Schloss. Draußen regnete es vielleicht. Eine der bunten Scheiben stand offen, und beim Takte der Tropfen ging es weiter die Treppe hinauf.«

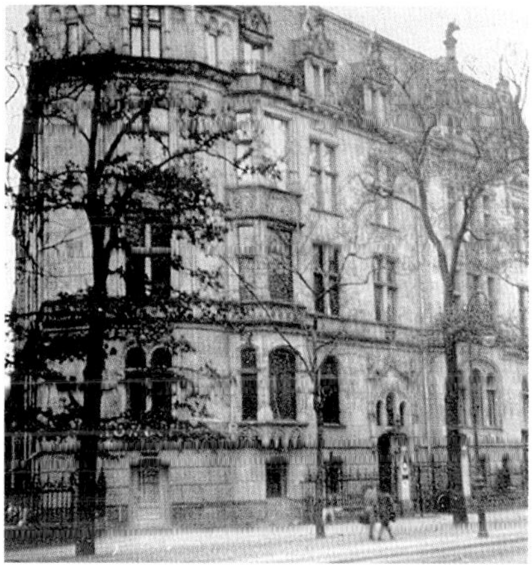
Straßenfront des Hauses Tiergartenstraße 8

Hohe und weite Salons, die in viele Ecken, Erker, Vorhallen, Nebenzimmer gebrochen waren – das waren die Räume, in denen Ken Adam aufwuchs, als er noch Klaus hieß. Tief herunterhängende Kandelaber, Vitrinenschränkchen, schwarzeicherne Herrenzimmer. Ein Stilgemisch aus Neorenaissance, Jugendstil und neogotischen Schreibtischen und eine sonderbare Scheu vor rechten Winkeln und weißen Flächen. »Wohnung als Futteral«, nannte Benjamin diese Fluchtburgen des kultivierten Bürgertums. Und da war stets die Angst, als Nouveaux Riches zu gelten.

Im Salon der elterlichen Wohnung hingen Bilder von Max Liebermann, den Impressionisten Max Slevogt und Lesser Ury sowie ein *Stillleben mit Früchten* von Renoir. Lilli Adam widerstrebte der zur Schau gestellte Luxus der Tiergartenvillen. Sie war puritanisch erzogen worden und vermochte die Notwendigkeit eines Speiseraums für mehr als dreißig Gäste nur schwer einzusehen. Fritz Adam dagegen genoss es. Er liebte es, morgens auf seinem Schimmel Hadschi durch den Park zu reiten, ganz alter Kavallerie-Offizier. Der Rest der Familie trabte auf kleineren Pferden hinterdrein.

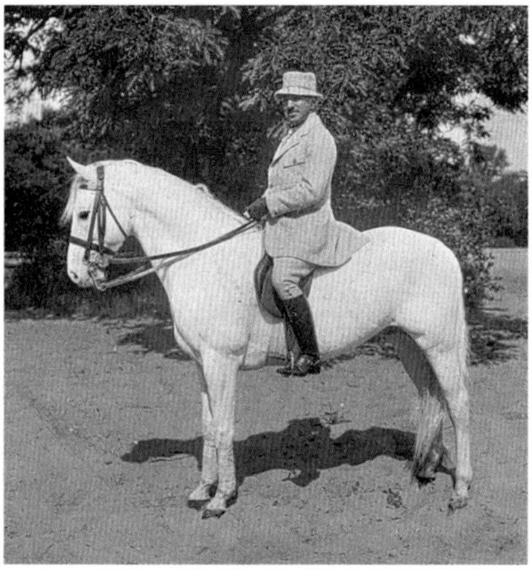

Fritz Adam im Tiergarten beim Ausritt auf seinem Schimmel Hadschi

Als Ken Adam 1945 nach Berlin zurückkehrt, ist weder vom Tiergarten noch von der bürgerlichen Welt an seinem Rande etwas übrig. »Der Park war abgeholzt, man sah die Stümpfe, ab und zu ein umgestürztes Denkmal und dahinter die Silhouette des ausgebrannten Reichstags. Unser Haus stand noch.«

Ein halbes Jahrhundert später würde Adam dieses Erinnerungsbild wiedererstehen lassen, als Kulisse für den Film *Der Fall Furtwängler* unter der Regie von István Szabó und mit Harvey Keitel in der Hauptrolle.

Bei seinem zweiten Besuch in Berlin, 1958 mit dem Regisseur Robert Aldrich, fand Adam von seinem Elternhaus nur noch Ruinen vor. Heute steht auf dem Grundstück das Berliner Kunstgewerbemuseum. Allerdings sind Filmfreunden Versatzstücke des Inventars der Adamschen Wohnung bekannt, wenn auch unbewusst. Der geschwungene Treppenaufgang etwa ist zum veritablen Revenant geworden, immer wieder ließ Ken Adam ihn in seinen Filmen nachbauen, in *Hügel des*

Schreckens (1959), *Salon Kitty* (1976), *Kein Koks für Sherlock Holmes* (1976), *Die Addams Family in verrückter Tradition* (1993), *Der Fall Furtwängler* (2001).

Jeden Morgen wurden die Kinder der Adams von einer bayerischen Nanny, dem Fräulein Lina, in den Park gebracht. Fräulein Lina übernahm auch den Unterricht und begleitete die Familie zur Sommerfrische nach Bellin am Stettiner Haff an der Ostsee. »Das waren meine glücklichsten Tage. Wir schwammen oder ruderten, im Winter konnte man Schlittschuhlaufen oder Eissegeln. Ich sah Löwen und Tiger hinter jeder Fichte. Eines Tages kam mein Vater mit einem Doppeldecker angeflogen und landete in einem Weizenfeld. Er liebte solche Verrücktheiten.«

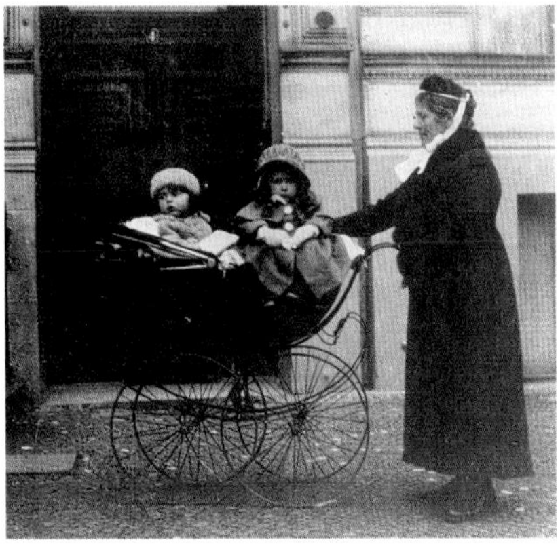

Die Geschwister Klaus (links) und Loni mit dem Kindermädchen Marianne

Vater Adam war eben hoffnungslos modern. So ist auch ein Briefwechsel zwischen Fritz Adam und dem Architekten Mies van der Rohe überliefert. Adam wollte das Gründerzeithaus Friedrichstraße, Ecke Leipziger abreißen lassen und einen gläsernen Klotz im Stil des Bauhaus an seine Stelle setzen. Ein Eisenskelett mit daran gehängten Glasflächen, ein gläserner Turm: »Sie brauchen Reklame und nochmals Reklame«, schrieb Mies am 2. Juli 1928 an Fritz Adam, »Wände aus mattiertem Glas. Am Abend ist dasselbe ein gewaltiger Lichtkörper, und Sie sind in der Anbringung von Reklame ungehindert. Ihr Haus muss den Charakter Ihres Geschäftes tragen und zu Segelbooten und zu Automobilen passen oder, anders ausgedrückt, zur modernen Zeit und zu Menschen, die sie verkörpern.«

Aus Mies' Glaspalast ist nichts geworden. Fritz Adam entschied sich für einen anderen Architekten. Schließlich machte die Wirtschaftskrise 1929 jeden Ausbauplan endgültig zunichte.

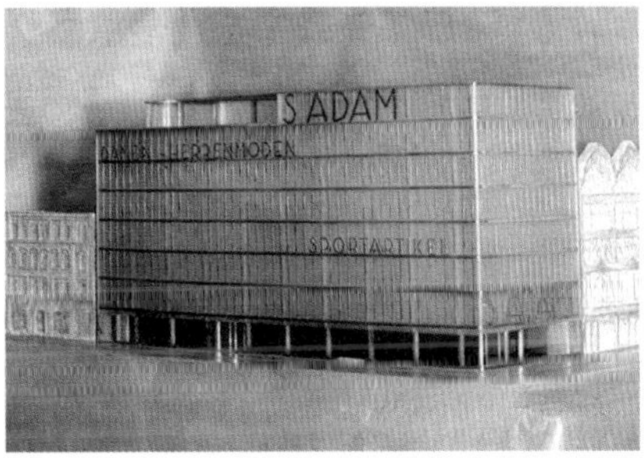

Modell für den geplanten Neubau des Kaufhauses »S. Adam« von Ludwig Mies van der Rohe

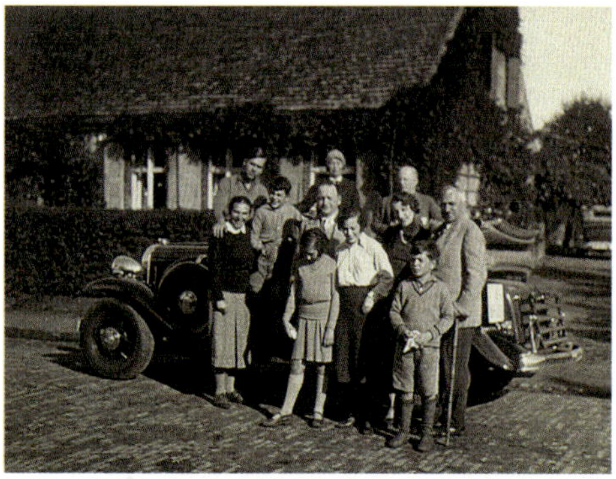

Die Familie Fritz Adam mit Gästen vor dem Ferienhaus in Bellin im Sommer 1929

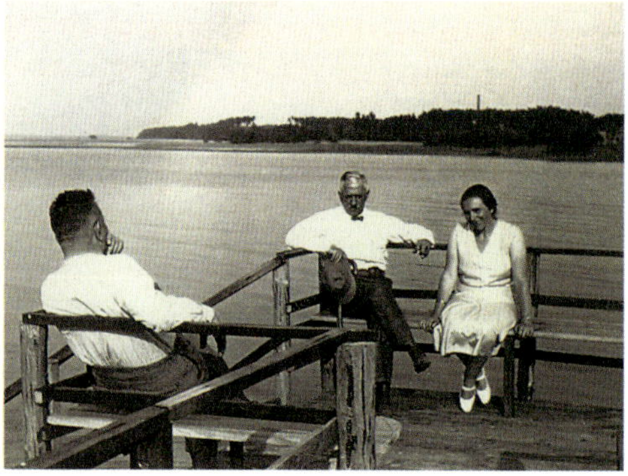

Auf dem Steg am Stettiner Haff. Vorne links Onkel Eddie, ihm gegenüber die Eltern von Klaus Adam (1928)

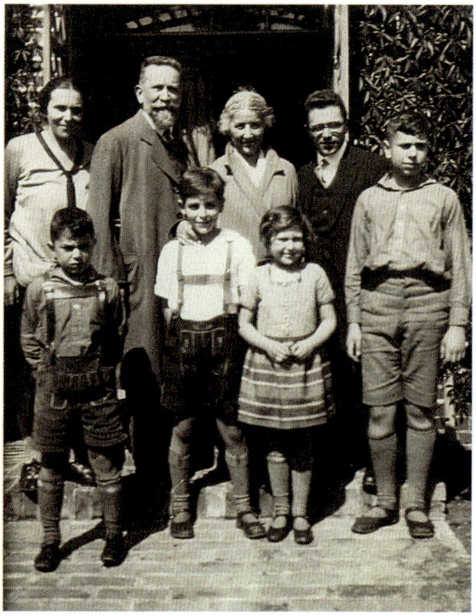

Bellin 1928. Hintere Reihe von links: Mutter Lilli, Onkel Eddie, Tante Else, Großvetter Rolf, vordere Reihe von links: Klaus, Cousin Gerd, Schwester Loni, der ältere Bruder Peter

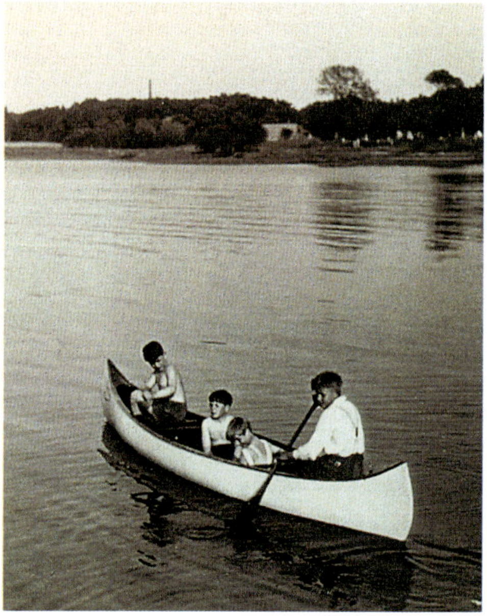

Bootsfahrt auf dem Stettiner Haff im Kanadier »Liebling«. Klaus sitzt vorne (1928)

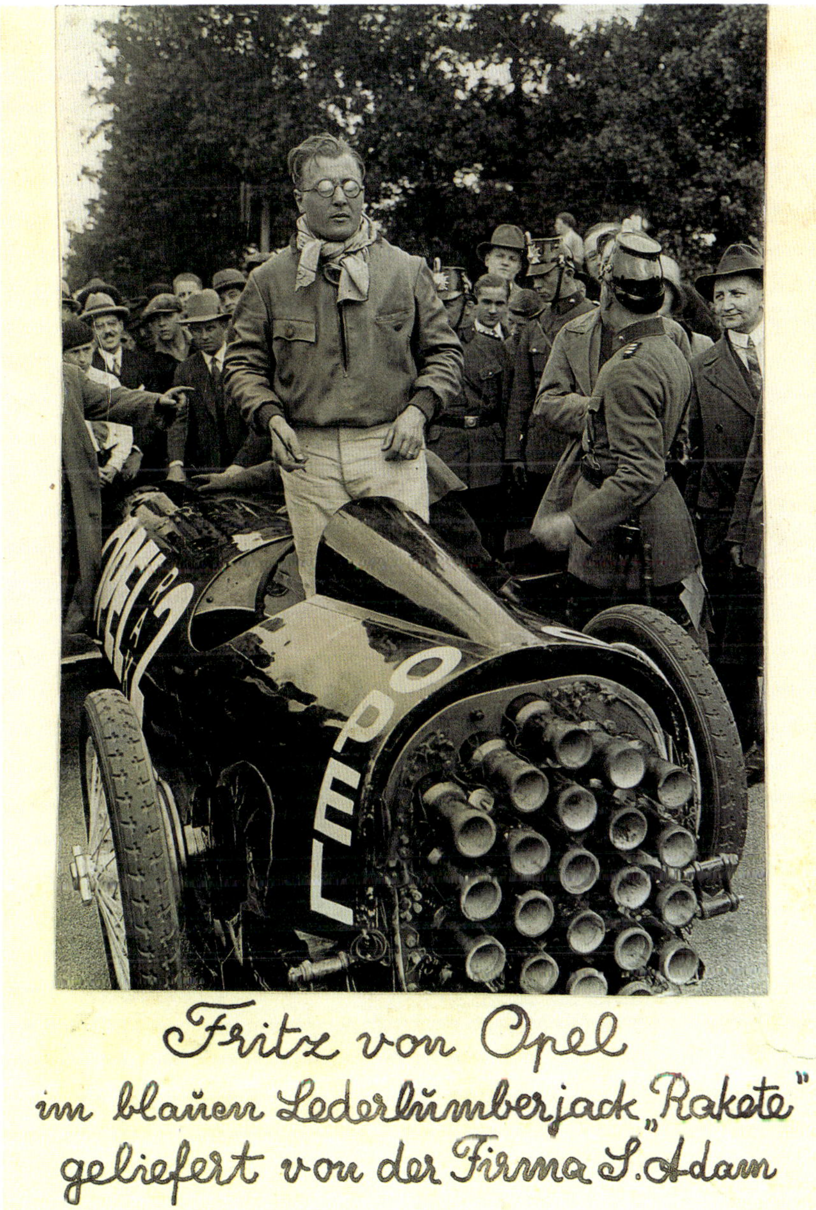

Fritz von Opel in seinem Raketenauto »RAK 2« (Fotografie von 1928)

Weltbühne Tiergartenstraße 8

Charlie Chaplins *The Kid* war der große Erfolg des Jahres 1928. Als der Hauptdarsteller Jackie Coogan im Dezember nach Berlin kam, war es das Sport- und Modehaus »S. Adam«, das zu seinen Ehren einen Empfang im Hotel Adlon gab. Coogan war eine Art Leonardo DiCaprio der späten zwanziger Jahre. Es gab Fanclubs in Berlin, »Enthusiasten des Films, von denen«, so das *Berliner Tageblatt*, »man nicht weiß, ob sie frühe Irre oder noch verspielte Knaben sind.« Adam junior wurde als Coogan verkleidet, mit Knickerbocker, Pullover und Sportmütze, und durfte sich vor dem Kaufhaus mit dem Star fotografieren lassen. Das Kino wurde bereits damals Teil der Popkultur.

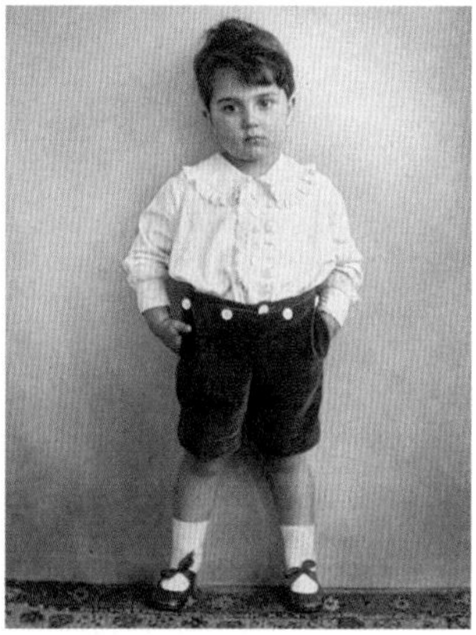

Der kleine Klaus Adam

»Der erste Film meines Lebens hieß *Chang*«, berichtet Ken Adam. »Ich erinnere mich an eine grauenvolle Szene, in der ein Tiger mit einer Python kämpfte. Meine Eltern wollten nicht, dass ich ins Kino gehe. Nur auf Kindergesellschaften zu Hause gab es Filme von Charlie Chaplin. Meine Mutter brachte mich lieber ins Deutsche Theater zu den Schiller-Aufführungen oder ins Große Schauspielhaus zum ›Weißen Rössel‹.«

Die Eltern gingen abends zu dem Illusionisten Hanussen, ins Kabarett zu Claire Waldoff, zu dem gefeierten Gesangsduo Fritzi Massary und Max Pallenberg oder in die Staatsoper, am liebsten wenn Verdi oder Wagner gespielt wurden. Klaus' älterer Bruder Peter traf sich mit seinen Bohème-Freunden im Romanischen Café zum Schachspielen oder ging in die Taverne. Er war mit Erich Kästner und Gottfried Reinhardt, dem Sohn des großen Max Reinhardt, bekannt.

Es war die Zeit, als in Berlin Wilhelm Furtwängler und Leo Blech die großen Orchester der Stadt dirigierten. Ernst Klee und Wassily Kandinsky zeigten Ausstellungen, Fritz Lang drehte *Metropolis* und Walter Ruttmann *Berlin – Die Sinfonie der Großstadt*. Klaus Adam hat die zu Klassikern gewordenen Filme dieser Jahre, *Dr. Mabuse* und *Das Cabinet des Doktor Caligari*, erst später in der Fremde, in London gesehen. Einen umso größeren Eindruck machten sie dort auf ihn.

Eine der frühesten Erinnerungen Ken Adams ist der Besuch des Polarforschers Roald Amundsen in der Tiergartenstrasse. Das Sportgeschäft hatte seine erste Nordpolexpeditionen, die auf dem Luftweg durchgeführt wurden, finanziert und mit Fliegerbekleidung ausgestattet. »Ich traf ihn eines Tages, als er zum Tee kam. Er erzählte uns von seiner Expedition zum Nordpol, um den Grafen Nobile zu retten, der mit seinem Luftschiff verschollen war. Ich erinnere mich, daß Amundsen den General nicht leiden konnte, weil er ihm zu leichtsinnig war. Es hat einen Rieseneindruck auf mich gemacht, als Amundsen dann selbst ums Leben kam. Nobile tauchte gesund und munter wieder auf.«

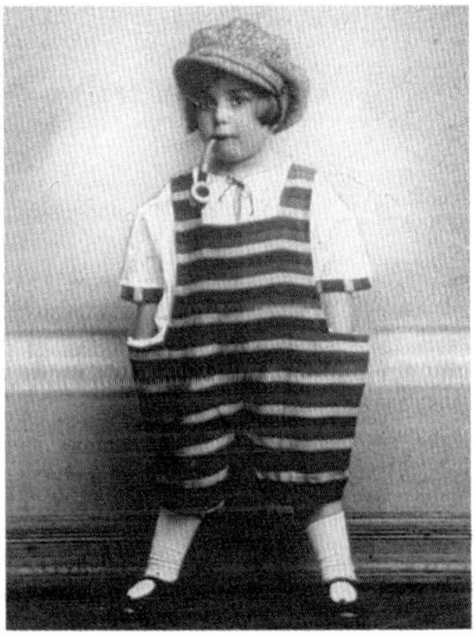

Der siebenjährige Klaus Adam als Jackie Coogan

Durch die Besuche von Fritz Adams Freunden und Geschäftspartnern aus aller Herren Länder wurde die Wohnung in der Tiergartenstraße bisweilen zu einer kleinen Weltbühne. Eines Abends erschien Günther Plüschow, der legendäre »Flieger von Tsingtao«. Plüschow hatte im Ersten Weltkrieg selbst gebastelte Höllenmaschinen aus seinem Doppeldecker geworfen. Jetzt wollte er sein Flugzeug auf einen Schoner laden, nach Feuerland segeln und das damals noch unbekannte Land aus der Luft erforschen. Fritz Adam, der den eigenen Hang zum Abenteurertum nicht ausleben konnte und stattdessen die Expeditionen anderer ausrüstete, war von der Idee begeistert. Das Sporthaus »S. Adam« sponserte die Unternehmung, und der Sohn Klaus beschloss, seinerseits Entdecker zu werden. Er hat sich diesen Traum erfüllt, wenn auch auf einem anderen Gebiet: »Das Abenteurertum habe ich von meinem Vater geerbt. Und was ist die Suche nach Locations im Filmgeschäft am Ende anderes als Entdeckertum?«

Das Handwerkliche eines späteren Filmdesigners war ihm zugeflogen. Er konnte schon früh gut zeichnen. Mit neun Jahren bestand Adam junior die Aufnahmeprüfung für das hoch angesehene Französische Gymnasium am Reichstagufer, eine liberale Schule, die auf eine Gründung der Hugenotten zurückging. Mit Ausnahme von Mathematik wurden alle Fächer auf Französisch gelehrt. Max Reinhardts Sohn besuchte dasselbe Gymnasium (und inszenierte die Schulaufführung von Molières *Scapins Schelmenstreiche*), und zu den Mitschülern von Klaus Adam zählten die drei Enkel von

Sigmund Freud. Wernher von Braun, Sohn des damaligen Landwirtschaftsministers und späterer Chefentwickler des V-1-Raketenprogramms, war gerade vom Französischen Gymnasium abgegangen. Viele seiner Mitschüler hat Ken Adam im Exil wieder getroffen, mit den meisten hielt er bis ins hohe Alter Kontakt.

Bisher hatte Klaus nur mit dem Märklin-Baukasten und seiner Dampfmaschine gespielt. Auf dem Gymnasium fiel er zum ersten Mal durch zeichnerische Begabung auf. Er kopierte im Malunterricht van Goghs *Bauer im blauen Anzug* und wurde damit zum Mittelpunkt der Klasse. Der Dämpfer folgte, als ein als Künstler tätiger Onkel das erste nach der Natur gemalte Bild des jungen Malers als einen »Haufen von Spinat und Eiern« kritisierte. Die Kränkung hat Ken Adam nie vergessen. Er stellte das freie Zeichnen ein und beschränkte sich aufs Kopieren von Rennwagen, Flugzeugen, Schiffen, von allem, was schnell, schnittig und modern war. Es sollte bis zur Begegnung mit seiner späteren Frau Letizia dauern, bis er wieder den Mut fand, ungezwungen und frei zu entwerfen – das erste Mal übrigens anlässlich eines Films über die »V1«.

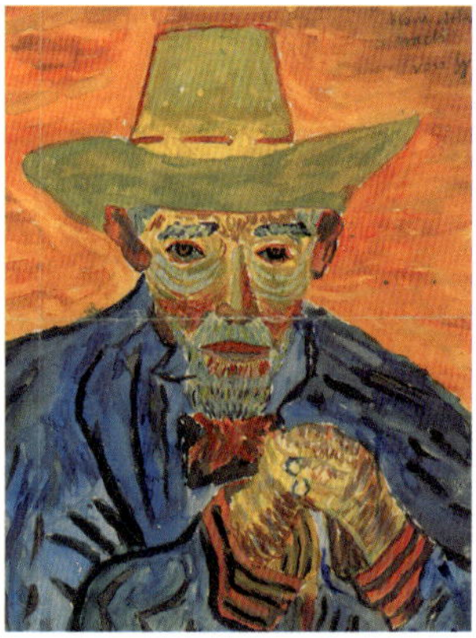

Klaus Adams mit 9 Jahren angefertigte Kopie des Gemäldes *Bauer im blauen Anzug* von Vincent van Gogh

»Mein Vater war sich meiner nie sicher. Er wollte, dass ich Landwirt werde. Er sah meine zeichnerische Begabung und fürchtete, ich könnte auf den Gedanken kommen, Künstler zu werden, und somit verdammt zu sein zu einem Leben in Armut.«

Als seine eigenen Geschäfte schlechter gingen und er sich Sorgen um die Zukunft seiner Familie zu machen begann, schrieb Fritz Adam an den Direktor des Französischen Gymnasiums, Studiendirektor Gerstenberg: »Klaus, jetzt Quartaner, ist anders als Peter. Er ist ein Träumer. Er malt, musiziert, versucht zu dichten und verschlingt mehrere Bücher auf einmal – ein Bengel, der vorläufig noch schwer zu nehmen ist.«

Nicht weit entfernt von der Wohnung am Tiergarten, am Landwehrkanal, lag 1931 die Baustelle für das »Shell-Haus«, entworfen vom Architekten Emil Fahrenkamp und später Sitz des Oberkommandos der Marine. Ein Gebäude im Stil der Neuen Sachlichkeit, in sanfter Wellenbewegung und ohne einen rechten Winkel: »Ich glaube schon«, so Ken Adam heute, »dass ich mich noch in Berlin für moderne Architektur interessiert habe. Ich sah das Shell-Haus wachsen und kannte ein wenig die Arbeiten von Mendelsohn und Gropius.«

Klaus' älterer Bruder Peter war mit den Schauspielern am Deutschen Theater befreundet und ging in politische Kabaretts. Er bemerkte als erster, dass in Deutschland ein anderer Wind aufkam. Als er 1932 von seinem Jurastudium in Clermont-Ferrand nach Berlin zurückkehrte, warnte Peter seinen Vater vor der aufkommenden Gefahr des Nationalsozialismus: »Die Geschwister müssen aus Deutschland raus, es gibt hier keine Zukunft mehr für sie.« Es kam zum Familienstreit. Fritz Adam wollte es nicht wahrhaben, zumal Peter für ihn viel zu oft mit linken Intellektuellen zusammensaß. »Das ist ein Spuk, der uns nichts anhaben kann«, sagte Fritz Adam, nicht ihm als Weltkriegsoffizier, beliebtem Gastgeber und Inhaber des Sporthauses »S. Adam«. Er hatte sich um sein Vaterland verdient gemacht, war ein respektiertes Mitglied der Gesellschaft, und auf nichts freute er sich mehr als darauf, an den Vorbereitungen zu den Olympischen Spielen von 1936 mitwirken zu dürfen.

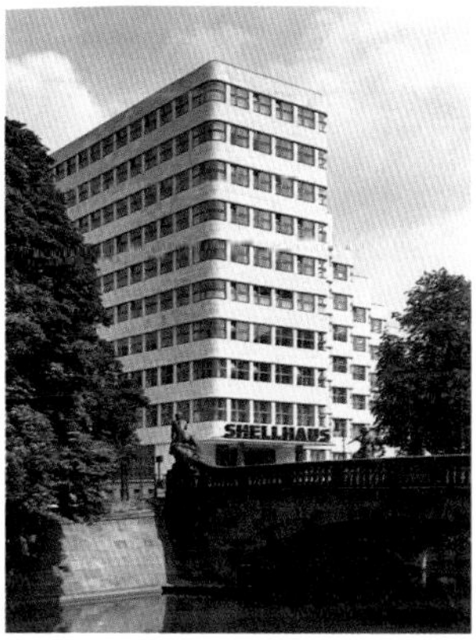

Das Shell-Haus an der Königin-Augusta Straße (später Tirpitz-Ufer) kurz nach seiner Fertigstellung 1932

Aber auch die Lage des Familiengeschäfts hatte sich verschlechtert. Aufgrund der Wirtschaftskrise war der Bedarf an hochwertigen Sportartikeln drastisch zurückgegangen. Den Berlinern war nicht mehr nach Schneeschuhen und Expeditionen ins Eis zumute. Fritz Adam hatte zwar auch in Grundstücke investiert, aber deren Wert verfiel, weil die schickeren Geschäfte alle in den Westen zogen, zum Kurfürstendamm. Die Adams blieben auf unverkäuflichen Immobilien sitzen. Zunächst wurden die Pläne, das Geschäftshaus umzubauen, aufgegeben, im Jahr 1932 wurde das Sporthaus »S. Adam« liquidiert.

Fritz Adam machte den heroischen Versuch, im September 1932 ein neues Geschäft aufzumachen, »Sport-Adam«. Es wurde im Januar 1933 in der Leipziger Straße eröffnet. Die Zeiten hatten sich jedoch gewandelt. Auf die Schaufenster der jüdischen Geschäfte wurden Boykottparolen geschmiert. Am 6. Juli wandte er sich an den Freund Carl Diehm: » ... ich wäre Ihnen von Herzen dankbar, wenn mir eine persönliche Unterredung mit [dem Reichssportführer] Herrn von Tschammer ermöglicht wird, um evtl. behördliche Aufträge zu erhalten.«

Immer häufiger sprachen die Eltern zu Hause Französisch: »Pas devant les domestiques«, hieß es oft. Auch im Gymnasium traten Veränderungen ein. Der jüdische Direktor, Dr. Gerstenberg, wurde entlassen (und emigrierte nach England, wo er das Wellington College in Crowthorne, Berkshire, leiten sollte), ein Mitschüler trug plötzlich die Uniform der Hitlerjugend, der Mathematiklehrer Herr Winter erschien in SS-Uniform zum Unterricht und machte sich einen Spaß daraus, die jüdischen Schüler zu quälen: »Statt mir wie üblich mit dem Lineal auf die Finger zu hauen, nahm er meine Backe und zwirbelte sie.« Eines Morgens, es war der 28. Februar 1933, sah Klaus Adam auf dem Schulweg die Rauchschwaden über dem ausgebrannten Reichstag.

Im Sommer fuhren die Adams wie üblich in ihr Ferienhaus in Bellin am Stettiner Haff. »Ich hatte nie gewusst, dass ich ein Jude war. Meine Eltern gehörten zur Reformgemeinde. Mein jüngerer Bruder und ich wurden weder beschnitten noch eingesegnet. Ich hatte nie das Innere einer Synagoge gesehen. Durch Fräulein Lina hatte ich mehr vom Katholizismus mitbekommen als vom Judentum. Die Familie war immer aufgeklärt und assimiliert gewesen. Wir hatten Weihnachten gefeiert wie alle anderen. Es war ein vollkommener Schock für mich, als mir in den Sommerferien jemand ›He, Judenjunge!‹ hinterherbrüllte. Ich verstand erst gar nicht, was er meinte. Meine Eltern erklärten es mir zu Hause.«

Dann wurde Fritz Adam verhaftet. Die Polizisten nahmen ihn im Belliner Sommerhaus fest und verhörten ihn 48 Stunden lang. Nur mit Hilfe eines Angestellten, des Herrn Reich, der sich als SS-Untergruppenführer enttarnte, kam Adam wieder frei. Aber er hatte verstanden, was die Stunde geschlagen hatte.

»Das einzige Mal, dass ich meinen Vater habe weinen sehen, war unser letztes Weihnachten in Berlin. Weihnachten war immer unser großes Fest gewesen. Fast die ganze Familie war da, und mein Vater war sichtlich außer sich über die Entwicklung, die die Dinge in Deutschland nahmen. Er ging mit seinen Brüdern in ein anderes Zimmer, um unter Männern zu reden. Als er zurückkam zu uns, hatte er Tränen in den Augen. Er sagte: ›Wir müssen Berlin verlassen.‹«

Im April 1934 emigrierten die Adams nach England. Sie konnten nur ihre Möbel und Bilder sowie einige Bücher mitnehmen. Die Ersparnisse blieben in Berlin. Als guter Deutscher hatte Fritz Adam noch nach Hitlers Machtübernahme sein Schweizer Konto aufgelöst und das Geld, wie von den neuen Machthabern gefordert, heim ins Reich geholt.

Die Tiergartenstraße 8 blieb verlassen zurück. Vermutlich wurde sie von Günstlingen des neuen Regimes bezogen. In eine der Nachbarvillen zog später eine »Gemeinnützige Krankentransportgesellschaft«, eine Tarninstitution der Reichskanzlei, die das Euthanasieprogramm der Nazis organisierte, Deckname »T 4« – Tiergartenstraße 4.

Die Abreise aus Berlin war der große Bruch im Leben Ken Adams. »Mit kaum dreizehn Jahren war ich Emigrant.« Das bedeutete den Verlust der Kindheit, der exklusiven Stellung, der Sicherheit und der Muttersprache. Sein gesamtes bisheriges Leben war unvermittelt in Frage gestellt, eine existenzerschütternde Erfahrung. Einen zweiten Bruch würde er nicht ertragen: *Man lebt nur zweimal.*

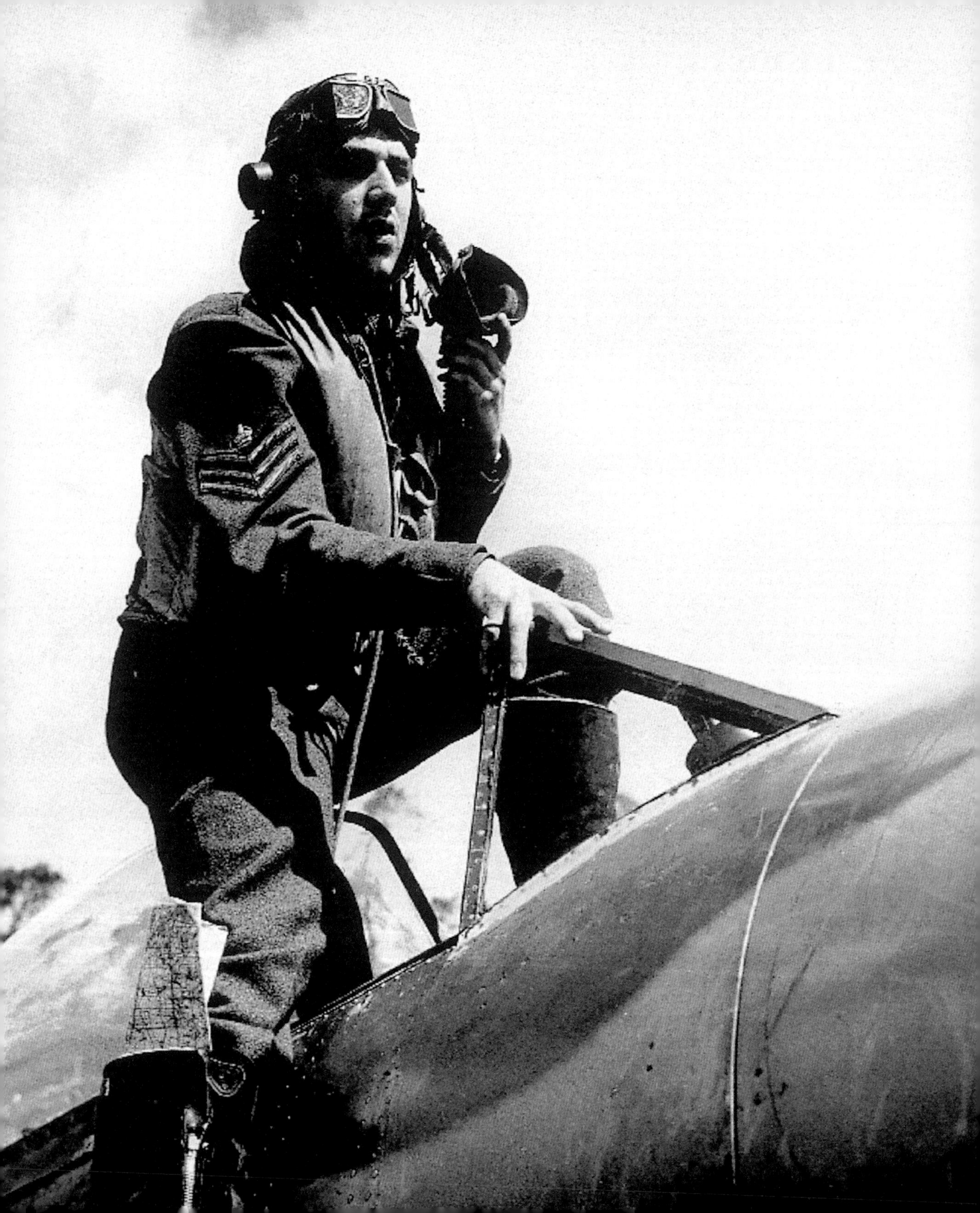

Jagdflieger im Weltkrieg

Ohne Tante Constance, genannt »Connie«, Hoster, einer entfernten Verwandten der Familie, wäre Ken Adam nicht nach England geraten, und die Geschichte des Kinos wäre womöglich weniger spektakulär verlaufen. Sie war eine originale Suffragette, trug immer ihren hohen Spitzenkragen und leitete ein renommiertes Sekretärinnen-Kolleg am Grosvenor Place in London, weswegen sie über gute Kontakte zu Politik und City verfügte. Peter Adam, der ältere Bruder von Klaus, hatte zunächst in Paris nach Arbeit gesucht, um von dort aus alles Erforderliche für eine Flucht nach Frankreich oder Holland in die Wege zu leiten. Vergeblich. Tante Connie verschaffte Peter einen Studienplatz an der »London School of Economics«. Mit Hilfe des Jüdischen Flüchtlingskomitees in Woburn House bereitete er dann die Auswanderung der Familie Adam nach London vor, besorgte die nötigen Visa und suchte, wiederum mit Tante Connies Hilfe, Schulen für seine Geschwister.

»Ein Internat in der Nähe von Edinburgh erklärte sich bereit, Dieter und mich gegen eine geringe Gebühr aufzunehmen. Tante Connie zahlte Lonis Schule in London. Im April 1934 nahmen meine Mutter und wir den Dampfer von Hamburg nach Grimsby, wo sie uns in dem Internat abgab. Keiner von uns beiden sprach ein Wort Englisch.«

Das erste Jahr in Schottland muss schlimm gewesen sein und nicht dazu angetan, Klaus Adam von der Überlegenheit des angelsächsischen Bildungssystems zu überzeugen. »Ich wurde eines Tages vom Direktor zu einem Interview bestellt. Das Interview erwies sich als Disziplinarstrafe, ich wurde mit dem Rohrstock in die Feinheiten britischen Understatements eingeweiht. Das Internat hat mich krank ge-

Ken Adam beim Einstieg ins Cockpit seiner »Hawker Typhoon« (1944)

macht. Diese Schikanen, diese Schlafsäle, wo die Jungen zueinander krochen – ich wollte nur noch weg.« Das schottische Internat erinnerte ihn zu sehr an die Situation, der er gerade entkommen war. »Denn obwohl ich nie persönlich von Nazis geschlagen worden war, hatte ich doch mitbekommen, was um mich herum geschah.«

Klaus wechselte auf die Vernon House School in London. »Vom dortigen Direktor habe ich etwas sehr Wichtiges gelernt. Er sagte zu mir: ›Klaus, die meisten Menschen sehen nichts, wenn sie durch eine Straße oder einen Park gehen. Du musst lernen, die Dinge wirklich anzuschauen. Schau nach oben, mach dir ein Gesamtbild.‹ Ich habe immer versucht, seinem Rat zu folgen.« Später bestand Adam die Aufnahmeprüfung für die St. Pauls School in London, eine der angesehensten des Landes: »Dort traf ich einige meiner Klassenkameraden aus dem Französischen Gymnasium wieder. Ich wurde ausstaffiert mit Bowler Hut, schwarzem Jackett, gestreiften Hosen und einem Regenschirm – und war auf einmal ein Gentleman.«

Die Mutter kam mit dem Töchterchen Loni im Juni 1934 nach. In Berlin hatte sie noch die »Nacht der langen Messer« erlebt, die blutige Liquidierung der Röhm-Fraktion. Auf der Fahrt von Berlin nach Hamburg kamen Polizisten in das Abteil, kontrollierten sie rüde und durchsuchten das Gepäck. Vergeblich, die Goldstücke der Großeltern waren in die Knöpfe des Persianermantels eingenäht.

Emigrantentreff in Hampstead

Lilli Adam war schon immer praktischer gewesen als ihr Mann: »In Berlin hatte mein Vater meine Mutter immer aus allem herauszuhalten versucht. Sie sollte sich um nichts kümmern müssen. Aber in London war sie es, die uns über die Kriegsjahre hinwegrettete.« Die Rollenverteilung zwischen den Eheleuten begann sich zu vertauschen. Lilli Adam eröffnete eine Pension in Hampstead, Greencroft Gardens. Es gab genug Exilanten in der Stadt, die es zu schätzen wissen würden, für wenig Geld im Mobiliar einer ehemaligen Tiergartenvilla zu wohnen, und sie wusste noch aus Berlin, wie man einen großen Haushalt führt. Fritz Adam versuchte, sich als Vertreter von tschechischen Socken und Handschuhen durchzuschlagen. Es ging nicht. »Ich kann nichts verkaufen«, sagte er.

»Er konnte nicht noch einmal von vorn anfangen«, beschreibt Ken Adam die verzweifelte Situation seines Vaters im Rückblick. »Er hat es nie verwunden, aus seiner

Heimat vertrieben worden zu sein. Sein einziger Glaube und seine einzige Stütze war die Gewissheit, Deutscher zu sein. Hitler hat meinem Vater sein Leben geraubt, weil er ihm die Achtung vor sich selbst genommen hat.«

Fritz Adam, der große Kaufhauseigentümer, das respektierte Mitglied der alten Berliner Gesellschaft, ein Sockenvertreter? Das war kein Leben. Nach einem leichten Herzinfarkt starb Fritz Adam in London am 17. Januar 1936, dem Jahr der Olympischen Spiele, an deren Vorbereitung er so gerne beteiligt gewesen wäre.

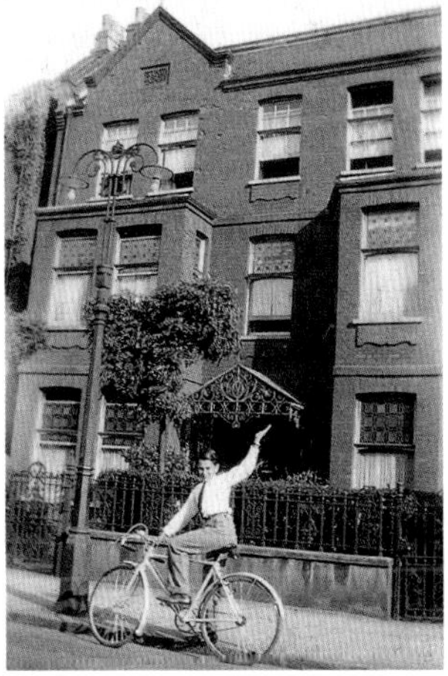

Klaus Adam im Alter von 14 Jahren vor der Pension der Familie in Greencroft Gardens

»Ich hörte durch die Wand, wie er um Atem rang. Ich ging ins Schlafzimmer, und meine Mutter rief, ich solle den Arzt holen. Eine Stunde lang musste ich mit ansehen, wie er schwach und schwächer wurde. Ich sah Angst in seinem Blick. Er wollte nicht sterben. Sein Herz gab auf, bevor der Doktor kam. Es war das erste Mal, dass ich den Tod erlebte. Ich war vierzehn Jahre alt.«

Das Boarding House »Bei Mrs. Lilli Adam« wurde zum Treffpunkt der Emigrantenszene von Hampstead. In den Zimmern übten die Geigenschüler von Karl Flesch. Jeden Abend saßen im Speisezimmer zwanzig, fünfundzwanzig Leute und debattierten über die neuesten Nachrichten aus Deutschland. Es waren Psychiater darunter, Musiker, Künstler, Ärzte. Sie hatten eine Welt verloren und daher alle Zeit, von der alten zu erzählen. Abends wurde das Esszimmer der Pension von Lilli Adam zur Volkshochschule: »Ich habe bei diesen Abendessen mehr gelernt als je in der Schule«, berichtet Ken Adam. Jeder Neuankömmling in Hampstead wurde über die Zurückgelassenen und die Verschwundenen ausgefragt. Auch ein Teil der Familie Adam war in Deutschland zurückgeblieben. Sie hatten nicht glauben wollen, dass ihnen im Land von Goethe, Schiller und Beethoven etwas geschehen würde. Keiner von ihnen überlebte den Krieg, Onkel Eddi nicht, Onkel Paul und Tante Käthe nicht, sie wurden nach Riga deportiert, und Tante Emmi nahm Gift in Theresienstadt, als sie erfuhr, dass ihr Name bereits auf der Deportationsliste für Auschwitz stand.

Entscheidung für den Film

In der Pension von Lilli Adam lebte 1937 auch ein ungarischer Kameramann, Gabor Pogany. Er nahm Klaus eines Tages mit zu den Denham-Studios, wo gerade eine andere ehemalige Berlinerin arbeitete: Marlene Dietrich. Sie drehte ihren ersten englischen Film, *Knight Without Armour*, und musste sich jeden Abend nach Drehschluss der Nazi-Agenten erwehren, die sie um jeden Preis zurück nach Deutschland locken wollten. Angeblich soll auch der damalige deutsche Botschafter und spätere Außenminister Joachim von Ribbentrop persönlich im Studio aufgetaucht sein, mit einem Angebot aus der Reichskanzlei. Aber Marlene Dietrich blieb Hitler-Deutschland fern.

Auch Klaus Adam traf eine folgenschwere Entscheidung: »Der englische Film wurde damals von Ungarn gemacht, vor allem von den drei Korda-Brüdern. Auf dem Set wurde ich Vincent Korda vorgestellt, der viele Filme seines Bruders Alexander als Art Director ausgestattet hatte und später den Oscar bekam. Ich war sehr beeindruckt von seinen Kulissen, und ich glaube, es war an diesem Tag, dass ich beschloss, für den Film zu arbeiten. Vincent Korda jedenfalls empfahl mir, erst einmal eine solide Ausbildung als Architekt zu machen. Die Dietrich habe ich damals nicht zu Gesicht bekommen. Leider nicht. Sie soll gerade die berühmte Szene in der Badewanne gedreht haben.«

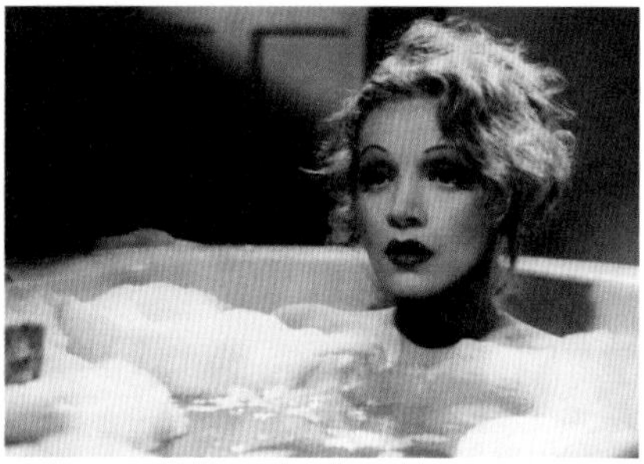

Marlene Dietrich als russische Aristokratin in *Knight Without Armour*

Mit siebzehn Jahren schrieb sich Klaus Adam in der »Bartlett School of Architecture« am University College ein. Abends ging Adam zu den Kursen am College, tagsüber arbeitete er bei der angesehenen Londoner Architekturfirma »CW Glover & Partners«. Dort zeichnete er vor allem Luftschutzbunker und Gebrauchsanweisungen für Gasmasken. Die späten dreißiger Jahre waren nicht die besten Zeiten für einen Landhaus-Architekten. Einer der Chefs hatte in Berlin als Assistent von Erich Mendelsohn gearbeitet. Er erkannte Adams Talent und ermahnte ihn, rücksichtslos modern zu sein. Mendelsohn hatte gelehrt, dass Verzicht aufs Ornament nicht Verzicht auf Ausdruck bedeuten musste, dass die technischen Formen ihre gleichsam sakrale Bedeutung erst noch bekommen würden. Vertrieben aus Berlin,

»Damals war die ›Bartlett School of Architecture‹ sehr konservativ. Ich erinnere mich an Diskussionen mit Professor ›Dickie‹ Richardson, dem späteren Präsidenten der Königlichen Akademie. Er war durch und durch konservativ und ein Spezialist für Georgianische Architektur. Für meine Zwischenprüfung sollte ich ein Landhaus entwerfen. Ich arbeitete einige Wochen daran und lieferte einen sehr modernen Entwurf ab. Dickie rief mich zu sich, beglückwünschte mich zu der Arbeit und verbrachte dann fünfzehn Minuten damit, meine Zeichnung mit roten Strichen komplett unkenntlich zu machen. Er empfahl mir, von vorn zu beginnen und einen traditionelleren Stil zu wählen. Mein Ego hatte wieder einmal einen starken Dämpfer erhalten.

Aber ich hatte eine gründliche Ausbildung als Zeichner und Kenntnisse in Baustilen und Architekturgeschichte. Die Prinzipien hatte ich verstanden. Jetzt musste ich mich nur noch von ihnen frei machen.«

studierte Ken Adam in London die revolutionären Bauprojekte seiner Heimatstadt: die an *Metropolis* erinnernden Hochhausskizzen für ein Geschäftshaus am Kemperplatz, den Wettbewerbsbeitrag für die neue Friedrichstraße und natürlich das Columbushaus: »Das Columbushaus kannte ich noch aus Berlin. Mir gefiel die Verwendung der Kurven und Mendelsohns nicht-struktureller Ansatz. Wenn es den Ausdruck steigert, muss nicht immer funktional gebaut werden.« Es geht beim Bauen um Ausdruck, nicht darum, mit möglichst wenig Beton auszukommen. Die Begegnung mit Mendelsohns Arbeiten hatte einen entscheidenden Einfluss auf Klaus Adam und, was er allerdings noch nicht wissen konnte, auf seine spätere Arbeit.

Nebenbei half er bei einem Architekten aus, der Mitglied der progressiven »MARS«-Gruppe (»Modern Architecture Research«) war, einem Zusammenschluss deutscher und österreichischer Emigranten, die es vom Dessauer Bauhaus nach London verschlagen hatte. Deutschland blieb an seinen Sohlen kleben, wohin er auch ging.

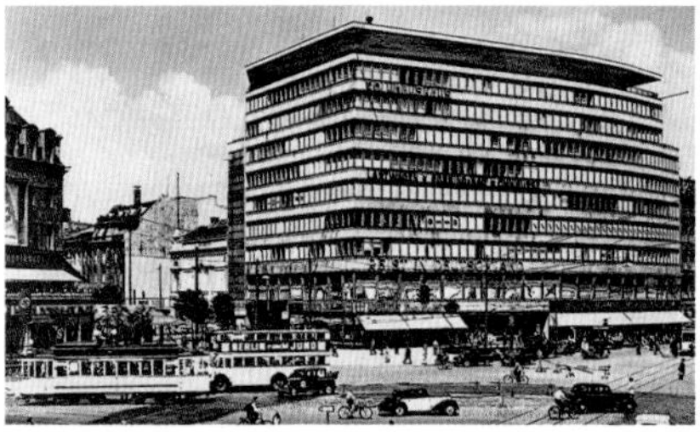

Das neunstöckige Büro- und Geschäftshaus, genannt Columbushaus, an der Friedrich-Ebert-Straße um 1938

Das erste tatsächlich realisierte Bauwerk Klaus Adams war ein Luftschutzkeller im Garten von Mutters Pension in Greencroft Gardens. »Alle Gäste halfen mit, einschließlich eines alten preußischen Offiziers, der in Reitstiefeln auf der Baustelle erschien. Nur hatte ich die Zahl der Stützpfähle falsch berechnet beziehungsweise den englischen Regen unterschätzt. Jedenfalls brach der gesamte Bunker eines Nachts zusammen.« Zum Glück noch vor Kriegsbeginn.

1940 ließ die britische Regierung alle Deutschen, Österreicher und Italiener in wehrfähigem Alter internieren. Klaus' Bruder Dieter wurde vier Wochen auf der Ferieninsel Isle of Man von Soldaten mit aufgepflanzten Bajonetten bewacht; er war sechzehn Jahre alt. Später holte sein Bruder ihn zur Royal Air Force nach. Klaus Adam wurde von seinem Chef in der Architekturfirma zunächst vor der Internierung bewahrt. Der hatte Scotland Yard angerufen und gesagt, sein Angestellter zeichne an kriegswichtigen Projekten.

So konnte Klaus Adam sich im Oktober 1940 für das »Auxiliary Military Pioneer Corps« bewerben, einer eigens für Emigranten und Flüchtlinge eingerichteten

Truppeneinheit. »Ich bekam gleich zwei Streifen an die Uniform, weil ich in St. Pauls beim Offizier-Trainingskorps gewesen war. Meine erste Aufgabe war es, eine Truppe französischer Fremdenlegionäre, die gerade aus Narvik gekommen waren, ins Ausbildungslager zu geleiten. Dort herrschte eine durchaus kosmopolitische Atmosphäre: Tschechen, die gerade aus Dünkirchen evakuiert worden waren, Italiener, die ihr ganzes Leben in England verbracht hatten, jede Menge Deutsche und Österreicher. Professoren, Rechtsanwälte, Maler, Schauspieler und ein Clown, der berühmte Coco.« Adam sollte seinen Legionären Exerzieren beibringen, altgedienten Soldaten, die zum Teil schon in Verdun gekämpft hatten. »Aber sie mochten mich, und ich hielt es für die angebrachte Politik, im Zweifel beide Augen zuzudrücken.«

Jagdflieger bei der R.A.F.

Das Pionierkorps war ohnehin nur als Zwischenstation gedacht. Klaus Adam wollte nicht mehr ein Citizen zweiter Klasse sein. Er wollte Flieger werden. Wie vermutlich 99 Prozent aller Jungen, vor allem aber wie jemand, der aus seiner Heimat verjagt worden ist und aus der Ferne etwas gegen die Dämonen zu Hause in Berlin tun wollte.

»Anfang 1941 wurde ich zum Erstaunen aller bei der R.A.F., der Royal Air Force, aufgenommen, obwohl ich nicht einmal naturalisiert war – ich war noch nicht 21 Jahre alt – und immer meinen deutschen Pass dabei hatte. Vielleicht lag es daran, dass ich ein Verhältnis mit der Tochter des Korpskommandanten hatte und er mich auf diese Weise vom Halse schaffen wollte.« Klaus Adam war der erste und bis 1944 auch einzige deutsche Jagdflieger bei der britischen Luftwaffe – dann kam als zweiter sein jüngerer Bruder Dieter dazu. Klaus flog in einer Einheit, von der nur ein sehr kleiner Teil der Piloten das Ende des Krieges erlebte. Die Erfahrungen, die er bei seinen Einsätzen machte, waren prägend. Er sollte den Krieg sein Leben lang nicht mehr loswerden. Nach einem kurzen Training in Schottland wurden die Fliegerkadetten im Juni 1942 nach Kanada verschifft, »ironischerweise auf einem bewaffneten Handelsschiff, das den Namen meiner späteren Frau trug: Letitia. Als wertvolles Frachtgut wurden wir auf der ganzen Atlantikroute von zwei Zerstörern eskortiert. Auf einer der späteren Überfahrten wurde das Schiff von deutschen U-Booten versenkt«.

Am 24. August saß Klaus Adam zum ersten Mal allein in einem Flugzeug. Es war eine »Stearman«, und er genoss jede Minute. Seine Einheit war nach Lakeland in Florida verlegt worden. »Nach den drei Kriegsjahren in England war Florida mit seinen Orangenplantagen das Paradies. Manchmal hatten wir ein Wochenende frei. An einem davon traf ich im berühmten ›Tampa Terrace‹-Hotel den Schauspieler John Garfield, der damals den Flieger-Film *Air Force* drehte. Garfield erzählte mir eine ganze Nacht lang Anekdoten aus Hollywood.«

»Hollywood« – das war nur ein Wort, absurd fremd im Alltag eines Zwanzigjährigen, der gerade für einen Krieg ausgebildet wurde, den er höchstwahrscheinlich nicht überleben würde. »Es war eine sehr ernste Angelegenheit. Die wenigsten absolvierten den Lehrgang bis zu Ende. Die Abbrecher wurden Navigatoren oder Schützen oder reisten ohne jedes Patent zurück nach England. Die Selbstmordrate unter ihnen war hoch.« Trotz alledem hat sich der Name der amerikanischen Filmmetropole – in der das, was er mit blutigem Ernst betrieb, als spannendes Spiel inszeniert werden konnte – damals tief in Adams Gedächtnis eingegraben.

In Lakeland wurden die Kadetten in allen Techniken des Luftkampfs gedrillt: Sturzflug, Tiefflug, Aerobatik, Formationsfliegen, Orientierung in Wolken, »Luft-Luft«-Gefecht, Nachtflug. »Wir lernten die Grundregeln: Immer innerhalb des Feindes drehen, sich stets innerhalb des Wendekreises des Gegners aufhalten.« Später wird der Set Designer Ken Adam, gefragt nach seiner stärksten Inspiration für die Bond-Filme, die Erfahrung der Geschwindigkeit in einem Jagdflieger nennen.

Sie lernten so lange, bis sie »mit dem Hosenboden flogen« und sich später am »Elgin Field« mit ihren »Harvard-AT6«-Maschinen bewegten, als hätten sie nie etwas anderes getan. Cadet Officer Klaus Adam war ein geborener Flieger. Den Führerschein für Autos machte er erst nach dem Krieg.

Zu den wichtigsten Verhaltensregeln für die Kadetten gehörte es, nicht mit Schwarzen zu verkehren oder in die schwarzen Viertel zu gehen. Nichtbeachtung bedeutete den Ausschluss vom Lehrgang. Klaus Adam beendete seine Ausbildung zwar ordnungsgemäß, wurde jedoch nach England zurückbeordert, ohne zum Offizier befördert zu werden. Allerdings nicht weil er in die schwarzen Viertel gegangen wäre, auch nicht, weil er ein Jagdflugzeug ausgeliehen hatte, um das Mädchen-College von Wesleyan mit Loopings und anderen Kunststücken zu beeindrucken: »Das Geheimnis ist nie aufgedeckt worden. Es hatte wohl damit zu tun, dass ich der einzige Deutsche in der R.A.F. war. Ich war etwas, was es eigentlich nicht geben konnte, eine Art Wunder.«

Die »609. Schwadron von Lympne in Kent«, zu der Adam am 1. Oktober 1943 versetzt wurde, war auch ein Wunder. Sie war mit ihren »Spitfires« an der Evakuierung von Dünkirchen beteiligt, an der Schlacht um England im September 1940 und dann mit ihren »Typhoons« an der D-Day-Invasion im Juni 1944. Die »Hawker Typhoon« war das triebwerkstärkste Jagdflugzeug der damaligen Zeit. Sie hatte einen 2200 PS starken glykolgekühlten Motor mit 24 Zylindern und war eigens für den Krieg gegen Hitler konstruiert worden, als Jagdflugzeug für Luftkämpfe in großer Höhe. Es war die beste Maschine, die Großbritannien bauen konnte, das leistungsfähigste Flugzeug für Erdzielbekämpfung während des ganzen Krieges, darüber hinaus das erste mit Luft-Boden-Raketen. Nur die deutschen Messerschmitts waren schneller. Klaus liebte die »Typhoon«.

Der Pilot saß eingezwängt hinter dem Öltank des Motors, den Hinterkopf durch eine Panzerplatte geschützt, unter sich Steuersäule, Seitenruderpedale, Auslöser für die vier 20-mm-»Hispano«-Bordkanonen. Jeder wusste, dass der Motor extrem störanfällig war. Eine Revolverkugel im Kühlsystem des Flugzeugs konnte es zum Absturz bringen, Schleudersitze gab es nicht. Ken Adam erinnert sich: »Die ›Typhoon‹ war eine phantastische Maschine, aber sie war auch ein Monster. Im Notfall hätten wir das Flugzeug auf den Rücken legen und uns kopfüber abschnallen müssen, in der Hoffnung, nicht von der Schwanzflosse geköpft zu werden.« Der Pilot saß wie ein winziger Reiter auf einer bullenstarken Maschine. In die Flügel waren Kameras eingebaut.

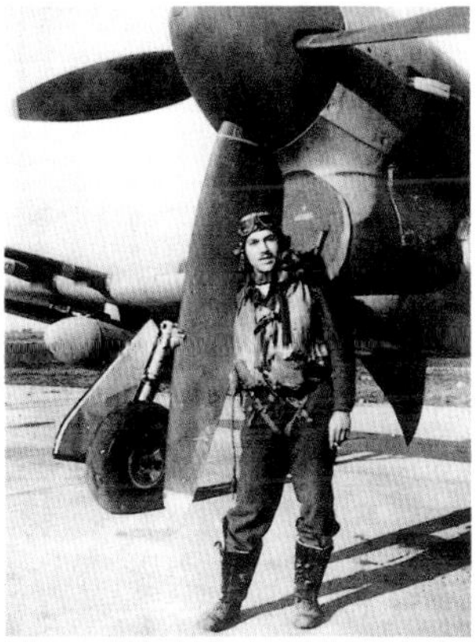

Klaus Adam vor einer »Hawker Typhoon« (1944)

Zu den Hauptaufgaben der Schwadron gehörte es, den amerikanischen und britischen Bombern Geleitschutz beim Überqueren des Kanals zu geben oder in so genannten »Ranger-Einsätzen« mit voller Geschwindigkeit und knapp über dem Wasser ins besetzte Holland, Belgien oder Frankreich zu jagen und das erstbeste militärische Ziel mit Bordkanonen oder den neuen 60-Pfund-Raketen anzugreifen: Eisenbahnen, Truppenansammlungen, die Betonbunker der V1, an deren Perfektionierung ein anderer Absolvent des Französischen Gymnasiums in Berlin, Wernher von Braun, arbeitete. Der Angriff auf die »Wunderwaffe« erwies sich als außerordentlich verlustreiche und letztlich auch völlig sinnlose Aktion.

Eine Schwesterstaffel von Adams Einheit war es, die den Konvoi von Generalfeldmarschall Erwin Rommel angriff und ihn schwer verletzte (wodurch er den Liqui-

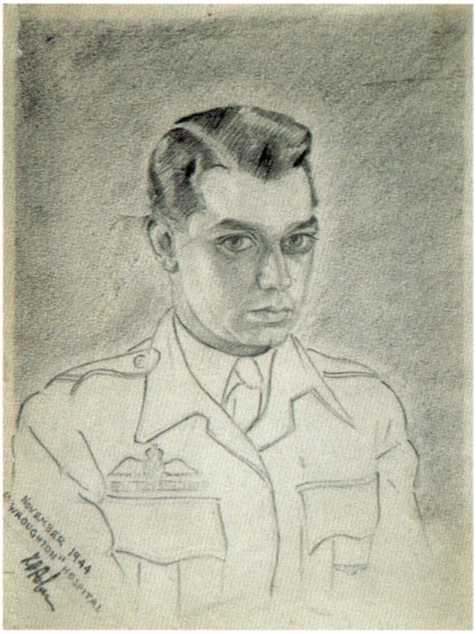

Selbstporträt Klaus Adams,
gezeichnet 1944 während
eines Krankenhausaufenthaltes

Eine »Hawker Typhoon«:
Bleistiftzeichnung von
Klaus Adam (1945)

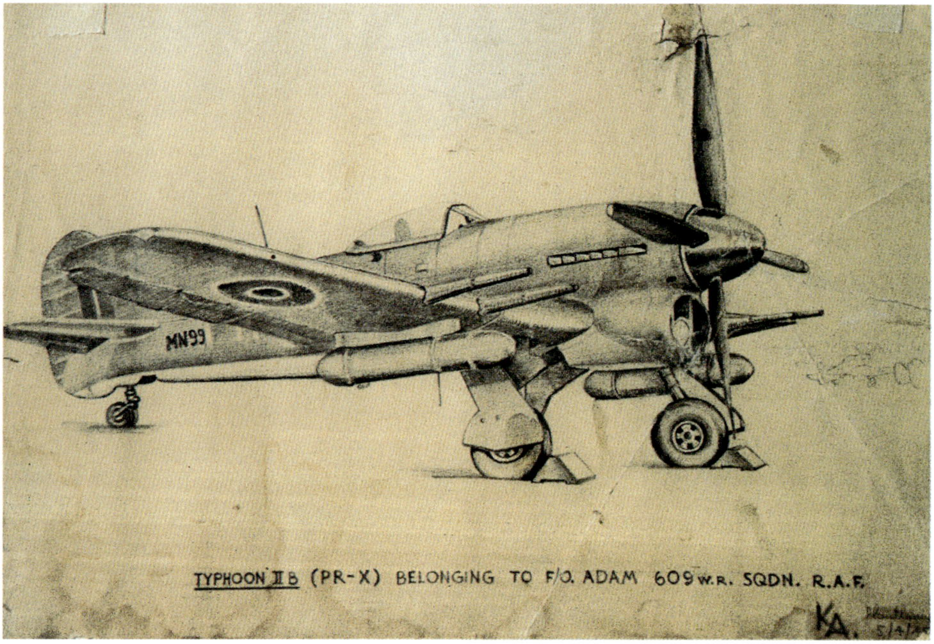

dierungen nach dem Stauffenberg-Attentat wenige Tage später entkam). Die jungen Piloten waren ständig in Lebensgefahr. »Das Problem war zum Beispiel, bei einer Geschwindigkeit von 400 Meilen in der Stunde rechtzeitig Bäumen, Strommasten oder Kirchtürmen auszuweichen. Wir kehrten oft zurück und hatten Blätter und Zweige am Kühler hängen.«

Klaus Adams Staffel bestand fast nur aus ausländischen Freiwilligen: Polen, Norwegern, Neuseeländern, Franzosen, Belgiern, Kanadiern, Australiern. Er war der einzige mit einem deutschen Pass. »Heinie« nannten ihn die Kameraden. *Heinie, the tank-buster,* der Panzerknacker. »Wir waren sehr stolz, ihn bei uns zu haben«, schreibt George Bell, damals Arzt der Schwadron, in seinen Erinnerungen, und er fügt hinzu: »In Gefangenschaft zu geraten bedeutete für die anderen Piloten nur das Ende des Krieges. Für ›Heinie‹ Adam wäre es der Beginn eines Alptraums gewesen. Mit diesem Wissen zu fliegen, zusätzlich zu dem sonstigen Stress, muss immensen Mut erfordert haben.« Um sich zumindest symbolisch zu schützen, änderte Klaus Adam seinen Namen in Keith Howard. Der Name »Klaus« war ein zu gefährlicher Ballast, wenn man mit einem Flugzeug über deutsche Linien jagte.

Der deutsche Pass war es schließlich auch, der die Ernennung zum Offizier verzögerte. Klaus Adam kam als letzter seiner Staffel an die Reihe, und auch dazu bedurfte es massiven Drucks. Der Kommandeur schrieb an seinen Tennispartner Sir Anthony Eden, den Außenminister, persönlich. Und so erhielt Klaus Adam seine Ernennung im November 1944, per Sonderverfügung.

Klaus Adams Kriegserfahrungen waren haarsträubender als all die waghalsigen Abenteuer in den Filmen, die er künftig drehen sollte. »Ken war ein echter Held«, meinte später auch Bond-Darsteller Roger Moore anerkennend. Seit der Schlacht um England waren Flieger die Helden des Landes. Sie wurden bewundert. Und das half wohl kurzzeitig, die Angst zu überspielen. »Jeder hatte Angst. Ich habe Kameraden gesehen, die sich übergeben mussten, bevor sie in die Maschine kletterten. Ich selbst lebte von einem Tag auf den anderen. Ich hatte seit jeher viel Phantasie und deswegen auch eine Heidenangst. Ich glaubte nicht daran, dass ich den Krieg überleben würde.« Im Jahr 1943 wurde das erste Mal von deutscher Seite auf Flight Sergeant K. H. Adam geschossen. »Es war ein sehr ungutes Gefühl, die Küste des Kontinents zu überfliegen und von allen Seiten beschossen zu werden. Aber es gab diese verrückte Einstellung in der Staffel, dass alles im Grund ein Sport sei, wie Rugby oder Kricket. Das war aber auch notwendig, um die Situation überhaupt ertragen zu können.«

Statistisch gesehen hatten die Piloten im Grunde keine Chance. Zwischen Januar und November 1944 musste Adams Staffel fast dreimal neu besetzt werden. Klaus Adam kam durch. Er überlebte den D-Day und folgte den alliierten Armeen bis nach Deutschland hinein. Einmal wurde ihm die hintere Tragfläche abgeschossen. Er schaffte es dennoch zurück. Im Fliegerhorst redeten sie über die aussichtslosen Einsätze wie über schwierige Kricketpartien. Vor jedem Einsatz drehte Adam dreimal seinen goldenen Siegelring, den ihm Mutter Lilli aus ihren Eheringen hatte anfertigen lassen. Auch die Sprache half, jene kalte kodierte Militärsprache, die nicht für Gefühle gemacht ist. Die Einträge im Logbuch von Klaus Adam legen sich wie ein Tarnnetz über die Erlebnisse: »Woody stürzte in Häuser, explodierte. Verdammtes Pech.« Oder am 21. Dezember 1943, bei seinem ersten Kampfeinsatz überhaupt: »Den Kommandanten und Miller verloren. Musste allein zurück, weil keine Langstreckentanks.« Adam wäre um ein Haar wegen Treibstoffmangels zu Boden gegangen, hätte sein Kommandant ihn nicht zurückbefohlen. Das war sein Glück. Der Rest der Staffel wurde abgeschossen – durch so genanntes »friendly fire«: Die Amerikaner hatten noch nie »Typhoon«-Maschinen gesehen und sie für deutsche »Focker-Wulf 190er« gehalten.

»Ich bin jemand, der für kurze Zeit sehr viel Mut haben kann, aber nicht die Natur, die mit Gefahren für Stunden umgehen kann. Deswegen hätte ich nie Bomberpilot sein können.«

Nach dem D-Day flogen sie zwei, drei Angriffe pro Tag. »Shows« hieß das im Pilotenjargon. Aber es bedeutete, zwei-, dreimal am Tag sein Leben zu riskieren. Und davon hatte jeder nur ein einziges an Bord. »Ich hatte einfach Glück. Und ich habe versucht, keinen unnötigen Fehler zu machen.« Man musste durch Wolken stoßen, ohne zu wissen, wie hoch die Wolken über dem Grund schwebten. Man musste im Flak-Gewitter die Nerven behalten. »Wir sollten unseren Sperrholzgleitern – Flugzeuge ohne Motoren für Truppentransporte – Feuerschutz geben. Die Deutschen warteten unseren Angriff mit den ›Typhoons‹ ab und zerschossen dann die Gleiter. Ich sehe noch, wie die Leute durch die Luft hinunterstürzten.«

Die Piloten folgten der *bomb-line,* wie der Frontverlauf genannt wurde. Von den Panzern kam etwa das Signal: In 15 Sekunden auf den roten Rauch halten. Dann wurde vom Boden aus eine Rauchrakete in Richtung Ziel geschossen, und der Pilot ließ sich mit seiner Maschine aus einer Höhe von 8000 Fuß herunterfallen, hinein in den Regen der Detonationen, umhergewirbelt von den Explosionen der schweren Flak.

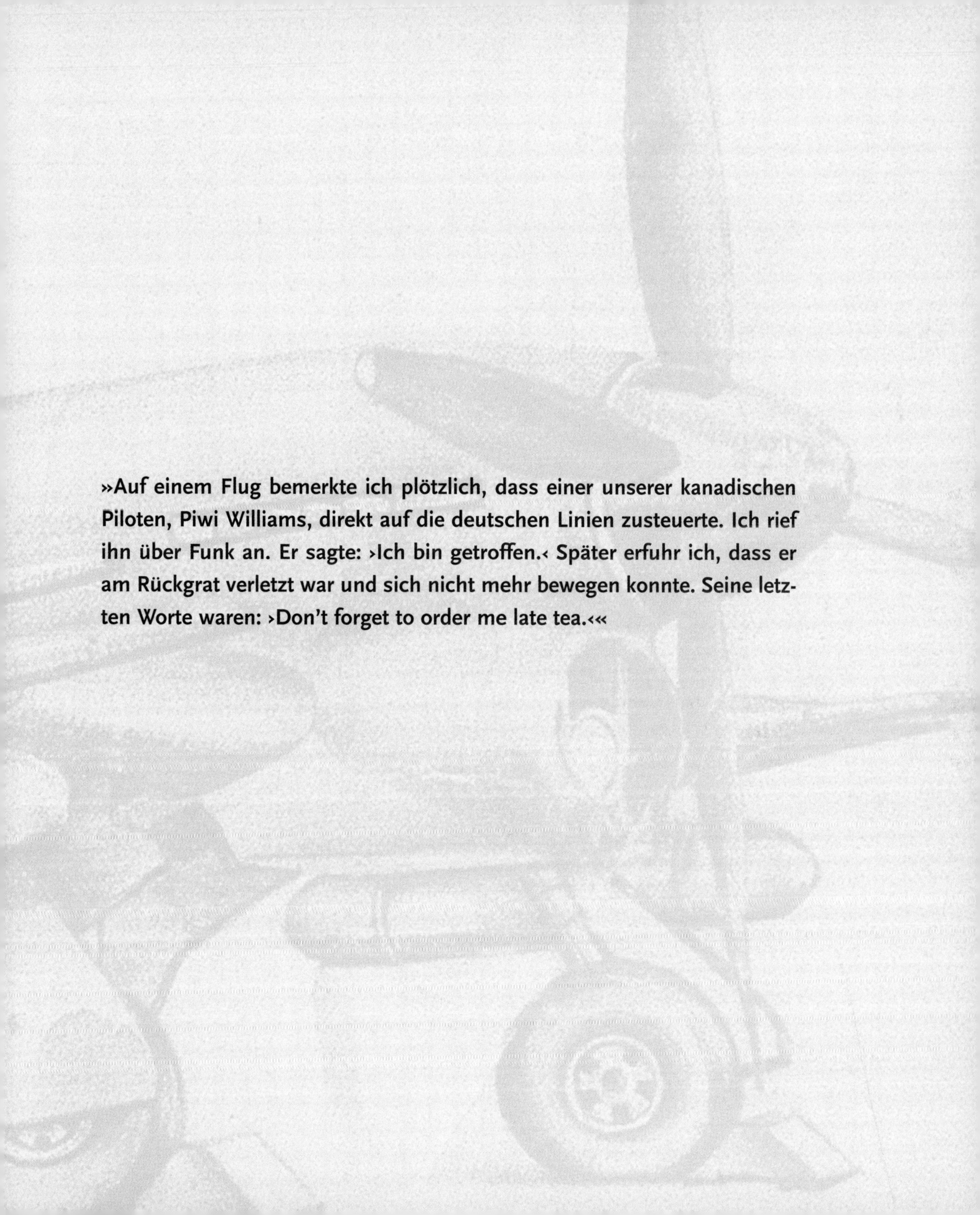

»Auf einem Flug bemerkte ich plötzlich, dass einer unserer kanadischen Piloten, Piwi Williams, direkt auf die deutschen Linien zusteuerte. Ich rief ihn über Funk an. Er sagte: ›Ich bin getroffen.‹ Später erfuhr ich, dass er am Rückgrat verletzt war und sich nicht mehr bewegen konnte. Seine letzten Worte waren: ›Don't forget to order me late tea.‹«

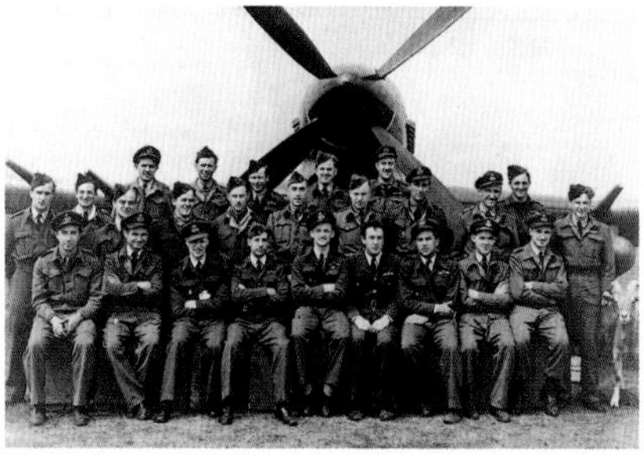

Die Piloten der 609. Schwadron, fotografiert 1945 in Deutschland. Vordere Reihe, dritter von rechts: Klaus Adam

Eines Tages bekam Klaus Adam den Befehl: »Gestapo-Hauptquartier in Dünkirchen bombardieren.« Er verfehlte es nicht. »Man ist runtergegangen und hat Leute getötet, Militärzüge und Panzer angegriffen oder Brücken bombardiert. Man war ein König – völlig getrennt von dem, was auf dem Boden passierte.« Nur Berlin lag außerhalb des Radius. Adam kam nie in das Dilemma, seine Heimatstadt angreifen zu müssen. Aber vermutlich hätte er auch das getan. Die Fronten waren klar: »Da war der Feind, und man musste den Krieg gewinnen. Ich wusste, wenn wir ihn verlören, würde ich als Erster umgebracht.«

Ein einziges Mal hat Adam ein Schlachtfeld betreten. Es war nach dem D-Day, und seine Schwadron sollte eine SS-Einheit bei Falaise in der Normandie zerstören. Das tat sie auch. Winston Churchill schrieb später über diesen Einsatz: »Die alliierten Fliegerkräfte fegten über die in der langen und engen Tasche dicht gedrängten deutschen Truppen hinweg und richteten im Verein mit der Artillerie ein entsetzliches Gemetzel an.« Am Tag nach der Schlacht fuhr der Kommandant einige Piloten auf dem Lastwagen zum Ort des Massakers: »Der Gestank der unzähligen toten Kühe und Pferde, die ihre Beine in die Luft streckten, die aufgetriebenen Leichen, das war eine schreckliche Erfahrung, die ich nie vergessen würde. Wir atmeten durch unsere Taschentücher. Es war unser erster entscheidender Sieg über die deutsche Armee, aber meine Hochgefühle wurden sehr gedämpft durch den Anblick des Gemetzels. Wir zerrten zwei tote SS-Leute aus ihrem Volkswagen, setzen uns hinein und fuhren zurück zur Basis. Ich bin diesen Geruch lange Zeit nicht losgeworden.«

Aber Hitler musste geschlagen werden. So wie James Bond zwanzig Jahre später das Böse in seinen unterschiedlichen Gestalten schlagen musste.

Zu Weihnachten 1944 zeichnet Ken Adam eine »Merry Christmas«-Karte für seine Schwadron. Man sieht einen mächtigen Winkel, aus dem ein Flugzeug todbringende Pfeile auf Berlin abschießt: »Die Zeichnung drückte zweifellos das aus, was ich damals fühlte: Hass.« Am 25. März 1945 beschießt Adam das deutsche Hauptquartier in Arnheim. Die Bombardierung der V2-Bunker in Rotterdam muss wegen schlechter Witterung abgebrochen werden. In den letzten Tagen stehen »Kreuzung in

Westerstede«, »Lübecker Bucht«, »Cuxhaven« als Angriffsziele im Bordbuch. Am Tag der Kapitulation hat Klaus Adam 378 Flugstunden in sein Logbuch eingetragen. Für den 8. Mai 1945 vermerkt das Logbuch: »Tiefflug querfeldein.« Der Krieg ist vorbei.

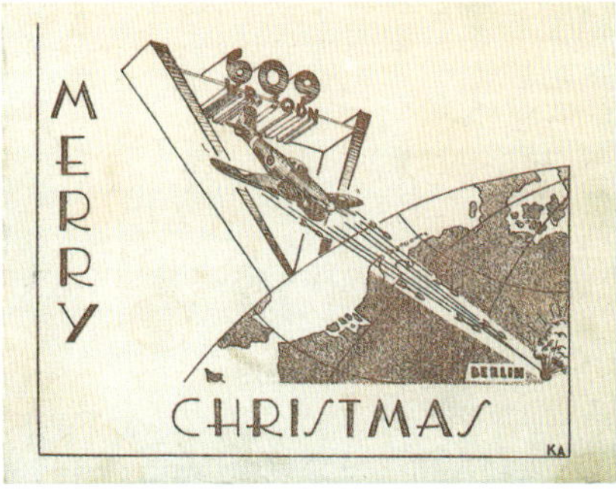

Weihnachtsgrußkarte der 609. Schwadron, gezeichnet von Klaus Adam

Nach der bedingungslosen Kapitulation Deutschlands wird Flying Officer Klaus H. Adam, No. 187137, nach Wunstorf bei Hannover abkommandiert. Er soll dort als *officer in charge* dafür Sorge tragen, dass die zehntausend Kriegsgefangenen der Hitler-Luftwaffe den Flughafen bauen, der später bei der Berlin-Blockade in den Jahren 1948 und 1949 als Zwischenlandepunkt für die Flugzeuge der Briten und Amerikaner eine wichtige Rolle spielte. Es ist das erste Mal, dass er mit jenen zu tun hat, die seine Familie vertrieben und in Lager gesteckt hatten; als Jagdflieger kommt man nicht in Kontakt mit dem Feind. Adam sitzt mit englischen Sachverständigen auch in der Militärbehörde des Distrikts. Dort registriert er einen völligen moralischen Zusammenbruch: »Diese tägliche Denunzierung von Nachbarn. Alle waren Nazis, bloß man selber hat von nichts gewusst. Ich habe alle Offiziere – die trugen ja noch ihre Uniformen – ins KZ Bergen-Belsen bringen lassen, damit sie sehen konnten, was dort geschehen war. Damals waren viele Häftlinge noch in den SS-Quartieren untergebracht. Das werde ich nie vergessen. Auch die deutschen Offiziere nicht. Einer hat zwei Tage später versucht, Selbstmord zu begehen. Es wäre einfacher gewesen, wenn ich sie hätte hassen können. Aber ich konnte nicht. Nur wenn mir einer mit Arroganz begegnet wäre, hätte ich ihn kaltblütig erschießen können.«

1946 ist der Krieg endgültig vorbei und damit auch all das, was bis dahin für Ken Adam wichtig gewesen war. Ein Kamerad der 609. Schwadron, Frank Ziegler, wird später schreiben: »Mit dem Krieg verschwand auch jenes Ziel, das junge Männer aus einem Dutzend verschiedener Länder zusammengebracht hatte, in Freundschaft und gegenseitigem Vertrauen. Gemeinsam fliegen und gemeinsam kämpfen, das war eine Lebensweise und eine Selbstverwirklichung, wie sie kaum einer je wieder erfahren würde, auch wenn es für so viele ein Weg in den Tod gewesen war.«

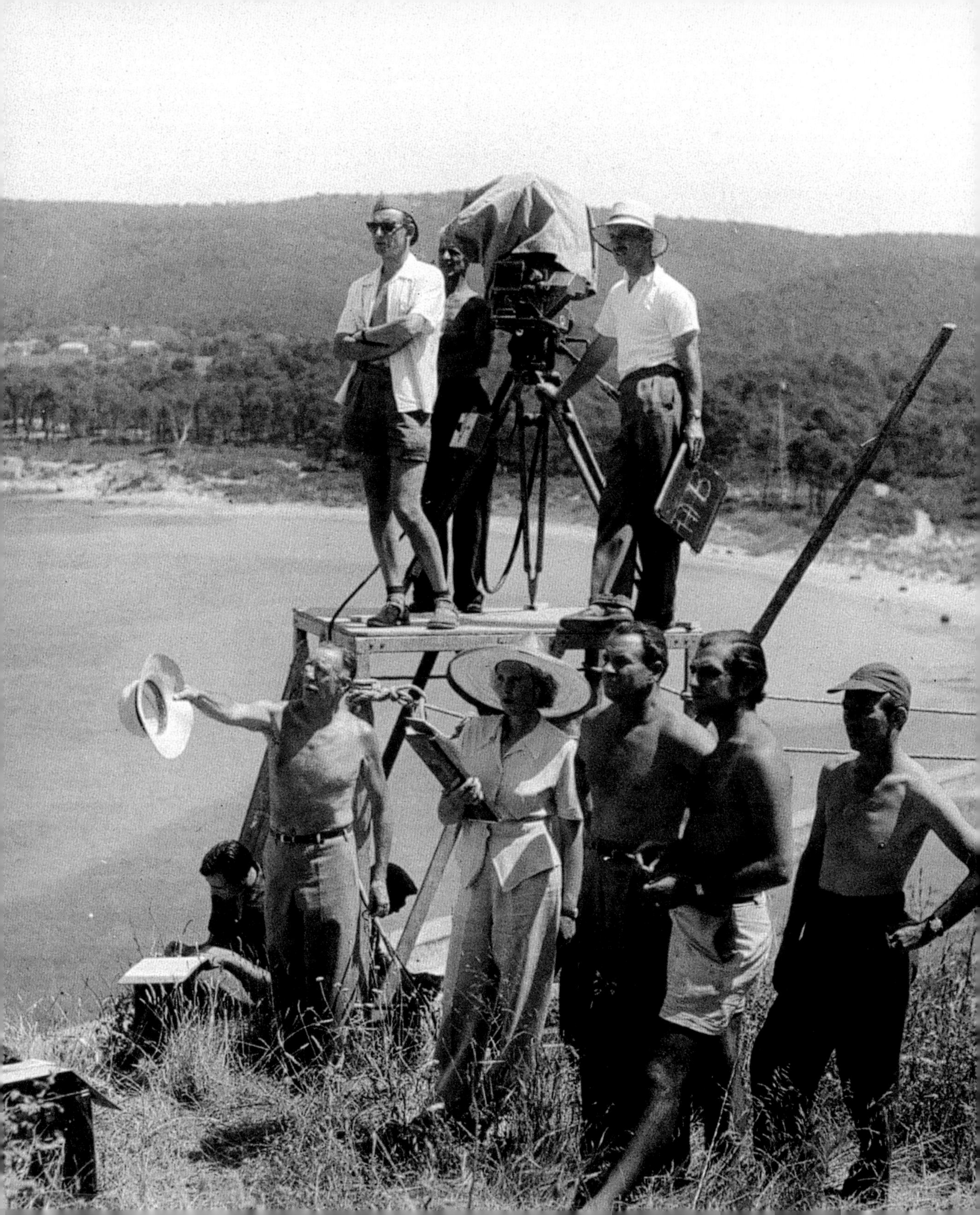

Die ersten Filme

Die Schwadron 609 der R.A.F. wurde im September 1945 aufgelöst. Auf den Heimaturlauben hatte man Ken Adam als Helden gefeiert, und alle möglichen Leute hatten ihm alle möglichen Jobs für die Zeit danach versprochen. Jetzt war es soweit, aber die gleichen Leute hatten nun anderes im Kopf, als einem Fünfundzwanzigjährigen mit deutschem Akzent und nicht genau einzuschätzenden Fähigkeiten die Türen zu einer Zivilkarriere zu öffnen. Was tun? Adam hatte nie darüber nachgedacht, nach Berlin zurückzukehren. Seine neue Heimat war England, und die Stadt seiner Kindheit war für immer verloren. Er wäre gern beim Militär geblieben, im Dienste Seiner Majestät, aber sein älterer Bruder Peter warnte ihn: »Als naturalisierter Engländer mit deutschem Akzent wirst du bei der Royal Air Force nicht weit nach oben kommen.« Er schlug vor, stattdessen bei ihm in der Firma zu arbeiten und Waren auszuliefern. Ken hielt eine Woche durch. Im Wesentlichen verbrachte er die Nachkriegsmonate in den alten Künstlerkneipen der Emigranten von Hampstead, dem »Swiss Cottage« und dem »Winter Garden« in der Finchley Road, dem Saint-Germain-des-Prés von London. Peter Ustinov gehörte zu der Truppe, die sich dort regelmäßig einfand, auch unbekannte englische Jungschauspieler wie zum Beispiel Peter O'Toole.

Schwester Loni arbeitete damals, im Herbst 1947, in der amerikanischen Botschaft in London. Sie wurde eines Tages nach geeigneten Requisiten für ein Filmprojekt gefragt. »Mein jungerer Bruder würde alles tun, um beim Film arbeiten zu können«, war ihre Antwort. So geriet Ken Adam, arbeitsloser Architekt und Luftwaffenheld i. R., auf das Gelände der Filmstudios in Twickenham. Er würde die Londoner Studios die nächsten Jahre nicht mehr verlassen. Fortan sollte die Arbeit an Filmen sein Leben

In Südfrankreich bei den Dreharbeiten zu *Des Königs Admiral*. Links mit dem Hut in der Hand Regisseur Raoul Walsh, vorne zweiter von rechts Ken Adam, auf dem Gerüst vorne der Kameramann Guy Green

wesentlich bestimmen, sie bildete gleichsam das Gerüst für seine weitere Biographie, sie sollte darüber entscheiden, in welchem Land er sich aufhielt, mit welchen Menschen er zusammen war. Tatsächlich gibt es wohl wenige Biographien, in denen sich Arbeit und Leben auf so innige Weise miteinander verschränken wie bei Ken Adam.

Ein Mann für unmögliche Aufträge

In Twickenham wurde damals *Brass Monkey* gedreht, ein Film der C-Kategorie mit Carole Landis und Herbert Lom. Adam bekam einen Aushilfsjob als Zeichner im Art Department. Der Art Director, Wally Scott, hatte einige Probleme, seine Vorstellungen beim Produzenten durchzusetzen, und bat die jungen Zeichner um Ideen. Ken Adam zeichnete eine Radio-Music-Hall. Zu seiner eigenen Überraschung wurde die Skizze akzeptiert.

In den folgenden Jahren eignete sich Adam die Grundlagen des Filmdesigns an. Er zeichnete Dekors aus dem Russland des 18. Jahrhunderts für *Pique Dame* (1949) und machte die Bekanntschaft des Bühnenbildners Oliver Messel. »Ich lernte eine Menge über Stilgeschichte und Zeichnen von ihm. Vor allem wurde mir deutlich, wie umfassend das Aufgabengebiet eines Produktionsdesigner sein kann.«

Die Londoner Studios der frühen Nachkriegszeit waren von Emigranten übervölkert. In den Hallen wurde Tag und Nacht gearbeitet. Hinter dem Namen des Art Directors Paul Sheriff verbarg sich der weißrussische Graf Schuwaloff, der für seine wunderschön gemalten, wenn auch etwas rätselhaften Setdesigns bekannt war: »Ich sprach ihn einmal darauf an. Er sagte: ›Ken, es gibt etwas, was du nie vergessen darfst. Sei niemals zu deutlich in deinen Zeichnungen. Filmleute sind Snobs. Wenn sie etwas nicht verstehen, was sie natürlich niemals zugeben können, werden sie es loben.‹« Ken Adam hat sich trotzdem nicht an diese Maßgabe gehalten. Auch seine späteren Zeichnungen geben keine Rätsel auf: Sie schaffen zwar unheimliche, zuweilen bizarre, aber immer klar strukturierte und ausgeleuchtete Räume, und die Konstruktion der dargestellten Gegenstände ist stets durchschaubar.

Adam traf auch den Kameramann Otto Heller und den berühmten russischen Bühnen- und Filmdesigner George Wakhewitsch, der gerade an der Ausstattung für den Film *World Premiere* mit Marlene Dietrich und Pierre Brasseur arbeitete (der Film wurde, obwohl die Vorbereitungen schon weit gediehen waren, nie gedreht). In

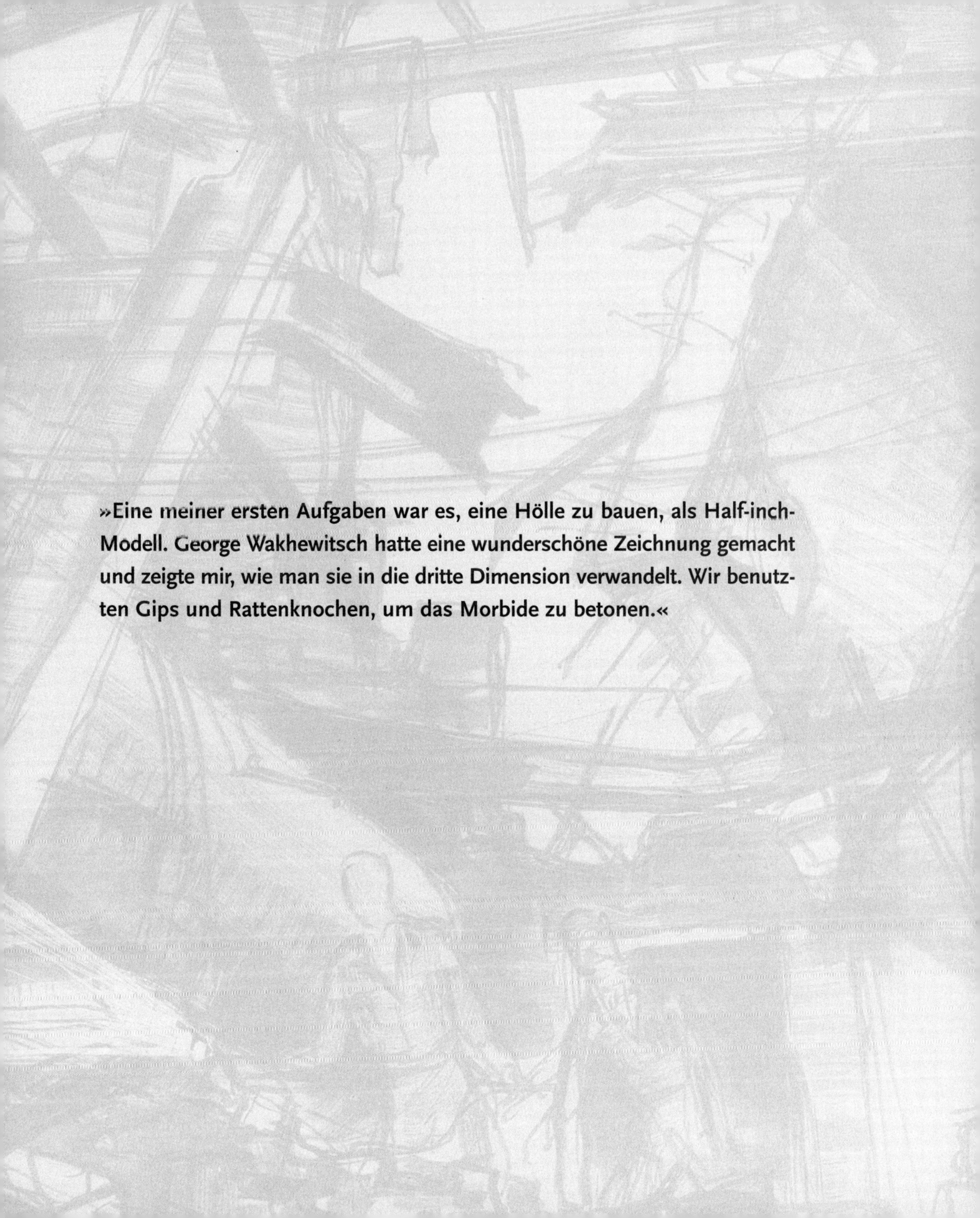

»Eine meiner ersten Aufgaben war es, eine Hölle zu bauen, als Half-inch-Modell. George Wakhewitsch hatte eine wunderschöne Zeichnung gemacht und zeigte mir, wie man sie in die dritte Dimension verwandelt. Wir benutzten Gips und Rattenknochen, um das Morbide zu betonen.«

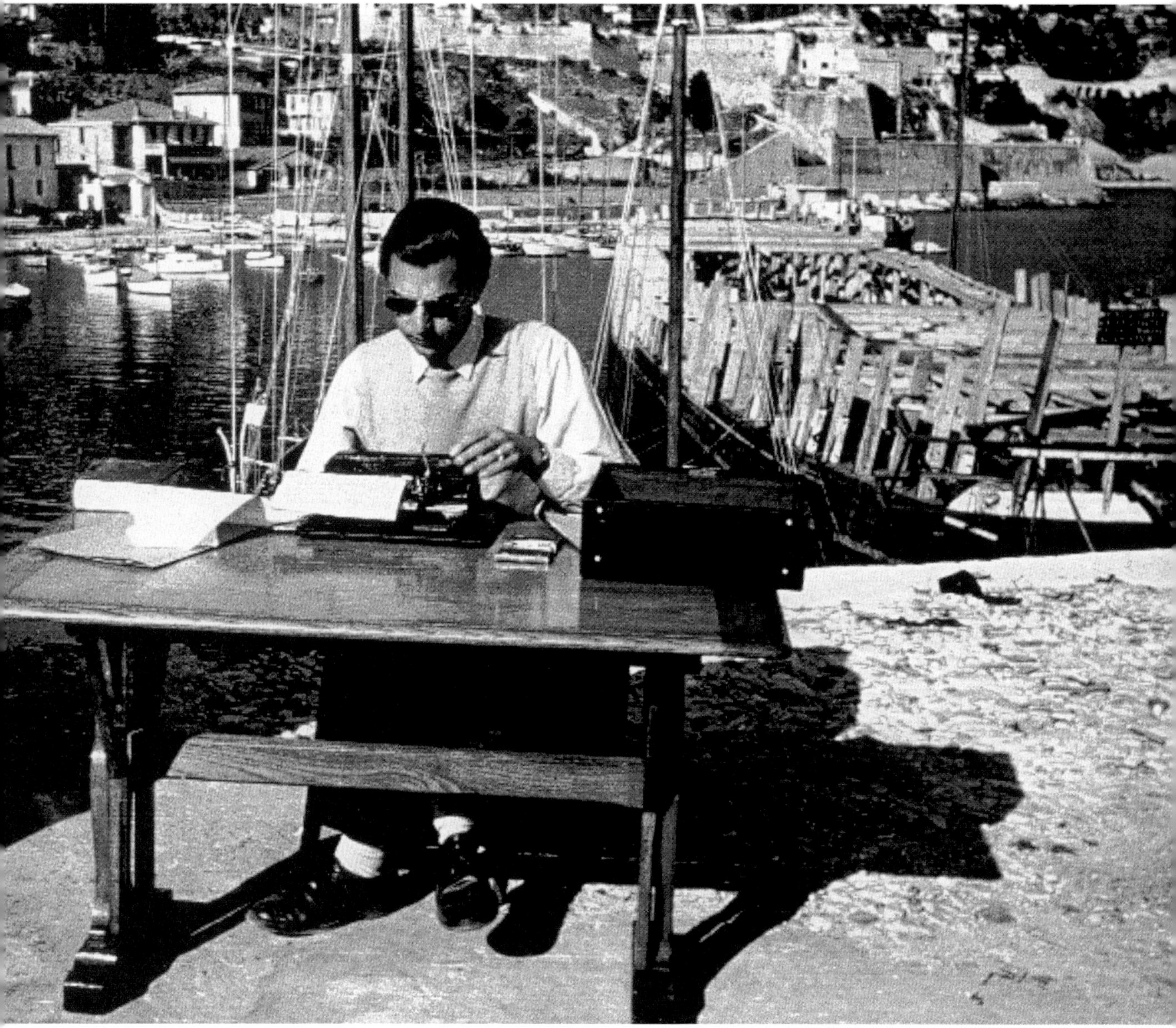

Ken Adam am Hafen von Villefranche, Südfrankreich, bei den Vorbereitungen für den Film *Des Königs Admiral* (März 1950)

Twickenham arbeitete ebenfalls Peter Dukelow, als Konstruktions-Chef. Er nahm Ken Adam unter seine Fittiche: »Er brachte mir bei, was im Film möglich ist und was nicht. Es ist wichtig, dass ein Filmdesigner sich nicht von Konstruktionsproblemen behindern lässt. Ein guter Kulissenbauer wird alles daransetzen, eine Zeichnung in die Wirklichkeit umzusetzen, vor allem, wenn er einen respektiert. Als Ronnie Udell, der Construction Manager bei *Goldfinger*, einmal gefragt wurde, wie er Fort Knox hätte bauen können, zeigte er auf mich und sagte: ›Was dieser Mann zeichnen kann, das kann ich bauen.‹«

Der Mann, auf den er dabei wies, war in der Filmbranche mittlerweile unter dem Namen Ken Adam bekannt. Seine deutschen Vornamen Klaus Hugo, die übrigens noch heute in seinem britischen Pass stehen, waren bei den Fliegereinsätzen gegen das Deutsche Reich auf der Strecke geblieben, den »Kriegsnamen« Keith Howard hatte er im zivilen Leben nicht weitergeführt.

In Edward Dmytryks Film *Der Wahnsinn des Dr. Clive* (1949) taucht der Name Ken Adam erstmals im Abspann eines Films auf, unter der Bezeichnung »Assistant Art Director«: »Der Art Director Duncan Sutherland ließ mir völlig freie Hand. Für gewöhnlich besprach er alles bei einem Drink und kritzelte dazu Linien auf seine Handflächen.«

Adams erste große amerikanische Filmproduktion in England war *Des Königs Admiral*, produziert von Warner Brothers, mit Gregory Peck in der Titelrolle des Horatio Hornblower. Ken Adam bekam den ehrenvollen Auftrag, eine Schiffsflotte zu bauen.

»Ich verbrachte zwei Monate im National Maritime Museum in Greenwich. Wir versuchten, von der Admiralität ›The Implacable‹ auszuleihen, ein vor Trafalgar gekapertes 74-Kanonen-Kriegsschiff aus Napoleons Flotte. Es lag damals noch in Portsmouth vor Anker. Warners hätte das Schiff neu betakelt und den Rumpf repariert. Nur wussten wir nicht, dass um die ›Implacable‹ ein diplomatischer Zwist zwischen Paris und London schwelte. Die Admiralität zog es schließlich vor, unser Angebot abzulehnen und Napoleons Schiff mitten auf dem Ärmelkanal zu versenken. Das war leichter gesagt als getan. Die Marine packte den Rumpf voll Dynamit und jagte es in die Luft. Aber der obere Teil schwamm weiter. Das Schiff wollte nicht untergehen. Schließlich holten sie ihre Kanonenboote und schossen die Fregatte in Stücke.«

Zum Glück erzählte ein Reeder, dass es »in Südfrankreich oder Nordafrika« noch alte Dreimaster geben sollte, die zu Hornblowers Fregatte umgebaut werden könnten. Adam suchte die gesamte französische Mittelmeerküste ab und fand schließlich in Sète einen Dreimaster: »La France«, der bis dahin für den Dorschfang vor Neufundland eingesetzt worden war. »Das Schiff roch entsetzlich, aber der Rumpf war in gutem Zustand. Wir kauften es für 6000 Pfund von Alfred Rôde, einem bekannten Caféhaus-Geiger.«

Die »France« musste mit 200 Tonnen Zement gefüllt werden, als Gegengewicht für die neuen Aufbauten und Takelagen. Die Kanonen waren aus Gips, die Takelage aus verkleidetem Stahlkabel. Im alten Hafen von Marseille verfaulte zudem eine Ketsch, die »Marie-Annick«, ein Zweimaster, mit dem Juden nach Palästina geschmuggelt worden waren. Der Küstensegler wurde zur zweiten Fregatte in Captain Hornblowers Flotte.

Die Dreharbeiten gestalteten sich für den jungen Designer als Überlebenskampf unter dem hart arbeitenden und nicht weniger hart trinkenden Art Director. Hinzu kamen kurze Nächte, Wochenenden in Haut de Cagnes, wo Greta Garbo und der Jetset sich vergnügten, irrwitzige Kaperfahrten mit dem Ziel, aus einem vergessenen Depot in der Bretagne originale Schiffsteile aus dem 18. Jahrhundert zum Drehort zu schaffen. »Auf dem Meer zu filmen ist auch unter günstigsten Umständen noch sehr schwierig. Aber wenn man es mit einem Segelschiff aus dem 18. Jahrhundert zu tun hat, wird es leicht zum Desaster. Der Kameramann will die Sonne in der einen Richtung, der Wind bläst in die andere, wenn wir die Diesel anwerfen, kleben die Segel am Mast wie nasse Wäsche. Und wenn alles perfekt ist, dampft dir die 6. Flotte der amerikanischen Marine durch den Horizont. Es war ein Alptraum.« Und Ken Adam war glücklich.

Die Seeschlacht wurde in einem Tank in Denham gedreht. »Wir benutzten 1:6-Modelle der verschiedenen Schiffe, in jedem saßen drei Mann, einer für die Segel, einer für die Kanonen, und der dritte musste navigieren. Für den Wind hatten wir vier Rolls-Royce-Motoren der ›Mosquito‹-Weltkriegsbomber montiert. Der Krach war unbeschreiblich.« Es war wie im Krieg.

Im Studio wurde eine Kopie des Flaggschiffs auf hydraulische Vorrichtungen montiert. Es funktionierte nicht, und Ken Adam musste bei den Lockheed-Flugzeugwerken vorsprechen, um die entsprechenden Formate aufzutreiben.

Nach Ende des Drehs von *Des Königs Admiral* war Ex-Flying Officer Ken Adam zum Experten in Sachen filmischer Seefahrt geworden. Mit seinen 28 Jahren galt er als Perfektionist und Mann für unmögliche Aufträge. Als Warners 1951 *Der Rote Korsar* mit

Burt Lancaster in der Hauptrolle plante, musste Ken Adam seine beiden Fregatten wieder unter Segel setzen, optisch um sechzig Jahre gealtert und unter der Totenkopfflagge. »Es fing damit an, dass, kaum war ich in Marseille angekommen, schon ein Matrose in mein Büro gelaufen kam und rief, die ›France‹ würde sinken. Die Schiffsschrauben waren irgendwo hängen geblieben und hatten die ganze Luke aus dem Rumpf gerissen. Die Besatzung bestand aus 27 betrunkenen Bretonen, und auf der Überfahrt zum Drehort Ischia wären wir im Sturm fast gekentert.« Dennoch hat Ken Adam die sechs Tage unter knatternden Segeln, in denen er wie ein Freibeuter über Deck stiefelte und den Vesuv am Horizont beobachtete, als »meine eindrucksvollste Erfahrung von sublimer Schönheit« bezeichnet – neben dem Gesicht seiner Mutter, seiner Frau Letizia und dem Mercedes Zweisitzer SSK in der Budapester Straße.

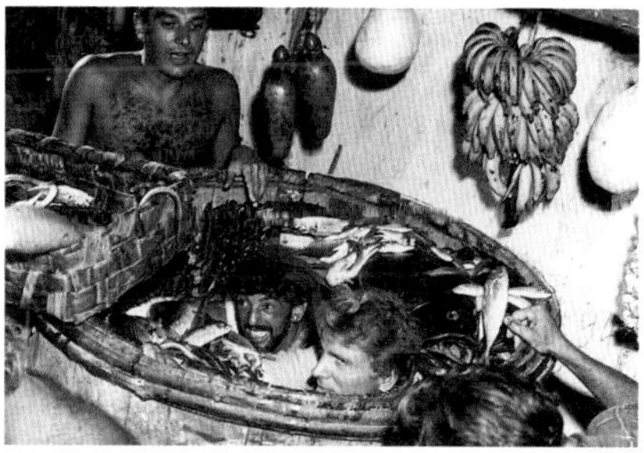

In Ischia bei den Dreharbeiten zu *Der rote Korsar:* Burt Lancaster und Nick Cravat im Fass, im Hintergrund Ken Adam

Der Film verlangte einen erheblichen logistischen Aufwand, alles musste aus Neapel oder Rom herbeigeschafft werden. Der Fischer, der Ken Adam damals bei den Transporten half, hieß Agostino Lauro; seine Reederei ist heute einer der größten Italiens. *Der Rote Korsar* war kein klassischer Piratenfilm à la Errol Flynn (mit dem drehte Ken Adam zwei Jahre später *Der Freibeuter*), sondern eher ein 007-Vorläufer auf dem Wasser, voller Ironie und grotesker Filmideen: »Eine Art Kostümfilm-Bond. Vielleicht war die Sonne Ischias daran schuld, aber Lancaster und der Regisseur kamen jeden Tag mit neuen Ideen für Designs und Gadgets. Plötzlich sollte das Schiff von einem U-Boot angegriffen werden. Dann wollte Burt eine Festung von einem Ballon aus bombardieren. Wir mussten zwei 40-Meter-Türme dafür bauen lassen, von denen Lancaster sich fast zu Tode stürzte. Aber gerade die Ironie des Films hat zu seinem ungeheuren Erfolg beigetragen.«

Die Insel Ischia war ein *hang out* für Künstler und wohlhabende Napolitaner und Römer. Luchino Visconti lebte auf der Insel. Robert Siodmak und Paul Sheriff alias Graf Schuwaloff hatten als schönstes Mädchen »eine langhaarige Blondine« ausgemacht, »die allerdings mit einem Deutschen verlobt sein soll« und außerdem die Tochter des früheren Gouverneurs der Insel war: Letizia Moauro, die spätere Frau

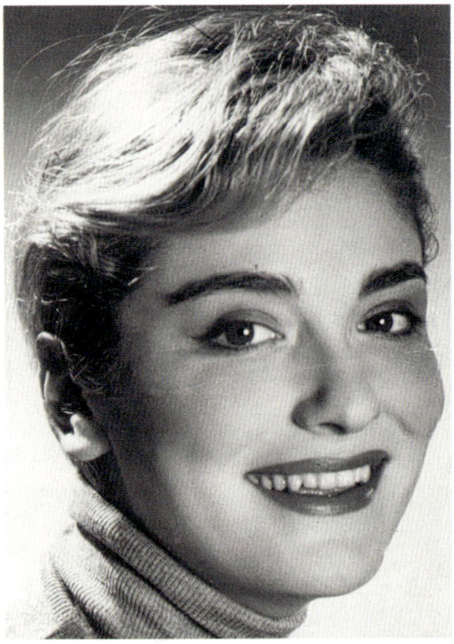

Letizia Adam, Porträtaufnahme von 1953

»FLAIR – das verleiht Letizia etwas, was die anderen nicht haben.« Nachdem sie 1953 frisch verheiratet nach London gekommen war, machte Letizia Adam schon bald Furore in der Modeszene der britischen Hauptstadt. Sie war für mehrere große Modehäuser in London als Model tätig und entwarf ihre eigene Kleiderkollektion. Dieser Artikel in der Zeitung *Sunday Graphic* vom 1. Dezember 1957 stellt einige ihrer Entwürfe vor und bescheinigt ihr einen besonderen Stil. »Ich denke, wir werden noch mehr von Letizia Adam hören«, schreibt die begeisterte Autorin in ihrem Beitrag.

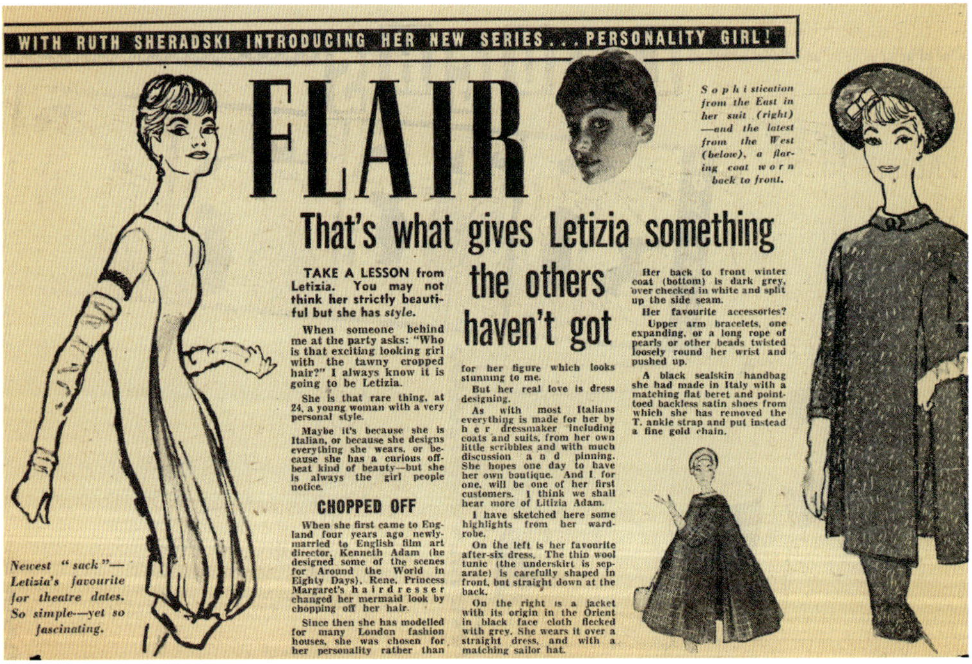

WITH RUTH SHERADSKI INTRODUCING HER NEW SERIES . . . PERSONALITY GIRL!

FLAIR

That's what gives Letizia something the others haven't got

Sophistication from the East in her suit (right) —and the latest from the West (below), a flaring coat worn back to front.

TAKE A LESSON from Letizia. You may not think her strictly beautiful but she has *style*.

When someone behind me at the party asks: "Who is that exciting looking girl with the tawny cropped hair?" I always know it is going to be Letizia.

She is that rare thing, at 24, a young woman with a very personal style.

Maybe it's because she is Italian, or because she designs everything she wears, or because she has a curious off-beat kind of beauty—but she is always the girl people notice.

CHOPPED OFF

When she first came to England four years ago newly-married to English film art director, Kenneth Adam (he designed some of the scenes for Around the World in Eighty Days), Rene, Princess Margaret's hairdresser changed her mermaid look by chopping off her hair.

Since then she has modelled for many London fashion houses, she was chosen for her personality rather than for her figure which looks stunning to me.

But her real love is dress designing.

As with most Italians everything is made for her by her dressmaker including coats and suits, from her own little scribbles and with much discussion and pinning. She hopes one day to have her own boutique. And I, for one, will be one of her first customers. I think we shall hear more of Litizia Adam.

I have sketched here some highlights from her wardrobe.

On the left is her favourite after-six dress. The thin wool tunic (the underskirt is separate) is carefully shaped in front, but straight down at the back.

On the right is a jacket with its origin in the Orient in black face cloth flecked with grey. She wears it over a straight dress, and with a matching sailor hat.

Her back to front winter coat (bottom) is dark grey, over checked in white and split up the side seam.

Her favourite accessories?

Upper arm bracelets, one expanding, or a long rope of pearls or other beads twisted loosely round her wrist and pushed up.

A black sealskin handbag she had made in Italy with a matching flat beret and point-toed backless satin shoes from which she has removed the T. ankle strap and put instead a fine gold chain.

Newest "sack"—Letizia's favourite for theatre dates. So simple—yet so fascinating.

Adam. »Letizia stand kurz vor der Verlobung mit dem Sohn eines deutschen Barons, der zum Glück verreist war«, berichtet Ken Adam. »Auf ihre Eltern muss ich etwas sonderbar und nicht ganz zivilisiert gewirkt haben, mit meinem Piratenkopftuch und der verbrannten Haut. Letizia hatte die Bomben in Neapel erlebt. Sie war ein sonniges, völlig unprätentiöses Mädchen, mit Geschmack und Verstand. Die Insulaner haben es mir nie verziehen, dass ich ihnen die ›Sonne von Ischia‹ entführt habe.«

Letizia Adam erinnert sich etwas differenzierter: »Das Erste, was ich von ihm sah, waren seine unglaublichen Augen, sanft und melancholisch. Er lief mir durch das ganze Dorf hinterher. Das verwunderte mich. Denn er war Ausländer, und ich dachte, nur Italiener seien so penetrant. Ich ging jeden Mittag zum Strand, zusammen mit meiner Mutter, denn ich war ja eine behütete Tochter. Da saß er schon, und in jeder Mittagspause rückte er seinen Liegestuhl näher an uns heran. Eines Tages war meine Mutter fort, und er kam zu mir und fragte: ›Quelle heure est-t-il, Mademoiselle?‹«

Mit diesen Worten begann eine der sehr wenigen Liebes- und Arbeitsbeziehungen im internationalen Filmgeschäft, die tatsächlich ein Leben lang halten sollte. Es war eine gegenseitige Befreiung. »Ken hat mir die Augen geöffnet für die Welt. Ischia war eine Insel und ich ein sonniges, etwas naives Mädchen, das von Krieg, Judentum, Kunst und Bohème keine Ahnung hatte«, sagt Letizia Adam.

Und Ken wird viele Jahre später vor der Directors Guild in Hollywood erklären: »Letizia hat mir beigebracht, freier und natürlicher zu zeichnen.« Er sei durch seine gute Kinderstube behindert gewesen, unfähig, sich in aller Offenheit auszudrücken: »Ich traute mich nicht. Ich ging lieber kein Risiko ein.« Die Architekturschule hatte ihm beigebracht, sich pedantisch am Zeichentisch, an den Winkeln und Linealen festzuhalten, statt die Imagination von der Leine zu lassen. »Gewöhnlich zeichnete ich zunächst Aufsicht und Profil für einen Set, mit Tusche, Bleistift und Conté-Buntstiften. Die Skizzen waren genau, aber es fehlte ihnen Atmosphäre und Charakter. Ich war noch zu vorsichtig, zu gehemmt. Letizia fand meine Rohentwürfe am expressivsten. Sie hat sie aus dem Papierkorb gefischt und gesagt: So musst du zeichnen. Nicht stricheln, sondern mit wildem Schwung entwerfen.« Ken Adam lernte, sich vom genau gezeichneten Detail zu verabschieden, damit die handwerkliche Kontrolle zum Teil aufzugeben und stattdessen die inneren Visionen zuzulassen: Es war der entscheidende Schritt vom Architekturzeichner zum kreativen Künstler.

Nach den Flitterwochen arbeitete Letizia Adam in London als Mannequin für Yves Saint-Laurent und entwarf eigene Handtaschen-Kollektionen. Ken drehte zusammen mit Josef Bato, einem Schüler von Henri Matisse, den Film *Weißer Terror* und entwarf nebenbei die ersten Coffee-Bars in London und Oxford – es waren Raum gewordene expressionistische Zeichnungen, Exporte von *Metropolis* nach London.

Bei den Arbeiten für den Film *Die schöne Helena* machte Ken Adam 1954 seine zweite Erfahrung mit einer Hollywood-Großproduktion. 2000 Statisten mussten mit Uniformen und Waffen ausgestattet werden, er entwarf Quadrigen aus Fiberglas. »Der größte Set zeigte das alte Troja hinter vierzehn Meter hohen Mauern. Die Stadt sollte von Spartanern angegriffen werden, mit rollenden Türmen und Sturmleitern. Es war mitten im italienischen Sommer, und der ganze Set ging eines Tages in Flammen auf. Zum Glück waren die Dreharbeiten fast abgeschlossen. Das zweite große Ereignis war die Begegnung mit der jungen Brigitte Bardot.« Und wieder mussten Schiffe gebaut werden, diesmal eine Flotte von Galeeren aus der Zeit um 2000 v. Chr. Ken Adam baute eine und ließ die anderen 999 malen. Auch diesmal musste der Film-Ponton von einem Hochseeschlepper aus einem Sturm gezogen werden, »bedeckt von den Körpern seekranker Schauspieler«.

Ein neues Design-Konzept

Mike Todd war eines der Monstren Hollywoods. Er war flatterhaft, großspurig, skrupellos, voller Energie und Gier nach Geld und Genüssen, ein Mogul. Und er konnte Menschen in seinen Bann ziehen. Für Mike Todd alias Avram Goldenbogen sollte Elizabeth Taylor später zum Judentum konvertieren.

Um es mit dem Fernsehen aufnehmen zu können, hatte Todd gerade ein neues Breitwandformat entwickelt, das Todd-AO, und mit *Oklahoma* sogleich einen außergewöhnlichen Kassenerfolg produziert. Er war frisch verheiratet mit der schönsten Frau der Welt und hatte außerdem das Skript für einen Film auf dem Schreibtisch, der ein noch größerer Kassenschlager zu werden versprach, kurz: Mike Todd war bester Dinge, als er Ken Adam im Londoner Dorchester Hotel empfing: »Er war gerade aus der Dusche gekommen und saß halbnackt in der Haltung Napoleons auf einem Stuhl, während sein Privatfriseur ihn rasierte. Um ihn herum wirbelten eine japanische Sekretärin und diverse Faktoten, denen er fortwährend scharfe Anweisungen erteilte. Während der Rasur verhandelte er gleichzeitig mit seinem Galeristen über den Kauf eines Monets und erklärte mir, sein Projekt werde der größte und beste Film aller Zeiten sein, und ich solle unter William Cameron Menzies die Art Direction übernehmen. Bill Menzies! Ich war im Fieber. Der Titel des Films lautete: *In 80 Tagen um die Welt*.«

William Cameron Menzies war der Gott der Art Directors in Hollywood und gilt bis heute als einer der wichtigsten Filmdesigner in der Geschichte des Kinos. 1936 hatte er bei dem frühen Science-Fiction-Epos *Was kommen wird* Regie geführt und die Kamera immer dicht über dem Boden gehalten, um die utopische Grandeur der von Vincent Korda entworfenen höhlenartigen Stadt zu betonen. Für seine Arbeit an dem Film *Vom Winde verweht* hatte David O. Selznick den Begriff »Production Designer« erfunden. Weil »Art Director« zu bescheiden erschien für jemanden, der den kompletten Film bis zur letzten Kameraeinstellung gezeichnet hatte, der den Stil eines Films entwarf und eng mit dem Regisseur zusammenarbeitete. Menzies hatte bereits 1928 seinen ersten Oscar gewonnen und Hollywood eine kräftige Dosis expressionistischer Schatten verpasst. Menzies benutzte gern verwunschene Perspektiven und skurrile Kamerawinkel. Er hatte *Der Dieb von Bagdad* und *Wem die Stunde schlägt* gedreht. Die Jules-Verne-Verfilmung wurde seine letzte Arbeit – und Ken Adam sein Meisterschüler. »Er nahm sich jede freie Minute, um mir etwas beizubringen. Ich bewunderte ihn, weil *Vom Winde verweht* zu 99 Prozent im Studio gemacht worden war.«

Adam war Todd als jemand empfohlen worden, der auch mit einem knappen Budget erstaunliche Bildwelten schaffen konnte. Und für das neue Breitwandformat Todd-AO mussten die Sets sehr erstaunlich und sehr breit sein. »Das Format bedingte ein völlig neues Konzept für Bauten und Dekors.« Adam erarbeitete seine ersten Meisterstücke. »Das Dekor von Lloyds of London war ganz in Schwarz-Weiß, nur die livrierten Diener waren plötzlich in Farbe, einem grellen Scharlachrot. Der Reform-Club war in Grün und Schwarz gehalten. Der Film gab mir die Möglichkeit, die Realität zu stilisieren. Ich konnte verstärkt theatralisch entwerfen.«

Stilisierung und Theatralisierung – dies sind zentrale Stichworte für das bildnerische Verfahren von Ken Adam. Es bedeutet zum einen die Reduktion auf wesentliche Grundstrukturen, zum anderen die Steigerung des Effekts. Seine Sets bilden nicht nur den Hintergrund für die in ihnen ablaufende Handlung, sie sind ihrerseits schon unverzichtbarer, aussagekräftiger Teil des Geschehens. Die Kulisse wird zum Akteur – und im besten Falle sogar Kunst.

Auch Menzies ermutigte seinen Meisterschüler, den »Wohnküchenrealismus der Nachkriegszeit« (so hat der amerikanische Filmhistoriker Donald Albrecht die Dekors der Epoche umschrieben) hinter sich zu lassen, Mut zum Stilisieren und Mut zur Farbe zu haben. Vor allem aber schärfte er ihm ein, sich immer in der Nähe des Regisseurs aufzuhalten, um ihn auf Kamerapositionen hinzuweisen, von denen aus die Sets ihre ganze Dramatik entfalten.

Adam hatte ein opulentes Budget. Alles war möglich. Für die Ankunftsszene in Paris ließ er das gesamte Viertel um die Place Vendôme samt Rue de Rivoli absperren und im Stil des Second Empire nachbessern. Anschließend wurde der Pariser Polizeipräsident entlassen, weil die Filmleute im Überschwang auch Autos mit CD-Plakette hatten abschleppen lassen. In den folgenden zwei Jahren durfte in Paris kein Film mehr gedreht werden. Vor allem aber lernte Ken Adam bei der Arbeit an *In 80 Tagen um die Welt*, mit hunderten von Statisten zu arbeiten und die Nerven zu behalten, wenn ein Produzent wie Mike Todd seine Wallungen bekam. Das war für Adams spätere Karriere in Hollywood eine wichtige Erfahrung.

Die Sets von Lloyds und dem Reform-Club fallen durch ihre strenge Komposition deutlich aus der kunterbunten Geschichte von *In 80 Tagen um die Welt* heraus. Senkrechte Linien, eine antikisierende Büste als einziges Dekor im Hintergrund. Der britische Kunstkritiker David Sylvester schrieb über diese Sets: »Es ist nicht festzustellen, in welchem Maß dieser Ausbruch von Witz und Phantasie Menzies Einfluss geschuldet war, wie sehr dem einfachen Fortgang der Reife und wie sehr Todds furchtbarer Tyrannei. Aber gewiss hatte Adam jetzt bewiesen, dass er bereits der brillanteste und meisterlichste Designer im britischen Film war.«

Dennoch wurde der Name des jungen Designers im Abspann falsch geschrieben (»Ken Adams, London«). »Der Film wurde der erste wirklich erfolgreiche Film, mit dem ich zu tun hatte. Er bewies, dass auch sehr teure Produktionen wirtschaftlich sein können« – eine Lehre, die Ken Adam zum Leidwesen vieler Produzenten nie vergessen hat.

In 80 Tagen um die Welt brachte Adam die erste Nominierung für einen Oscar ein. Damit hatte er einen Namen in seinem Metier. Wenn große Hollywood-Regisseure einen Film in England machen wollten, fragten sie künftig nach seiner Hilfe. Er

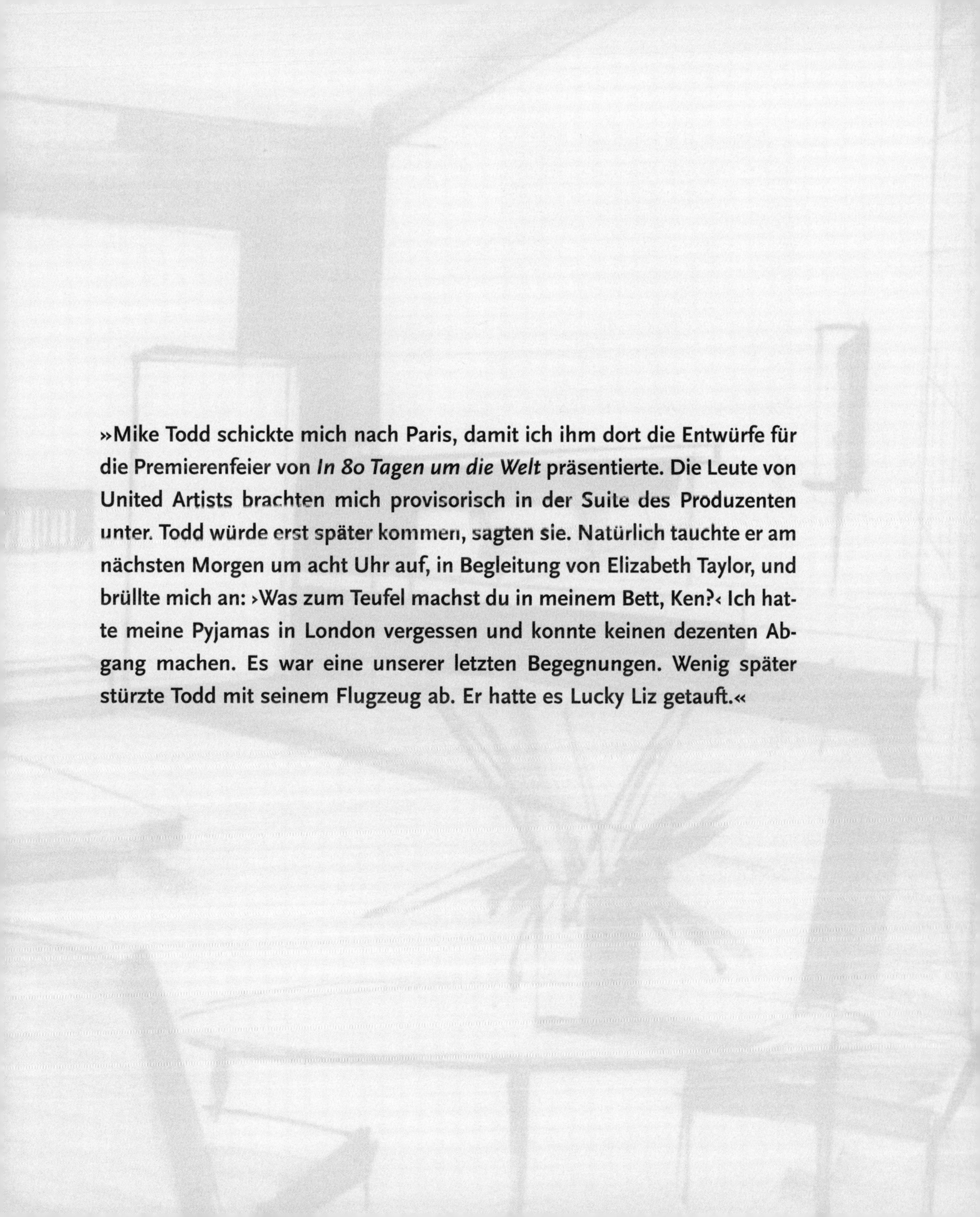

»Mike Todd schickte mich nach Paris, damit ich ihm dort die Entwürfe für die Premierenfeier von *In 80 Tagen um die Welt* präsentierte. Die Leute von United Artists brachten mich provisorisch in der Suite des Produzenten unter. Todd würde erst später kommen, sagten sie. Natürlich tauchte er am nächsten Morgen um acht Uhr auf, in Begleitung von Elizabeth Taylor, und brüllte mich an: ›Was zum Teufel machst du in meinem Bett, Ken?‹ Ich hatte meine Pyjamas in London vergessen und konnte keinen dezenten Abgang machen. Es war eine unserer letzten Begegnungen. Wenig später stürzte Todd mit seinem Flugzeug ab. Er hatte es Lucky Liz getauft.«

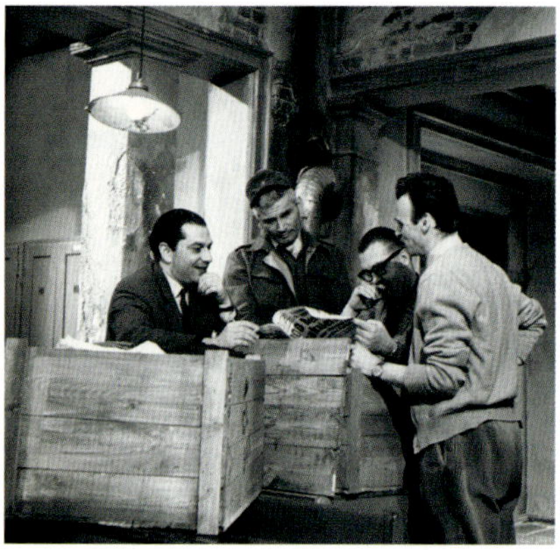

Ken Adam 1958 in Berlin, mit Hauptdarsteller Jeff Chandler (Mitte) und Regisseur Robert Aldrich (2. von rechts) auf dem Set von *Vor uns die Hölle*

arbeitete unter Jacques Tourneur (*Der Fluch des Dämonen*, 1957), Robert Aldrich (*Vor uns die Hölle*, 1958; *Hügel des Schreckens*, 1959; *Sodom und Gomorrha*, 1961) und unter John Ford (*Chefinspektor Gideon*, 1958). Letzterer war wahrscheinlich der schlechteste Film Fords, er gab Ken Adam aber die Gelegenheit, einer weiteren Filmlegende sehr nahe zu kommen. »Die meisten der Hollywood-Größen traf ich übrigens in diversen Graden der Nacktheit an, sie kamen immer gerade aus der Dusche. Ich weiß nicht, ob dies der langen Reise geschuldet war oder ihrem Willen, mir durch ihre Sauberkeit oder ihre Schamlosigkeit zu imponieren. Robert Aldrich hatte nur ein Handtuch an. John Ford war ein schlaksiger, älterer Herr, der pausenlos auf einem Handtuch herumbiss. Aber er kam gleich zur Sache: ›Damit das klar ist, Ken. Ich bin nicht einer von diesen verkünstelten Chichi-Regisseuren, an die du gewohnt sein magst. Ich halte die Kamera nicht in irgendwelche Nasenlöcher oder zwischen die Schenkel. Ich erzähle meine Geschichte und schieße so, wie die Geschichte es verlangt. Wenn das klar ist, werden wir gut miteinander auskommen.‹«

Ken Adam hatte gelernt, Monumentalproduktionen zu überwachen. Seit *Sodom und Gomorrha* bereitete es ihm keine Panik, biblische Städte zu errichten und in Sintfluten zu ertränken oder mitten in der marokkanischen Wüste einige hundert Sodomiterinnen aufzutreiben. Wichtiger für ihn selbst jedoch war, dass sein Zeichenstil sich geändert hatte. Mit Letizias Hilfe hatte er sich freigeschwommen. Die Pedanterie des Architekten wich langsam der dramatischen Intensität eines guten Filmdesigners.

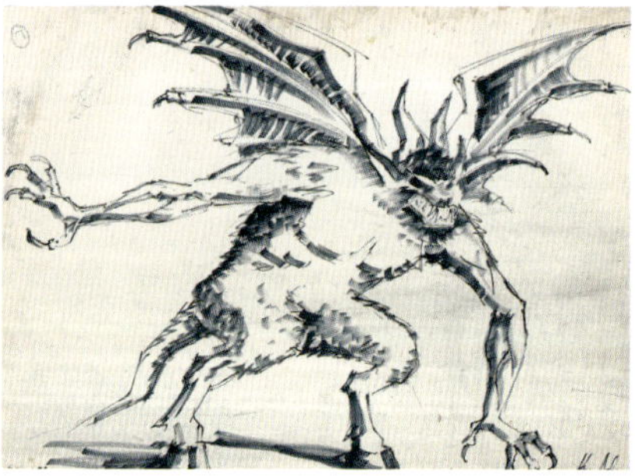

Ken Adams Entwurf des Monsters für den Gruselfilm *Der Fluch des Dämonen*

Bisher hatte Ken Adam mit schwarzen Conté-Stiften gezeichnet. Jetzt fing er an, sein Papier mit futuristischer Verve zu bearbeiten, und entwarf die Räume nun mit dem gerade erfunden »Flo-Master«, einem breitspitzigen, abgeflachten Filzstift, der es ihm erlaubte, Abstufungen zwischen Schwarz und Weiß zu finden. »Die Erfindung des Filzstiftes war wie eine Befreiung für mich. Mit den Conté-Stiften habe ich immer alles verschmiert, was meinem Charakter völlig widerspricht. Mit dem Flo-Master dagegen hatte jede Linie ihre Bedeutung. Die Zeichnungen wurden klarer. Es war wie ein Orgasmus. Die breiten Striche zwangen mich, lockerer zu werden und die Zeichnungen kühner zu machen. Ich fing nicht mehr mit Aufsichten und Profilen an, sondern mit schnellen Skizzen. Ein oder zwei Linien können die Basis für meine Zeichnung sein, und oft sind es die Unvollkommenheiten einer schnell hingeworfenen Zeichnung, die interessante Helldunkel-Effekte und Stimmungen erzeugen.« Um das Gegeneinanderwirken von Hell und Dunkel zu betonen, hat er auch bei Farbfilmen immer wieder in Schwarz-Weiß gearbeitet.

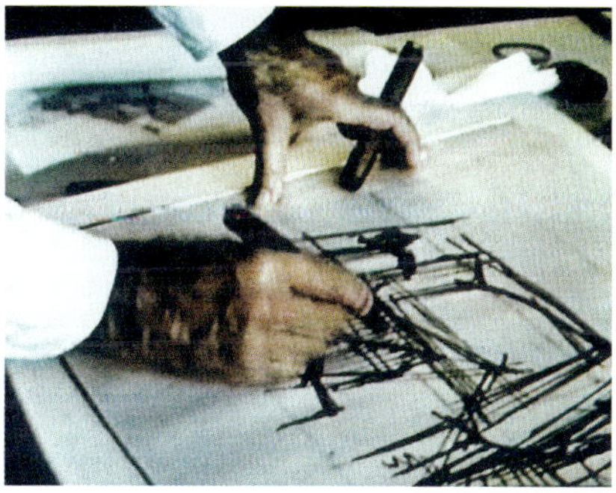

In der Linken die Zigarre, in der Rechten den Zeichenstift: Ken Adam beim Anfertigen einer Skizze

Die Einstellung der Flo-Master-Produktion in den neunziger Jahren wegen angeblicher Giftigkeit der Tinte gehörte für Ken Adam zu den einschneidensten Zäsuren in seiner Karriere. Die Einführung der digitalen Bildbearbeitung, allgemein als technische Revolution gefeiert, sei dagegen, so sagt er, nur ein Detail.

Für einen seiner wichtigsten Filme hält Ken Adam *The Trials of Oscar Wilde* (in der deutschen Fassung: *Der Mann mit der grünen Nelke*, 1960). Der Film musste mit knappem Budget und in sehr kurzer Zeit realisiert werden, weil Gregory Ratoff gleichzeitig seinen *Oscar Wilde* mit Robert Morley in der Titelrolle drehte: »Es war das erste Mal, dass mir bewusst wurde, wie ein Film durch meine Einbildungskraft gewinnen kann.« Adam standen 15 000 Pfund für das komplette Design zur Verfügung. Das war selbst damals sehr eng kalkuliert. Also gab er jeden Versuch, die historische Realität nachzubilden, auf und entschied sich, möglichst viel mit Farbe zu arbeiten.

Für die Burggemächer des Marquis of Queensbury hatte Adam ganze 750 Pfund übrig. »Ich hatte keine Ahnung, wie das wirkliche Schloß aussah, und keine Zeit

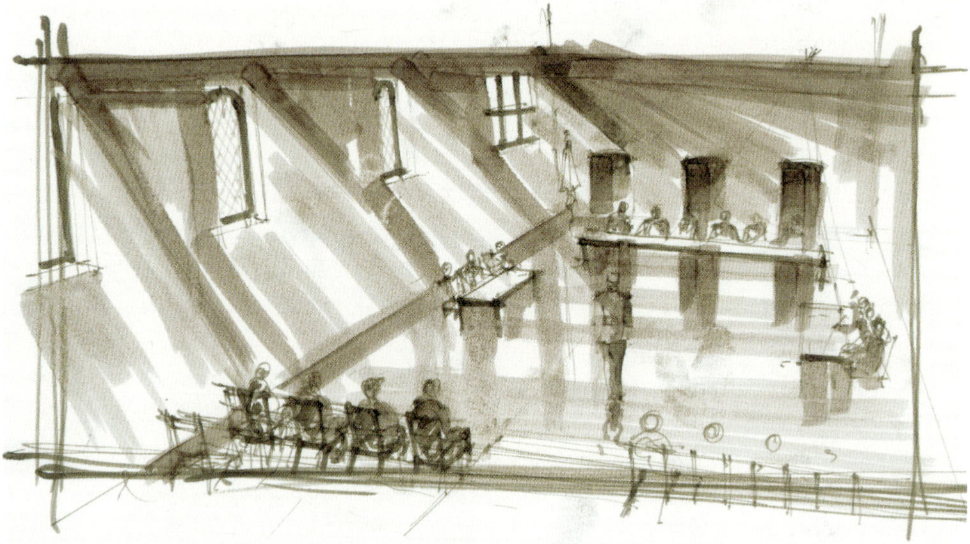

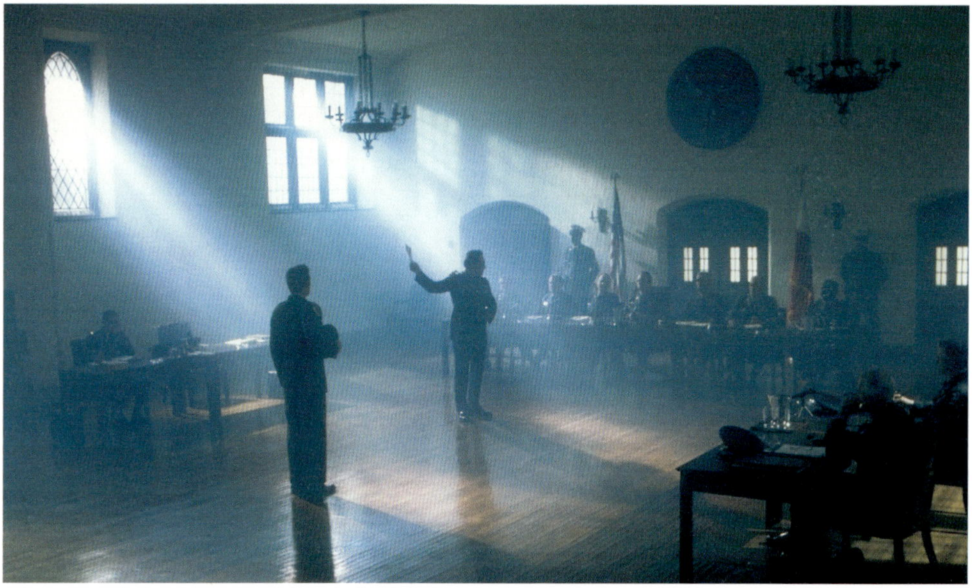

Mit wenigen, schnell gezeichneten Strichen gelingt es Ken Adam, den Lichteinfall auf dem Set genau zu bestimmen (oben: Entwurf zur Gerichtszene in *In & Out*, unten: Standfoto aus der entsprechenden Filmsequenz)

nachzuforschen. Ich nahm alle alten Kulissenteile, die ich finden konnte, und baute ein rechteckiges, in der Perspektive etwas verzogenes Zimmer mit einem schlanken französischen Fenster als einzigem Hintergrund. Alle Wände waren terrakottabraun bemalt. Mit Ausnahme des Fußbodens, einem Sieneser Marmorimitat, war alles schwarz: doppelflügelige Türen, Gesimse, der offene Kamin, die Säulen und schmale Sprossenfenster, ebenso die Möbel und die Kleidung der Schauspieler. Die Stilisierung war gelungen.«

Die Knappheit des Budgets erwies sich als Anreiz für Adams Kreativität. Sie verbot jeden Versuch einer authentischen Rekonstruktion der Vergangenheit, selbst wenn Adam das gewollt hätte. »Diesem Ansatz bin ich über fünfzig Jahre treu geblieben.« Ken Adam war stets am besten, wenn das Budget historisierende Detailverliebtheit von vornherein ausschloss und vor allem Phantasie gefragt war.

Zu seiner eigenen Überraschung wurde Ken Adam nach der Premiere von *The Trials of Oscar Wilde* zum ersten Mal in Filmkritiken erwähnt. Die Jury des Moskauer Filmfestivals unter Vorsitz von Luchino Visconti zeichnete ihn 1961 für die beste Art Direction des Jahres aus.

Dann klingelte eines Tages das Telefon; Ken Adam hatte inzwischen die Arbeiten an *Sodom und Gomorrha* und *James Bond – 007 jagt Dr. No* abgeschlossen. Der Mann am anderen Ende der Leitung stellte sich mit dem Namen Stanley Kubrick vor. Er habe gerade in einem Londoner Kino *Dr. No* gesehen und wollte fragen, ob Ken Adam nicht Lust hätte, mit ihm einen Film zu machen. Es sei ein Film über die atomare Zerstörung der Welt, sagte er, eine Art Komödie.

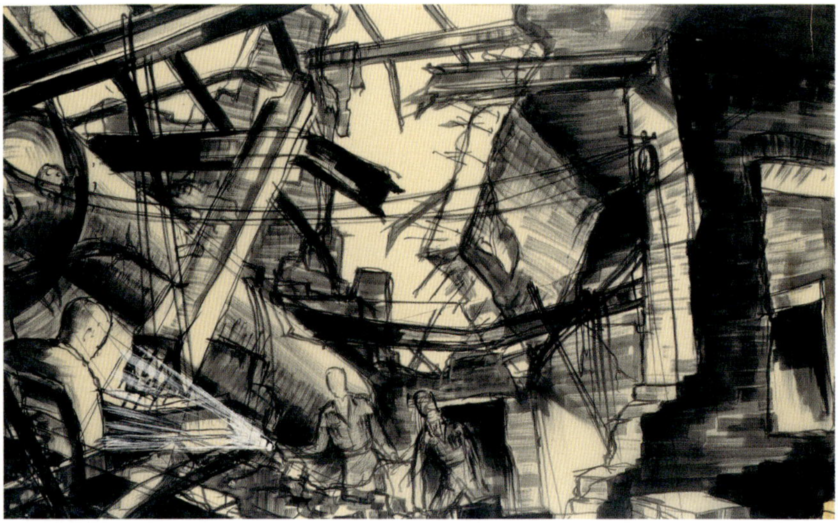

Entwurf für den Bombenkrater-Set aus *Vor uns die Hölle*

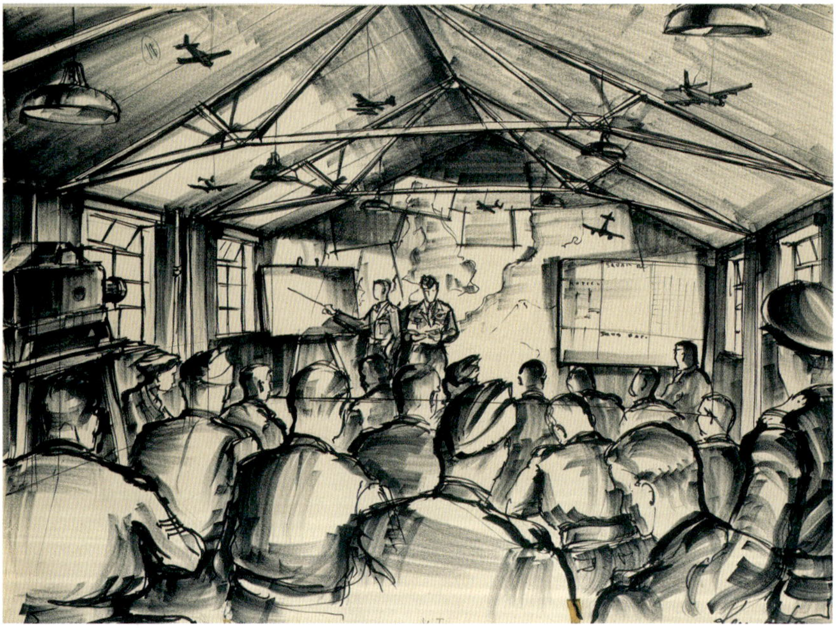

Studie für den Kriegsfilm *Battle of the V-1*: Einsatzbesprechung der Royal Air Force

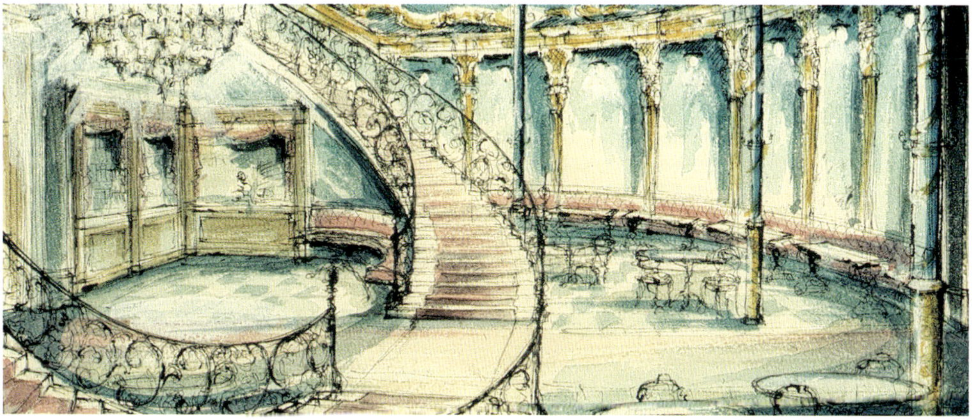

Kolorierter Entwurf des Café Royal *(Der Mann mit der grünen Nelke)*

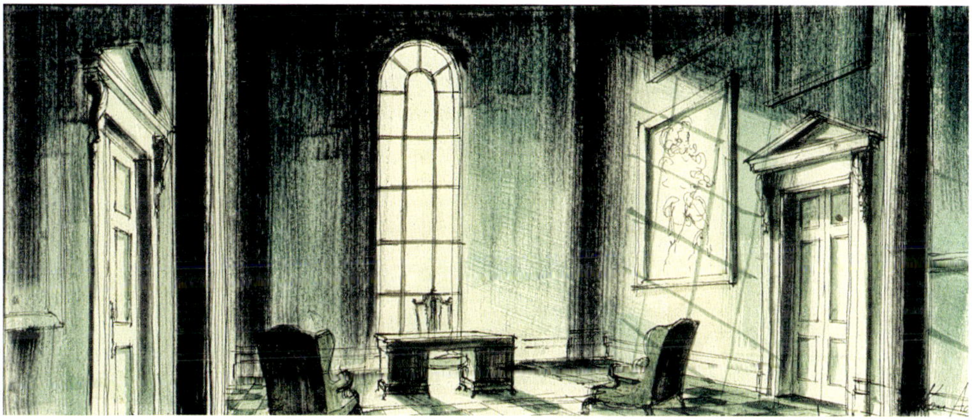

Ein frühes Beispiel für Ken Adams Verfahren der Stilisierung: ein Zimmer im Schloss des Marquis of Queensbury *(Der Mann mit der grünen Nelke)*

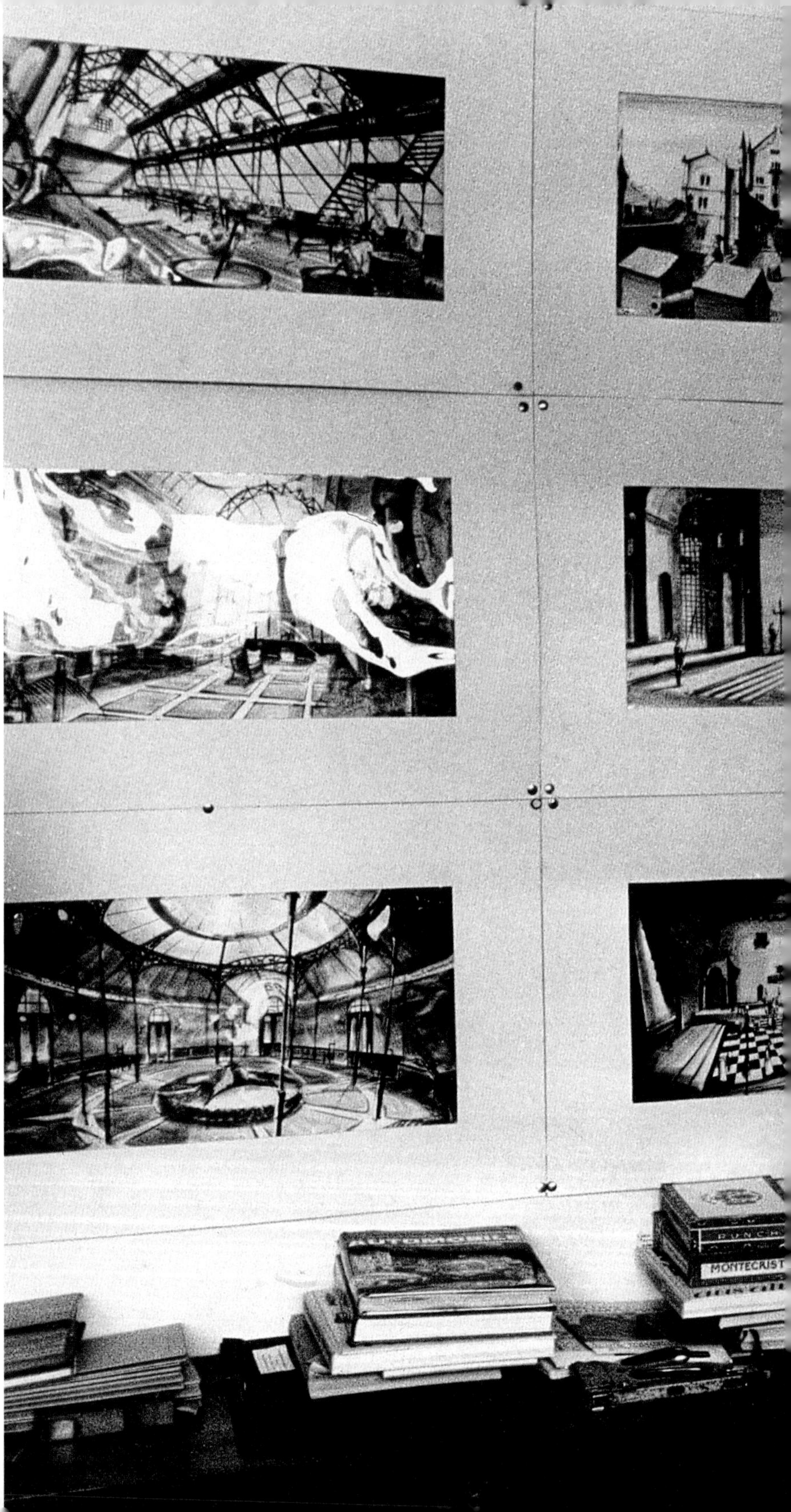

Ken Adam in seinem Arbeitszimmer in den Pinewood Studios; an den Wänden im Vordergrund Setentwürfe zu dem Film *Tschitti Tschitti Bäng Bäng*

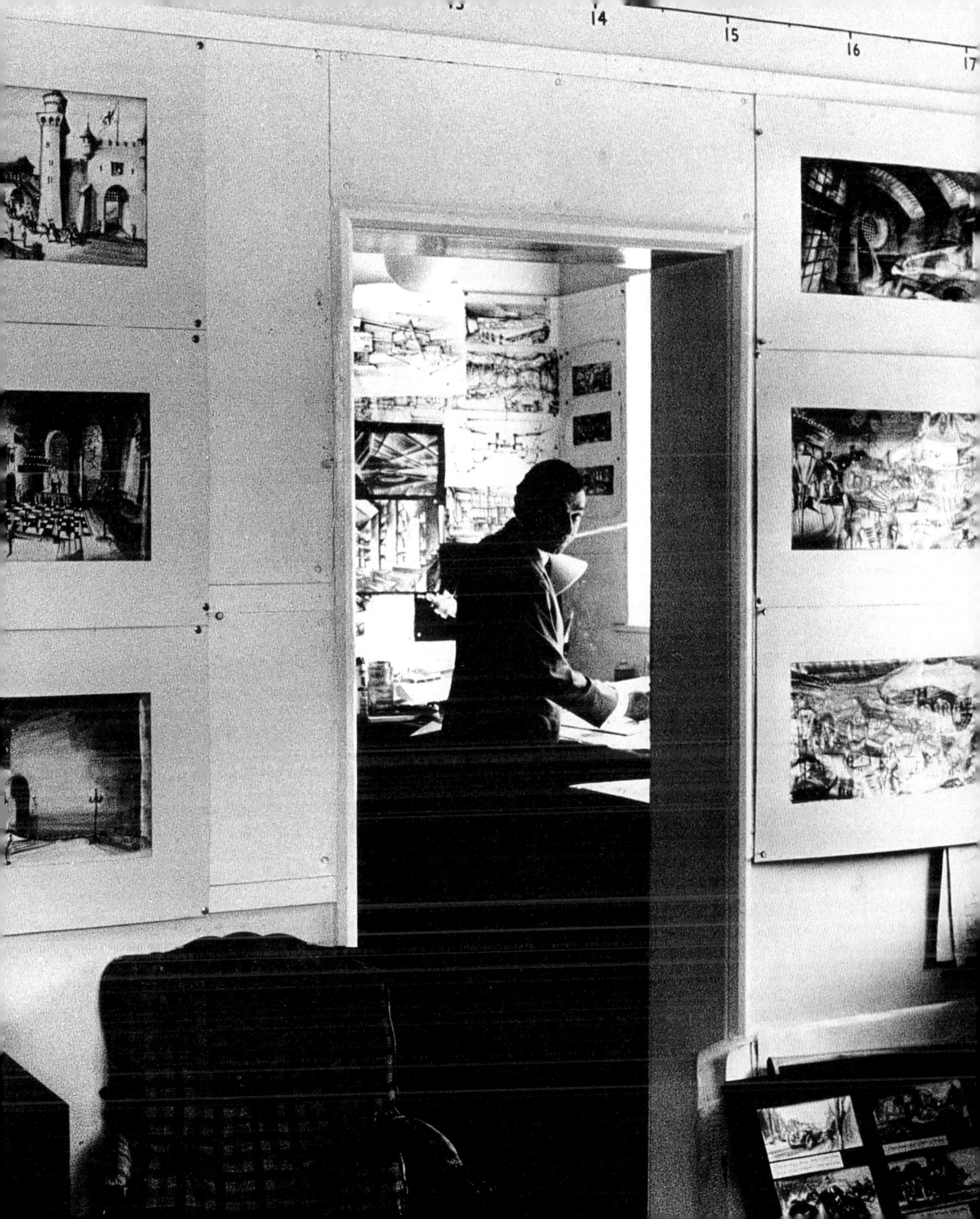

14
15
16

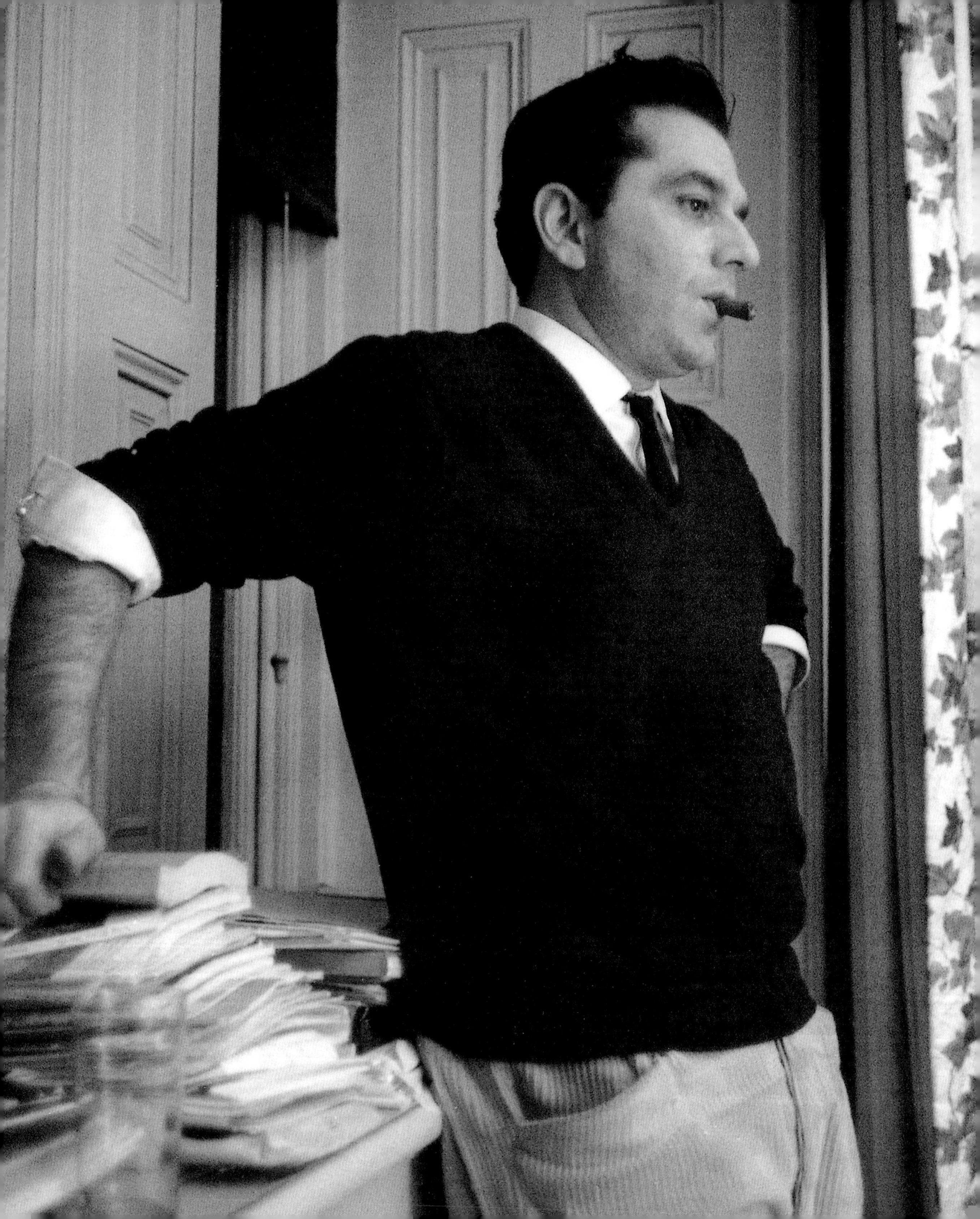

Begegnung mit Stanley Kubrick

Das Zusammentreffen mit Stanley Kubrick brachte den Production Designer Ken Adam in den Pantheon der Filmgeschichte. Den Menschen Ken Adam trieb es an den Rand des Wahnsinns. Adam sagt heute, von allen Regisseuren, mit denen er zusammengearbeitet habe, sei Kubrick nicht zuletzt in seiner Besessenheit einem Genie am nächsten gekommen – mit all den Problemen, die dies mit sich bringt. Zwischen den beiden entstand schnell das, was man die richtige Chemie nennt. Aber gerade in der Chemie sind selten alle Prozesse vollständig kontrollierbar. Bei den Dreharbeiten zu *Barry Lyndon* soll Ken Adam dabei beobachtet worden sein, wie er einen Schokoladenkeks zwischen den Zähnen hielt und versuchte, ihn wie eine Zigarre anzuzünden. Ken Adam bestreitet, dass etwas Derartiges je passiert sei – aber es wäre nicht verwunderlich, wenn die Geschichte stimmte.

Nach *Dr. Seltsam oder Wie ich lernte, die Bombe zu lieben*, dem ersten Film mit Stanley Kubrick, sagte Ken Adam: »Nie wieder!« Und so lehnte er ein großes Projekt ab, das den Bond-Mythos auf seine Weise beerben sollte: *2001: Odyssee im Weltraum.* »Ein schönes Projekt«, wie Ken Adam im Rückblick sagt. »Mir gefiel die Idee. Aber das Leben ist zu kurz.« Außerdem hatte er gehört, dass bereits seit längerem zwei NASA-Angestellte als Experten engagiert waren, und so fürchtete er, nicht genügend Spielraum für seine Phantasie zu haben. Kubrick wollte nichts weniger als einen Dokumentarfilm aus dem All präsentieren, Ken Adam dagegen hatte sich seit jeher als *imaginative artist,* also als kreativer Künstler verstanden. Kubrick machte Ken eine filmreife Szene und warf ihm vor, ihn nicht mehr zu lieben und mit anderen Regisseuren zu betrügen. Erst 1972 wurde Ken Adam rückfällig: Er ließ sich auf ein zweites Projekt mit Kubrick ein und bekam drei Jahre darauf seinen ersten Oscar für

Ken Adam, fotografiert von Stanley Kubrick bei der gemeinsamen Arbeit an
Dr. Seltsam oder Wie ich lernte, die Bombe zu lieben

einen großartigen, jeden Rahmen sprengenden und sehr erfolgreichen Film, an den er sich später nicht nur mit Freude erinnerte: *Barry Lyndon*.

Die Leiden des Ken Adam

Stanley Kubrick hatte sein neues Projekt ursprünglich mit Richard Sylbert machen wollen, dem brillanten Produktionsdesigner von Elia Kazans *Das Gesicht in der Menge* (und später der Polanski-Filme *Rosemaries Baby* sowie *Chinatown*). Sie hatten sich einige Wochen lang in einem New Yorker Café zusammengesetzt, und Sylbert hatte Kubrick überzeugen können, dass *Dr. Seltsam oder Wie ich lernte, die Bombe zu lieben* Studios in Dimensionen erfordern würde, wie sie in New York nicht zu finden seien. So reiste Kubrick per Schiff (er mied Flugzeuge, nachdem er bei einem ersten eigenen Flugversuch fast abgestürzt war) nach England und sah sich im Kino *Dr. No* an. Daraufhin blieb er in London.

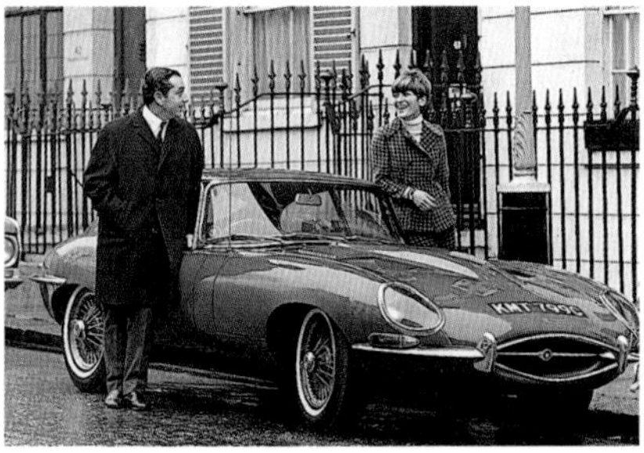

Ken und Letizia Adam mit ihrem Jaguar E-Type in der Montpelier Street in London (ca. 1964)

Die Leiden des Ken Adam begannen damit, dass er Stanley Kubrick jeden Tag mit seinem Jaguar E-Type vom Hotel zu den Shepperton Studios fahren musste – in einer Geschwindigkeit von maximal 30 Meilen. Das war für den von Sportwagen besessenen Adam eine harte Probe. Er hatte seinem Jaguar in einer Renngarage gerade einen Spezialauspuff einbauen lassen, um zehn zusätzliche Meilen Tempo zu erreichen (der Wagen wurde dadurch so heiß, dass Letizia bei längeren Touren ihre Beine zum Fenster heraushängen lassen musste.) Aber Kubrick hatte Angst vor Geschwindigkeit, wie er auch ständig Angst vor Einbrechern und Entführern hatte, vor Flügen und Atombomben, vor New York und Gefühlen. Auf den endlosen Fahrten ins Studio erkundigte sich Kubrick eingehend nach Adams Vergangenheit als Kampfflieger: »Ich musste ihm auf diesen Trips wieder und wieder vom Krieg erzählen, so lange, bis mein Vorrat an Geschichten erschöpft war und ich neue erfinden musste.« Anderthalb Stunden hin, anderthalb Stunden zurück – die Fahrten wurden zur täglichen Konferenz zwischen Regisseur und Produktionsdesigner, und

»Wir waren beide jung, aber ich habe schnell herausgefunden, dass hinter seinem jungenhaften Aussehen, seinem Enthusiasmus und seiner scheinbaren Naivität ein außergewöhnliches Hirn arbeitete. Ich habe mit Kubrick wohl mehr Zeit verbracht als je mit einem anderen Regisseur. Es war eine erschöpfende Erfahrung, Stanleys Hirn mehr als sechzehn Stunden am Tag ausgesetzt zu sein. Ständig fragte er mich: ›Was treibt dich an, Ken, wie funktionierst du?‹ Welches Talent und welche Idee man auch haben mochte, er saugte sie aus einem raus, bis man völlig leer war.«

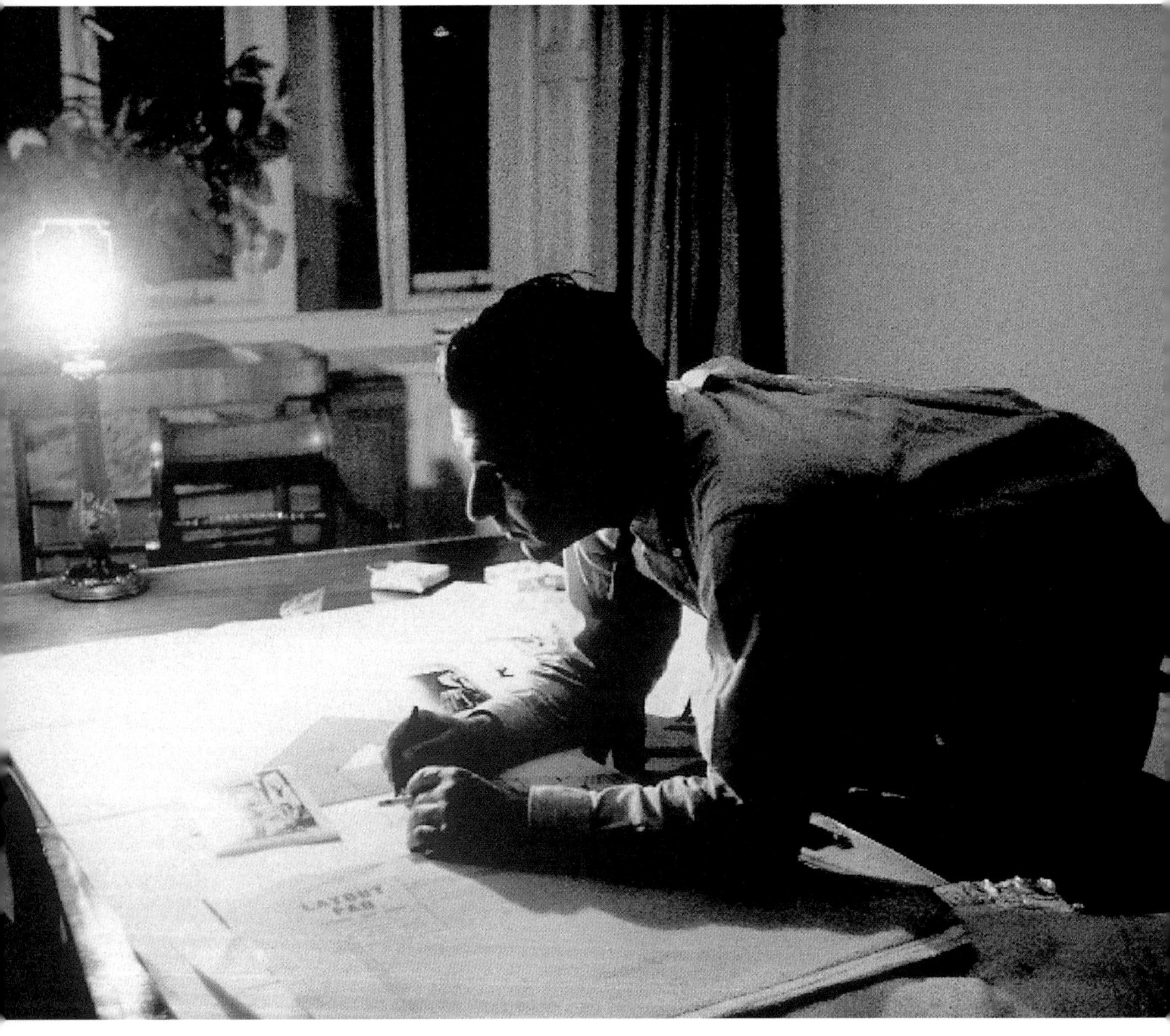

Ken Adam, gebeugt über eine Zeichnung für den Film *Dr. Seltsam oder Wie ich lernte, die Bombe zu lieben*, fotografiert von Stanley Kubrick in dessen Wohnung

im Jaguar E-Type wurden viele Einfälle für *Dr. Seltsam* geboren: »Welcher Produktionsdesigner hat schon die Gelegenheit, jeden Tag drei Stunden mit seinem Regisseur zu verbringen? Die Zeit im Jaguar war die wertvollste Erfahrung meiner Karriere.«

Stanley Kubrick war der Inbegriff eines visuell arbeitenden Regisseurs. Das Drehbuch war für ihn nur ein vager Hinweis auf die zu filmenden Szenen, eine Anregung, mit der man auf sehr unterschiedliche Weise verfahren konnte. Entscheidend war die Arbeit auf dem Set, mit dem Einsatz verschiedener Kameraobjektive, den vielfältigen Möglichkeiten, Lichtquellen zu positionieren, und Dutzenden und Aberdutzenden von Takes, bis ein Schauspieler seine Szene richtig gespielt hat. Ken Adam kam diese Vorgehensweise sehr entgegen. Er wurde Kubricks Sparringspartner für neue Ideen. »Sein Hirn war wie ein Computer, ein Schachcomputer. Er misstraute allem Intuitiven und am meisten dem Design. Alles wurde in Frage gestellt. Alles, was ich skizzierte, musste ich ihm ins Intellektuelle übersetzen.«

Das wiederum entsprach überhaupt nicht Ken Adams Arbeitsweise. Adam probierte mit seinen Skizzen immer so lange verschiedene Lichtverhältnisse und Raumdimensionen aus, bis das Ergebnis ohne viele Worte überzeugte. Eine Zeichnung funktioniert, oder sie funktioniert nicht – es gibt keinen Grund, sie noch eingehend zu erläutern oder gar auf irgendwelche theoretischen Konzepte hin zu befragen. »Es war eine mühselige und frustrierende Erfahrung«, resümiert Ken Adam. »Natürlich muss man bei jedem Film seine Ideen dem Regisseur oder dem Produzenten verkaufen. Aber in Stanleys Fall ähnelte das manchmal einer psychoanalytischen Sitzung.«

Kubricks Charakter sei eine sonderbare Mischung aus Kühle und äußerster Empfindlichkeit gewesen, aus einem großen Bedürfnis nach Nähe und Rücksichtslosigkeit, wenn es ums Professionelle ging, sagt Ken Adam. »Stanley war jemand, der am Drehort alles um sich herum vergaß« – eine Eigenschaft, die er mit Adam durchaus teilte. Um sich nicht von der Arbeit ablenken zu lassen, beauftragte Kubrick Letizia Adam, sein Gesellschaftsleben für ihn zu organisieren. Er rief sie am späten Nachmittag an und fragte zum Beispiel: »Könntest du bitte für heute Abend ein paar große Tiere von Warner Brothers einladen? Ich zahl den Wein, Du machst die Pasta.«

Gemeinsam war Kubrick und Adam auch der gnadenlose Perfektionismus: »Auf der Leinwand zählt jedes Detail«, sagt Ken Adam. »Eine schlechte Verarbeitung oder eine Schludrigkeit an einer Tür bei einer Nahaufnahme kann die gesamte Illusion von Realität zerstören.« Kubricks Besessenheit ging dabei so weit, dass er vor einer Premiere den Projektor und die Tonanlage des jeweiligen Kinos genau untersuchte.

Der Film *Dr. Seltsam oder Wie ich lernte, die Bombe zu lieben* erzählt, wie ein von wahnhafter Kommunistenfurcht getriebener General der US Air Force auf eigene Faust einen präventiven Atomschlag gegen die Sowjetunion auslöst, weil er Angst hat, seine Potenz würde von den »Kommies« sabotiert. Der »Plan R« ist von den Computerexperten des Pentagon so perfekt ausgeklügelt worden, dass kein menschliches Wesen ihm mehr in die Quere kommen kann, nicht einmal der US-Präsident. Die Bombe wird gezündet und löst die russische »Doomsday«-Gegenbombe aus. Der Film endet mit einer orgiastischen Schlusssequenz, in der zu den Klängen des Schlagers *We'll Meet Again* die Wasserstoffbomben aufblühen. Der Film wurde während der Kubakrise gedreht. Ken Adam erinnert sich an die angespannte Atmosphäre: »Keiner wusste, ob nicht jede Minute tatsächlich der Atomkrieg ausbrechen würde.«

Kubrick hatte schnell gemerkt, dass es unmöglich war, dem Widersinn der atomaren Abschreckung in einem Drama gerecht zu werden, wie er es ursprünglich beabsichtigt hatte. So entschied er sich für eine schwarze Satire. Ihn interessierte vor allem, wie Menschen sich in einer alptraumhaften Situation verhalten. Während der Vorbereitungen zu dem Film hatte er zu seinem Erstaunen festgestellt, dass die meisten Menschen der durchaus nahe liegenden Möglichkeit eines zufällig ausgelösten Atomkriegs mit einem auffälligen Desinteresse begegnen. Nur das Komische, hatte er festgestellt, kann den Verteidigungsmechanismus des Verstandes, der zunächst immer versucht, sich dem unausdenkbar Grauenhaften zu verweigern, außer Kraft setzen. In Kubricks Film versucht der US-Präsident, die Sowjetunion in letzter Minute zu warnen. Doch der russische Premierminister hat die Nummer seines Hauptquartiers vergessen und schlägt dem Amerikaner vor, bei der Telefonauskunft in Omsk anzurufen.

»Kubrick war völlig in die Materie versunken«, erinnert sich Ken Adam. »Als wir uns das erste Mal trafen, sprach er nur von ›Fail-safe‹-Punkten, Megatoten und CRM-114s. Ich hatte keine Ahnung, wovon überhaupt die Rede war.« Nachdem Kubrick sich tagelang mit den Gesetzmäßigkeiten des radioaktiven Fallouts beschäftigt hatte, kam er zu dem Schluss, dass Cork in Irland im Falle eines Atomkriegs der sicherste Platz wäre: »Er riet uns, unsere Konten zu schließen und alles Geld in bar bereitzuhalten, für den Fall des Falles.«

Die Handlung von *Dr. Seltsam* konzentriert sich auf drei eng umgrenzte Schauplätze: ein verriegeltes Büro am Luftstützpunkt Burpelson; die Kabine eines B-52-H-Bombers und den unterirdischen Lagebesprechungsraum des Pentagon – für einen Film über das Ende der Welt lächerlich kleine Räume.

Die Bomberkabine im Film ist die originalgetreue Nachbildung einer B-52-Kabine. Kubrick bestand darauf, dass sie nur von den Lichtquellen beleuchtet werden sollte, die auch in der Realität zu finden sind. Das Pentagon hatte jede Kooperation verweigert. Auf dem Höhepunkt des Kalten Krieges, in den frühen sechziger Jahren, war es in den USA unvorstellbar, eine Satire über den Atomkrieg zu drehen. So musste Ken Adam sich sämtliche Details in Fachzeitschriften wie zum Beispiel *Jane's Defense Weekly* zusammensuchen. Das einzige gravierende Problem blieb die CRM-114, jene kleine Box, über die der Pilot den endgültigen Befehl bekommt, die Bombe zu zünden. »Ich dachte mir etwas aus, und mein Art Director fand auf dem Müll alte Schalttafeln. Später luden wir einige Leute von der US Air Force zu den Dreharbeiten ein. Sie wurden bleich und fragten, woher ich die Geheiminformationen hätte. Ich muss ziemlich dicht dran gewesen sein.« In der ihm eigenen Vorsicht hatte Kubrick zuvor Ken Adam schriftlich aufgefordert, sich für den Fall einer Anklage wegen Spionage genau zu überlegen, was er sagen würde, sollte er gefragt werden, wie er zu seinen Kenntnissen gekommen sei.

1962 hatte im Grunde niemand eine Vorstellung von der echten Bombe. Adam probierte mehrere Formen aus, große und kleine, und Kubrick hatte die Idee, die Bombe mit Graffiti zu verzieren. Eine filmtaugliche Air Base entdeckte Ken Adam auf dem Londoner Flughafen, die Szenen im Computerraum wurden bei IBM London gedreht.

»Stanley war der Auffassung, ein Regisseur habe das Recht, seine Meinung bis zum letzten Moment zu ändern – bis die Kamera lief. Und manchmal auch noch danach. Er tat das sehr, sehr oft. Aber immer zum Besten des Films.« Eines Morgens, auf einer der Fahrten im Jaguar, erinnerte sich Kubrick etwa an einen ehemaligen Cowboy, Slim Pickens, den er von einigen Filmen her kannte, und er kam auf die Idee, ihn als Bomberpiloten Major Kong zu zu engagieren, anstelle von Peter Sellers. Kubrick hatte die Vorstellung, dass Pickens die Bombe wie einen Bronco, also wie ein wildes Pferd, ins Ziel reiten sollte.

Für Ken Adam und seine Leute bedeutete dies, den ganzen Set innerhalb von 48 Stunden umzubauen. »Stanley wollte die Szene des Bombenabwurfs in einer einzigen Sequenz drehen. Zum Glück hatte ich einen der besten Experten für Spezialeffekte im Team, Wally Veevers, und er setzte meine Skizzen mit allerlei gemalten Hintergründen, Standfotos und optischen Tricks um. Er nahm ein Foto von der Bombenluke und schnitt einfach eine Öffnung hinein. Slim saß fest auf seiner Bombe, und wir fuhren mit dem Kamerakran zurück.«

Schwieriger war es, dem Cowboy gegen den massiven Widerstand der britischen Schauspielergewerkschaft überhaupt eine Dreherlaubnis zu verschaffen. Nach langen, am Ende dann doch erfolgreichen Verhandlungen erschien Pickens schließlich in den Shepperton-Studios, mit einem Zehn-Gallonen-Hut, Grenzmann-Hosen und Stiefeln aus Alligatorhaut.

Der War Room – eine Filmlegende

Einer der bekanntesten Räume, die Ken Adam je entworfen hat, ist der »War Room«, das Lagebesprechungszimmer tief unterhalb des Pentagon, der zentrale Set für *Dr. Seltsam oder Wie ich lernte, die Bombe zu lieben.* Es ist ein kalter, klaustrophobischer Raum, in seiner grotesken Überzeichnung alptraumhaft und doch so real, dass mancher nach ihm suchte: »Ich weiß aus verlässlicher Quelle«, berichtet Ken Adam, »dass Ronald Reagan bei seinem Einzug ins Weiße Haus von seinem Stabschef verlangte, in den War Room geführt zu werden. Man fragte ihn: Welcher War Room? Und er antwortete: Na, der aus *Dr. Seltsam.*«

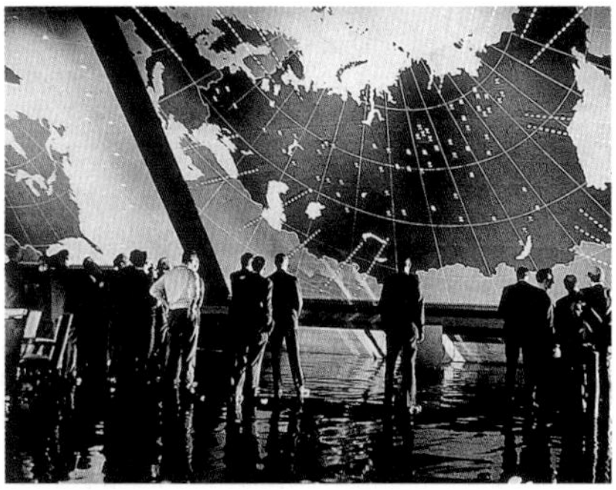

Die Mitglieder des Krisenstabes verfolgen den Einsatz der Atombomber auf der beleuchteten Weltkarte im War Room. Standfoto aus *Dr. Seltsam oder Wie ich lernte, die Bombe zu lieben*

Adam skizzierte zunächst ein Zwei-Ebenen-Set, ein Amphitheater mit einem gläsernen Kontrollraum auf der oberen Ebene. Kubrick gefiel der Entwurf auf Anhieb: »Das war ja unproblematisch, dachte ich noch, und das Art Department begann mit den Zeichnungen und Modellen. Drei Wochen später nahm Stanley mich beiseite und sagte: ›Übrigens, was den War Room angeht, Ken, ich glaube nicht, dass das Zwei-Ebenen-Konzept funktioniert. Was mache ich mit der oberen Ebene? Ich bräuchte 60, 70 Statisten, um sie zu füllen. Und die sitzen dann ständig da herum. Das ist zu teuer. Denk dir etwas anderes aus.‹ Das warf mich um. Ich hatte drei Wochen mit diesem Dekor im Kopf gelebt. Ich geriet in Panik. Eine Stunde lang lief ich im Garten von Shepperton umher und versuchte, mich zu beruhigen.«

Dann begann er erneut zu zeichnen, diesmal mit Kubrick im Rücken. Eine der wenigen Eigenschaften, die Kubrick bei anderen Menschen bewunderte, war die Fähigkeit, Ideen schnell zu Papier zu bringen; und Adam war mit seinen Flo-Master-Stiften erstaunlich schnell. Er versuchte sich an verschiedenen geometrischen Figuren, bis er schließlich bei einem Dreieck landete. »Stanley stoppte mich: ›Ist das Dreieck nicht die stabilste und tragfähigste geometrische Figur?‹ – ›So ist es.‹ – ›Es würde sich also auch gut als Luftschutzbunker eignen?‹ – ›Wenn wir es aus Stahlbeton bauen, ja.‹ – ›Ein gewaltiger unterirdischer Luftschutzkeller, phantastisch! Das ist es!‹« So entstand das neue Konzept. Ken Adams War Room war fünfundvierzig Meter lang, dreißig Meter breit und zwölf Meter hoch – ein postatomares Sinnbild grenzenloser Macht.

Adam führte den Entwurf weiter aus und zeichnete riesige, in den Raum ragende Leuchtkarten, auf denen Lampen den jeweiligen Standort der Atombomber anzeigten: die Auslöschung der Weltbevölkerung als graphisches Schauspiel. Die Tafeln glommen und blinkten wie Pinball-Spielautomaten. »Die strategischen Karten hätte man heute gewiss leichter bauen können. Zunächst wollten wir die Bewegungen der Bomber mittels Rückprojektionen darstellen. Wir hätten drei Dutzend 16-Millimeter-Projektoren gebraucht, und dazu reichte der Platz nicht aus. Also brachten wir 100-Watt-Glühbirnen hinter jedem Punkt an. Es müssen tausende gewesen sein. Und sie entwickelten eine derartige Hitze, dass die Karten sich vom Plexiglas lösten. Also mussten wir zusätzlich noch ein Kühlsystem montieren.«

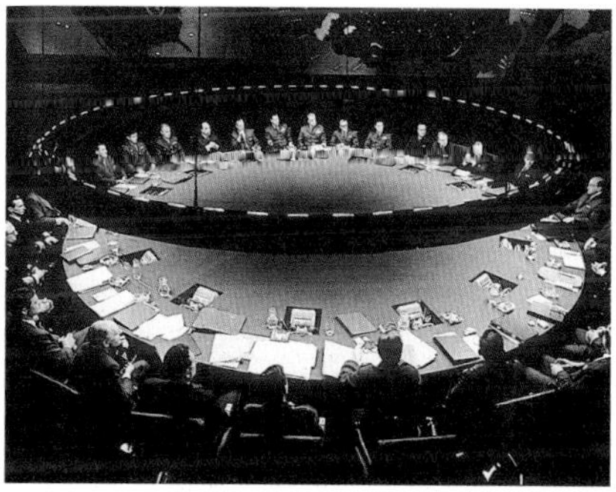

Der Präsident und sein Generalstab am Besprechungstisch im War Room. Standfoto aus *Dr. Seltsam oder Wie ich lernte, die Bombe zu lieben*

Ken Adam hatte den Besprechungstisch kreisrund konzipiert, zehn Meter im Durchmesser. Obwohl der ganze Film in Schwarz-Weiß gedreht werden sollte, wollte Kubrick den Tisch mit grünem Filz beklebt haben. Es sollte so aussehen, als spielten der Präsident und seine Generale eine gigantische Partie Poker, mit der Welt als Einsatz.

Normalerweise ist die Decke eines Sets demontierbar, um dem Kameramann die Möglichkeit zu geben, seine Lampen flexibel zu platzieren. Kubrick glaubte nicht, dass

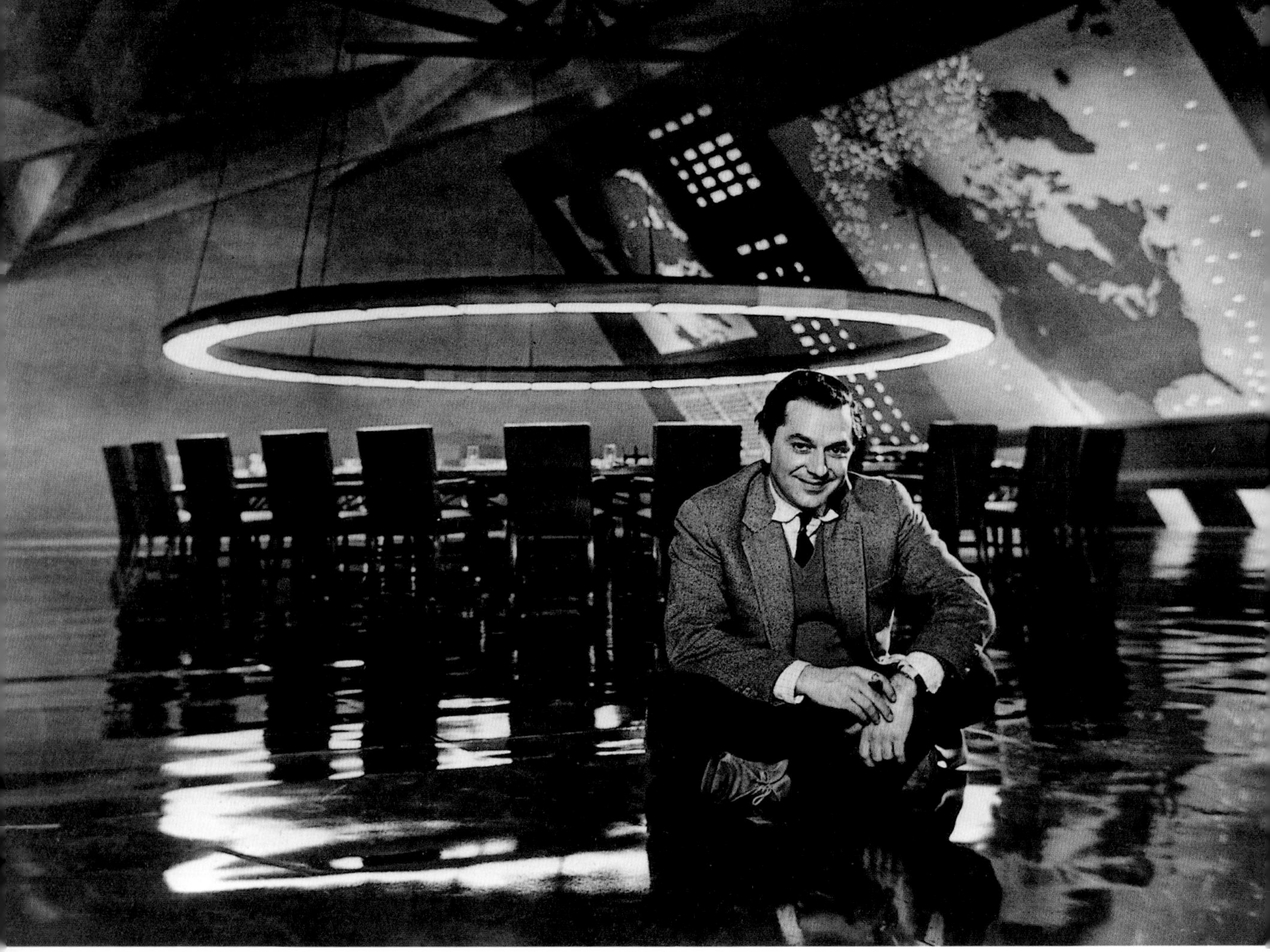

Ken Adam auf dem Set des War Room *(Dr. Seltsam oder Wie ich lernte, die Bombe zu lieben)*

ein Set als solcher beleuchtet werden müsste, und wollte nur ein Minimum an Füll-Licht. »Stanley sagte: ›Nagel die verdammte Decke fest. Ich will keine Scheinwerfer da oben haben. Ich will, dass die Lichtquellen zu sehen sind.‹« Das entsprach einer der Grundideen Kubricks, die die von ihm angestrebte Authentizität eines Films verbürgen sollte: der Idee des »Source Lighting«, derzufolge nur Lichtquellen am Set Verwendung finden, die auch im Film selbst als Lichtquellen dienen. Nach langem Experimentieren kam Adam die Idee eines mächtigen Lampenringes, der an dünnen, spinnennetzartigen Befestigungen über dem Tisch hing und die Bedrohlichkeit der ganzen Situation ins Gespenstische verstärkte. Alle 36 Schauspieler wurden von oben beleuchtet. Es war nicht zuletzt dieser Ring, der dem Film eine eigenwillige, surreale Dramatik gab.

Der War Room ist der Archetyp der Adamschen Kommandozentralen. Es handelt sich dabei um eine bestimmte Kombination aus Dreieck, Kreis und Rechteck, die in fast allen James-Bond-Filmen wieder auftaucht und in der Gestaltung der Millenniumsausstellung im Jahr 2000 in Berlin noch einmal zitiert wird. Stets ist die Decke abgeschrägt, stets verweigert der Raum eine zentrale Perspektive. Die Schräge, meist auf der rechten Seite, wirkt bedrohlich, fast, als würde die Welt gleich in sich zusammenstürzen. Ein solcher Umgang mit der Räumlichkeit ist von hoher Signifikanz: Es wird damit eine grundsätzliche Aussage über das Verhältnis des Menschen zu der Welt, in der er lebt, getroffen. Der konsequente Verzicht auf die Zentralperspektive bedeutet den Verlust der klaren Ordnung der Welt und ist zugleich eine Absage an das souveräne, ordnungsstiftende Subjekt. Das Individuum, das sich in den deformierten Räumen zurechtfinden soll, wird diese als Bedrohung empfinden – und sich selbst als unbehaust, als gefährdet. Ken Adam vermittelt so allein mit der spezifischen Form seiner Räume eine bestimmte existentielle Grundbefindlichkeit.

Den Schrägen steht der Kreis gegenüber, der ebenfalls, allerdings auf sparsame Art von Ken Adam verwendet wird: ein Tisch, eine runde Tür, ein Globus – jeweils Chiffren der Sehnsucht nach der verlorenen Ganzheit. Und das Organische wird in diesen Machträumen folgerichtig als verkrüppelt oder eingesperrt präsentiert: der verdorrte oder zurechtgestutzte Baum, die Tarantel, die Aquarien voll bösem Getier. Der Raum selbst ist eine gigantische Falle.

»Ich musste jeden Set als Totale entwerfen. Außerdem bat Kubrick mich um eine Skizze, wie der Film aussehen würde, wenn man ihn mit einem Normalobjektiv betrachtete. Für die großen Sets habe ich ihm mindestens acht verschiedene Projektionen gezeichnet.« Adam war zuerst irritiert, dass Kubrick die Kamera nie auf die Position stellte, von der aus der Gesamtset konzipiert worden war. Es hätte phantastische Einstellungen gegeben, in denen die Kamera durch den Lichtring oder von unten die Weltkarten hinauf geblickt hätte. Aber nie gab es eine Totale des gesamten Raums. »Das war Stanleys Genie. Der Zuschauer sollte nie wissen, wo er sich gerade befand. Das erhöhte das klaustrophobische Gefühl ungemein.«

Ursprünglich war als komödiantischer Höhepunkt eine große Tortenschlacht zwischen dem US-Präsidenten und dem russischen Botschafter vorgesehen. Ken Adam ließ täglich 2000 aus Rasierschaum gefertigte Sahnetorten kommen, und Kubrick inszenierte die wohl spektakulärste Tortenschlacht in der Geschichte des Kinos. »Wir drehten sie mehrere Tage lang im War Room. Überall lagen Sahnehaufen, Generale hingen schaukelnd am Lichtring, und der Präsident baute mit dem Botschafter kleine Sandburgen aus Teig. Kubrick ließ zum Schluss aber, zu meinem großen Bedauern, die Szene herausschneiden. Am Tag der ersten Kritikervorführung war John F. Kennedy erschossen worden, und Stanley hielt die Szene danach für unangebracht. Ich habe sie dreißig Jahre später noch einmal gesehen und muss sagen, dass es auch in filmtechnischer Hinsicht richtig war, auf sie zu verzichten. Sie passte nicht zum Stil des gesamten Films.«

Die Figur des Dr. Seltsam, die von Peter Sellers mit starkem Wernher-von-Braun-Akzent gespielt wurde, ist übrigens eine Wiederauferstehung des wahnsinnigen Erfinders Rotwang aus Fritz Langs legendärem Film *Metropolis*. Und durch die Sets von Ken Adam wird auch die beklemmende Grundstimmung, die bereits den Film aus den zwanziger Jahren auszeichnete, vermittelt. Der sich damals schon ankündigende Wahn, selektiv über die Spezies Mensch verfügen zu wollen, klingt noch nach, wenn Dr. Seltsam sagt: »Mr. President, ich würde durchaus in Erwägung ziehen, einen Grundstock von menschlichen Exemplaren zu erhalten ...«.

Ken Adam hält *Dr. Seltsam oder Wie ich lernte, die Bombe zu lieben* für seinen wichtigsten Film. Die bittere Satire wurde auch ein Erfolg – man zählt sie heute zu den hundert besten Filmen des 20. Jahrhunderts. Elvis Presley liebte den Film und hatte eine Kopie bei sich zu Hause in Graceland. Steven Spielberg stand Schlange in San José, um die Premiere zu sehen. Für Oliver Stone war es nach eigener Aussage die erste wichtige Filmerfahrung, *Dr. Seltsam* habe ihm eine Regierung als Feind des Volkes gezeigt. Als Ken Adam nach Kubricks Tod eine Rede vor der Directors Guild in Los Angeles hielt, in der er die Verdienste des großen Regisseurs würdigte, wurde er anschließend von Steven Spielberg angesprochen, der ihm anerkennend bescheinigte: »Der War Room ist der beste Set, der je gebaut wurde.«

Dreh bei Kerzenlicht

Ken Adam beschreibt sein Verhältnis zu Kubrick als eine Art Hassliebe. Es ähnelte phasenweise eher einer Ehe als einer Arbeitsbeziehung. »Stanley versuchte geradezu zwanghaft, immer herauszufinden, weshalb man etwas so oder anders machte. Und er wollte dabei für sich alle nur denkbaren Möglichkeiten durchspielen. Mir kam es allerdings oft so vor, als würde er mein Talent in Frage stellen. Das ist für einen kreativen Menschen nicht sehr hilfreich, weil man ja selbst sehr unsicher ist. Seine Zweifel waren reines Gift für mich, für mein Selbstvertrauen und mein Selbstbewusstsein. *Dr. Seltsam* war ein großartiges Werk. Aber ich schwor mir, nie wieder mit Kubrick zusammenzuarbeiten.«

Das Versprechen hielt bis zum 1. Januar 1973.

Für seinen Film *Barry Lyndon* wollte Kubrick unbedingt Ken Adam als Production Designer engagieren. Ken lehnte ab. Kubrick insistierte. Ken lehnte ein zweites Mal ab. Jede Absage löste wütende Briefe aus: »... die Tatsache, dass Du ein Star geworden bist, sollte Dich nicht dazu bringen, Dich auch wie einer zu verhalten. Du solltest wissen, dass ein abgelehntes Angebot schon nach Minuten nichtig ist. Herzlich, Stanley.«

Ken Adam hörte eine Weile nichts von Kubrick. Dann rief der Regisseur erneut an und sagte: »Ken, der zweitbeste Production Designer der Welt schafft es nicht. Kannst du es?« Und Ken Adam ließ sich verführen. Am 1. Januar 1973 begannen Kubrick und Adam mit der Arbeit an *Barry Lyndon*.

»Im Grunde wollte ich den Film nicht machen. Ich wusste vom ersten Tag an, dass diese Arbeit eine Erfahrung sein würde, wie ich sie bis dahin nicht gekannt hatte. Stanley machte von Anfang an klar, dass er keine Minute des Films im Studio drehen wollte. Er glaubte, dies sei die beste Art, einen authentischen und dabei billigen Film zu machen. Ich war in beiden Punkten völlig anderer Auffassung. Im Rückblick muss ich zugeben, dass er teilweise Recht hatte. Es ist jedenfalls ein einzigartiger Film geworden.«

Kubrick hatte nach den Skandalen um die Filme *Lolita* (1961) und *Uhrwerk Orange* (1970/71) eine Art Verfolgungswahn kultiviert (tatsächlich hatte er, als besonders heftige Reaktion auf *Uhrwerk Orange*, Morddrohungen erhalten) und fühlte sich nur in seinen eigenen vier Wänden wirklich sicher. Am liebsten hätte er den Film auf dem eigenen Grundstück gedreht. »Es war fast unmöglich, ihn aus dem sicheren Umkreis seines Hauses herauszubekommen. Er hat alles versucht, um in Frage kommende Motive nicht selbst ansehen zu müssen.« Kubrick war ein großer Bewunderer Napoleons und schätzte insbesondere dessen Fähigkeit, seine Generäle im Spanienfeldzug aus der Ferne, nämlich von Frankreich aus, ohne moderne Kommunikationsmittel zu dirigieren.

Doch bei der schieren Anzahl unterschiedlichster Sets, die die im Film erzählte Geschichte erforderte, war es nicht allzu schwierig, Kubrick von der Unpraktikabilität seiner Vorstellungen zu überzeugen. Er gab nach und bestimmte, dass alle Drehorte nun im Umkreis von 30 Meilen gefunden werden sollten. »Wir arbeiteten in Stanleys Garage, die er zu einem kleinen War Room ausgebaut hatte, mit Generalstabskarten an den Wänden.« Um zu sparen, wurde ein halbes Dutzend Amateurfotografen mit Karten ausgesandt, um jeden Winkel des Geländes nach geeigneten Motiven, Schlössern, Burgen und Schlachtfeldern abzusuchen: »Er sagte immer: ›Man weiß nie, auf was man an der nächsten Ecke trifft.‹ Hier war es allerdings reine Zeitverschwendung, weil die in Frage kommenden alten Gebäude ohnehin bekannt waren. Schließlich konnte ich ihn überzeugen, die Suche auf England und Irland auszuweiten und auch einige Barockbauten auf dem Kontinent in die engere Wahl zu nehmen.«

Es sollte auf keinen Fall ein musealer Kostümfilm werden wie die allgemein bekannten Produktionen. Kubrick wollte vielmehr – ähnlich wie schon bei dem Großprojekt *2001: Odyssee im Weltraum*, bei dem er sich nicht zuletzt in technisch-wissenschaftlicher Hinsicht um höchste Glaubwürdigkeit bemühte hatte – einen regelrechten Dokumentarfilm über das 18. Jahrhundert drehen; er war von dem Gedanken besessen, »die Patina« der erhaltenen Landsitze einzufangen, unter Rückgriff auf zeitgenössische Materialien und Techniken möglichst viel an authentischer Atmosphäre zu erzeugen.

Kubrick und Adam wühlten sich durch eine ganze Bibliothek von Kunst- und Architekturbänden über das 18. Jahrhundert. Anschauungsmaterial lieferten insbesondere die Maler George Stubbs, Thomas Gainsborough, Jean-Antoine Watteau, Johann Joseph Zoffany, William Hogarth, Daniel Nikolaus Chodowiecki und viele andere Künstler. »Wir gerieten in furchtbaren Streit, weil Stanley vom viktorianischen Stil weit mehr angezogen war als von den nüchternen Interieurs des 18. Jahrhunderts. Er sagte etwa: ›Ich liebe diese Tapete!‹ Ich hielt dagegen: ›Das geht nicht. Es ist viktorianisch.‹ ›Warum?‹, fragte er dann meistens. Es war eine entsetzlich frustrierende Erfahrung.«

Ken Adam war ohnehin nicht sonderlich überzeugt von Kubricks Recherchemethoden. Er bezweifelte, dass es Absicht der zeitgenössischen Maler gewesen war, ihre Sujets naturgetreu wiederzugeben. Und er hatte seinerseits nicht den Anspruch, in seinen Sets historische Exaktheit im Detail zu erzielen: »Ich forsche gern ausführlich über eine Periode. Aber danach möchte ich sie auf eigene Weise interpretieren.«

Kubrick sagte: »Ken, wir haben so schöne Schlösser in England. Du kannst mir nicht erzählen, dass du das in einem Studio besser machen kannst.« Und Adam antwortete immer: »Besser nicht, aber vielleicht dramatischer.« Derartige Diskussionen zogen sich über Wochen hin. »Er war wie ein kleines, verunsichertes Kind, das immer wiedersprechen will«, berichtet Ken Adam. »Ständig wollte er andere Lösungen, wie wahnsinnig auch immer, einzig aus dem Grund, weil es bisher noch nie jemand versucht hatte.«

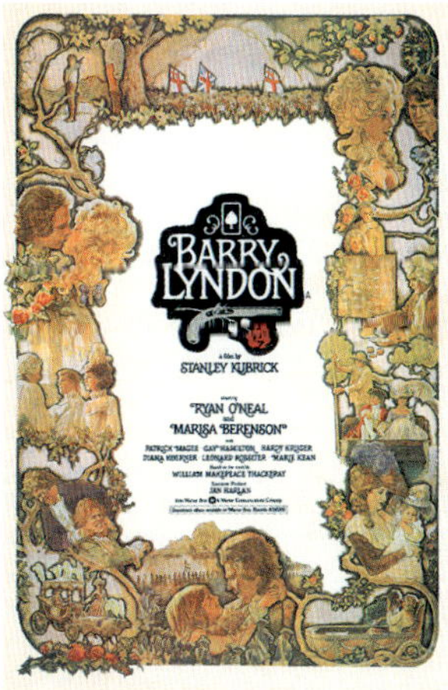

Plakat für Stanley Kubricks *Barry Lyndon* (1975)

William Makepeace Thackerays Schelmenroman *The Luck of Barry Lyndon (Die Memoiren des Junkers Barry Lyndon)* erschien erstmals 1844 und handelt von einem Schurken, der zum Gentleman aufsteigt. Der Roman spielt während des Siebenjährigen Krieges und breitet ein Panorama des militärischen Europa aus, mit den Kommandeuren der verschiedenen Truppen, den Militärstrukturen und Schlachtfeldern. Die Handlung des Films entwickelt sich zwischen Irland, wo Lyndon auf einer Farm aufwächst, England und Potsdam. »Für Lady Lyndon, die aus einer alten aristokratischen Familie stammte, suchten wir ein Haus in England aus der Zeit vor 1800, um sie nicht als *nouveau riche* erscheinen zu lassen. In Irland waren wenige Häuser aus der Zeit Elizabeths, der Stuarts und Jacobs erhalten, da Cromwell dort die meisten Schlösser aus dem 17. Jahrhundert zerstört hatte.« Also fügte Ken Adam, der sich mit seinem Wunsch, die Innenräume im Studio zu bauen, nicht hatte durchsetzen können, seine Sets wie ein Puzzle zusammen. Nach wochenlanger Suche hatte er drei geeignete Orte aufgespürt und konnte nun die Interieurs aus Caher Castle mit Außenansichten von Ballinatrae und Huntington kombinieren. Die Schlachtszene zwischen den Franzosen und Briten wurde bei Waterford in der Nähe von Carrick on Suir gedreht – dabei war übrigens eine nahezu 300 Meter lange Kamerafahrt, die längste in der Filmgeschichte. Auch für die meisten der Szenen, die in Deutschland spielen sollten, fand sich eine Lösung. »Glücklicherweise stieß ich in Dublin auf das Schloss Powerscourt, in dem ein deutscher Architekt einige Räume im Barockstil entworfen hatte. Es sah deutsch genug aus, um die meisten Potsdamer Szenen hier drehen zu können.« Denn Kubrick hatte sich geweigert, nach Deutschland zu reisen. Er hasste Ortsveränderungen. Die restlichen Aufnahmen, die in Potsdam selbst gemacht werden mussten, wurden von einem zweiten Filmteam gedreht, das Kubrick über das Telefon dirigierte.

Die Arbeit an Originalschauplätzen machte den Film teurer, als er durch jede noch so aufwendige Studiodekoration geworden wäre. Transportkosten fielen an, Unterkünfte mussten besorgt, Mieten und Versicherungen bezahlt werden.

Auch in seiner Arbeitsweise musste sich Ken Adam umstellen: »Normalerweise produziere ich während der Vorbereitungszeit eines Films unendlich viele Zeichnungen. Für *Barry Lyndon* rührte ich praktisch kein Blatt an, es entstanden lediglich Skizzen für Schlachtszenen: Kubrick wollte nämlich genau wissen, wie viele Soldaten er jeweils bei den verschiedenen Brennweiten brauchen würde. Wir haben Bleisoldaten genommen und sie von diversen Blickwinkeln her aufgestellt.« Am Ende gelangen Sequenzen von besonderer Schönheit wie zum Beispiel jene Szene, in der die rot uniformierten britischen Truppen vor einem grünen Hintergrund auf die Franzosen in Weiß losstürmen. Ken Adams Gestaltungsprinzip der Stilisierung, hier mittels Farben umgesetzt, gelang so auch im großen Maßstab. Und er lernte nebenher von Stanley Kubrick, bei fotografischen Aufnahmen jeweils das richtige Kameraobjektiv mit der angemessenen Brennweite zu verwenden, um für einen Film das überzeugendste Bild beispielsweise einer Landschaft zu erzielen – auch dies letztlich ein Verfahren der Stilisierung.

Von Irland aus wandte sich Ken Adam in mehreren Briefen an Lord Patrick Plunket, den Kammerherrn der Queen, um sich in die Feinheiten des königlichen Protokolls in St. James einführen zu lassen. So ließ er sich beispielsweise darüber unterrichten, wie ein Herr gemäß der Etikette dem König vorgestellt wird: »Der König neigt leicht sein Haupt, und entweder der Lord Chamberlain oder der Lord Steward würden

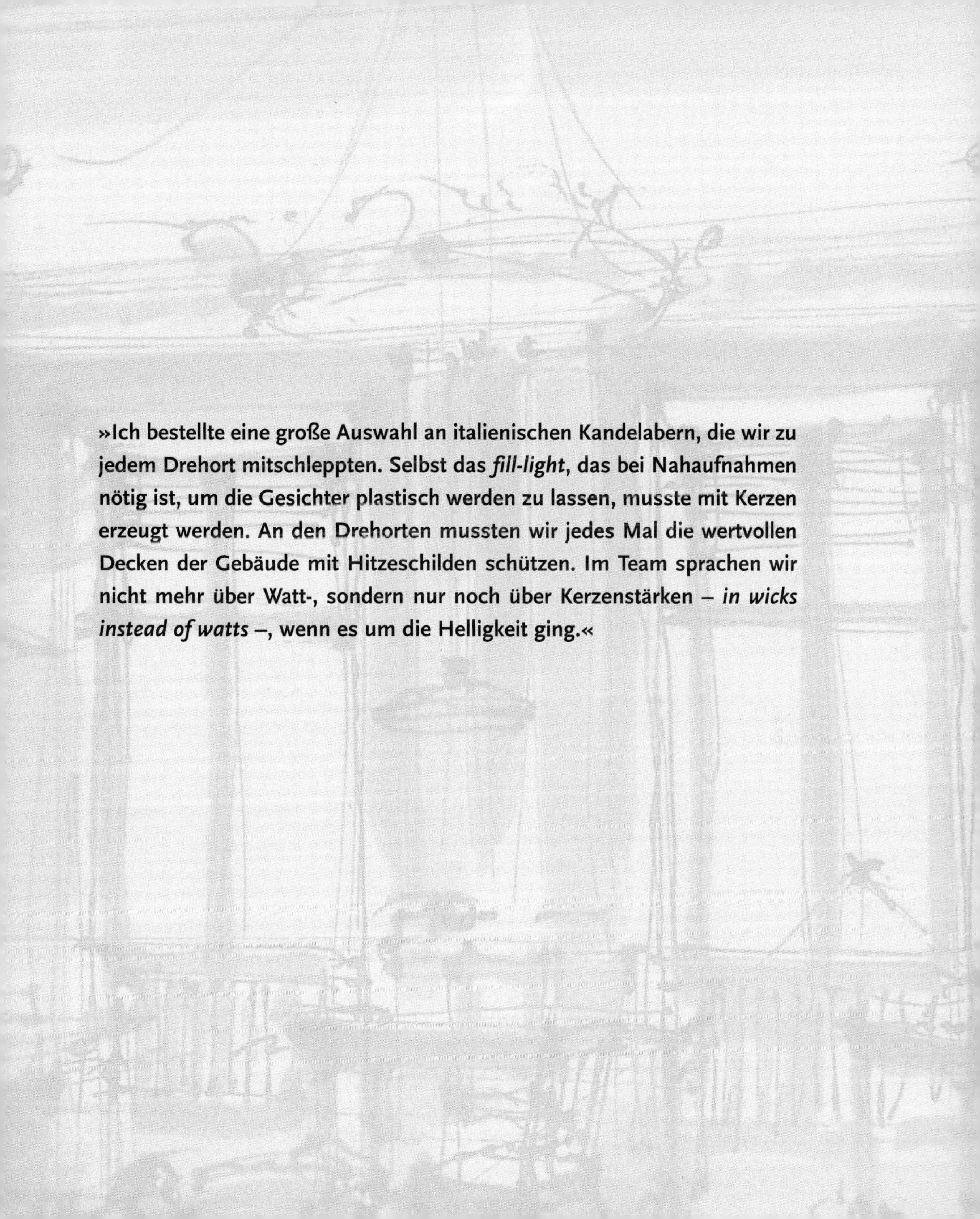

»Ich bestellte eine große Auswahl an italienischen Kandelabern, die wir zu jedem Drehort mitschleppten. Selbst das *fill-light*, das bei Nahaufnahmen nötig ist, um die Gesichter plastisch werden zu lassen, musste mit Kerzen erzeugt werden. An den Drehorten mussten wir jedes Mal die wertvollen Decken der Gebäude mit Hitzeschilden schützen. Im Team sprachen wir nicht mehr über Watt-, sondern nur noch über Kerzenstärken – *in wicks instead of watts* –, wenn es um die Helligkeit ging.«

die fragliche Person vorstellen. Dabei wäre die Formel zu verwenden: ›Ihre Majestät, darf ich Ihnen Herrn ... vorstellen.‹ Es ist ausgeschlossen, die Hand des Königs zu küssen, und es ist sehr unwahrscheinlich, dass Hände geschüttelt werden.«

Selbst bei seinem historischen Dokumentarfilm wollte Kubrick nicht auf sein Konzept des »Source Lighting« verzichten, und das bedeutete in diesem Fall, ausschließlich mit zeitgenössischen Lichtquellen, mit Lichtquellen, die im 18. Jahrhundert zur Verfügung standen, zu arbeiten – also mit Tageslicht und mit Kerzen.

Noch nie war ein Film bei Kerzenlicht gedreht worden. Aber Kubrick hatte von einer neuartigen 50-Millimeter-Linse gehört, die von den Zeiss-Werken für die Mondaufnahmen der Apollo-Astronauten (und für die Spionage-Satelliten des Pentagon) entwickelt worden war. Kubrick besorgte sich die Linse und ließ seine BNC-Mitchell-Kamera trotz erheblicher technischer Schwierigkeiten, die es dabei zu überwinden galt, umbauen. Die Kerzenlichtaufnahmen aus *Barry Lyndon* genießen seither einen legendären Ruf unter Kameramännern. Es ist nie gelungen, sie zu wiederholen. Und Kubrick weigerte sich später standhaft, seine Ausrüstung zu verleihen. (Milos Forman etwa hatte für sein *Amadeus*-Projekt bei Kubrick wegen der Kamera angefragt.)

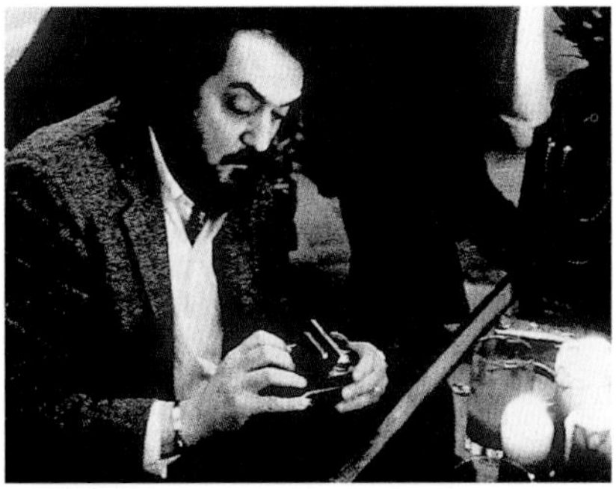

Der Regisseur Stanley Kubrick, aufgenommen von Ken Adam (ca. 1962)

Das Drehen bei Kerzenlicht an Originalschauplätzen erwies sich als Alptraum für Kameramann und Designer. Die kurzen Drehtage im Winter, das ständig sich verändernde Licht eines englischen Tages, die Besucherströme in den englischen Schlössern – die Filmcrew sah sich ständig vor neue Herausforderungen gestellt. Ein spezielles Problem bildeten die Kerzen, die bei jedem Take ein Stück weiter heruntergebrannt waren und immer wieder ausgewechselt werden mussten.

Aber Kubrick war besessen von seiner Vision von Authentizität. »Wir haben Nachforschungen über zeitgenössische Zahnbürsten angestellt«, erinnert sich Ken Adam, »über Verhütungsmittel und viele andere Dinge, die dann letztlich im Film nie Verwendung fanden.« Selbst die Kostüme wurden nach zeitgenössischen Schnittmustern gefertigt und danach erst auf die Maße der Schauspieler umgenäht. Die

Schauspieler mussten ihre Kostüme auch in den Drehpausen tragen, als wäre es normale Alltagskleidung. Schon das Wort »Kostüm« zu gebrauchen, war am Drehort strikt untersagt. »Stanley entschied, dass ich mich als Produktionsdesigner um die Auswahl aller Materialien, Farben, Perücken sowie um das Make-up zu kümmern habe. Um fünf Uhr morgens musste ich die Garderoben durchsehen und mich dann wieder eiligst auf den Weg machen, um für die Crew einen neuen Drehort aufzuspüren.«

Kubrick hatte sich buchstäblich über Nacht entschlossen, von nun an in Irland zu drehen. So hetzte sein Production Designer als Location-Scout durch die Landschaft, getrieben von dem Wissen um die horrenden Kosten eines Drehtags. Wegen der zahlreichen, oft weit auseinander liegenden Drehorte hatte Kubrick jeder Crew einen VW-Bus bereitgestellt. Ken Adams Art Department war ständig auf Achse. Er selbst hatte sein Zeichenbrett in den Bus eingebaut und alle eventuell benötigten Nachschlagewerke immer dabei. »Kubrick war der Feldherr, und wir sollten seinen Befehlen folgen wie Rommels fliegende Kolonnen. Er hatte etwas von einem Sadisten, besonders gegenüber den Menschen, die er liebte.« Nachdem das Team sechs Monate lang in Irland gefilmt hatte, gab es Bombendrohungen aus Kreisen der IRA. Innerhalb von 24 Stunden wurde die gesamte Produktion zurück nach England verschifft.

Arbeiten bis zum Zusammenbruch

Die Arbeit wurde zusätzlich dadurch erschwert, dass niemand ein Drehbuch in der Hand hatte, auf das er sich hätte verlassen können. Es gab überhaupt kein Drehbuch, auch Kubrick hatte keines. »Er sagte, es gäbe keine guten Drehbuchschreiber mehr. Thackeray sei der größte Schriftsteller des 19. Jahrhunderts und sein Buch sei geschrieben wie ein Filmskript. Er riss einfach Seiten aus dem Roman und erschien damit auf dem Set.« Nach Kubricks Vorstellung – und das galt im Prinzip für alle seine Werke – wurde der Film von der technischen Ausrüstung, der Art Direction und den Schauspielern getragen, nicht vom Drehbuch.

Unter diesen Umständen arbeitete Ken Adam sechzehn Stunden täglich, sieben Tage die Woche, in einer Welt jenseits der Studios, die im Grunde nicht die seine war. Nach einem Jahr war er am Ende. »Es war das erste Mal in meinem Leben, dass ich mit den Problemen und Anforderungen eines Films nicht mehr fertig wurde. Gleichzeitig fühlte ich mich verantwortlich für jedes Detail von Stanleys Film. Ich lud alle seine Fehler auf meine Schultern, alle seine Neurosen. Ich war von der Besessenheit Stanleys angesteckt, es war undenkbar für mich, etwas aus der Hand zu geben oder den Set zu verlassen. Es kam so weit, dass ich mich bei den Schauspielern für Stanleys Zumutungen entschuldigte.«

So passierte es beispielsweise, dass Kubrick von einem Moment auf den anderen entschied, eine Szene auf den Comeragh-Mountains zu drehen. Der ganze Filmtross mühte sich bergaufwärts bis zum Gipfel. Für den Rückmarsch musste man, durch die mitgeschleppte Ausrüstung in seiner Beweglichkeit eingeschränkt, auf einem sehr engen Gebirgspfad wenden. »Und plötzlich brach die Sonne durch, und alles sah aus wie von Goya gemalt. Wir setzten Hardy Krüger schnell auf ein Pferd und filmten ihn in diesem Licht. Es ist eine der schönsten Einstellungen des Films geworden.«

Doch nicht immer gab es diese Himmelsgeschenke. Über jedes Für und Wider eines Drehorts wurde endlos und oft auch fruchtlos debattiert. Wenn eine Szene nicht funktionierte, schob Kubrick es auf die Location und verlangte von seinem Production Designer eine bessere Alternative. »Wir schliefen kaum noch. Er war unsicher, und ich wurde es auch. Es wurde immer schlimmer. Ich fing an, massiv an mir selbst zu zweifeln. Ich hatte das Gefühl, nichts als ein Blender zu sein, und war überzeugt, dass alle meine bisherigen Erfolge nur Missverständnisse waren.«

Ken Adam wusste nicht weiter. Er stand mehrfach kurz davor, sich aus dem Projekt zurückzuziehen, und ließ sich dann doch immer wieder umstimmen – »zum Glück«, wie er im Nachhinein sagt. Als die Dreharbeiten ins Stocken gerieten, entließ Kubrick das gesamte Team und schloss sich für sechs Wochen ein, um nachzudenken – zusammen mit Ken Adam.

Nach dieser Klausur wurde Adam ernsthaft krank. »Ich hatte einen schweren Nervenzusammenbruch – so schwer, dass ich mich in medizinische Behandlung begeben musste.« Er verbrachte das Frühjahr 1974 in einem Londoner Krankenhaus und wurde dann in die Klinik eines renommierten schottischen Psychiaters überwiesen. »Der Arzt sagte zu mir: ›So lange Sie die Nabelschnur zwischen Ihnen und Kubrick nicht zertrennen können, werden Sie nicht wieder gesund werden.‹ Er schrieb das auch Stanley.« Ken Adam hatte dem unaufhörlichen Druck von Kubricks Ego nicht standgehalten. »Jede Empfindung musste ich wieder neu erlernen. Ich war vollkommen leer. Als seien alle Erfahrungen ausgelöscht gewesen. Jeder Schritt musste neu gelernt werden. Ich hatte fast mein Leben verloren.«

Die Verzweiflung war so groß, dass Letizia Adam nach Rom pilgerte und die Scala Sancta emporstieg. »Das Ganze ist gewiss nicht Stanleys Absicht gewesen«, sagt sie, »und er hat sich später als ehrlich besorgter Freund erwiesen. Aber dieser Mann hätte Ken um ein Haar auf dem Gewissen gehabt.« Letztlich sollte Ken Adam erst durch die Zusammenarbeit mit dem Italiener Tinto Brass bei dem Film *Salon Kitty* (1975) wieder ganz geheilt werden und sein Selbstvertrauen zurückgewinnen.

Kubrick drehte weiter, während Adam im Krankenhaus war, aber er hielt ihn über den Fortschritt der Dreharbeiten auf dem Laufenden. »Er versicherte mir, dass mein visuelles Konzept peinlich genau befolgt würde. Er hat sich als wahrer Freund gezeigt.« Die tiefere Ursache des Zusammenbruchs scheint Kubrick dennoch nicht verstanden zu haben. Kaum war Ken Adam aus der Klinik entlassen, bot Kubrick ihm an, das zweite Filmteam in Potsdam zu leiten, also zusätzliche Verantwortung zu übernehmen. Am Tag darauf war Adam wieder in der Klinik.

Drei Jahre nach dem Beginn der Dreharbeiten zu *Barry Lyndon* erhielt Ken Adam für diesen Film seinen ersten Academy Award, den Oscar. »Natürlich war ich glücklich darüber. Aber es war schon sonderbar, dass ich für einen Film ausgezeichnet wurde, der vollständig auf Locations, also außerhalb des Studios, gedreht war. Zweifellos besitzt *Barry Lyndon* wunderschöne Bilder mit einem feinen Gespür für die Zeit. Aber ich finde, dass meine rein kreativen, ungleich phantasievolleren Arbeiten bei anderen Filmen die künstlerische Auszeichnung eher verdient hätten.«

Jahre später revanchierte sich Kubrick bei seinem schwer geprüften Production Designer. Als Ken Adam 1978 vor dem Problem stand, das sogenannte »Source Lighting« (also den ausschließlichen Einsatz von im Film sichtbaren Lichtquellen zur Ausleuchtung des Sets) für seinen Riesentanker in dem Bond-Film *Der Spion, der mich liebte* einzurichten, rief er Kubrick an und bat ihn um Hilfe. Der sagte nach einigem Zögern: »Okay, aber das bleibt unser Geheimnis.« So schlichen Kubrick und Adam eines frühen Sonntagmorgens durch die menschenleeren Pinewood Studios zu dem Supertanker, und der Weltstar, der ansonsten jede Ortsveränderung und jedes Risiko scheute, kletterte und kroch vier Stunden lang durch die Kulisse, um für Ken Adams James-Bond-Kulisse die richtige Beleuchtung zu finden.

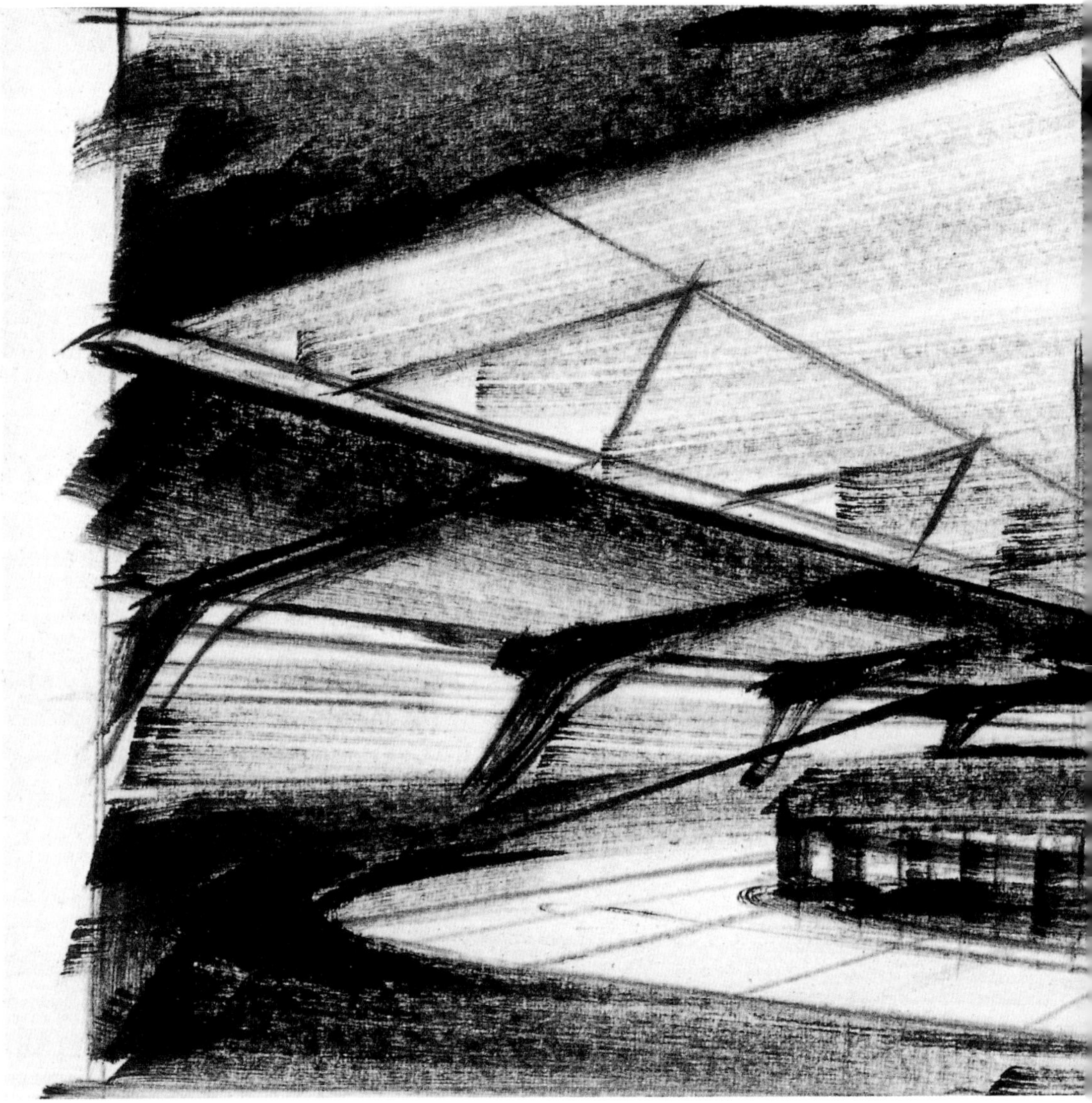

Ein früher Entwurf des War Room. Hier ist noch die ursprünglich vorgesehene Galerie auf der zweiten Ebene erkennbar *(Dr. Seltsam oder Wie ich lernte, die Bombe zu lieben)*

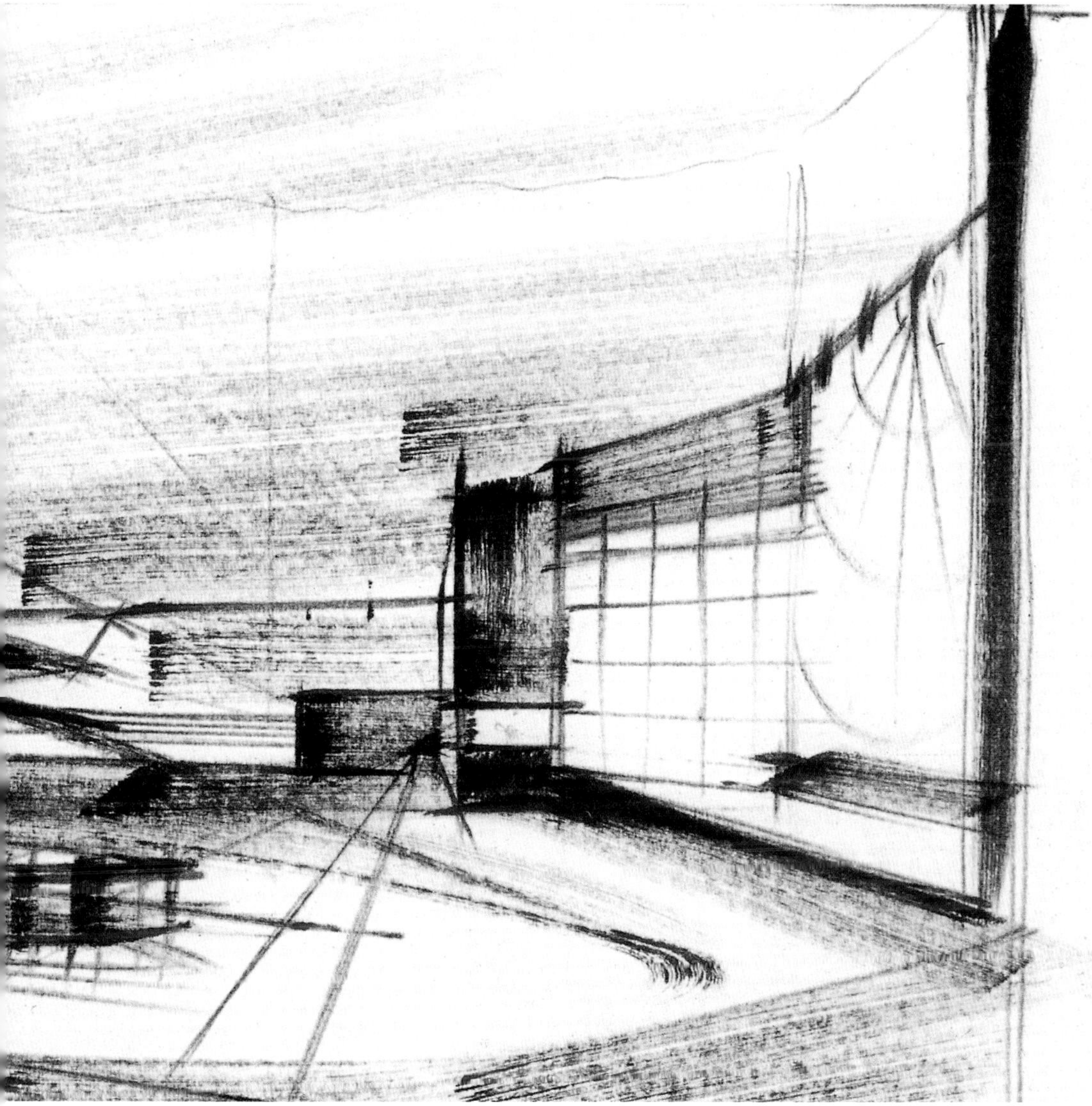

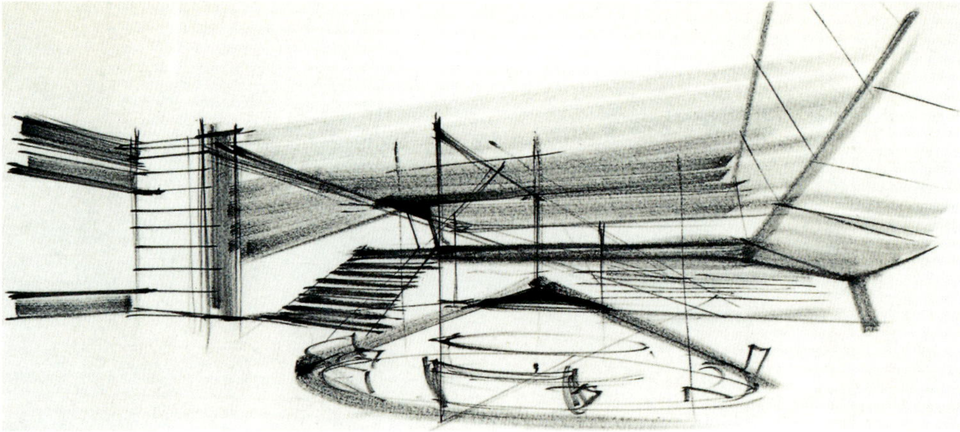

Ein weiterer Entwurf zum War Room, der einen Treppenaufgang zur geplanten Galerie zeigt *(Dr. Seltsam oder Wie ich lernte, die Bombe zu lieben)*

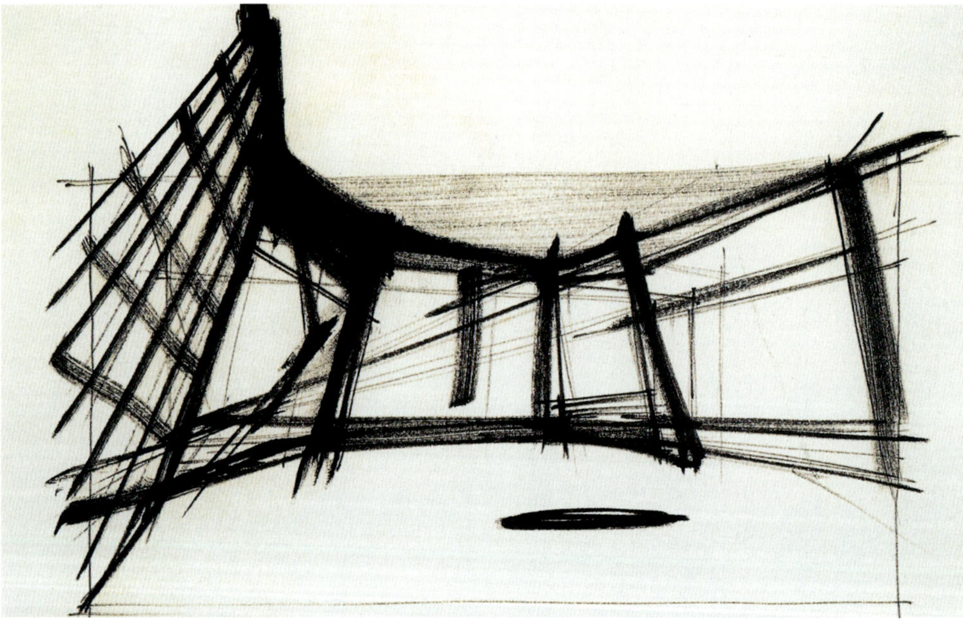

Eine der ersten Studien zur neuen Konzeption des War Room. Mit der wuchtigen Schräge auf der linken Seite ist die spätere dreieckige Grundform des Raums bereits angedeutet *(Dr. Seltsam oder Wie ich lernte, die Bombe zu lieben)*

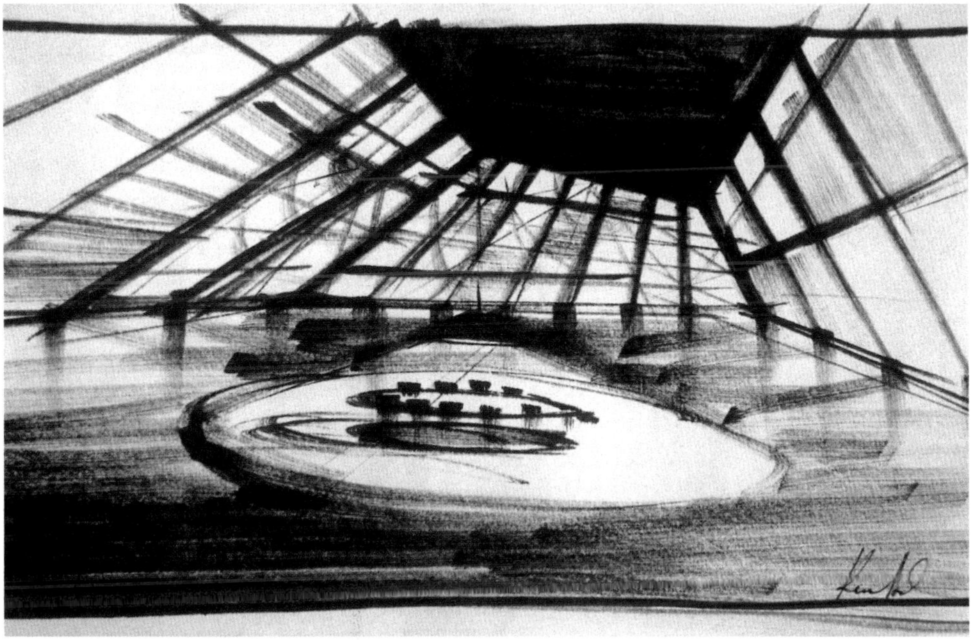

In dieser Skizze nähert sich der War Room weiter seiner endgültigen Gestalt, alle Wände sind bereits deutlich angeschrägt. Der mit wenigen Strichen angedeutete Konferenztisch in der Mitte wird noch nicht von einem Lampenring, sondern von einer großen Leuchte angestrahlt *(Dr. Seltsam oder Wie ich lernte, die Bombe zu lieben)*

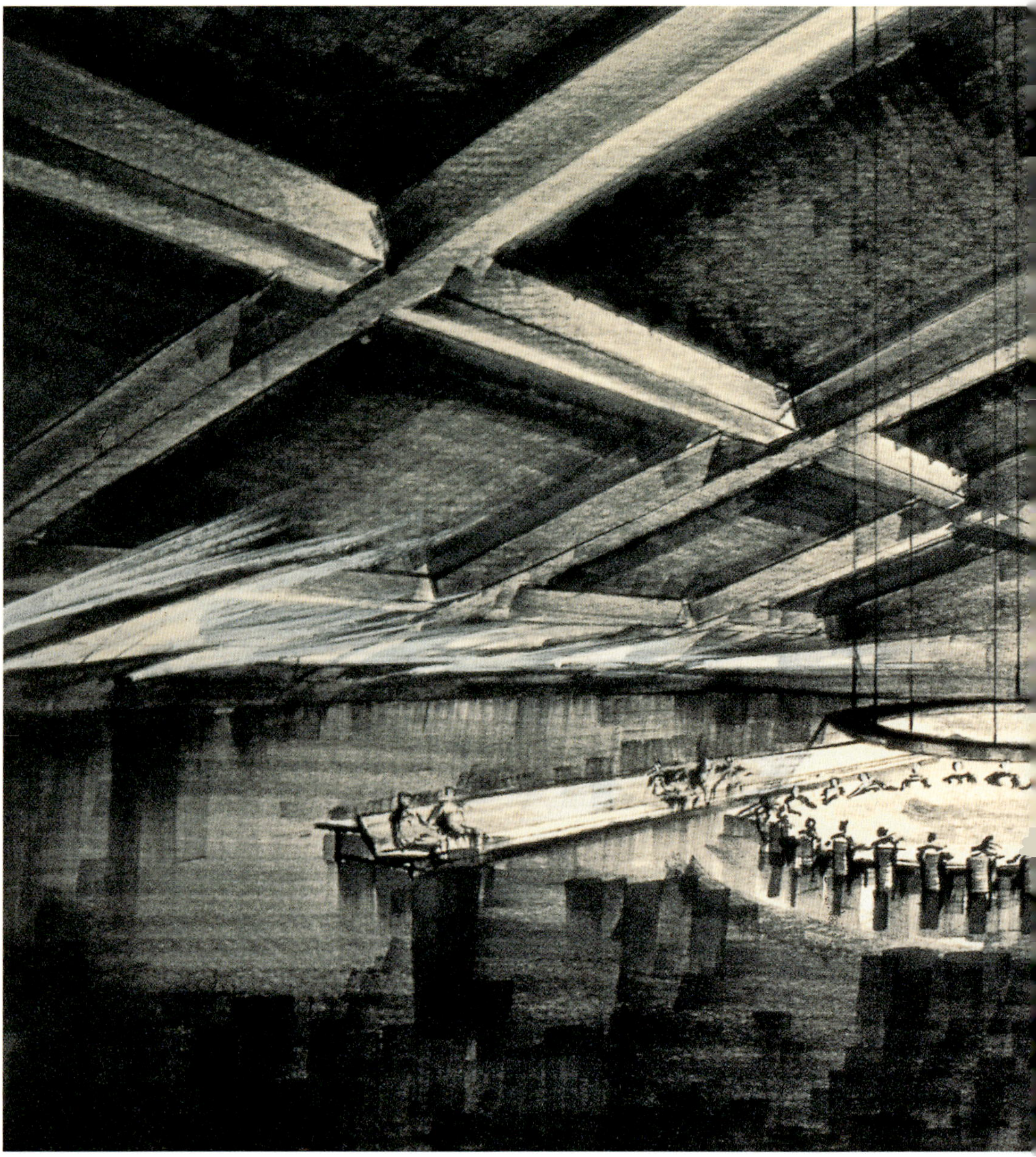

Der endgültige, ausgearbeitete Entwurf des War Room *(Dr. Seltsam oder Wie ich lernte, die Bombe zu lieben)*

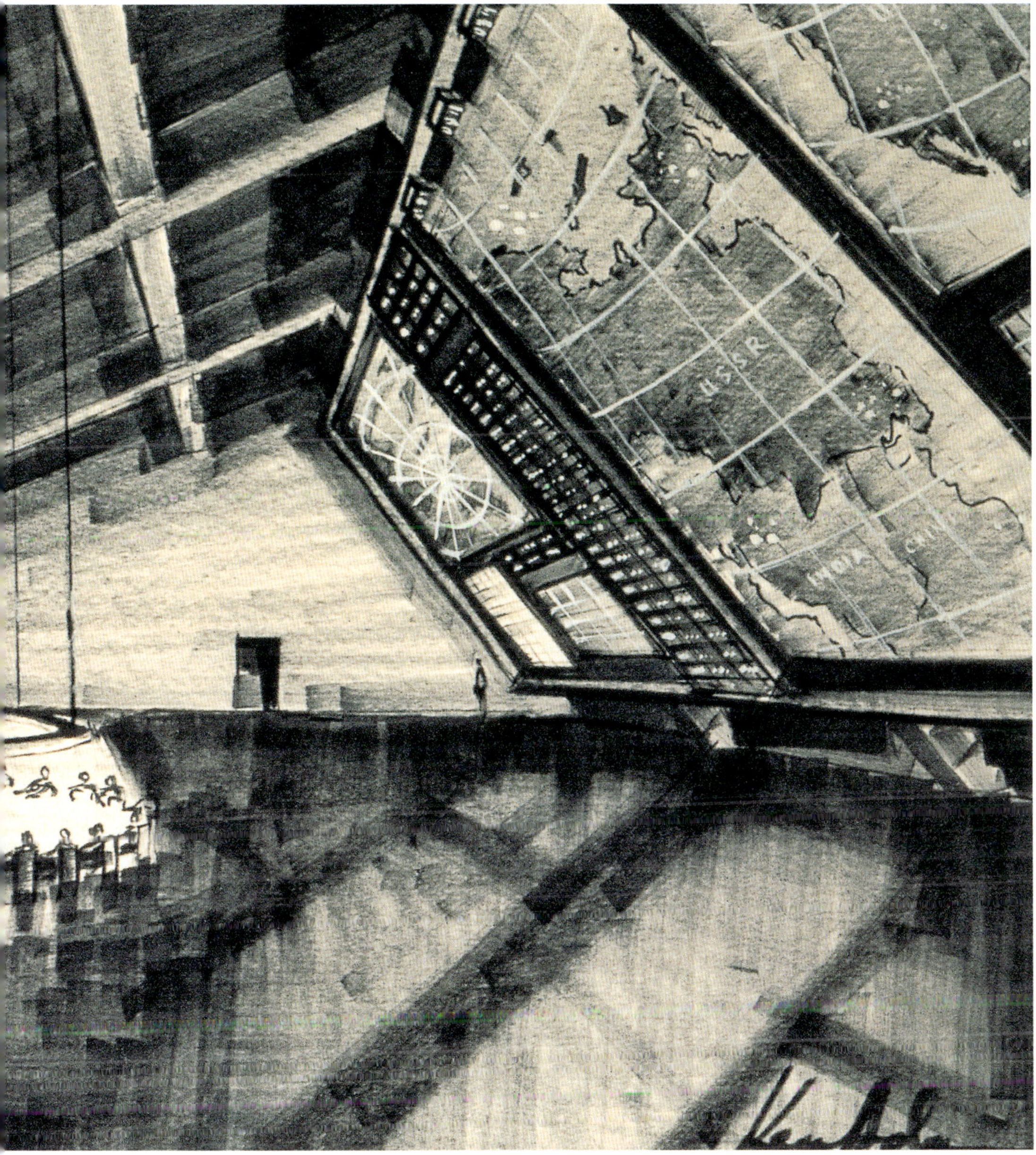
USSR
INDIA

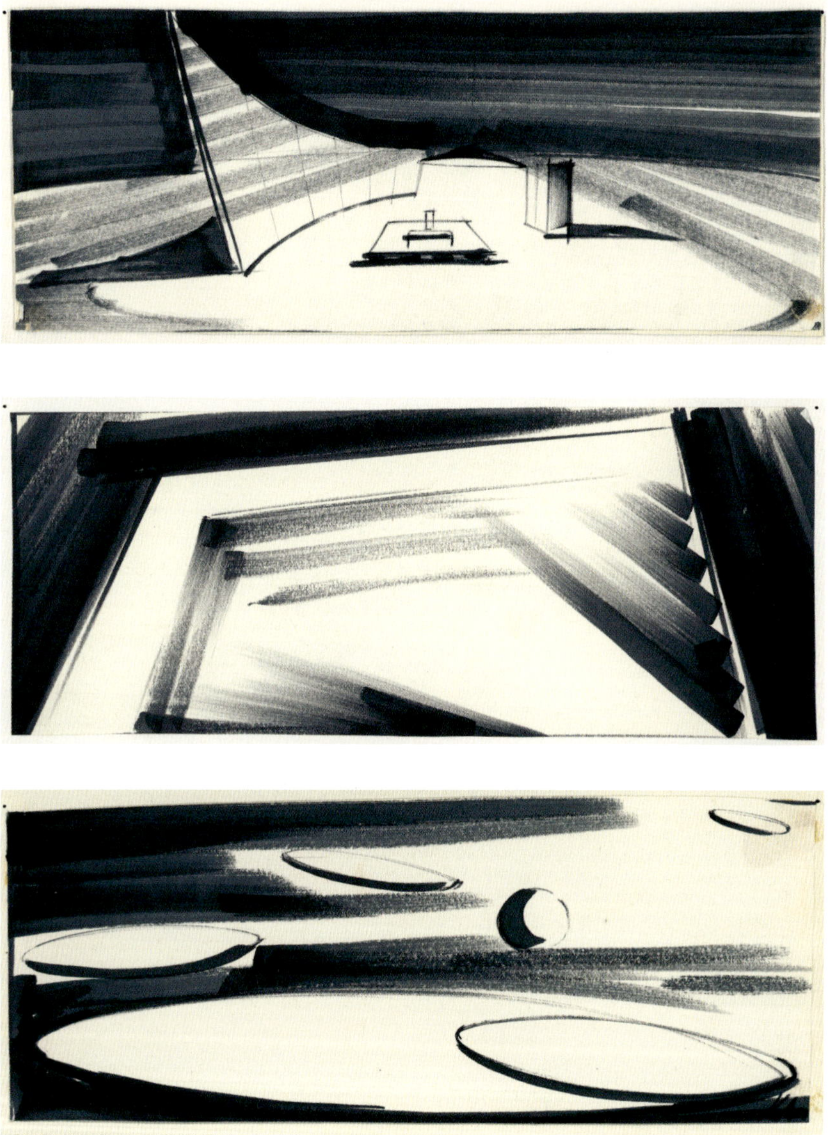

Entwürfe zu dem Filmprojekt *Lord L*, das nicht realisiert wurde. Thema des Filmvorhabens sollte ein Besuch Gottes auf der Erde zur Zeit der antibürgerlichen Hippiebewegung sein.

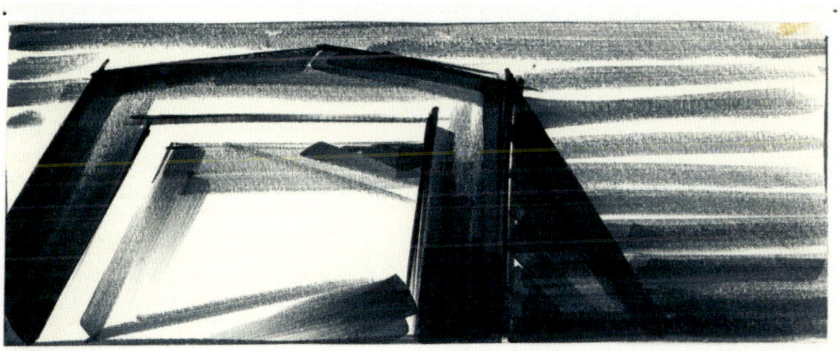

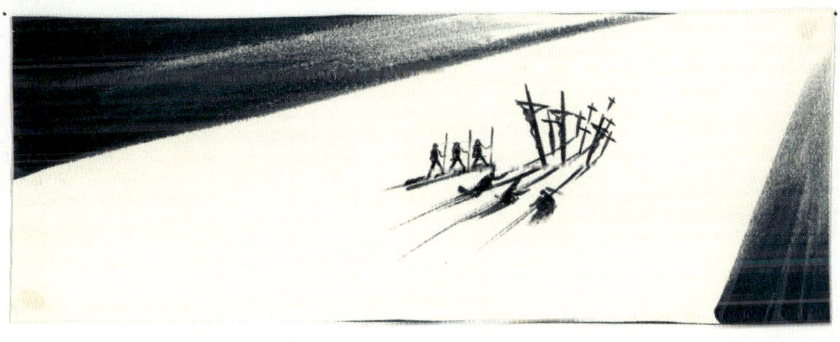

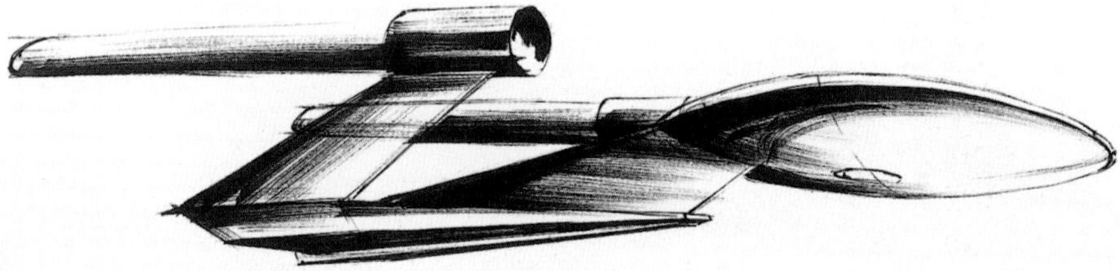

Leicht abgewandelter Entwurf des Raumschiffs S. S. Enterprise *(Star Trek)*

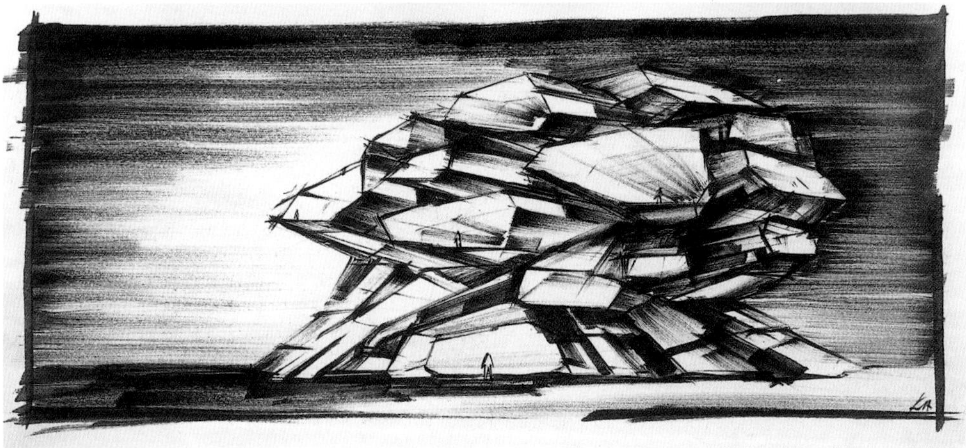

Studie für das »Superhirn« *(Star Trek)*

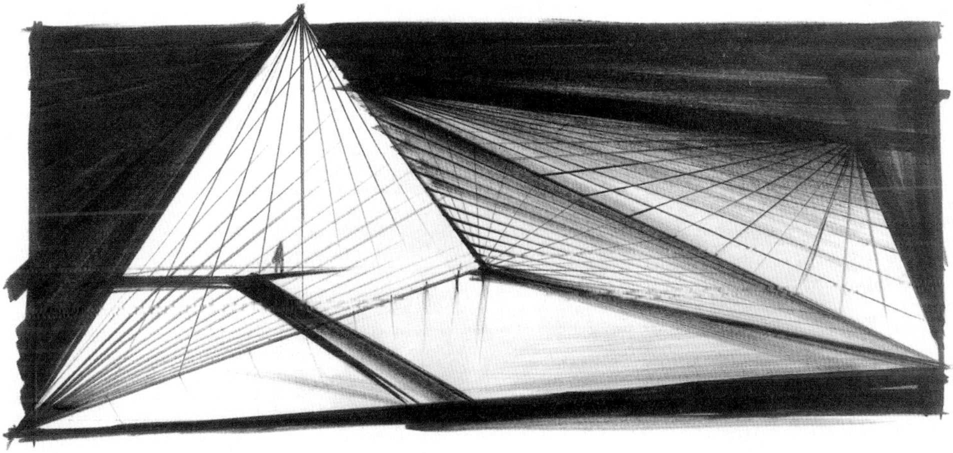

Ken Adam war 1977 an der ersten Konzeption des Star-Trek-Films beteiligt, der von der Produktionsfirma Paramount allerdings für einige Zeit auf Eis gelegt wurde. Hier ein Entwurf mit dem Titel »Meditation« *(Star Trek)*

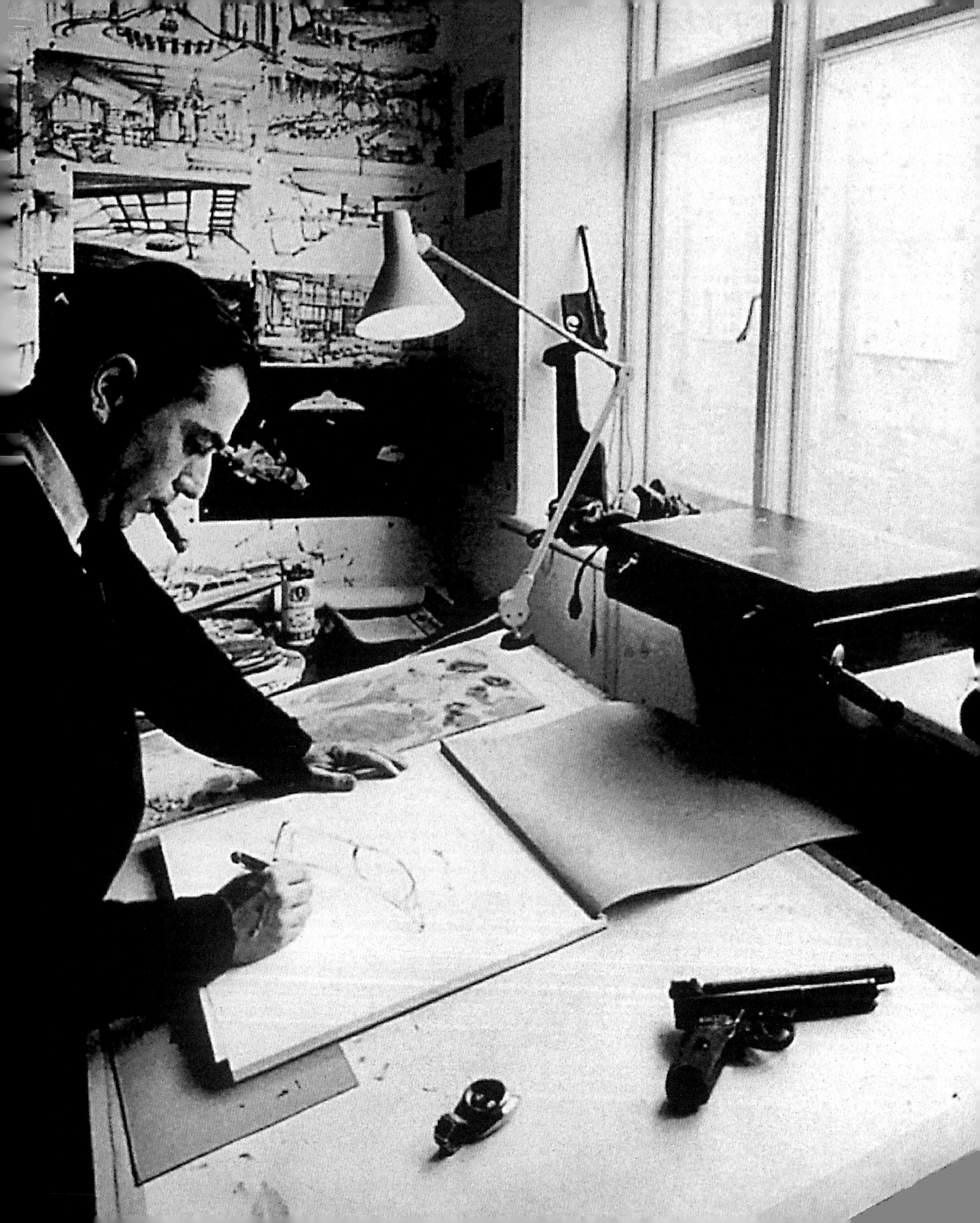

Die klassischen Bonds

Kameraleute und Beleuchter bewundern an Ken Adams Set-Entwürfen vor allem seine Fähigkeit, Licht zu zeichnen. Obwohl die Skizzen oft mit groben Strichen ausgeführt sind, ist sofort zu erkennen, welcher Scheinwerfer wo montiert werden muss, um das gewünschte Flimmern, das Grelle oder auch das Dämmern und das Zwielicht einer Szene zu erzeugen. Hilfreich waren dabei ohne Zweifel die reichen Erfahrungen, die Ken Adam direkt vor Ort, am Set, sammeln konnte, und die intensive Zusammenarbeit mit vielen, sehr unterschiedlich arbeitenden Regisseuren und Kameramännern. Dass sich seine Zeichnungen leicht in die dritte Dimension umsetzen lassen, als handle es sich um die Pläne eines Architekten, geht sicher auf die Ausbildung als Zeichner zurück, die er noch vor dem Krieg an der »Bartlett School of Architecture« genossen hatte. Das aber sind nur die Voraussetzungen. Ken Adam, der nie eine Kunstschule im engeren Sinne besucht hat, sagt von sich, er sei ein rein intuitiver Künstler: »Ich musste mir meine Zeichentechnik selbst aneignen. So war ich völlig frei, meinen eigenen Stil zu finden.«

Es ist ein Stil, der dennoch nicht vollkommen isoliert in der Kunstgeschichte steht. Wie jeder originale Künstler hat auch Ken Adam seine Wahlverwandten. So sieht er heute eine gewisse Ähnlichkeit seiner Arbeiten mit denen des Architekten Daniel Libeskind: »In meinen frühen Jahren war ich in ganz ähnlicher Weise wie er bei meinen Linien und Formen vom deutschen Expressionismus beeinflusst.« Doch es lassen sich auch Traditionslinien bis ins 18. Jahrhundert ziehen. Ohne sonderliche Mühe ist in Ken Adams Zeichnungen der wilde Strich der »Carceri«-Skizzen des italienischen Kupferstechers und Baumeisters Giovanni Battista Piranesi (1720-1778) aufzuspüren. Sind es nicht die gleichen Gewölbe und spiralförmigen Treppen, die

Ken Adam in den Pinewood Studios (1964)

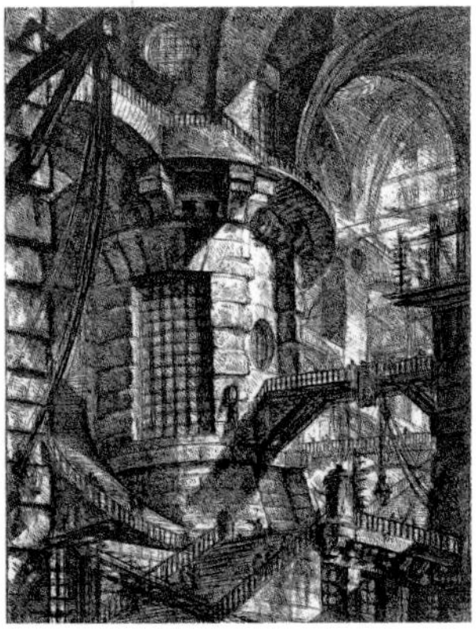

Giovanni Battista Piranesi: »Der runde Turm« (Carceri III), 1761

gleichen Mauern, die jedem bedeuten sollen, dass er für immer vergessen und ausgestoßen ist? Sind es nicht eben diese Räume der Angst und der Bedrohung?

Angesichts von Sets wie etwa dem War Room in *Dr. Seltsam oder Wie ich lernte, die Bombe zu lieben* liegt es auch nahe, an die Entwürfe der großen jakobinischen Architekturträumer der Französischen Revolution zu denken, an Claude-Nicolas Ledoux (1736-1806), Pierre-Jules Delépine (1756-1835) und Etienne-Louis Boullée (1728-1799). Sie ersannen kugelförmige Häuser, Pyramiden und Sphären, die jedem Bond-Schurken zur Ehre gereicht hätten, Gebäude, die noch klar zwischen Licht und Schatten zu trennen vermochten. Diesen Baumeistern des Erhabenen genügte ein Zirkelschlag, ein Riss am Lineal, um ihre Formen zu finden. »Damit die Wirkung des Großen erzeugt wird«, schrieb Ledoux, »muss der erwirkende Gegenstand einfach genug sein, um mit einem Male, d. h. in seiner Ganzheit und gleichzeitig durch die Beziehungen seiner Teile, im Innersten zu treffen.« Die reinen Formen seien es, die zur Seele des Citoyen sprächen, ohne Umwege über Schnörkel und Ornament: »Hüten muss man sich vor diesen weichen, ausschweifenden Linien, vor diesen schon in ihrem Entstehen gebrochenen Formen, die von der Last des falschen Geschmacks erdrückt werden, hüten vor diesen Kranzleisten, die wie Wüstenreptilien dahinkriechen.«

Die Räume des Bösen

Den Betrachter »im Innersten zu treffen« – darum geht es auch im Kino. Und mit den Pariser Utopisten des 18. Jahrhunderts teilt Ken Adam die Vorliebe für transhistorische, unmittelbar sprechende Formen. Nur dass Ledoux und Boullée für die Ewigkeit entwarfen, Ken Adam dagegen stets nur für die Dauer einiger weniger Drehtage.

Piranesi und Ledoux, Kerker und utopischer Raum, das Finstere und das Helle – das sind die Pole, in deren Spannungsfeld sich der »Adam style« entwickelte, wie ihn der britische Filmkritiker Alex Walker genannt hat. Er versteht darunter die immer wiederkehrenden Grundmuster der wichtigen Adam-Filme: expressionistische Verzerrungen des Raums, bedrohlich in ihn hineinragende Schrägen, vergitterte Oberlichter, und dies alles ins Gigantische gesteigert. Man könnte auch sagen, dass Ken Adam die Räume der Ufa-Welt aus Berlin mitgenommen und in England auf Hollywood-Größe erweitert hat – und das ganz ohne *computer generated images.*

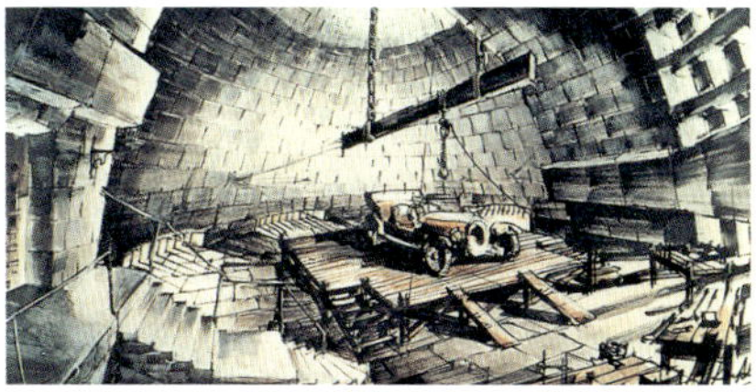

Auch eine Kerkerphantasie: Das Autolabor in den Kellern von Schloss Bomburst *(Tschitti Tschitti Bäng Bäng)*

Dabei lässt sich, bei allem Witz und aller Ironie, die seine Gestaltungen häufig auch auszeichnen, eine kulturpessimistische Grundhaltung kaum übersehen. Die eindringlichsten Filmsets von Ken Adam sind unendlich düster. Es scheint, als hätten hier neben den Filmbösewichten auch die Dämonen der eigenen Jugend Quartier genommen. Die verqueren Ambitionen des Bösen, mögen seine menschlichen Verkörperungen nun Dr. No, Goldfinger oder Blofeld heißen, suchen sich ihre Spielräume stets in einer modernen Architektur. Dagegen überlebt das Andere, das schöne Weltganze, in Ken Adams düsteren Sets nur als verlorener Rest, als verkrüppelter Baum, als Globus oder geraubtes Renaissance-Gemälde. Piet Mondrians leidenschaftslose, kalte Bilder inspirierten Ken Adam zu seinem pyramidalen Kontrollzentrum für Hugo Drax in *Moonraker,* jenem Zeitgenossen, der die Menschheit mit einem in Orchideen versteckten Gift ausrotten und durch eine von ihm gezüchtete Übermenschheit ersetzen möchte. Wenn Drax seine Theorien vortrug, »sollte es klingen wie die Führerreden in Nürnberg«, sagt Ken Adam.

Die Kontrollzentren und Gemächer der Bösen sind immer ähnlich gestaltet. Die Welt als Beute, auf die sich ihr Wille und Wahn ausrichtet, wird durch große Karten oder Globen repräsentiert. Stromberg, der von Curd Jürgens dargestellte Wirtschaftsmagnat mit Weltmachtansprüchen (»Die Welt, wie wir sie kennen, wird bald nicht mehr existieren«, lautet einer seiner typischen Sätze), kontrolliert seine Flotten auf einem fünf Meter großen Kristallglobus, so wie schon Dr. Seltsam die Atombomber-Schwadronen dirigiert hat. Die entscheidenden Bauelemente eines Adam-Sets sind dabei, genau betrachtet, meistens auf eine Seite hin ausgerichtet: »Bei der Komposition bevorzuge ich immer die rechte Seite, die linke ist weniger wichtig.« Ken Adam will das Publikum zum Staunen bringen. Seine Architektur solle, so sagt

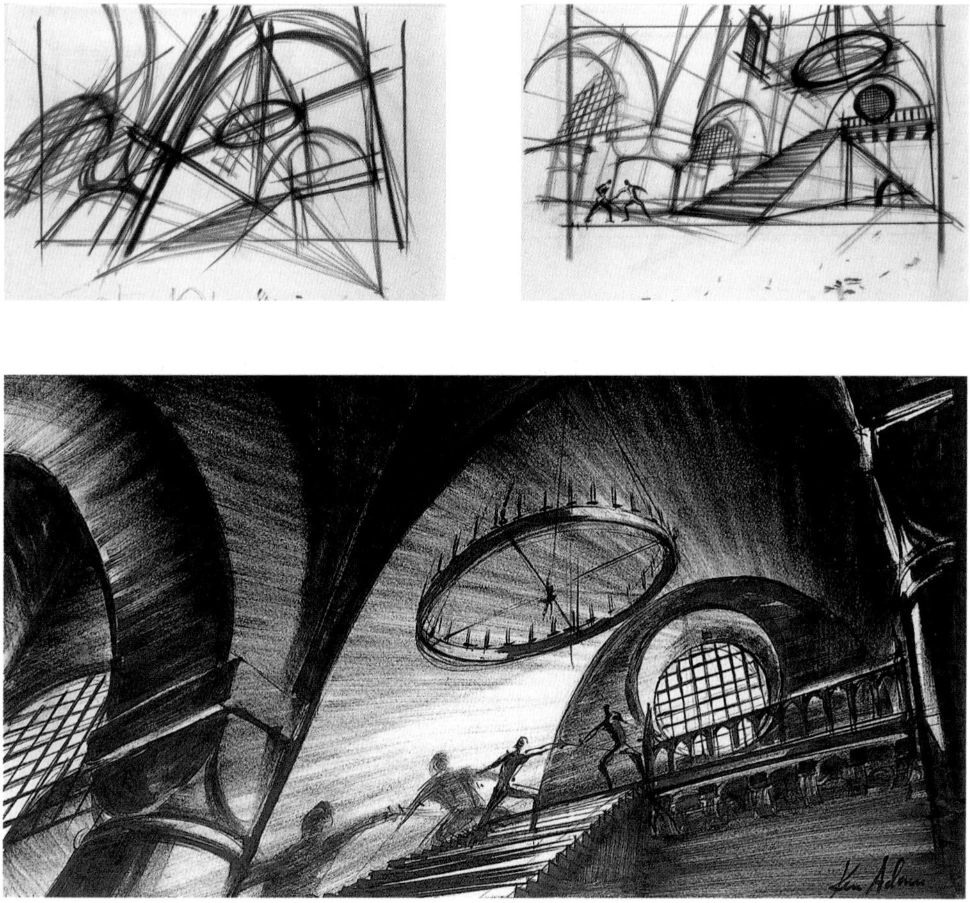

Drei Stadien eines Setentwurfs (zu dem unrealisierten Filmprojekt *The Fantasticks*): Zunächst wird mit wenigen markanten Linien eine Raumsituation skizziert und eine Perspektive festgelegt; in einem weiteren Schritt werden die Konturen präzisiert, erste Details eingefügt und die Position der Figuren erprobt; die endgültige Ausarbeitung berücksichtigt insbesondere die Verteilung von Licht und Schatten.

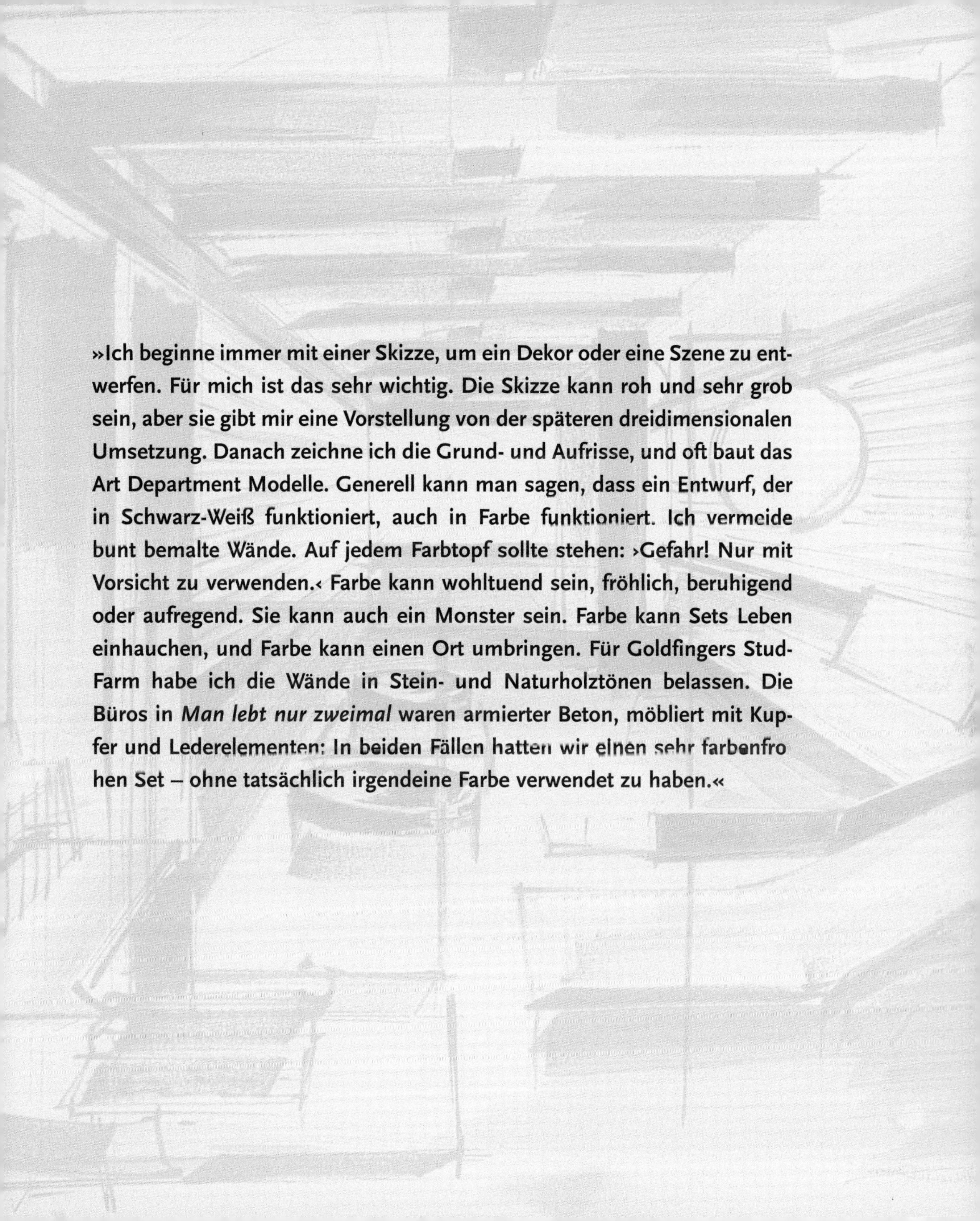

»Ich beginne immer mit einer Skizze, um ein Dekor oder eine Szene zu entwerfen. Für mich ist das sehr wichtig. Die Skizze kann roh und sehr grob sein, aber sie gibt mir eine Vorstellung von der späteren dreidimensionalen Umsetzung. Danach zeichne ich die Grund- und Aufrisse, und oft baut das Art Department Modelle. Generell kann man sagen, dass ein Entwurf, der in Schwarz-Weiß funktioniert, auch in Farbe funktioniert. Ich vermeide bunt bemalte Wände. Auf jedem Farbtopf sollte stehen: ›Gefahr! Nur mit Vorsicht zu verwenden.‹ Farbe kann wohltuend sein, fröhlich, beruhigend oder aufregend. Sie kann auch ein Monster sein. Farbe kann Sets Leben einhauchen, und Farbe kann einen Ort umbringen. Für Goldfingers Stud-Farm habe ich die Wände in Stein- und Naturholztönen belassen. Die Büros in *Man lebt nur zweimal* waren armierter Beton, möbliert mit Kupfer und Lederelementen: In beiden Fällen hatten wir einen sehr farbenfrohen Set – ohne tatsächlich irgendeine Farbe verwendet zu haben.«

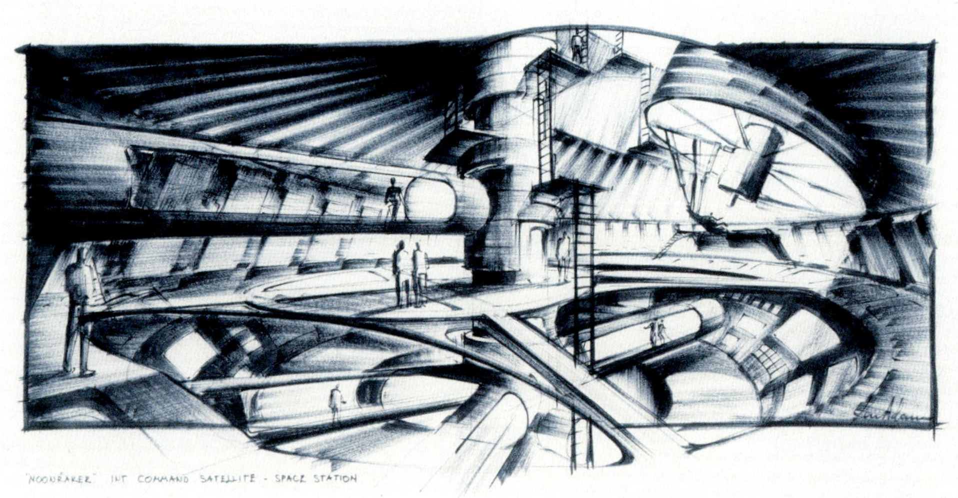

Die Kommandozentrale der Raumstation aus *Moonraker – streng geheim*

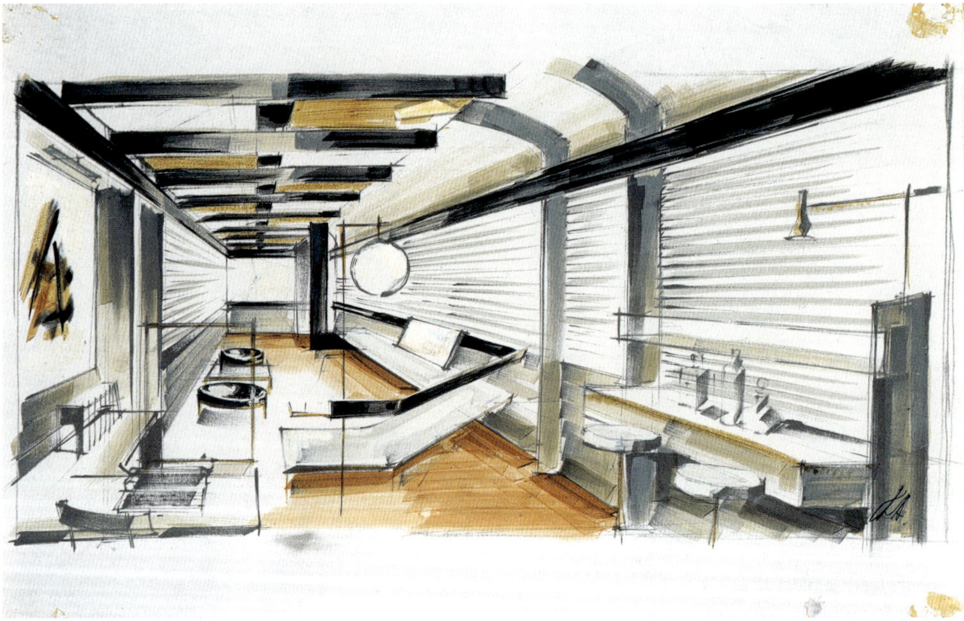

Kolorierter Entwurf für die Innenausstattung von Tanakas Untergrundbahn *(Man lebt nur zweimal)*

er gern, eine eigene Realität schaffen, die überzeugender wirke als die Realität selbst: »Mir wurde klar, dass ich ein stärkeres Gefühl für die Kinorealität erzeugen konnte, wenn ich auf Naturalismus verzichtete und eine Vorstellung entwickelte, die dem Inhalt eines Films angemessen war, um sie dann in die Phantasie des Publikums zu übertragen – ganz gleich, wie irrational sie im wirklichen Leben wirken würde.« Ken Adam misstraut dem, was er in der Wirklichkeit vorfindet, und so baut er sich seine Welten lieber selbst zusammen. Möglicherweise ist auch das eine Reaktion auf die harten Erfahrungen, die er in seinen frühen Jahren mit der Emigration und im Krieg machen musste. Jedenfalls ist er stets ein bedingungsloser Anhänger von Studioaufnahmen geblieben: »Nur im Studio gibt es die Möglichkeit, etwas zu entwerfen, was das Publikum noch nie gesehen hat. Realität langweilt mich. Die Hollywood-Filme aus den Dreißigern und Vierzigern haben eine Magie, die in der Wirklichkeit nicht zu finden ist.«

Um frischen Wind auf die Kinoleinwand zu bringen und die nackte Wirklichkeit vor die Kamera, verschrieb sich die Nouvelle Vague schließlich in den späten fünfziger Jahren den Außenaufnahmen. Das Fernsehen tat ein Übriges, um dieser Tendenz zum Durchbruch zu verhelfen. Inzwischen wird überwiegend *on location* gedreht. »Als ich François Truffaut in Nizza traf«, sagt Ken Adam, »waren wir uns darüber einig, dass man wieder ins Studio zurück müsste.« Durch Fernsehen und Fernreisen habe sich das Publikum satt gesehen an Sonnenuntergängen, Landschaften, Canyons und blauen Himmeln. Es gebe nichts mehr, was neu entdeckt werden könnte. Doch ein guter Filmdesigner besitzt immer noch die Möglichkeit, das Publikum zu verzaubern. Denn das Spektakuläre findet sich nicht nur in der Natur, sondern vor allem in der Phantasie des Menschen.

Lizenz zur Phantasie

Auf den ersten Blick erscheint es paradox, dass Ken Adam seine besten Sets überwiegend für Filme mit eher populärem Anspruch gemacht hat – man denke nur an *Tschitti Tschitti Bäng Bäng*. Und doch ist dies kein Widerspruch, denn bei einem Regisseur vom Format eines Federico Fellini etwa bestand stets die Gefahr, dass dieser seine eigenen Bilder schon im Kopf hatte und sich durch keinen Produktionsdesigner der Welt von ihnen hätte abbringen lassen. In der Zusammenarbeit mit

Stanley Kubrick hatte Ken Adam zwar unter Beweis gestellt, dass er auch in der Auseinandersetzung mit einem egomanen Regie-Genie zu außerordentlichen Leistungen imstande war – der War Room gilt immerhin als einer seiner besten Sets überhaupt –, grundsätzlich aber konnte er sich bei der Kooperation mit weniger selbstbewussten Regisseuren freier entfalten, hatte er mehr Platz für seine destruktiven Visionen, für die Expressivität, die seine Zeichnungen ausmachen und die sich von den Zeichnungen auf die Sets übertragen. Als Federico Fellini ihn 1980 tatsächlich einlud, an einem seiner nächsten Filme mitzuarbeiten, lehnte Ken Adam deshalb nach langem Zögern ab: »Ich hätte nur wenig Raum für eine schöpferische Arbeit gehabt. Denn er hatte von Beginn an sehr klare und bestimmte Vorstellungen über jeden Aspekt des Films. Ich glaube, das hätte mir die Hände gebunden.«

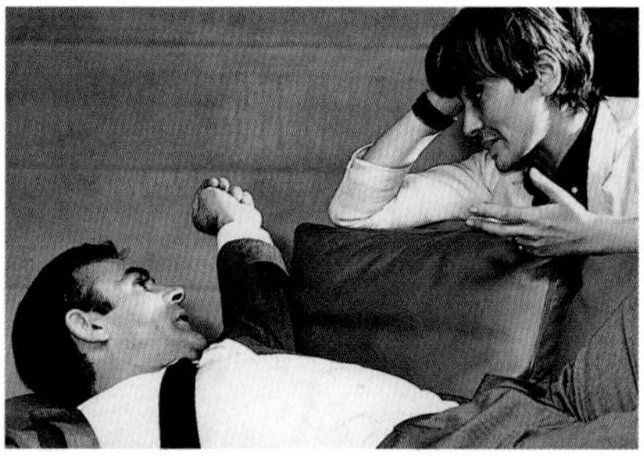
Gespräch zwischen Sean Connery und Letizia Adam bei den Dreharbeiten zu *Man lebt nur zweimal*

Die James-Bond-Filme waren in dieser Hinsicht das große Los. Ohne die Bonds hätte Ken Adam seinen Stil vermutlich finden, doch gewiss nicht zur Perfektion entwickeln können. In ihrer Mischung aus grenzenloser Übertreibung und futuristischem Design, mit ihren vom Größenwahn und dem Willen zur Macht oder zur Apokalypse geprägten Architekturen waren die Bond-Filme die perfekte Bühne für Adams Visionen. Sie lieferten ihm größtmögliche künstlerische Freiheit – zumal seit dem Welterfolg von *Dr. No* Geld keine Rolle mehr spielte.

Bereits nach seinem ersten Auftritt war der Agent 007 so populär wie Micky Maus. Zur französischen Premiere von *Goldfinger* fuhr Sean Connery in seinem Aston Martin die Champs Elysées hinunter, eskortiert von sechzig nur mit Goldfarbe bekleideten Damen. Es war ein Triumphzug. An der Strecke schrien und applaudierten die Menschen.

Bond war eben nicht nur ein Film, Bond war eine Haltung. Der Plot war dem Publikum gleichgültig, Hauptsache, es gab exotische Schauplätze, Bond-Girls, Sean Connerys Nonchalance, seine Mischung aus Lässigkeit, Brutalität und Selbstparodie sowie atemberaubende Dekors. »Es war absurd«, erinnert sich Ken Adam. »Der Film *Man lebt nur zweimal* war schon von 4000 Kinos gebucht, noch bevor wir überhaupt ein vernünftiges Drehbuch hatten.«

Aber was spielte das für eine Rolle? 007 war ein Vorläufer des postmodernen Films, der seine Elemente nicht mehr unter das Diktat einer Erzählung stellt. Wie in vielen Formen des traditionellen Theaters ist die Handlung der Bond-Filme stark ritualisiert und für das ästhetische Erlebnis letztlich unerheblich. Die Versatzstücke sind stets dieselben: Dem Vorspann geht eine witzige, mit Stunts und Action voll gepfropfte Anfangssequenz voraus; Bond erhält von M den Auftrag, einen Bösen unschädlich zu machen, und wird von Q ausgestattet; in einem exotischen Einsatzgebiet trifft Bond eine Amazone, die später seine Partnerin wird; Bond dringt in die Welt des Bösen ein, wird gefangen, schafft es aber unter Einsatz eines raffinierten technischen Requisits, sich zu befreien und das Kontrollzentrum des Bösen zu zerstören, wodurch die westliche Welt noch einmal gerettet wird; Bond verführt die Amazone, und der Film endet mit einem Schlussgag. »Beim Ansehen der Bond-Filme trat man in die Realität eines Alptraums ein und rettete sich zugleich in die beruhigende Sphäre der Phantasie. Fast zufällig hatten Saltzman, Broccoli, Connery, Adam und die anderen Mitwirkenden eine der großartigen Methoden jener Ära entdeckt, das Publikum durch den fortwährenden Wechsel von Aufregung und Beschwichtigung zu fesseln«, schrieb die Graue Eminenz der britischen Filmkritik, Alex Walker.

Der stets stark formalisierte Plot überlässt die Bühne dem an sich Nebensächlichen, den technischen Spielereien, den so genannten »Gadgets«, den flotten Sprüchen und den Räumen. Ken Adam, der Herr der Bond-Räume, meint im Rückblick: »Die Bonds waren ein Glücksfall für mich. In keinem anderen Film konnte der Produktionsdesigner eine solche Macht entfalten. Denn es gab keine Story, alles war Design! Später sind uns die Fleming-Stories ausgegangen. Die Filme wurden dadurch nur besser.«

Die Emanzipation des Designs von der Story, das ist die Leistung des Ken Adam – eine Leistung, die von außerordentlicher Bedeutung für die Ästhetik der Kinowelt war. Sie führte zu einer Erweiterung und Intensivierung der filmischen Darstellungsmöglichkeiten, weil auf überzeugende Weise vorgeführt wurde, dass die eigenwillige Gestaltung und Einrichtung von Räumen, die Verzerrung von Perspektiven, die genau berechnete Verteilung von Licht und Schatten, selbst die präzise Positionierung bestimmter Gegenstände ihre jeweils eigene Aussagekraft besitzen. Diese Elemente können die Handlung oder die Charakterzeichnung unterstreichen und betonen, aber auch einen gegenteiligen Akzent setzen, und sie können im äußersten Fall, wie bei *Dr. No*, zum eigentlichen, zentralen Träger der Aussage avancieren.

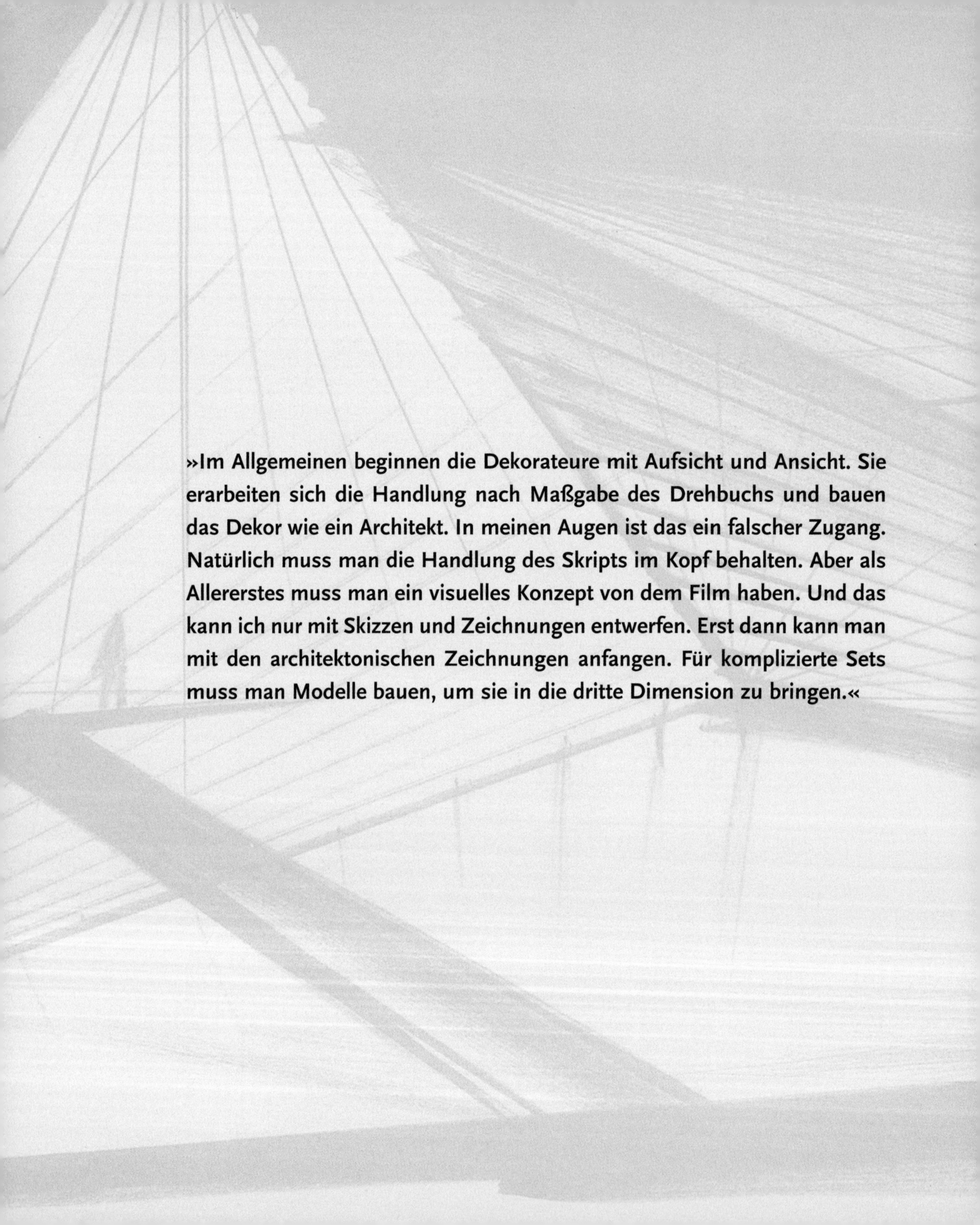

»Im Allgemeinen beginnen die Dekorateure mit Aufsicht und Ansicht. Sie erarbeiten sich die Handlung nach Maßgabe des Drehbuchs und bauen das Dekor wie ein Architekt. In meinen Augen ist das ein falscher Zugang. Natürlich muss man die Handlung des Skripts im Kopf behalten. Aber als Allererstes muss man ein visuelles Konzept von dem Film haben. Und das kann ich nur mit Skizzen und Zeichnungen entwerfen. Erst dann kann man mit den architektonischen Zeichnungen anfangen. Für komplizierte Sets muss man Modelle bauen, um sie in die dritte Dimension zu bringen.«

Dabei blieb die Ausstattung, und auch das gehört zu der besonderen Qualität der Arbeiten von Ken Adam, immer dem Gesamtanliegen des Films untergeordnet – oder doch zumindest der Idee, die er sich von ihm gemacht hatte. Auch in dieser Hinsicht hat sich durch Ken Adam das Kino ein wenig mehr als eigenes künstlerisches Medium profiliert.

Bei den Bond-Filmen war alles möglich, auch die größenwahnsinnigsten Sets, und dafür war Ken Adam der richtige Mann. »Die Bonds waren wie unglaubliche Randepisoden mit spektakulärer Action, immer überlebensgroß, immer bislang ungesehen.« Er hatte schlicht einen Riesenspaß an diesen Filmen, hier konnte er sich austoben. Die Filme kamen seiner Leidenschaft für schnelle Wagen und perfekte Maschinen ebenso entgegen wie seiner Liebe zum Kino, seiner Begeisterung für schöne Frauen und für ein gutes Leben. Hinzu kam seine eigene Erfahrung als Kampfpilot gegen die Mächte des Bösen, die ihm bei der Umsetzung der Drehbücher half. Denn die frühen Bond-Filme waren zwar Kinder des Kalten Kriegs, bedienten sich aber durchweg noch der Charaktere des Zweiten Weltkriegs. Es ist gewiss kein Zufall, dass die Filmbösewichte mit Hang zur Weltherrschaft oft Deutsche oder zumindest deutscher Abstammung waren. Schon Dr. No war das ungewollte Kind einer deutsch-chinesischen Annäherung. Deutschsprachige Schauspieler übernehmen häufig die Rolle des Oberschurken. Gert Fröbe spielt den Auric Goldfinger, Curd Jürgens ist der Schiffsmagnat Karl Stromberg in *Der Spion, der mich liebte*, Klaus Maria Brandauer verkörpert Maximilian Largo in *Sag niemals nie*, und in *Liebesgrüße aus Moskau* spielt die unvergessene Lotte Lenya die zynisch-fanatische Rosa Klebb. Der sarkastische Humor von Fröbe, Jürgens und Brandauer entspricht der Charakterzeichnung von NS-Typen im Hollywood-Film der Nachkriegsjahre. Das war nicht nur Kintopp. Bei allem Spaß am Design sei es, sagt Adam, schon unheimlich gewesen, für *Goldfinger* eine Gaskammer entwerfen zu müssen.

Auf der Jagd nach Drehorten

Ein gutes Bond-Design im Adam-Stil braucht fünf Ingredienzien: exotische Locations, überlebensgroße Bauten, hypermoderne Kontrollzentren, skurrile Gadgets und unmögliche Bond-Mobile. Und alle sollen dem Publikum den Atem nehmen. Ken Adam hatte völlig freie Hand. Er war vermutlich der eigenständigste Künstler im ganzen Studioteam. »Es war eine ungeheure Befreiung für meine Phantasie. Kein Drehbuch engte mich ein. Ich konnte mir irgendetwas ausdenken, und jemand schrieb es einfach in das Skript hinein.«

Die Arbeit an einem Bond-Film begann in der Regel mit der Suche nach geeigneten Drehorten. Und geeignet hieß »exotisch« im Wortsinn: also »fremdartig«. Wenn Ken Adam schon einen Drehort außerhalb des Studios auswählen musste, dann sollte es einer sein, der bereits von sich aus mehr zu bieten hatte als die bloße, langweilige, immer schon bekannte Lebenswirklichkeit. Vier bis fünf Monate vor Drehbeginn traf er sich mit Regisseur, Produzent und Drehbuchautor, um mit ihnen gemeinsam ein Konzept zu entwickeln. Oft waren die Drehorte über den ganzen Erdball verstreut. Die berühmte Skiszene zu Beginn von *Der Spion, der mich liebte* wurde zwanzig Meilen nördlich des Polarkreises und in St. Moritz gedreht, andere Szenen spielten auf Sardinien, den Bahamas und Ägypten. »Drehorte zu finden verlangt eine ganz bestimmte Geisteshaltung. Du musst wie ein Jäger sein, der seiner Beute auflauert. Auch wenn man eine sehr schöne Location entdeckt hat, glaubt man immer, dass hinter dem Hügel noch viel sensationellere liegen. Im Drehbuch ist von ›Wüste‹ die Rede. Aber das kann tausend verschiedene Dinge bezeichnen.«

Für *Moonraker*, seinen letzten und mit 30 Millionen Dollar teuersten Bond, jettete Ken Adam ein Vierteljahr lang mit der Concorde und Lear-Jets über den Atlantik und kreuz und quer über den amerikanischen Kontinent. Er flog vom Jet Propulsion Lab in Kalifornien nach London und dann weiter nach Guatemala, um dort ein Indiodorf samt Landeplatz für einen Buschpiloten zu finden: »Cubby Broccoli und ich hatten ein Dorf aus der Luft ausgemacht. Die einzige Möglichkeit, dorthin zu gelangen, war, einen Buschpiloten anzuheuern. Die Piste erwies sich allerdings als völlig zugewuchert, und wir stießen beim Landen mit der Nase auf. Cubby und ich machten uns auf den Weg in Richtung eines Indiodorfes. Es war sonderbar, dass kein einziger Indio auftauchte, um uns zu begrüßen. Wir hatten das Gefühl, beobachtet zu werden, und hielten es schließlich für klüger zurückzugehen. Später erfuhren wir, dass unser Pilot die Indios kürzlich übers Ohr gehauen hatte und diese ihm furchtbare Rache geschworen hatten.«

Man lebt nur zweimal sollte in Japan spielen. Zusammen mit Produzenten und Regisseur mietete Ken Adam zwei Hubschrauber und flog los. Aber die Gegend, die Ian Fleming beschrieben hatte, war nicht aufzufinden: »Wir haben in diesen drei

Wochen ungefähr zwei Drittel Japans abgeflogen, mit Hilfe eines Piloten, der nebenbei erzählte, er sei im Krieg Kamikazeflieger gewesen. Natürlich war er nie eingesetzt worden, aber ich sah, dass seine Hände zitterten. Wir suchten das Land nach Giftgärten und Schlössern im westlichen Stil ab, wie sie in Flemings Buch beschrieben wurden. Die Japaner hatten nie von dergleichen gehört.«

Das Buch von Fleming war als Vorlage für die Handlung des Films im Grunde unbrauchbar, die Aufführungskinos hatten aber schon gebucht. »Also entschieden wir, die Geschichte komplett neu zu erfinden. Wir packten alles hinein, was uns einfiel. Die Sumo-Ringer hatten enormen Eindruck auf uns gemacht, also wurden sie in das Drehbuch geschrieben. Als wir von der mythischen Kommandoeinheit der Ninjas hörten, erfanden wir eine ganze Szene für sie. Und weil wir alle ganz besonders von den Entspannungsmassagen der schönen Japanerinnen entzückt waren, kamen auch sie zu ihrem Auftritt.«

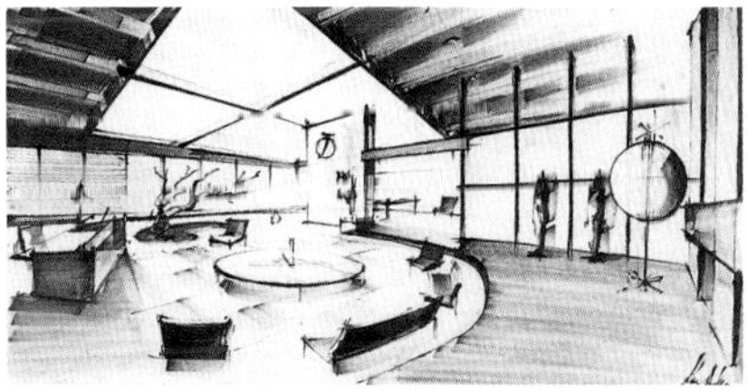

Setentwurf für Osatos Büroräume *(Man lebt nur zweimal)*

Ian Fleming, der sonst die Schauplätze seiner Romane so präzise schildern konnte, war bei seinem in Japan spielenden Bond offenbar nachlässig gewesen. In der Wirklichkeit waren die Schlösser und die mit giftigen Pflanzen bestückten Gärten nicht zu finden. Auch sonst war da nichts Spektakuläres, was im neuen Bond zum Einsatz hätte kommen können. Doch dann, schon gegen Ende der drei Wochen, erschien vor den Reisenden eine Landschaft erloschener Vulkane, die Insel Kyushu: »Es sah eher aus wie eine Mondlandschaft. Ich war ganz aus dem Häuschen. Abends im Hotel überlegten wir gemeinsam und kamen schließlich auf die Idee, das Hauptquartier des Bösewichts in einen dieser Vulkane zu verlegen, mit einem künstlichen Kratersee, der komplett verschiebbar wäre. Cubby schaute mich an und fragte: ›Kriegst du das hin?‹ Ich kritzelte ein wenig herum und sagte dann: ›Für eine Million Dollar – ja.‹« Das entsprach nahezu dem Gesamtbudget von *Dr. No*. Aber Cubby Broccoli erwiderte: »Okay. Wenn du es für eine Million hinbekommst, dann los.«

Damit hatte Ken Adam sein zweites Ingredienz, das überlebensgroße Bauwerk. Sein Vulkan wurde der teuerste frei stehende Set seit Erfindung der Filmkamera. 40 Meter hoch, 135 Meter Durchmesser und ganz oben eine 23 Meter breite Schiebetür in Gestalt eines künstlichen Sees. Für die gesamte Konstruktion wurde mehr Stahl

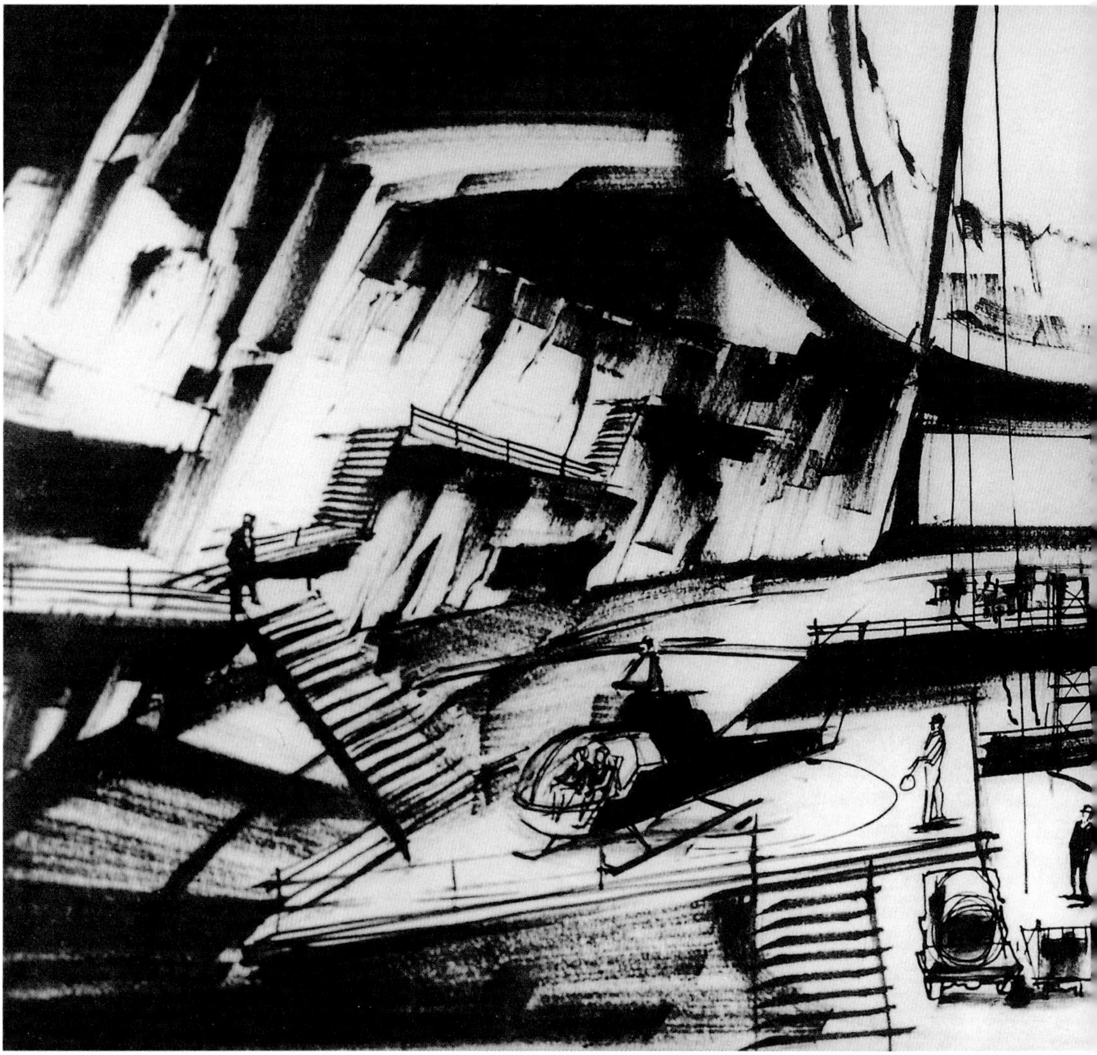

Entwurf für den Vulkan-Set *(Man lebt nur zweimal)*

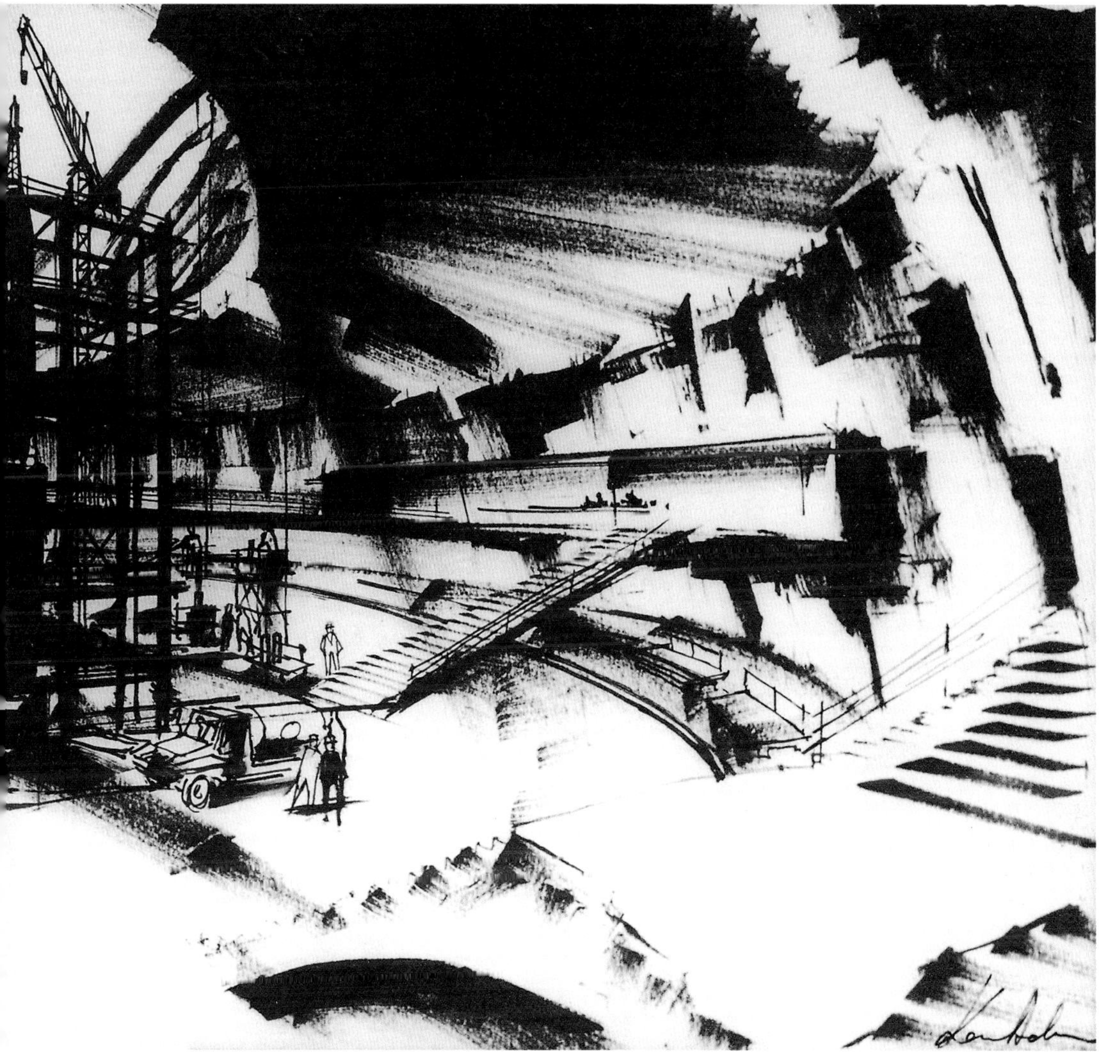

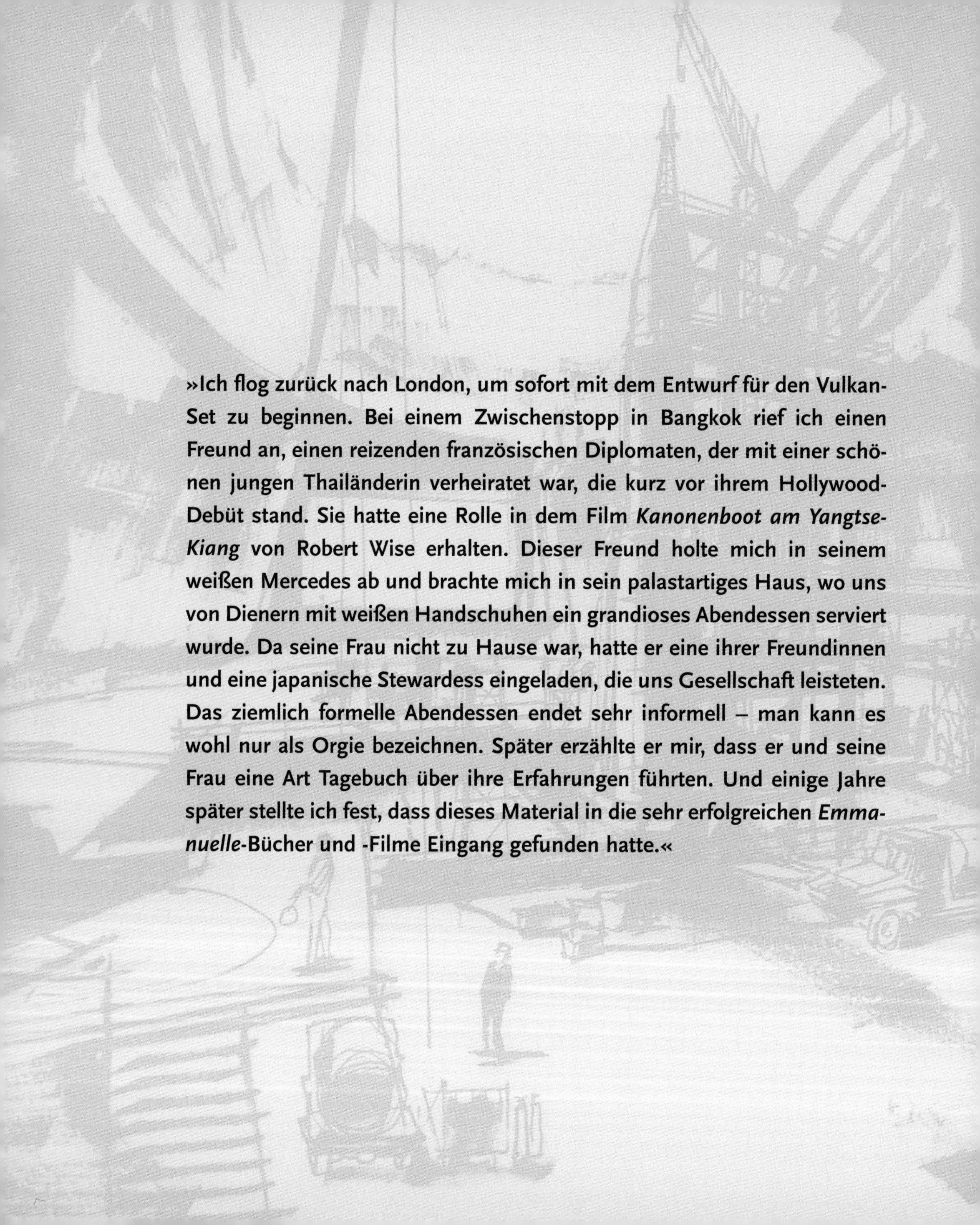

»Ich flog zurück nach London, um sofort mit dem Entwurf für den Vulkan-Set zu beginnen. Bei einem Zwischenstopp in Bangkok rief ich einen Freund an, einen reizenden französischen Diplomaten, der mit einer schönen jungen Thailänderin verheiratet war, die kurz vor ihrem Hollywood-Debüt stand. Sie hatte eine Rolle in dem Film *Kanonenboot am Yangtse-Kiang* von Robert Wise erhalten. Dieser Freund holte mich in seinem weißen Mercedes ab und brachte mich in sein palastartiges Haus, wo uns von Dienern mit weißen Handschuhen ein grandioses Abendessen serviert wurde. Da seine Frau nicht zu Hause war, hatte er eine ihrer Freundinnen und eine japanische Stewardess eingeladen, die uns Gesellschaft leisteten. Das ziemlich formelle Abendessen endet sehr informell – man kann es wohl nur als Orgie bezeichnen. Später erzählte er mir, dass er und seine Frau eine Art Tagebuch über ihre Erfahrungen führten. Und einige Jahre später stellte ich fest, dass dieses Material in die sehr erfolgreichen *Emmanuelle*-Bücher und -Filme Eingang gefunden hatte.«

verbraucht als für den kompletten Bau des Londoner Hilton-Hotels: 700 Tonnen. Es sollte einen Hubschrauberlandeplatz geben und eine 33 Meter hohe Rakete, die NASA-Standards genügen musste. Es wurden 200 Tonnen Gips verbaut, 200 Meilen Stahlrohre, 300 000 Quadratmeter Leinwand. Der damalige Regieassistent erinnert sich: »Alle glaubten, es handele sich um Maßangaben in Fuß. Aber Ken dachte in Metern.« Und Cubby Broccoli ließ sich mit dem Satz zitieren: »Jedes Mal, wenn Kens Stift das Papier berührt, setzt mein Herz aus.«

Es ist nicht sonderlich schwierig, Ingenieure zu finden, die den Eiffelturm nachbauen oder das Empire State Building. Aber ein 40 Meter hoher Vulkan mit Schiebetür war bislang noch nie gebaut worden. Ken Adam war das Unterfangen selbst nicht ganz geheuer: »Ich begann, mir Sorgen um meinen Geisteszustand zu machen. Denn es ist eine Sache zu sagen: ›Klar, das kann ich bauen‹, und eine andere, es dann wirklich zu tun. Denn wenn es nicht funktioniert, wirst du nie wieder im Filmgeschäft arbeiten können. Kein Wunder, dass ich während der Bauarbeiten ständig Hautausschläge bekam.« Um schlafen zu können, ließ er sich Valium verschreiben. 250 Handwerker arbeiteten jeden Tag der Woche in 12-Stunden-Schichten, von Mai bis zum 28. Oktober 1966. Am Tag darauf war das Foto des Vulkans in nahezu jeder Zeitung der Welt zu sehen.

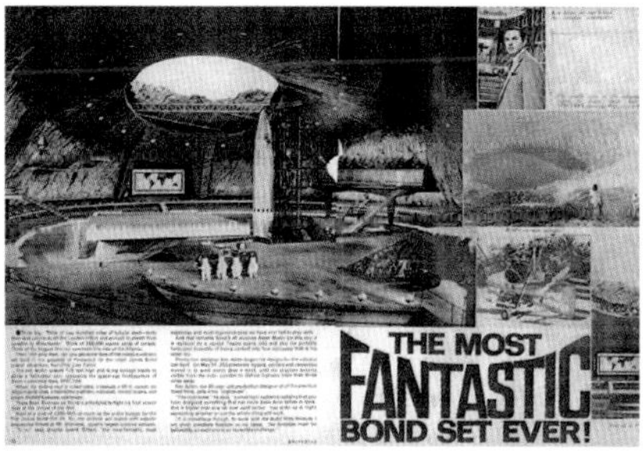

»Der phantastischste Bond-Set aller Zeiten!« Bericht über den Vulkan-Set in *Photoplay*

Neben dem War Room und dem Set für *Mord mit kleinen Fehlern* (1972) gehört der Vulkan zu Ken Adams Lieblingsentwürfen. Gewiss nicht allein, weil es ein im Grunde unmögliches Unternehmen war, das technisch und logistisch dann doch gemeistert wurde. Es ging dabei um mehr. Der Vulkan in *Man lebt nur zweimal* ist ohne Vorbild, er soll nichts kopieren, was es draußen in der Wirklichkeit bereits gibt. Er ist ein reines Produkt der Adamschen Bilderwelt, die direkte Übertragung seiner Höllenvisionen in die dritte Dimension. Was für ein Bild: Unter der glatten Oberfläche eines Bergsees, dem Inbegriff der Unschuld, liegt ein kegelförmiger Schlund verborgen, ein Raum ohne menschliches Maß, in dem die Technik im Dienste des Bösen herrscht, eine Maschinenwelt, in der Menschen in gesichtslose Kampfroboter und Arbeitssklaven verwandelt werden. Der Vulkan ist die Antiutopie schlechthin, er erlaubt einen direkten Blick in die Hölle. Deswegen ist der Set eine jener Adam-Phantasien geworden, die im Gedächtnis des Kinobesuchers haften bleiben, auch wenn die Dialoge und die Filmmusik längst verstummt sind.

Perfektionierter Größenwahn

In den Londoner Pinewood Studios hatte Ken Adam mittlerweile ein verlässliches Team aufgebaut. »Ohne ein gutes Team«, betont er, »wäre es für mich nicht möglich gewesen, viele meiner Ideen zu realisieren. Ein gutes Team gibt mir das Vertrauen und die Sicherheit, meine Phantasie zu befreien und mit neuen Ideen zu experimentieren.« In einer Holzhütte mit der Aufschrift »Special Effects«, die noch aus den Zeiten des Zweiten Weltkriegs stammte, schraubten und löteten Derek Meddings und seine Leute die Bond-Gadgets zusammen. Ken Adam, das sagen alle, die mit ihm gearbeitet haben, ist ein Perfektionist. »Er konnte uns alle zum Wahnsinn treiben, bis eine Sache schließlich okay war«, erinnerte sich später ein kanadischer Schreiner. Das »Art Department« war Adams rechte und linke Hand. Peter Lamont kümmerte sich um Koordination, Planung und Finanzen. Ivor Beddoes, der Sketch-Artist, setzte die Rohskizzen in Hunderte von Set-up-Zeichnungen für die Action-Sequenzen um. Charles Bishop und Ernie Archer füllten die wichtige Funktion der Design-Assistenten aus, und der Construction Manager Ron Udell musste die Sets aufbauen. »Dann habe ich einen Set Dresser«, erläutert Ken Adam, »der nach meinen Zeichnungen die Ausstattung und Requisiten des Films zusammensucht. Seine Arbeit ist schwierig; er muss viel Erfahrung und Geschmack haben, er muss die richtigen Möbel, Bilder, Stoffe, Lampen finden und die Dekors einrichten. Vor allem muss er die Rolle des Schauspielers richtig interpretieren, das heißt, er muss den Hintergrund verstehen, den die verschiedenen Persönlichkeiten in einem Drehbuch haben.«

Die vielfältigen Aufgaben, die ein Production-Design-Team zu bewältigen hat, erfordern also nicht nur die große Vision, sondern auch sorgfältige Arbeit im Detail. Und manchmal war auch schon die Kreativität des Designers gefragt, bevor die Geschichte des Films feststand: »Am Skript für *Der Spion, der mich liebte* wurde noch geschrieben. Aber es war klar, dass ein Supertanker darin vorkommen sollte, der drei Atom-U-Boote verschlingen kann.« Das waren Dimensionen, in denen sich Ken Adam wohl fühlte. Mike Todd hatte ihm schon zu Beginn seiner Karriere eingeprägt:

»Mein Junge, du musst vor allem eines lernen: ›Think big!‹« Und von Stanley Kubrick hatte er gelernt: »Ein ›nein‹ als Antwort gibt es nicht im Film.« Groß zu denken – das hieß allerdings nicht nur, überdimensionale Räume zu schaffen, diese Devise beinhaltete auch die Aufforderung, sich frei zu machen von manchen Fesseln der Wirklichkeit und die Räume der Phantasie zu nutzen.

Das im Film zum Einsatz kommende Atom-U-Boot misst etwa 140 Meter in der Länge, und es gab auf der ganzen Welt kein Studio in dieser Größenordnung. Ken Adam erinnerte sich an einen Luftschiff-Hangar aus einem seiner früheren Filme, doch der stand nicht mehr zur Verfügung. »Als ich Cubby erzählte, dass ich nirgends ein fertiges Gebäude finden könnte, das groß genug für den Set wäre, sagte er nur: ›Dann bau dir eins.‹ Und irgendwie überzeugte er United Artists von der Idee.«

Ken Adam ließ daraufhin eine Halle errichten, die gleich mehrfach verwendet werden sollte. Später wurden die Polarszenen für den Film *Superman* in ihr gedreht, und für Sir Norman Foster war, wie man im *Times Literary Supplement* nachlesen konnte, der Set eine Inspiration für seine U-Bahnstation »Canary Wharf« in London. So finden sich Spuren der Arbeit des Set Designers immer wieder in der Wirklichkeit, die uns umgibt.

Der Set in der Halle umfasste drei U-Boote und einen Wassertank, in dem diese schwimmen konnten. »Das Design war einfach. Im Grunde handelt es sich um ein gigantisches Schwimmdock im Bauch eines Tankers. Großtanker sind in kleinere Kammern unterteilt. Das ist kinematographisch nicht sonderlich reizvoll. Um den Raum rhythmisch aufzubrechen und die drei Ebenen zu verbinden, zeichnete ich zwei parallele Aufzüge. Die oberste Ebene war eine frei schwebende Brücke in Form eines X. Alle Ebenen waren durch Treppen verbunden. Zum ersten Mal lieferte die Struktur den visuellen Effekt und die Grundkomposition eines Sets.« Die gesamte Konstruktion wurde in grauem Rotguss ausgeführt. Das Skript war immer noch nicht fertig, und Ken Adam ließ – dreißig Jahre vor dem Transrapid – zwei Magnetschwebebahnen in der Horizontalen bauen, mit denen die Crew und die Atomwaffen transportiert werden sollten. Ein Plot für die Züge würde sich schon finden. »Tatsächlich kam der Regisseur Lewis Gilbert mit der Idee, die Vorrichtung bis zum Bug hin zu verlängern und Stromberg und seine hübsche Russin darauf in die Sicherheit ihres Unterwasserhauses zu schießen.«

Zur Eröffnung des Tanker-Sets kam der frühere britische Premierminister Harold Wilson persönlich vorbei.

»Als wir die Szene in *Feuerball* drehen sollten, in der sich Bond plötzlich einem Hai gegenübersieht, sagte ich Sean Connery, er solle sich keine Sorgen machen. Ich hatte einen Plexiglaskorridor im Becken gebaut, der den Hai abhalten würde. Was ich ihm zu sagen vergaß, war, dass in Nassau nur sechs Plexiglasplatten aufzutreiben gewesen waren, sodass der Korridor eine vier Fuß breite Lücke aufwies. Aber ich hatte zur Sicherheit einen Taucher neben dem Loch postiert. Natürlich passierte genau das, was nicht passieren durfte: Der verdammte Hai entschied sich genau in dem Augenblick dafür, durch das Loch zu schwimmen, als der Taucher einmal nicht auf seinem Posten war. Ich sah, dass Sean den Hai für den Taucher hielt, und wir brüllten alle, er solle das Becken verlassen. Nie zuvor hatte Sean einen solchen Abgang hingelegt. Wenn es möglich ist, auf dem Wasser zu laufen, dann war Sean an diesem Tag ziemlich dicht dran.«

Die Besetzung von *Der Spion, der mich liebte* war nicht weniger spektakulär als das Design: Roger Moore – Adam über Moore: »Ich mochte ihn sehr. Er rauchte die gleichen Zigarren wie ich, und beim Gin Rummy war stets ich es, der gewann.« –, dann Richard »Jaws« Kiel, zwei Meter 18 groß und 160 Kilo schwer, und zu guter Letzt Curd Jürgens, der im wirklichen Leben nicht weniger mysteriös wirkte als im Film. »Letizia und ich besuchten ihn auf seinem Anwesen bei Nizza. Per Knopfdruck schob sich der Fußboden beiseite, und ein Pool kam zum Vorschein. Ein merkwürdiger Mensch. Er veranstaltete bestimmt irgendwelche Orgien. Wir wurden den Eindruck nicht los, er habe überall Kerker voller Mädchen in seinem Haus. Er *war* Stromberg.«

Für die drei U-Boote wurden Boots-Sperrholz und Fiberglas auf ein Stahlgerippe montiert. Sie bewegten sich auf unsichtbaren Schienen. »Ich hatte sie auf fünf Achtel ihrer Originalgröße verkleinert. Aber sie waren immer noch enorm und vollkommen glaubwürdig.«

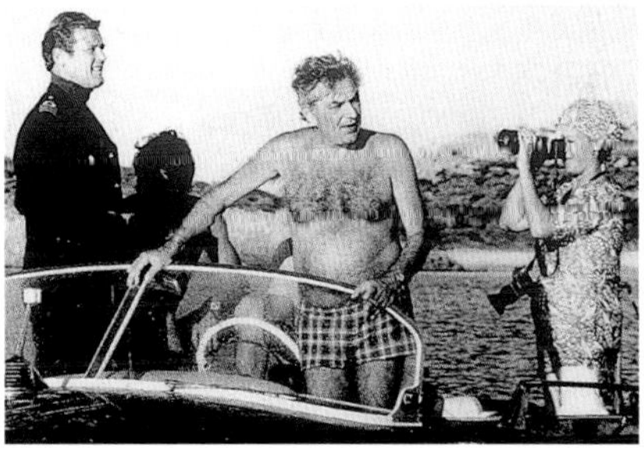

Ken Adam (Mitte) und Roger Moore (links) in Sardinien bei den Dreharbeiten zu dem Bond-Film *Der Spion, der mich liebte*

Trotz der weltweiten James-Bond-Begeisterung erklärten sich weder die amerikanische noch die britische Marine bereit, eines ihrer Atom-U-Boote für Außenaufnahmen zur Verfügung zu stellen. Und so musste Ken Adam improvisieren: Eines der Boote wurde auf leere Ölfässer gesetzt, um es zum Schwimmen zu bringen, und nach Abschluss der eigentlichen Dreharbeiten in drei Teilen im Tieflader nach Chichester transportiert, wo dann auf offener See die letzten Szenen gefilmt wurden.

Es macht den Reiz der klassischen Bond-Filme aus, dass Ken Adams Sets auf im Grunde sehr einfachen Ideen basierten. Die Frage lautete: Wo kann ich das Laboratorium des größenwahnsinnigen Schurken verstecken? Natürlich unter dem Meer. Oder: Wie verberge ich Atom-U-Boote, wenn alle Gewässer bekannt und kontrollierbar sind? Im Inneren eines Tankers. Keinem der neueren Bond-Filme ist es in vergleichbarer Weise gelungen, Logik in Surrealität umschlagen zu lassen. Immer offensichtlicher wird der Schock, den ein Ort schon allein durch seine besondere Gestaltung und Atmosphäre auslösen kann, durch gigantische Explosionen ersetzt oder durch haarsträubende Verfolgungsjagden und waghalsige Flugszenen. Die

Geschwindigkeit tritt an die Stelle des Raums – und dementsprechend flüchtig ist der Eindruck, der von den Filmen bleibt. Das zeigt, welch nachhaltige Bedeutung Filmdekors zukommen kann, wenn sie konsequent umgesetzt werden und in Einklang mit der Sprache und der Botschaft eines Skripts stehen.

Wirklicher als die Wirklichkeit

Ken Adam ist von Grund auf der Überzeugung, dass etwas, das gut ausgedacht ist, im Film letztlich überzeugender wirkt als die Wirklichkeit. Und das Medium, in dem Ken Adam seine Ideen entwickelt, die Zeichnung, bietet trotz ihrer Zweidimensionalität eben weit mehr Freiheit als Natur und Menschenwerk. In der Zeichnung können Räume gekrümmt und Perspektiven verzerrt werden. Das wichtigste Ziel ist es stets, das Publikum staunen zu machen: Wo um alles in der Welt hat er das nur gefunden? Wo gibt es diese Räume? Deren Gestaltung wird in einem solchen Konzept konsequent in den Dienst der Aussage der jeweiligen Szene genommen. Ken Adam nennt das die »Theatralisierung« einer Filmszene. Ein mit den üblichen Ingenieurstechniken gebauter Filmset wird so »surrealisiert«, er weicht von der vorgegebenen Realität ab, um sie umso deutlicher ins Relief zu treiben: So wird der Set wirklicher als die Wirklichkeit. Der Nachbau von Fort Knox in *Goldfinger* ist hierfür ein gutes Beispiel.

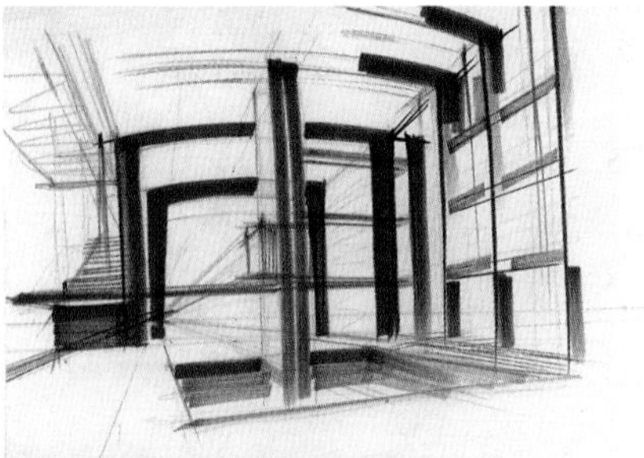

Frühe Studie zur Innenansicht von Fort Knox *(Goldfinger)*, die mit wenigen markanten Strichen die Raumstruktur darstellt

»Bis zu einem gewissen Punkt«, erinnert sich Ken Adam, »wurde uns in unglaublich großzügiger Weise geholfen, dank Albert Broccolis Kontakten in Washington und dank der Tatsache, dass Präsident Kennedy die Fleming-Bücher liebte. Ich durfte Fort Knox im Hubschrauber überfliegen, um mir die Anlage von außen anzusehen. Das hätte niemand für möglich gehalten. Aber wie jedem anderen Menschen, Präsident Kennedy eingeschlossen, war es mir verboten, das Innere zu betreten. So konnte ich im Film meinen Ideen freien Lauf lassen.« Im Gewölbe

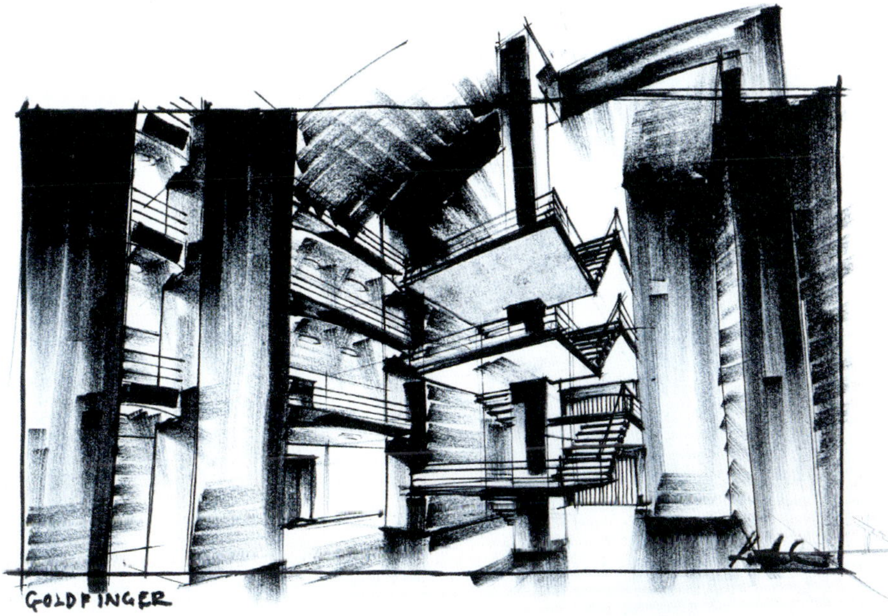

Entwurf des Inneren von Fort Knox *(Goldfinger)*

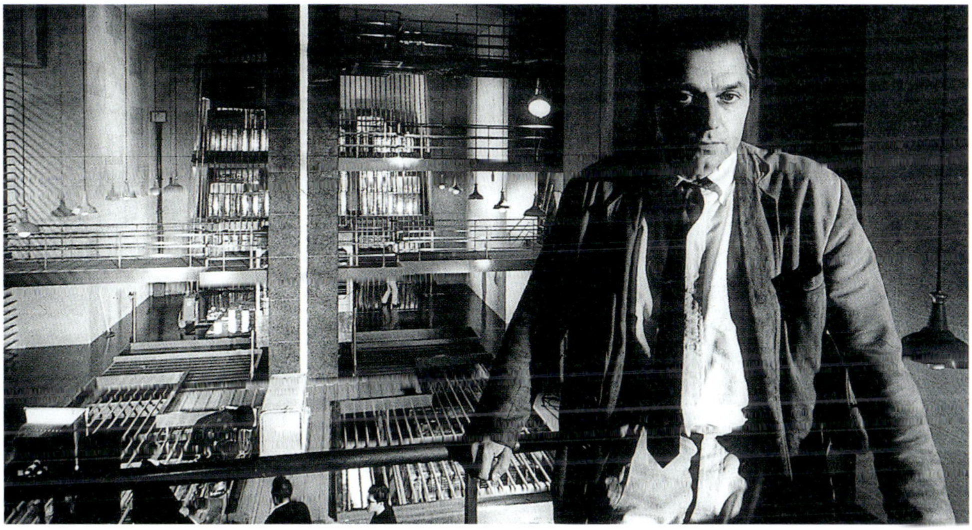

Ken Adam vor seinem Set von Fort Knox

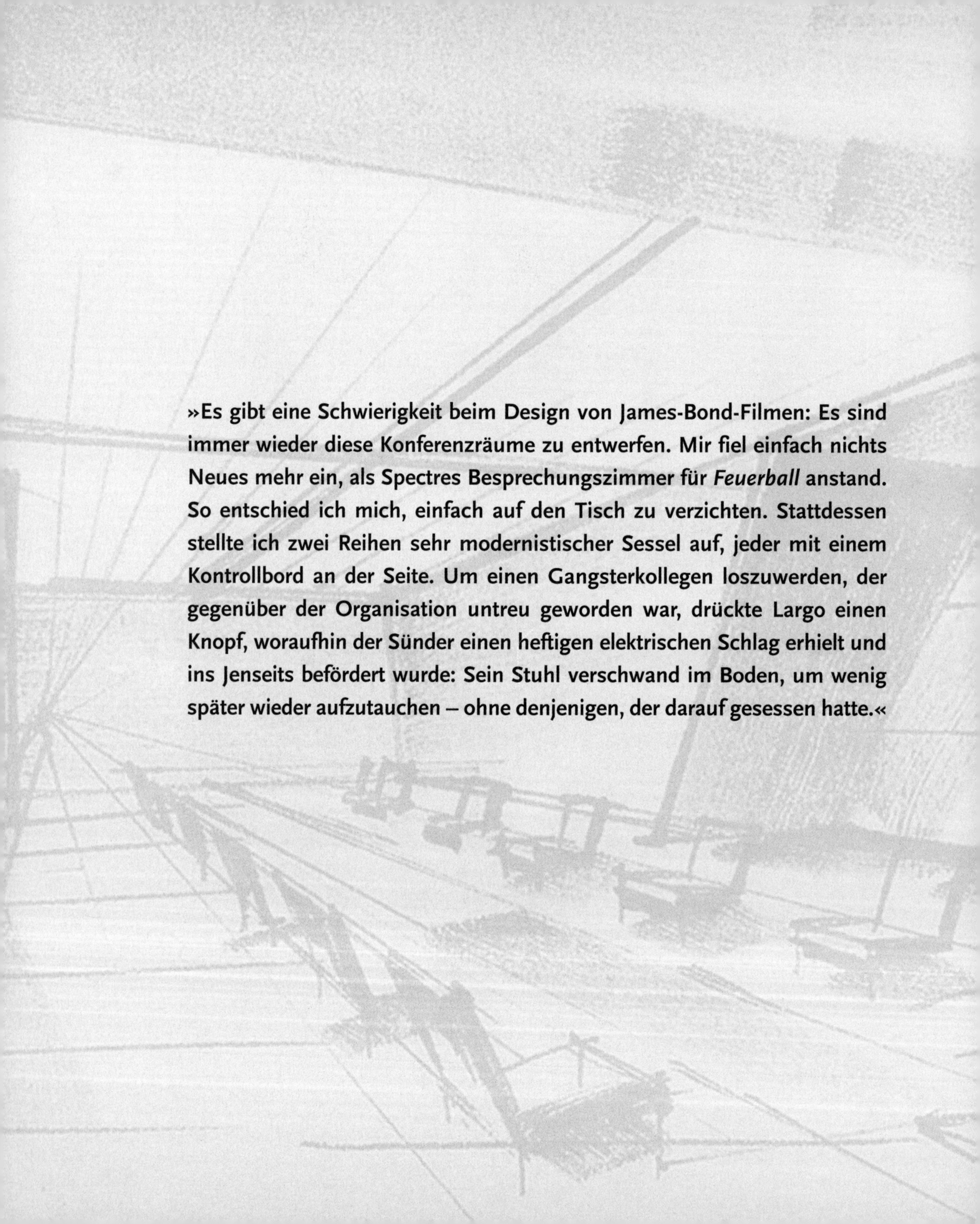

»Es gibt eine Schwierigkeit beim Design von James-Bond-Filmen: Es sind immer wieder diese Konferenzräume zu entwerfen. Mir fiel einfach nichts Neues mehr ein, als Spectres Besprechungszimmer für *Feuerball* anstand. So entschied ich mich, einfach auf den Tisch zu verzichten. Stattdessen stellte ich zwei Reihen sehr modernistischer Sessel auf, jeder mit einem Kontrollbord an der Seite. Um einen Gangsterkollegen loszuwerden, der gegenüber der Organisation untreu geworden war, drückte Largo einen Knopf, woraufhin der Sünder einen heftigen elektrischen Schlag erhielt und ins Jenseits befördert wurde: Sein Stuhl verschwand im Boden, um wenig später wieder aufzutauchen – ohne denjenigen, der darauf gesessen hatte.«

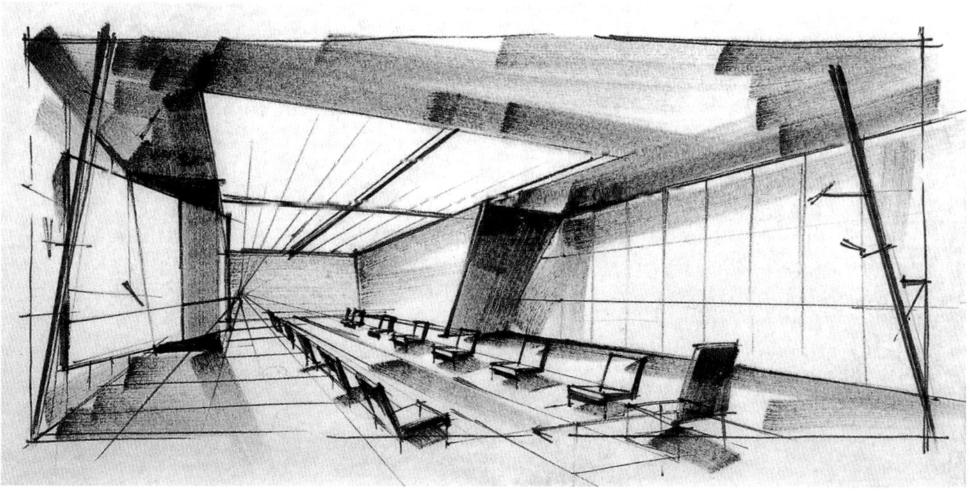

Entwurf von Spectres Konferenzraum *(Feuerball)*

der Bank of England hatte Adam gesehen, dass der Goldschatz eines Staates wegen seines immensen Gewichts in kaum kniehohen Stapeln aufbewahrt wird – kein sehr fotogener Anblick. Also griff er zum bewährten Mittel der Surrealisierung: »Wenn die Zuschauer schon in das größte Golddepot der Welt geführt werden, dann wollen sie Gold sehen, das sich bis zum Himmel türmt. Meine Idee war ein riesiges Gitter, vielleicht zwölf Meter hoch, hinter dem ebenso hohe Stapel von Goldbarren lagern – ein Design, das der Realität diametral entgegengesetzt ist.« Nur das Äußere von Fort Knox war eine exakte Kopie des Originals.

Ken Adam und seine Mitarbeiter errichteten eine Kathedrale, in der alles – Seitenschiffe, Chor, Kanzeln, Gewölbe – aus Stahl gefertigt war, sie schufen einen alles erschlagenden Raum, in dem der reinen Macht des Goldes gehuldigt wird und in dem die wenigen Menschen, die inmitten dieser Wucht noch anzutreffen sind, als Messdiener der Sicherheit fungieren. Der Set war eine Sensation: »Es war erstaunlich, wie viele Zuschriften United Artists nach der Filmpremiere erhielt: ›Warum hat man Sie ins Innere von Fort Knox gelassen?‹, wurde häufig gefragt. Die Leute haben das wirklich geglaubt.«

Der komplette Bau des Fort-Knox-Sets kostete ganze 30 000 Pfund. Das ist nicht viel Geld für den Archetypen aller Schatzkammern.

Design mit Zukunft

In Bonds Welt spiegeln die Kontrollzentren der Bösen den Größenwahnsinn ihrer Bewohner. Die Aspiranten auf die Weltherrschaft in Ken Adams 007-Filmen operieren gern von einsamen Inseln aus, wo eine idyllische Natur die unterirdischen Bauten und Todeslaboratorien kaschiert. Strombergs Unterwasser-Laboratorium »Atlantis« war eine pure Erfindung. Cubby Broccoli hatte von einer schwimmenden Stadt vor der Küste Okinawas gehört und setzte seinen Produktionsdesigner ins Flugzeug nach Japan. Enttäuscht kehrte Ken zurück: Das Ganze sah aus wie eine größere Ölplattform. Da im Film eine besonders eindrucksvolle Anlage gezeigt werden sollte, musste er sich also selbst etwas ausdenken.

»Ich fertigte eine Woche lang eine Zeichnung nach der anderen an und merkte dann, dass ich mich von der Vorstellung einer Plattform völlig lösen musste. Ich fing ganz von vorne an, mit einer Art Riesenspinne samt Hubschrauber-Landefläche, Haifisch-Pool und Dockanlage.« Nun musste die Spinne sich jedoch aus dem Wasser emporstemmen, und es war völlig klar, dass sie nicht in voller Größe gebaut werden konnte. Man behalf sich mit einem großen Modell und *matte paintings*, gemalten Hintergründen. Nur ein Teil der Spinne wurde vor der Costa Smeralda Sardiniens in Originalgröße gebaut.

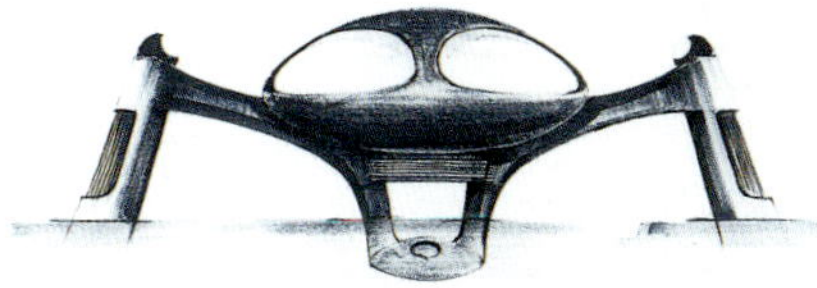

Skizze zu Strombergs Unterwasser-Laboratorium »Atlantis« in Form einer riesigen Spinne *(Der Spion, der mich liebte)*

Das gewölbte Äußere der Spinne erlaubte es Ken Adam, im Inneren mit runden, elliptischen Pop-Art-Linien zu experimentieren – ein klarer Bruch mit all seinen bisherigen Entwürfen für die Gehäuse der die Welt bedrohenden Schurken: »Meine Zeichnungen sind für gewöhnlich linear. Auch wenn sie manchmal gebrochen sind. Bei dem Film *Der Spion, der mich liebte* habe ich zum ersten Mal runde Formen verwendet. Außerdem spürte ich, dass gegenwärtiges und wohl auch zukünftiges Design zunehmend die Tendenz hat, zur Skulptur zu werden. In Schweden waren gerade Chaiselongues aus Fiberglas entwickelt worden, und ich zeichnete die passenden Lampen dazu.«

Mobiliar im Adam-Stil ist von einem Futurismus geprägt, der paradoxerweise nicht zu veralten scheint. Vermutlich ist das letztlich auf Adams Lehrzeit bei einem Bauhaus-Schüler zurückzuführen. Ken Adam verzichtet bei seinen Designs konsequent auf jenen Science-Fiction-Zierrat, der andere Zukunftsentwürfe schon nach Jahren überholt und hoffnungslos lächerlich erscheinen lässt. Nur ein Beispiel: In *Dr. No* setzt Ken Adam ein Bett ohne jedes Kopfteil auf ein Podest, mitten im Zimmer. Das war damals Avantgarde. Dreißig Jahre später wirkt das Schlafzimmer im Film immer noch modern, und Betten ohne Kopfteile finden sich heute in jedem Katalog eines Einrichtungsgeschäftes.

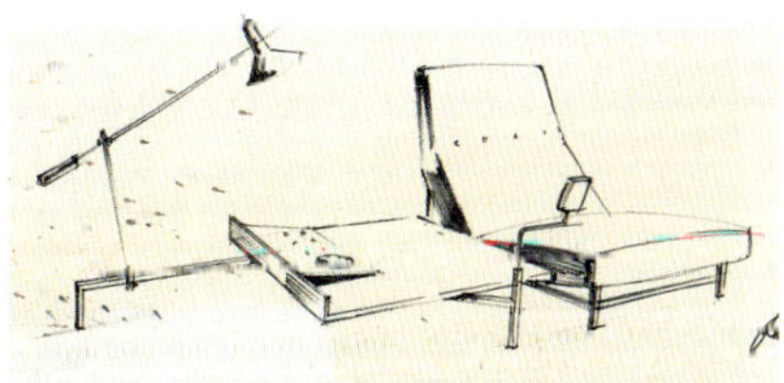

Von Ken Adam entworfenes Mobiliar im schlichten, funktionalen Stil: Sessel mit Ablagetisch und Lampe in Spectres Konferenzraum *(Feuerball)*

Die besten von Adams Sets veralten nicht, weil sie einen utopischen Rest behalten. Wie zum Beispiel auch Hitchcock-Filme nicht veralten, obwohl viele Zutaten deutlich das Kolorit der Zeit tragen, in der sie entstanden sind. (Übrigens war auch Hitchcock ein

»Für das Brautzimmer in *Diamantenfieber* ließ ich ein speziell angefertigtes Wasserbett aus Kalifornien einfliegen. Wasserbetten waren dort damals sehr in Mode. Wir kamen auf die Idee, Fische in dem Bett schwimmen zu lassen, als amüsante Untermalung der Verführungsszene zwischen Bond und Jill St. John. Das war leichter gesagt als getan. Ich musste eine Reihe von Plexiglas-Wassertanks rings um das runde Bett bauen, das wir dann mit allen denkbaren Arten von tropischen Zierfischen füllten. Dummerweise leckte das Bett und setzte den halben Set unter Wasser. Wir ruinierten einen brandneuen Teppich. Dazu kam, dass der Hausmeister eines Nachts versehentlich die Stromzufuhr fürs Aquarium ausschaltete. Am nächsten Morgen fanden wir einen Teil der Fische tot vor. Dadurch bekamen wir ein echtes Problem, denn wir hatten bereits einen Teil der Szene gedreht und ich konnte keine Doubles für die verstorbenen Fische auftreiben. Also legten wir die Fischleichen in die Gefriertruhe und ließen sie mit Hilfe einiger Spezialeffekte in gefrorener Form weiterspielen.«

Technikbegeisterter, der zumeist mit mediokren Vorlagen gearbeitet hat, die ihm genügend Freiheit ließen, als Regisseur seine eigenen Vorstellungen einzubringen.)

Bei der Gestaltung von Strombergs Wohnzimmer ließ Ken Adam seiner Phantasie freien Lauf. Er setzte sich dabei über eine goldene Regel des Film-Designs hinweg, die besagt, dass die Interieurs den Exterieurs entsprechen müssen. Im Inneren der futuristischen Spinne wurden auf seine Anweisung hin Renaissance-Fresken im Stil seiner Lieblingsmaler Piero della Francesca, Andrea Mantegna und Vittore Carpaccio gemalt: ein San Simeon unter dem Meeresspiegel. Der Zuschauer sollte glauben, er befände sich in einem Fürstensaal, allerdings nur bis zu dem überraschenden Moment, in dem die Bilder nach oben gleiten und den Blick auf tropische Fische freigeben. Hinter Botticellis *Geburt der Venus* verbarg sich ein Großbildschirm, auf dem Stromberg die Verspeisung seiner untreuen Sekretärin durch einen Hai beobachten konnte.

Dem Schurken in seiner High-Tech-Festung steht 007 gegenüber – der einzige, der nie über einen eigenen Raum verfügt. Er ist der ortlose Held, der in die Führerbunker seiner Widersacher eindringen muss, um sie zu zerstören. Bond ist als Person eine *smart weapon*. Dafur ist er mit den zahllosen kleinen, klugen Instrumenten – funkenden Uhren, Hypermagneten, Falthubschrauber und dergleichen – ausgerüstet. Der Medienforscher Georg Seeßlen hat darauf hingewiesen, dass »die Gadgets dem beweglichen, raumlosen Helden zugeordnet sind, dem Helden des Eindringens und der Flucht. Dem unbeweglichen, zeitlosen Schurken dagegen entspricht der monströse Raum«, ein Ort fast unbeschränkter Macht, der sich als Gefängnis und Grabmal entpuppt.

Es fällt nicht schwer, von der so gedeuteten Bond-Figur Verbindungslinien zu Ken Adam selbst zu ziehen: Auch er ist durch seine erzwungene Emigration zu einem »ortlosen Helden« geworden, ihm ist der Kampf gegen ein Imperium des Bösen vertraut, und als Jagdflieger und enthusiastischem Autofahrer ist Bewegung – in möglichst hoher Geschwindigkeit – die ihm gemäße Form der Existenz.

Gadgets und Gimmicks: Die heimlichen Helden der Bond-Filme

Wie Robinson Crusoe und Sherlock Holmes gelang es Bond, ein kulturelles Eigenleben zu entwickeln. United Artists schätzte 1977, dass eine Milliarde Menschen einen Bond-Film gesehen hatten, damals also etwa jeder dritte Erdenbewohner. Und dabei war noch nicht einmal das Fernsehpublikum berücksichtigt, das die in England und den USA gesendeten Bond-Adaptionen für das Fernsehen angeschaut hatte. Bond wurde zu einer Figur der Zeitgeschichte, bei der es so manchem schwer fiel, die Grenze zwischen Fiktion und Wirklichkeit zu ziehen. Als Ronald Reagan im Mai 1983 zum 21. Jahrestag von *Dr. No* befragt wurde, gab er ein rätselhaftes Statement ab: »Natürlich könnten einige Kritiker sagen, dass Bond nichts weiter als ein Schauspieler im Film ist. Doch wir müssen alle irgendwo anfangen.«

Bonds kulturelle Präsenz in den frühen sechziger Jahren war überwältigend, und es war schwer, ihr zu entkommen. Der Agent 007, dem es gelang, aus der Welt der Literatur und des Films in die des täglichen Lebens hinüberzuwechseln, war überall – in der Werbung, im Kinderzimmer, in der Mode, in den Gesten der Halbstarken, in den Phantasien der Innenarchitekten und auf den Nummernschildern der unerkannten Supermänner im Opel Kadett.

In England entwickelte sich Bond neben den Beatles zum größten Exportschlager aller Zeiten, allein im Jahr 1965 wurden 65 Millionen Mark umgesetzt. Es gab 600 lizensierte 007-Artikel, darunter ein *Goldfinger*-Negligé, für das mit dem Slogan geworben wurde: »Go to Bed Dressed to Kill«. In Schweden tauchte ein Toaster auf, der den Brotscheiben die Gesichtszüge Sean Connerys einbrannte. Allein in Deutschland wurden im gleichen Jahr 30 Lizenzen für Bond-Produkte vergeben. Darunter waren Regenmäntel, Oberhemden mit goldenen Manschettenknöpfen, Zahnpasta, Brot, Bettwäsche, Binder, die mit »007« und einem Bond-Girl bedruckt waren, Klebeplaketten für die Windschutzscheibe, die Einschusslöcher simulierten, und ein Transistorradio, das sich in ein Gewehr verwandeln ließ. Auf der Spielwarenmesse in Nürnberg 1965 wurde ein Bond-Baukasten vorgestellt, der neben Kamera und Fernglas ein zerlegbares Gewehr, eine automatische Pistole und ein Plastikmesser enthielt. Eine 007-Herrenserie aus Rasierschaum und Duftwässerchen wurde mit dem Versprechen auf den Markt geworfen, dass sie »jeden Mann gefährlich« mache.

In der Bundesrepublik war das beliebteste Weihnachtsgeschenk des Jahres 1965 eine halbtransparente Pappschachtel, in der ein Auto parkte: der »007 Aston Martin« von »Corgi Toys«, geliefert in den Farben Silber oder Gold. Das Spielzeugauto wurde über eine Million Mal verkauft. Der Miniatur-Aston war – abgesehen von Micky Maus – das erste globale Merchandising-Produkt. Das Design stammte von Ken Adam.

Adam hat zahllose Gimmicks und Gadgets entworfen, technische Spielereien und Maschinen, die alle so schön und stark und rätselhaft sein mussten wie der Mercedes-Benz Typ 720, Modell SSK, den er als kleiner Junge im Schaufenster in Berlin bewundert hatte. Sein berühmtestes Gadget jedoch war der Aston Martin: »In einer gemeinsamen Diskussion kamen der Regisseur, die Produzenten und ich überein, dass Bond nicht mehr den alten Bentley fahren sollte, sondern den englischen Sportwagen mit dem größten Sex-Appeal.« So besuchte Ken Adam zusammen mit John Stears, der für die Spezialeffekte zuständig war, die Aston-Martin-Werke in Newport. Sie entschieden sich für das schnellste Modell, einen DB5 in Silbermetallic.

Er wurde ausgestattet mit Schleudersitz, Maschinengewehren hinter den Standlichtlampen, Peilvorrichtung, Ölsprühern und einer bei Bedarf ausfahrbaren kugelsicheren Rückwand. An den Auspuff angeschlossene Rauchkanister der britischen Armee sorgten im Gefahrenfall für rückwärtige Vernebelung. An den Kippschaltern auf der Mittelkonsole waren Messingschilder angeschraubt: »Rams« (Rammsporne), »Roof« (Verdeck), »Tack Spreader« (Nagelstreuer), »Machine Gun« (Maschinengewehr), »Smoke Screen« (Rauchschutzschirm). Die Ideen für Rammstoßstangen, elektrisch drehbare Nummernschilder (»für alle Länder«) und einen ausfahrbaren Reifenschlitzer entsprangen Ken Adams Alltagserfahrung als frustrierter Sportwagenbesitzer. Er setzte lediglich den Hass auf Staus, Verkehrsrüpel und mangelnde Parklücken in Technik um: »Ich wollte den Sportwagen in einen Kampfwagen verwandeln.«

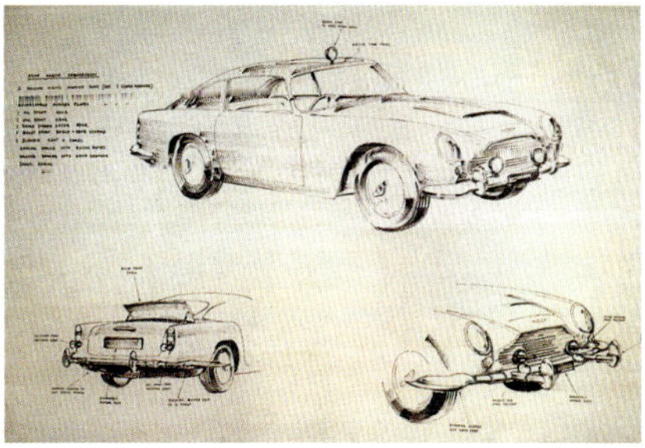

Entwurf des Aston Martin mit einer Auflistung der Spezialvorrichtungen *(Goldfinger)*

Der Schleudersitz stammte aus einem Jagdflugzeug. Nur das Maschinengewehrfeuer musste mit Rücksicht auf die Statisten simuliert werden: Ein elektrischer Motor entzündete Tropfen von Azetylen-Gas, die sich in den Rohren der MGs entluden. Für den Radarschirm – über den heute jeder bessere Wagen verfügt – behalf man sich mit einem erleuchteten Ausschnitt einer Landkarte und einem Punktstrahler unter einer Radioattrappe.

Zu jener Zeit machten Gerüchte die Runde, Harry Saltzman wolle die komplette Autofirma Aston Martin erwerben: »Er hatte schon eine französische Kamerafirma aufgekauft, er hatte Technicolor gekauft. Damals befand sich Aston Martin in finanziellen Schwierigkeiten, insofern kann ich mir schon vorstellen, dass er an einen Kauf des Unternehmens gedacht hat.« Fest steht, dass *Goldfinger* die britische Autofirma

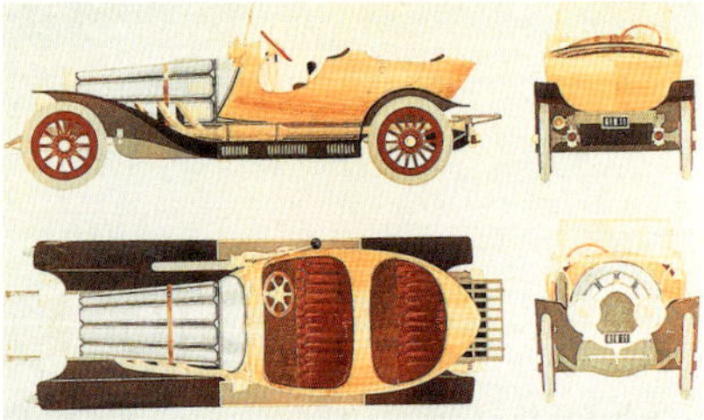

Endgültiger Entwurf des Rennwagens *(Tschitti Tschitti Bäng Bäng)*

gerettet hat. Denn nach dem Film stiegen die Verkäufe von Aston Martin um ganze 47 Prozent. Ein erstaunliches Phänomen, denn einen britischen Sportwagen bei hoher Geschwindigkeit unter Kontrolle zu halten, verlangt starke Bizepsmuskeln und entschlossenes Zutreten beim Bremsen – Sportsgeist, Härte und immer eine *stiff upperlip*.

Nicht nur der Aston Martin, auch die anderen Ideen von Ken Adam und seinen Technikern sollten schnell die Kinderzimmer erobern. 1964 wurde in den Vereinigten Staaten ein »James Bond Action Toy Set« auf den Markt gebracht, dessen Inhalt mit der »Laserstrahl-Foltermaschine« aus Goldfingers Folterkammer und einem »Flammen schießenden Drachenpanzer« vielleicht nicht ganz kindgerecht war. Ein Hit wurde natürlich das rasende, fliegende und tauchende Wundermobil aus dem Musical *Tschitti Tschitti Bäng Bäng* (1968), welches ebenfalls nach einer Romanvorlage von Ian Fleming gedreht wurde. Tschitti war das poetische Pendant zum Aston Martin und auf seine Weise der Archetyp aller mobilen Adam-Gadgets: Praktisch, unbesiegbar und zum Verlieben schön. Ein Gefährt, bei dessen Anblick einem plötzlich klar wird, dass man genau dieses immer schon hatte haben wollen.

Als Ken Adam das erste Tschitti nach Pinewood brachte, stand das gesamte Studio stumm und staunend um das Gefährt herum. Es war einfach wunderschön – so können Autos eigentlich nur in Träumen aussehen. Es hatte feuerrote Speichenräder und glänzende Messinghupen. Aus den Seiten konnten drachenartige Flügel ausgefahren werden, auf denen sich zwei zarte Propeller drehten, und die Maschine war so stark, dass ein breiter Lederriemen die Motorhaube bändigen musste. »Ich hatte immer geglaubt, alles designen zu können. Aber bei Tschitti kamen mir Zweifel. Es war gewiss eines der schwierigsten Dinge, die ich je gemacht habe. Es sollte wie ein Oldtimer aussehen, aber zugleich fliegen und schwimmen können. Ich musste das

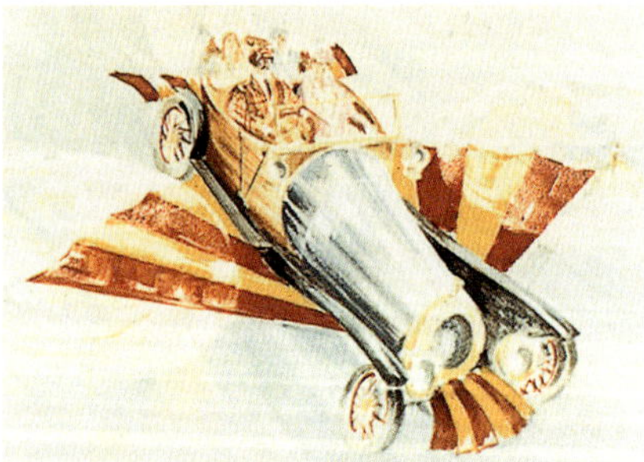

Studie des fliegenden Automobils *(Tschitti Tschitti Bäng Bäng)*

»Wir planten, für *Tschitti Tschitti Bäng Bäng* ein großes Luftschiff-Modell anzufertigen, was etwa 6000 Pfund gekostet hätte. Aber dann bot uns ein Hobbyballonfahrer an, für 8000 Pfund ein Luftschiff in Originalgröße zu bauen, über hundert Fuß lang, mit einem VW-Motor und einer in Cardington zusammengenähten Hülle. Wir nahmen das Angebot an. Das Luftschiff war allerdings immer etwas wacklig, und die Dreharbeiten fielen in die schlimmste Sturmperiode seit Jahren. Eines Tages riss es sich von seiner Verankerung los und krachte in eine Hochspannungsleitung. United Artists drohte ein sehr teurer Prozess von Seiten der örtlichen Bauern, die wegen des Stromausfalls ihre Kühe nicht mehr melken konnten. Wir befragten Experten – manche waren schon in den Achtzigern –, die zu Beginn des Jahrhunderts Luftschiffe geflogen hatten. Sie rieten uns unter anderem, beweglichen Ballast in die Gondel zu nehmen. Ein schon sehr betagter Franzose sagte zu mir: ›Das Problem ist, ihr habt eure Zeichnung auf ein Luftschiff vom Typ La Baudier gegründet. Ich muss euch leider sagen: Das Ding ist nie geflogen.‹«

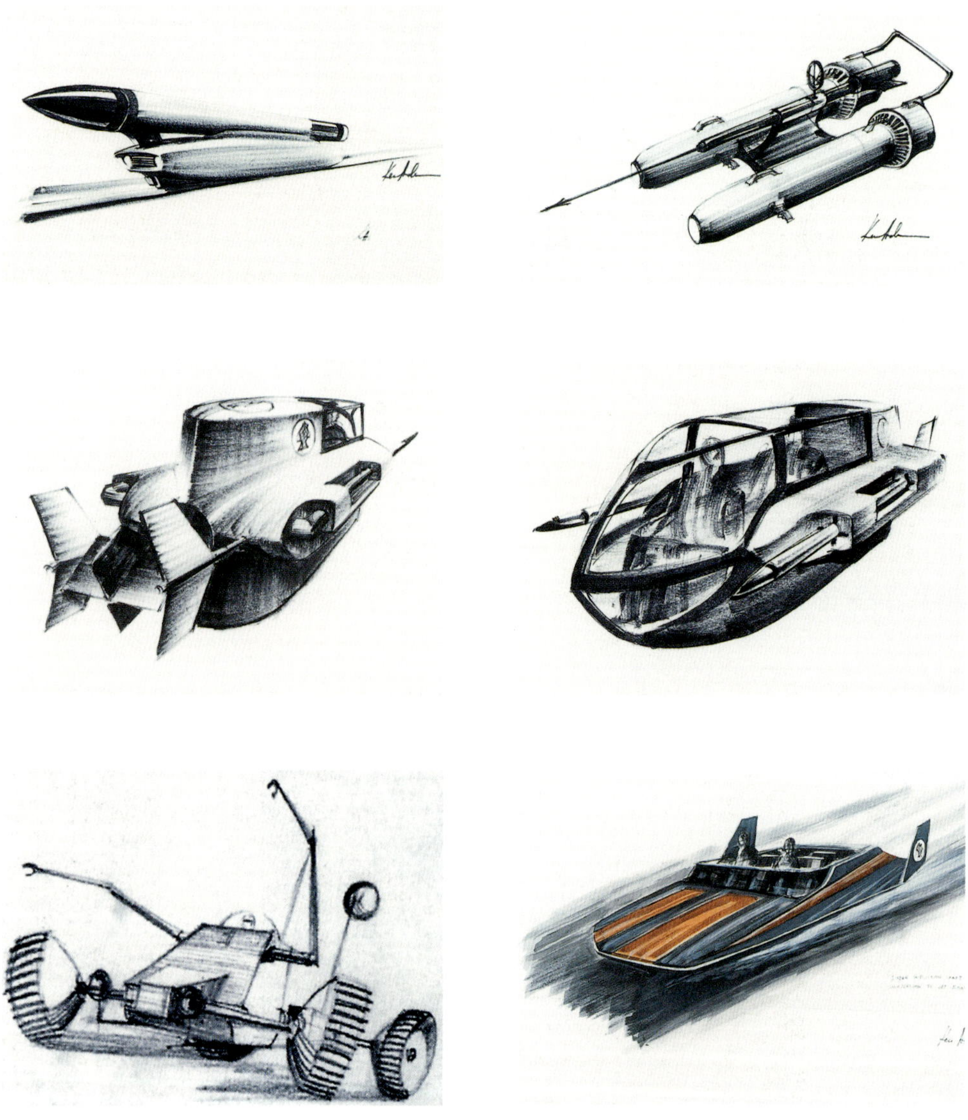

Gimmicks und Gadgets: Entwürfe zu ausgefallenen Waffensystemen (oben) und Unterwasservehikeln (Mitte) *(Der Spion, der mich liebte)*, Studie für den Moon-Buggy aus dem Film *Diamantenfieber* (links unten), kolorierter Entwurf für ein Schnellboot aus *Moonraker – streng geheim* (rechts unten)

Fahrzeug völlig neu erfinden. Ford hatte uns ein Chassis und den Motor zur Verfügung gestellt, und mir kam die Idee, die Karosserie ein wenig wie ein Boot aussehen zu lassen, in Anlehnung an die alten Bugattis oder Rolls-Royce.« Um allen Anforderungen gerecht zu werden, musste Adam schließlich eine ganze Flottille von Tschittis bauen lassen, ein Hovercraft-Tschitti, ein fliegendes Tschitti und diverse Renn-Tschittis.

Der Film wurde ein Riesenerfolg. Jeder wollte Tschitti haben, wenn schon nicht im Original, so doch zumindest als Spielzeug. Ken Adam hatte offensichtlich mit seinem Gefährt die Sehnsüchte vieler Autonarren erfüllt, er hatte eine Art Idealauto konstruiert, dem, wie vielen Gegenständen aus den Bond-Filmen, der Schritt von der Kinowelt in die Realität gelang, wo es sich als einer der kleinen Mythen des Alltags behauptete. Kaum waren die Dreharbeiten beendet, kamen die Spielzeughersteller und liehen sich Ken Adams Skizzen aus. Wenig später standen die »Corgi«- und »Matchbox«-Kartons regalweise in den Spielzeuggeschäften. Es wurden Millionen eingenommen. Mit Tschitti, mit dem Aston Martin, mit kompletten Bond-Gadget Ausrüstungen. Adams Ideen machten sehr viele Kinder und sehr viele Spielzeughersteller sehr glücklich. Ihn selbst allerdings nicht.

»Ich habe keinen Penny daran verdient. Es dauerte bis zu dem Bond-Film *Feuerball*, bis mein Agent und ich endlich verstanden hatten, wo das große Geld gemacht wurde. Wir hatten keine Ahnung, dass Merchandising das große Business im Film werden würde. Also handelten wir eine pauschale Beteiligung aus. Es war von 20 000 Pfund die Rede. Aber als ich Harry Saltzman später darauf ansprach, explodierte er und sagte: ›Ken, du bist gefeuert.‹«

Später sollte er doch noch zwei Schecks erhalten. Einer war über 64 Pfund ausgestellt, der andere über 49 Pfund. Das war alles, was Ken Adam je von den Merchandising-Einnahmen zu sehen bekam.

Viele Gimmicks, die Adams Team sich ausdachte, sind inzwischen in jedem Kaufhaus zu bekommen: eine per Funk gesteuerte Uhr, Mobiltelefone, satellitengesteuerte Bordkarten. Das ist nicht so erstaunlich, wie es auf den ersten Blick erscheinen mag. Denn, wie Ken Adam betonte: »Die meisten unserer Erfindungen funktionierten tatsächlich, wir haben in den Bond-Filmen nur selten mit Tricks gearbeitet, weil wir das für unfair gegenüber dem Publikum gehalten hätten.« Der »japanische Abschleppdienst« in *Man lebt nur zweimal* beispielsweise, der aus einem Helikopter eine Limousine per Magnet von der Straße fischt und sie dann ins Meer fallen lässt, ist eine dieser Erfindungen, die sich in der Realität einsetzen ließen. Selbst der weiße

»Es gab da diese Disco Volante, die superschnelle Yacht unseres Bösewichts in *Feuerball*. Sie sollte wie eine gewöhnliche Luxusyacht aussehen und erst bei der letzten Flucht des Bösewichts zeigen, dass sie mit mehr als fünfzig Knoten übers Meer rasen kann. So kam mir die Idee, ein Tragflügelboot als Yacht zu verkleiden. Harry Saltzman stieß auf eine Annonce, derzufolge in Puerto Rico ein altes Tragflügelboot zum Verkauf stand. Mein Design für die Ummantelung basierte auf dem Prinzip des Katamarans. Er musste sich von allein fortbewegen können. Die beiden Rümpfe waren nur durch zwei zollgroße Bolzen miteinander verbunden. Einige Schiffsexperten schüttelten zwar den Kopf darüber, aber die Rümpfe glitten sehr schön durchs Wasser. Wir probten die Szene mehrmals, und alles klappte wie vorgesehen. Ich glaube, der ganze Disco-Volante-Einsatz hat uns 100 000 Pfund gekostet.«

Lotus-»Esprit«-Sportwagen, mit dem Roger Moore in *Der Spion, der mich liebte* ins Meer rast, war in der Lage, bis zu fünfzehn Meter tief zu tauchen und sich unter Wasser mit einer Geschwindigkeit von 7,2 Knoten zu bewegen. »Man findet überall auf der Welt Leute, die ihr Leben lang an irgendwelchen Maschinen herumbasteln und dann sehr glücklich sind, wenn jemand vom Film anfragt, ob sie nicht einen Taschen-Hubschrauber oder ein Mini-U-Boot bauen könnten.«

Ken Adam findet seine Qs meist in Fachzeitschriften. Der Unterwasser-Lotus wurde von der »Perry Oceanographic Company« in Florida umgebaut. Das »Wet Bike«, einen Vorläufer des inzwischen alltäglichen Jet-Skis, hatte sich ein Kalifornier namens Nelson Tyler ausgedacht. Auch andere der 007-Gadgets haben ihren Weg in die Wirklichkeit gefunden, so etwa die Unterwasserkamera aus *Feuerball*. Der russische Geheimdienst KGB soll seinen Ingenieuren den Auftrag gegeben haben, die Bond-Waffen nachzubauen. Einen Kugelschreiber, mit dem man schießen konnte, haben sie jedenfalls entwickelt.

Filmdesign als Kunst

Oft verfügen Ken Adams Bond-Mobile über ein ausgeprägtes Eigenleben. Sie erscheinen nicht mehr als vollständig beherrschbare Technik, sie wirken vielmehr bis zu einem gewissen Grad lebendig. Der tauchende Lotus zeigt bereits in seiner Form, dass er eigentlich am liebsten ein amphibisches Lebewesen wäre. Die Rakete in *Man lebt nur zweimal* frisst kleinere Raumkapseln wie ein hungriges Tier. Schon in der Anfangsszene von *Dr. Seltsam oder Wie ich lernte, die Bombe zu lieben* hatte das Betanken eines Bombers in der Luft eine erotische Komponente, es sah aus wie eine Kopulation in den Lüften.

»Little Nellie« hieß die tödliche, mit Nebelwerfern und Luftminen ausgestattete Flugmaschine aus dem Film *Man lebt nur zweimal*. Ken Adam hatte von einem exzentrischen Bastler gehört, einem pensionierten Oberst der Royal Air Force, der Miniatur-Girocopter bauen würde. Die Idee, den Hubschrauber in vier Krokodillederkoffer zu verpacken, kam Ken Adam, als seine Frau Letizia eine Handtaschenkollektion entwarf. Der mit MGs, Flammenwerfern und wärmegeleiteten Raketen hochgerüstete Mini-Hubschrauber wurde zum heimlichen Star des Films. Der pensionierte Oberst, ein gewisser Kenneth Wallis, verbrachte mit seinem halsbrecherischen Gefährt insgesamt 46 Stunden in der Luft, zum Teil in 2000 Metern Höhe. Der Kameramann Johnny Jordan verlor bei den Aufnahmen zur Luftschlacht ein Bein. Im Film waren es dann nicht mehr als fünf Minuten, in denen der Hubschrauber in Aktion gezeigt wurde.

Für *Moonraker* sollte Ken Adam ein komplettes Set von Raummobilen entwerfen, Shuttles, Satelliten, Stationen. Er verbrachte mehrere Tage in den Versuchszentren der NASA in Kalifornien. »Meine Erkundungen ergaben, dass ich tatsächlich freie Hand hatte bei der Gestaltung der Raumstation. Also entschied ich mich für eine Konstruktion, die wie ein Mobile rotierte, um künstliche Schwerkraft zu erzeugen. Harry Lang, der einige Jahre bei der NASA gearbeitet hatte und auch hinter Kubricks *2001: Odyssee im Weltraum* stand, sorgte dafür, dass alles realistisch aussah.« Ken Adam hatte die NASA-Vision eines gigantischen, sich drehenden Rades verworfen, zumal es wie ein Remake der Raumstation von Kubrick ausgesehen hätte: »Ich fand die Konstruktion sowieso problematisch. Ich hätte immer das Gefühl gehabt, im Innern eines Fahrradreifens zu arbeiten. Mein Entwurf war ein Kompromiss zwischen einem weiteren NASA-Konzept, einer visuell spannungslosen Aneinanderreihung von zylindrischen Abteilungen, und der Rad-Idee. Ich sah die Raumstation wie ein Mobile, mit irregulären Auslegern, die ihre Form zu wechseln schienen, sobald sich die Station zu drehen begann.«

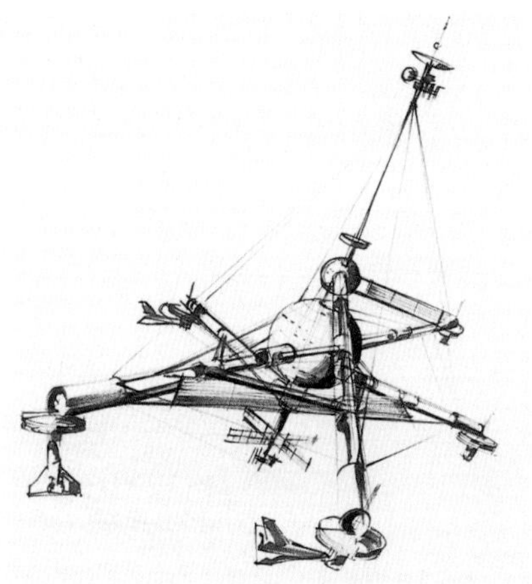

Studie zur Raumstation aus dem Film *Moonraker – streng geheim*

Nebenbei hatte Ken noch dafür zu sorgen, dass sowohl das Schloss Vaux-le-Vicomte (es liegt südlich von Paris und diente als Vorbild für Versailles) als auch das Centre Pompidou in die Anlage von Drax' Domizil in Kalifornien integriert wurde. Er musste einen Teil des venezianischen Palazzo Carazzonico für das Geheimlabor von Drax nachbauen. Und er musste ein Museum in Murano samt Innenausstattung aus Zuckerglas und eine große Halle im Maya-Stil errichten sowie diverse Räume für die Schwerelosigkeit und eine (tatsächlich funktionierende) Zentrifuge gestalten, nicht zu vergessen einen Kontrollraum in Form einer Pyramide, der hinter den Iguaçu-Wasserfällen im brasilianisch-argentinischen Grenzgebiet verborgen sein sollte. Es waren insgesamt nicht weniger als fünfzig Sets.

Kurz nach der Premiere von *Moonraker,* seinem letzten Bond-Film, wurde Ken Adam nach New York eingeladen, um eine Vorlesung über eben diesen Film zu halten. Doch nicht vor der Directors Guild oder einem Filmpreis-Publikum, sondern im Museum of Modern Art. Ken Adam referierte dort über seine Zeichnungen, er führte anhand von Diaprojektionen die Entwicklung seiner Ideen über mehrere Etappen vor und berichtete über die besonderen Schwierigkeiten, die anschließend beim Bau der Sets zu bewältigen waren. Ein Bond-Film als artistisches Lehrstück, gewürdigt als Exempel eines komplexen künstlerischen Gestaltungsprozesses – das war der Ritterschlag für den »Adam style«. Ken Adam war ein lebender Klassiker geworden. Er hatte seinen Stil gefunden und war ihm in den meisten seiner Produktionen treu geblieben. Er hat dem Produktionsdesign insgesamt eine neue Dimension eröffnet, er hat es in den Rang einer künstlerischen Gattung erhoben.

Und weil er einer der wenigen Produktionsdesigner ist, deren Zeichnungen ihren Zauber behalten, auch wenn sie ihren Dienst getan haben und der Film längst gedreht ist, wurde Ken Adam, dem Zeichner, schließlich auch die Ehre einer Werkschau zuteil. Im November 1999 eröffnete in der Londoner Serpentine Gallery die Ausstellung »*Moonraker, Strangelove* and other celluloid dreams: the visionary art of Ken Adam«, kuratiert von dem Kunsthistoriker David Sylvester, der in den fünfziger und sechziger Jahren als Dokumentarfilmer und Filmkritiker tätig war und Ken Adam bereits in den dreißiger Jahren auf der Schule kennen gelernt hatte. Es sollte die erfolgreichste Kunstausstellung werden, die je in der Serpentine Gallery gezeigt wurde. In allen größeren Zeitungen erschienen Rezensionen und Würdigungen. Das Werk des Filmdesigners Ken Adam war endgültig nicht nur zu einem Teil der Film-, sondern auch der Kunstgeschichte geworden.

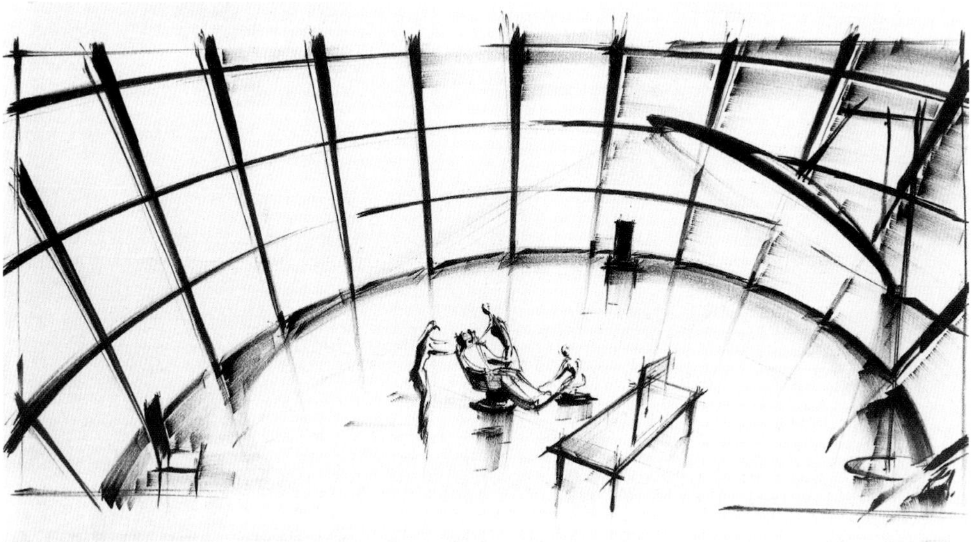

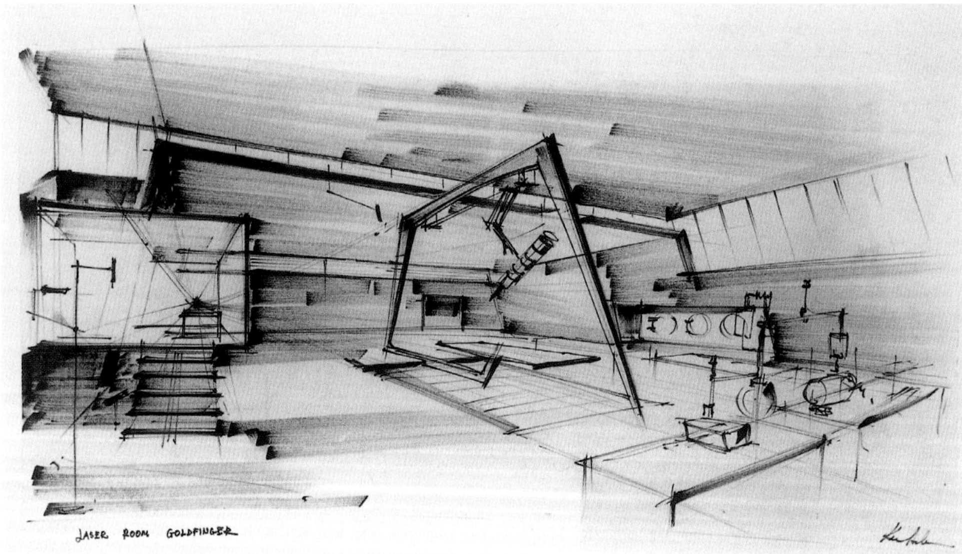
LASER ROOM GOLDFINGER

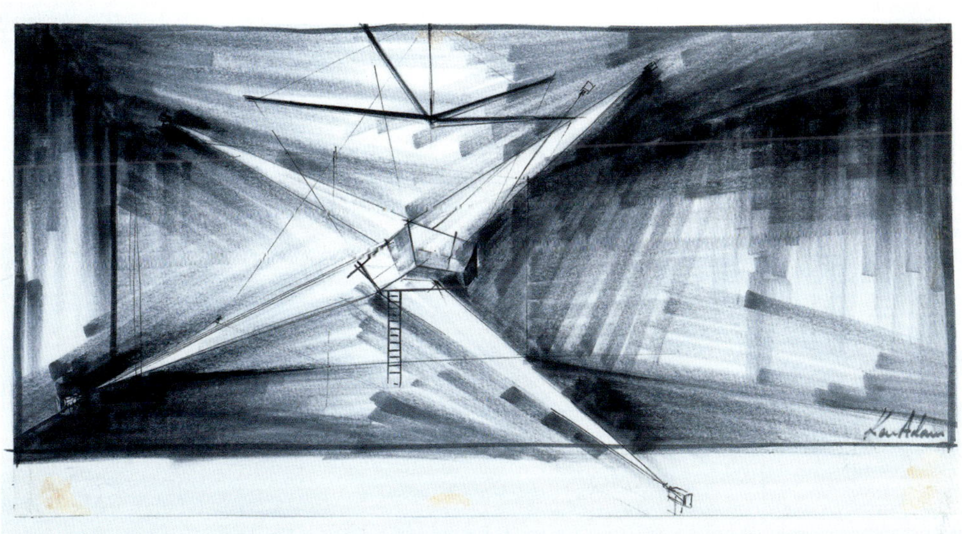

Räume, die Horrorvisionen vom Ausgeliefertsein inszenieren: das Operationszimmer aus *Man lebt nur zweimal* (linke Seite oben), der Laserraum mit der Laser-Foltermaschine aus *Goldfinger* (linke Seite unten) und ein abstrahierender Entwurf des Raums, in dem die Gehirnwäsche der Hauptfigur in dem 1965 gedrehten Film *Ipcress – streng geheim* stattfindet (oben)

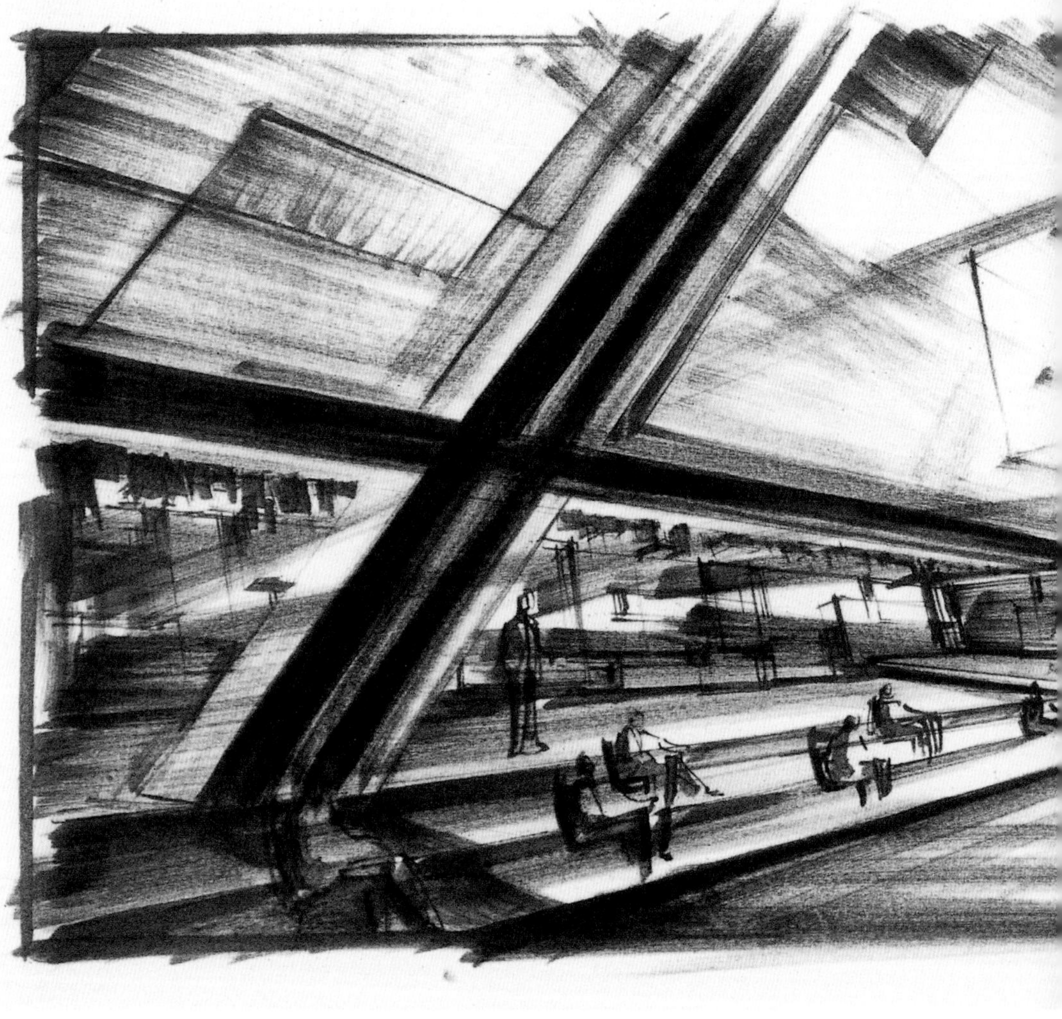

Entwurf von Drax' pyramidenartig gestaltetem Kontrollzentrum *(Moonraker – streng geheim)*

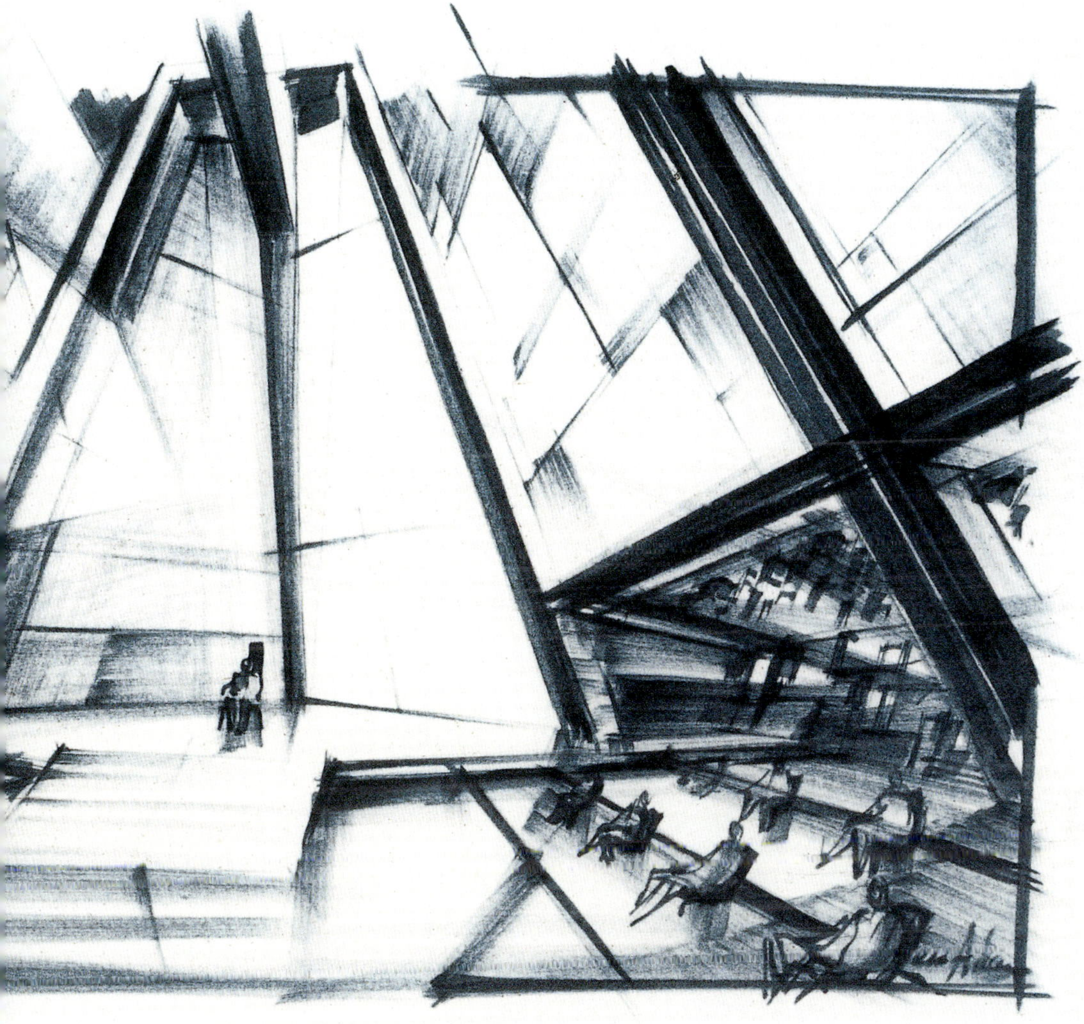

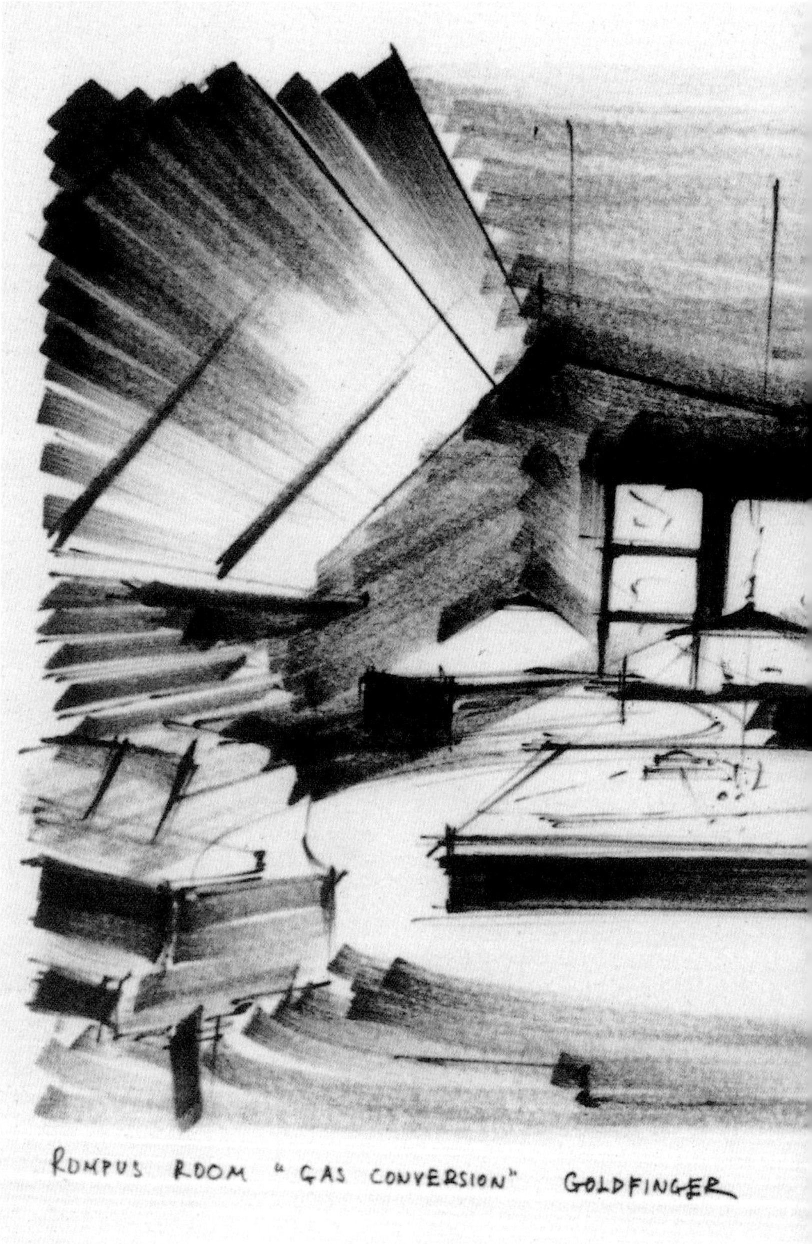

Studie für den bereits in eine Gaskammer verwandelten »Rumpus Room« *(Goldfinger)*

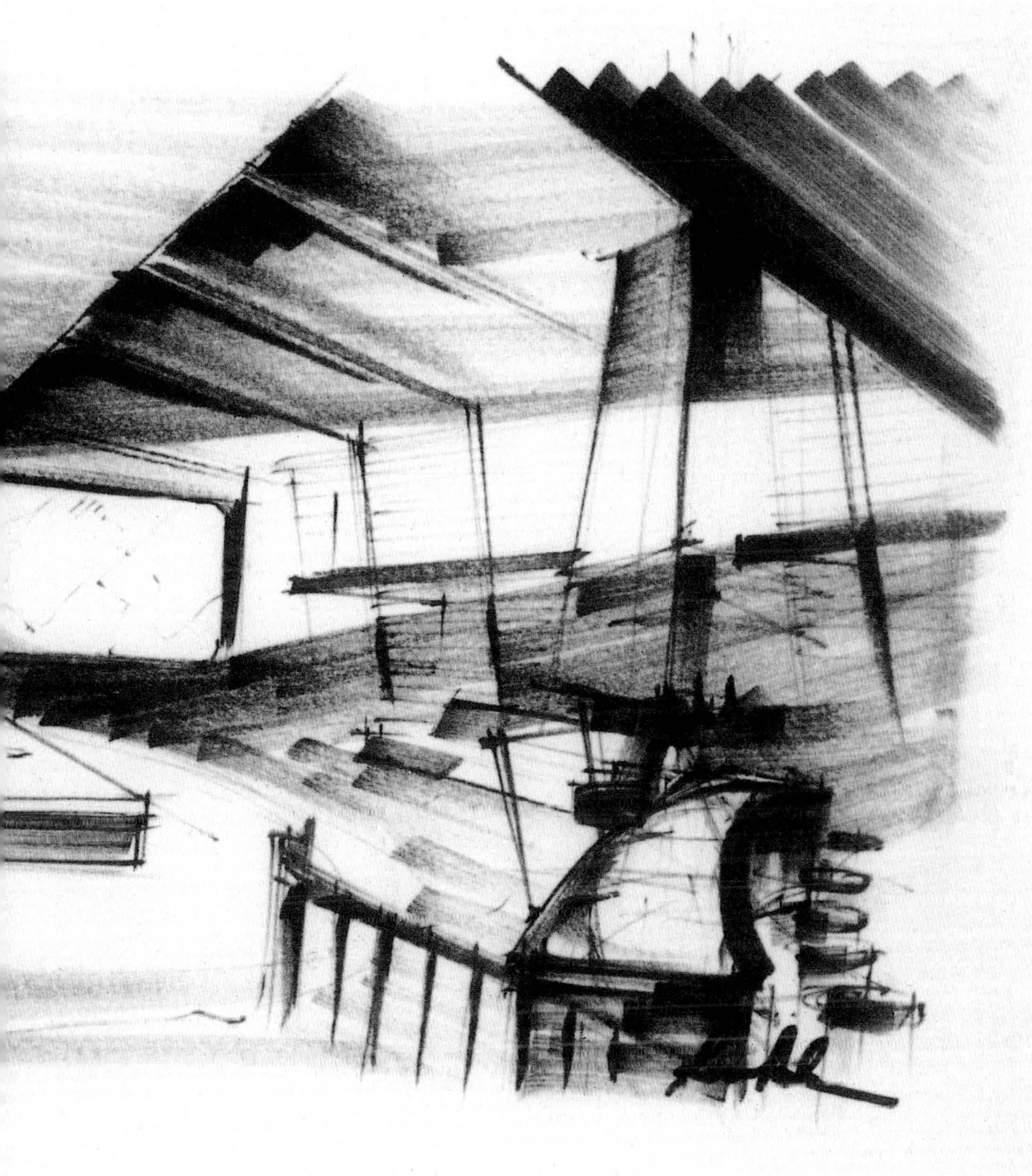

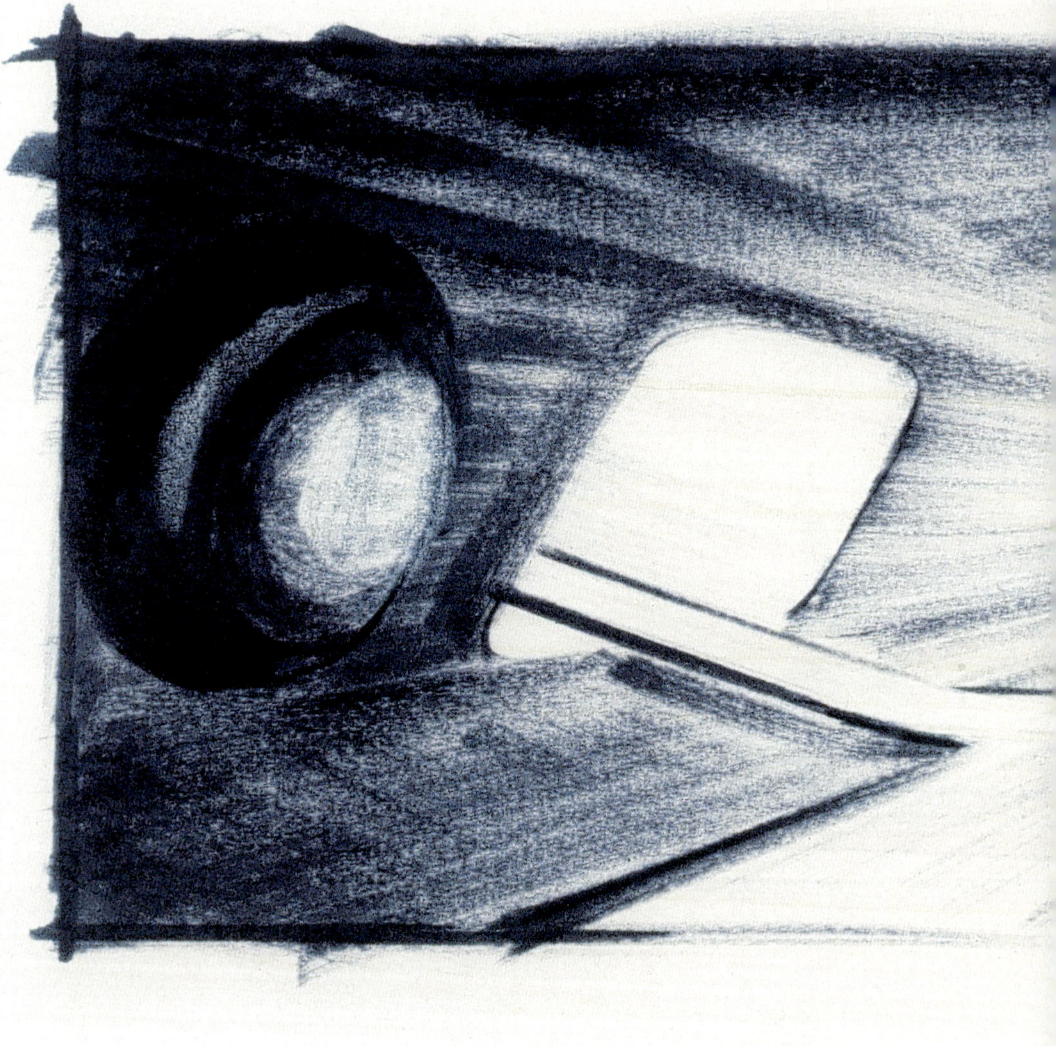

Korridor in Strombergs »Atlantis« *(Der Spion, der mich liebte)*

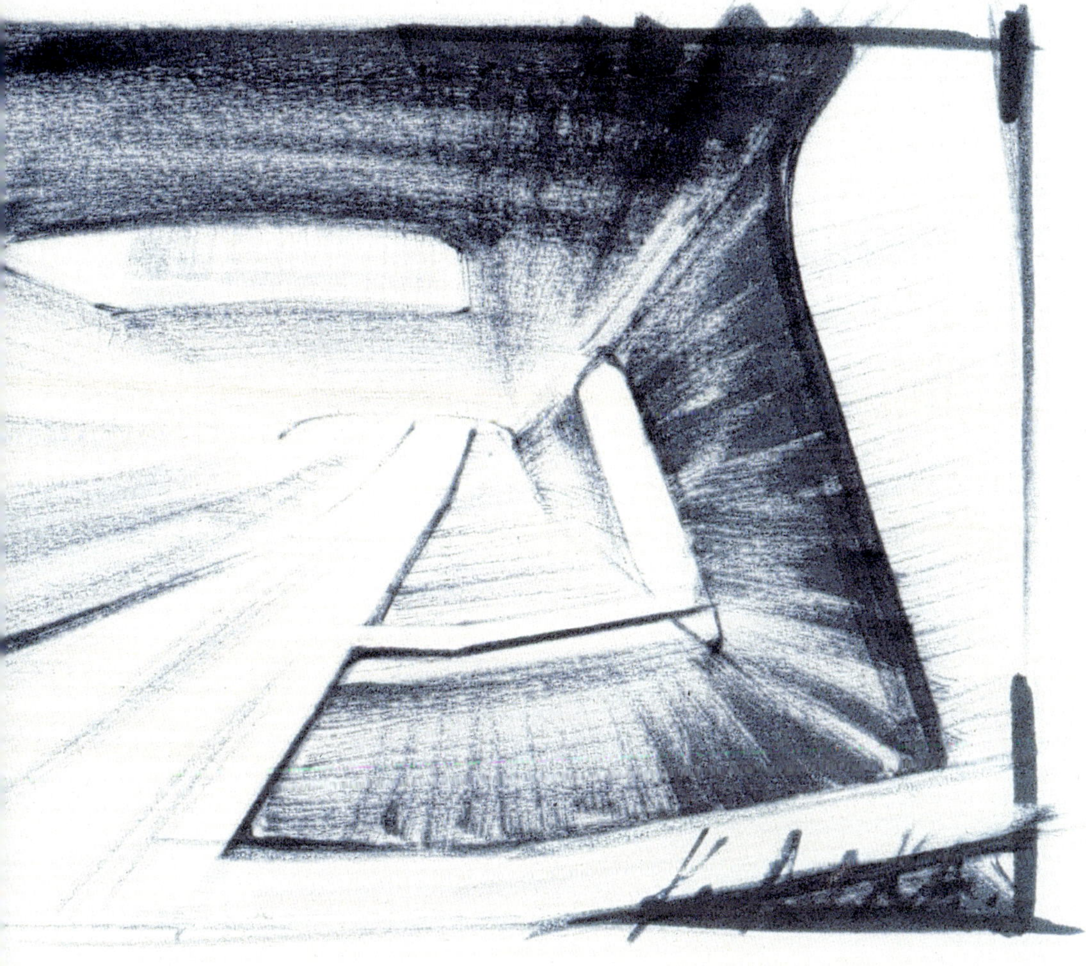

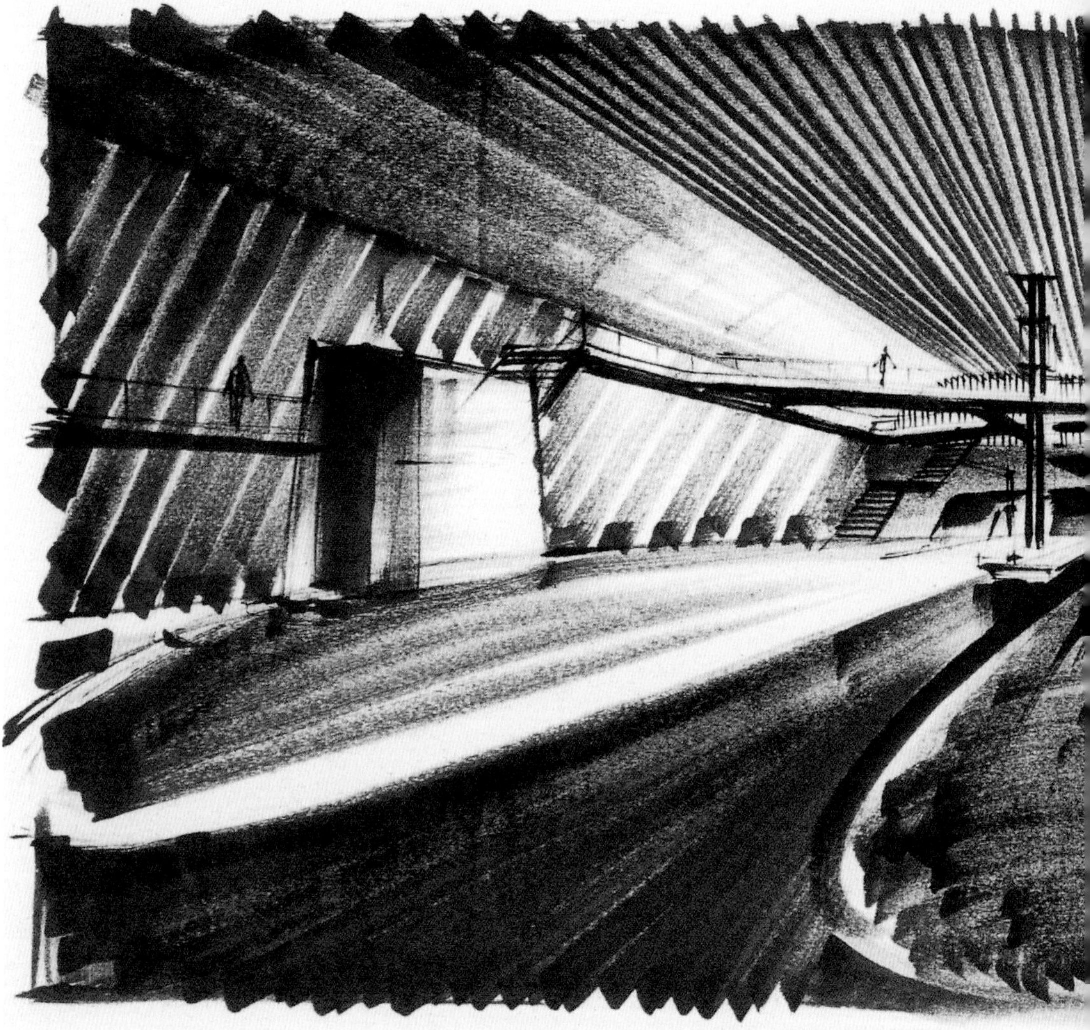

Entwurf des Supertankers »Liparus« mit den drei Atom-U-Booten *(Der Spion, der mich liebte)*

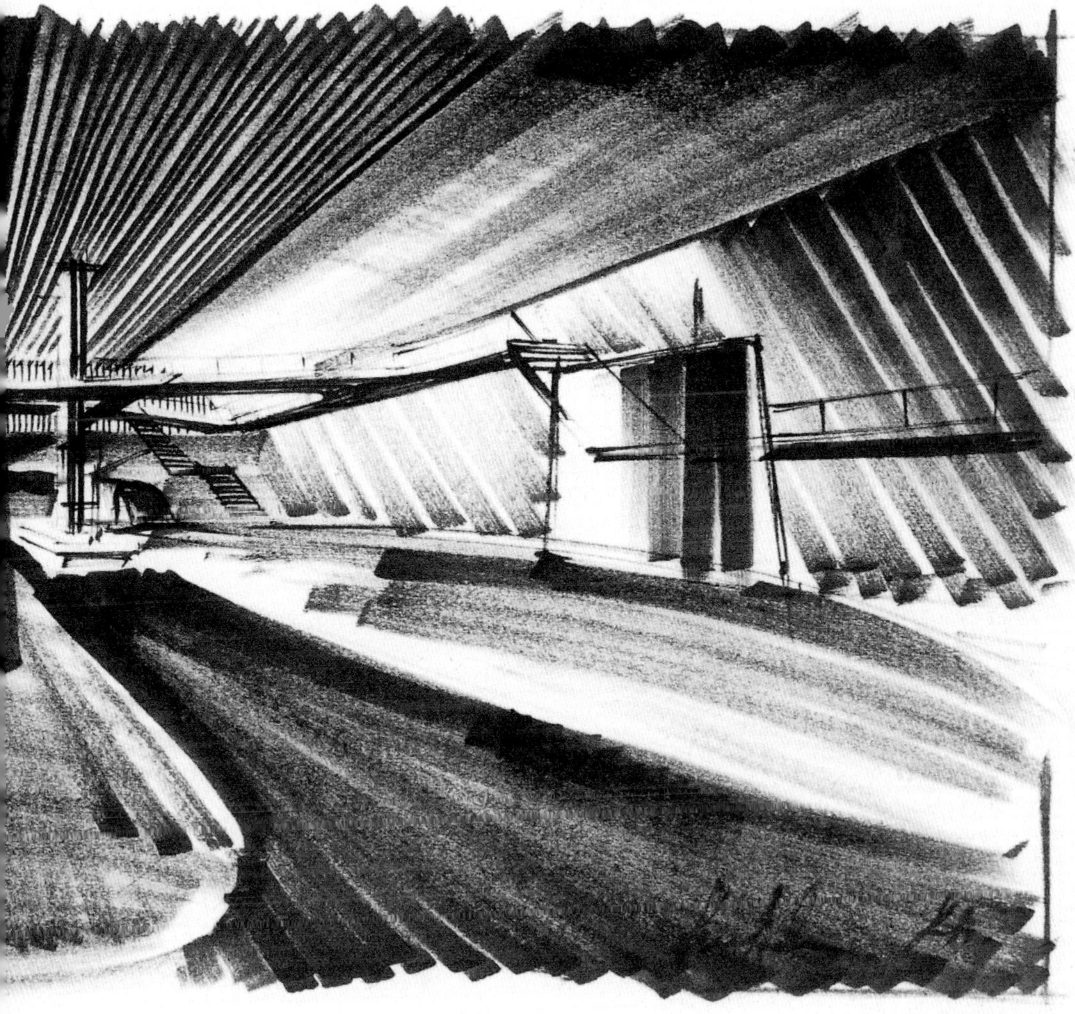

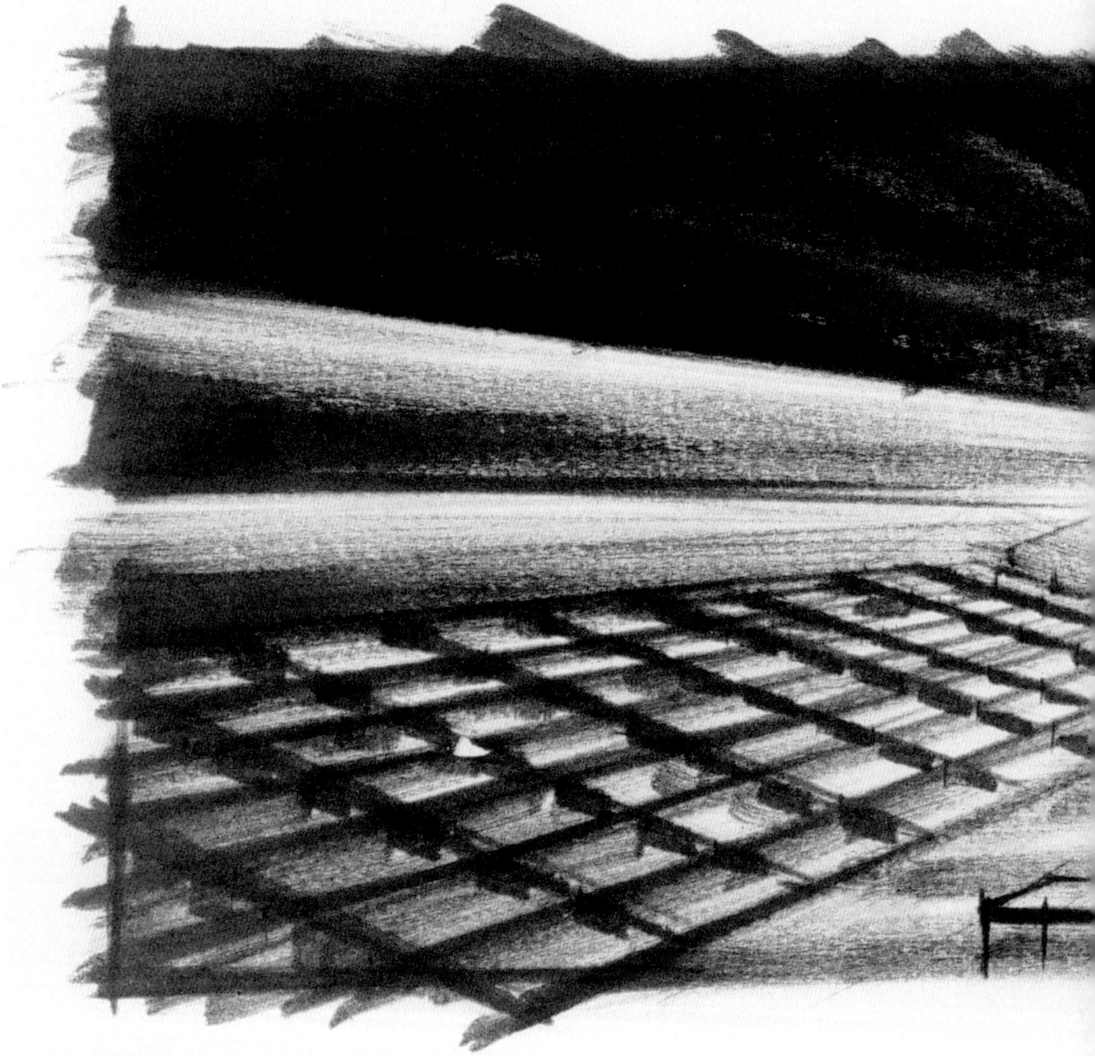

Studie für den Supertanker »Liparus«, hier das Schiffsgefängnis *(Der Spion, der mich liebte)*

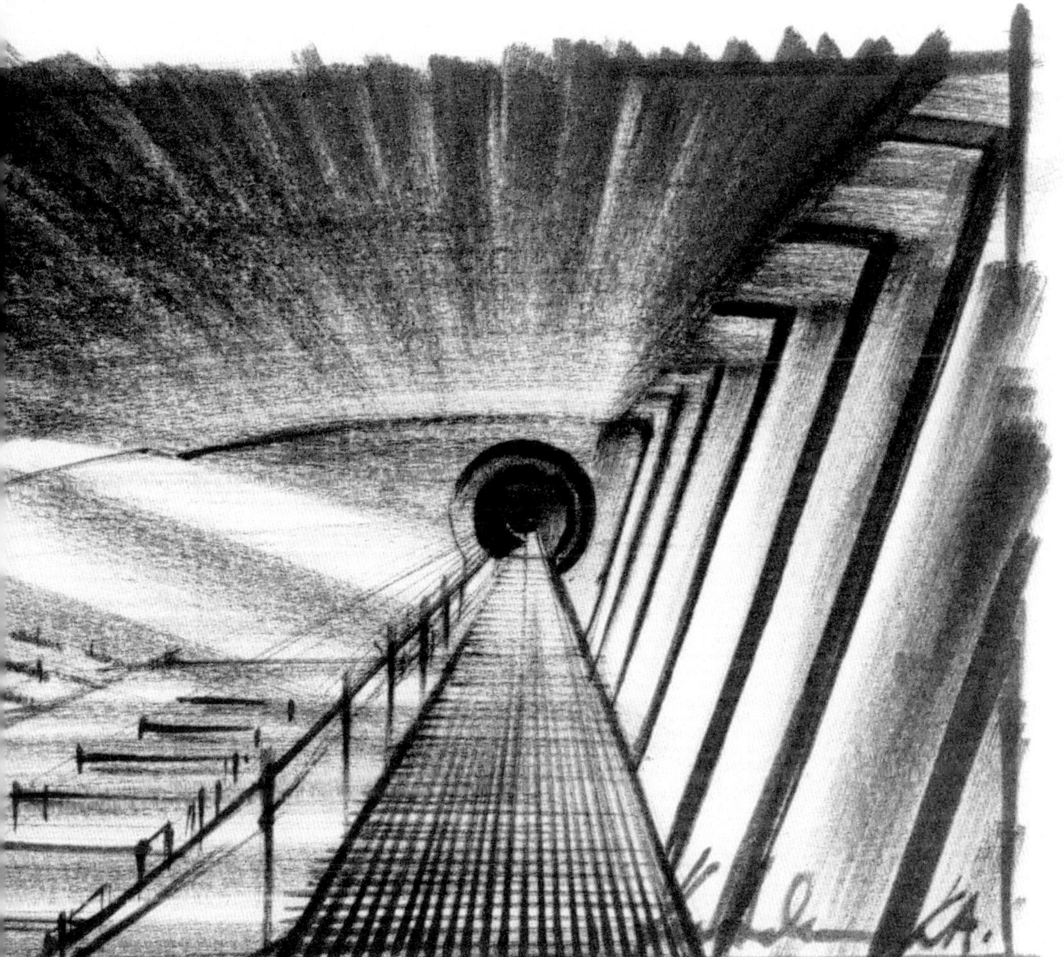

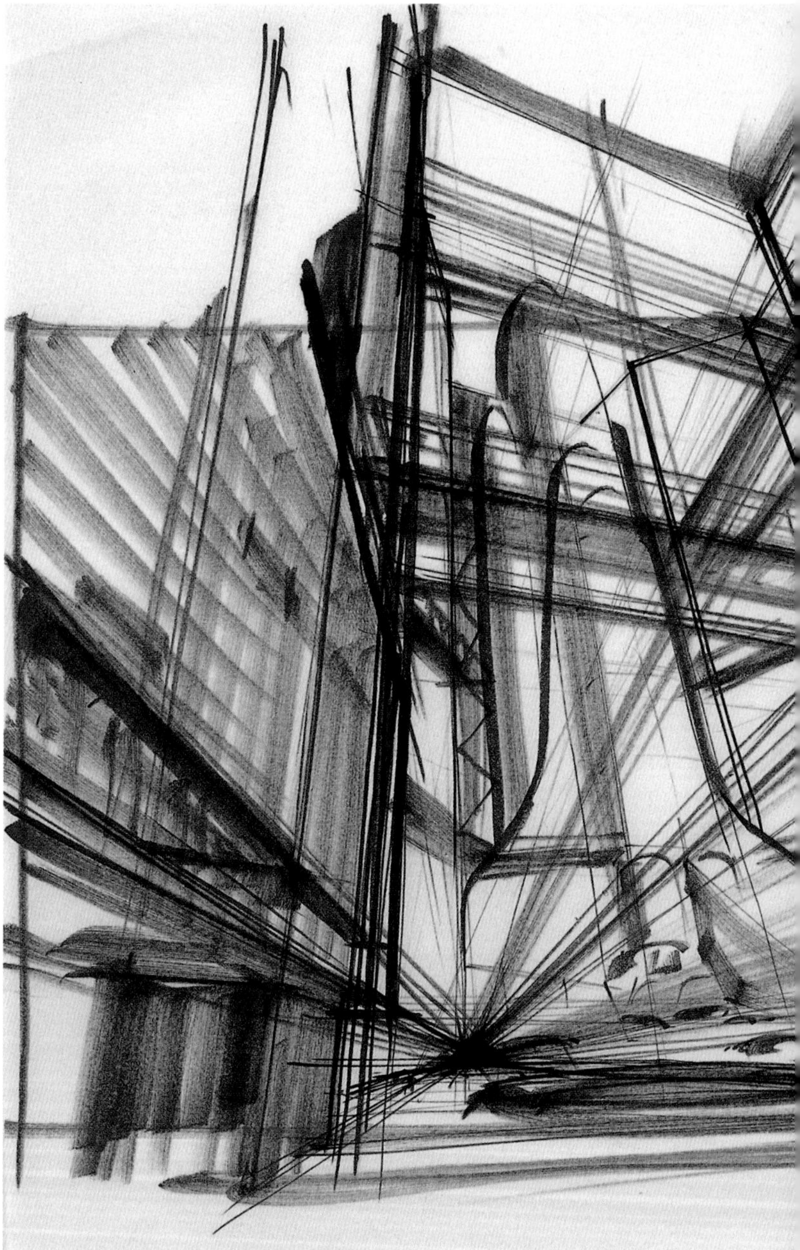

Entwurf für die Abschussrampe der Raumfähre *(Moonraker – streng geheim)*

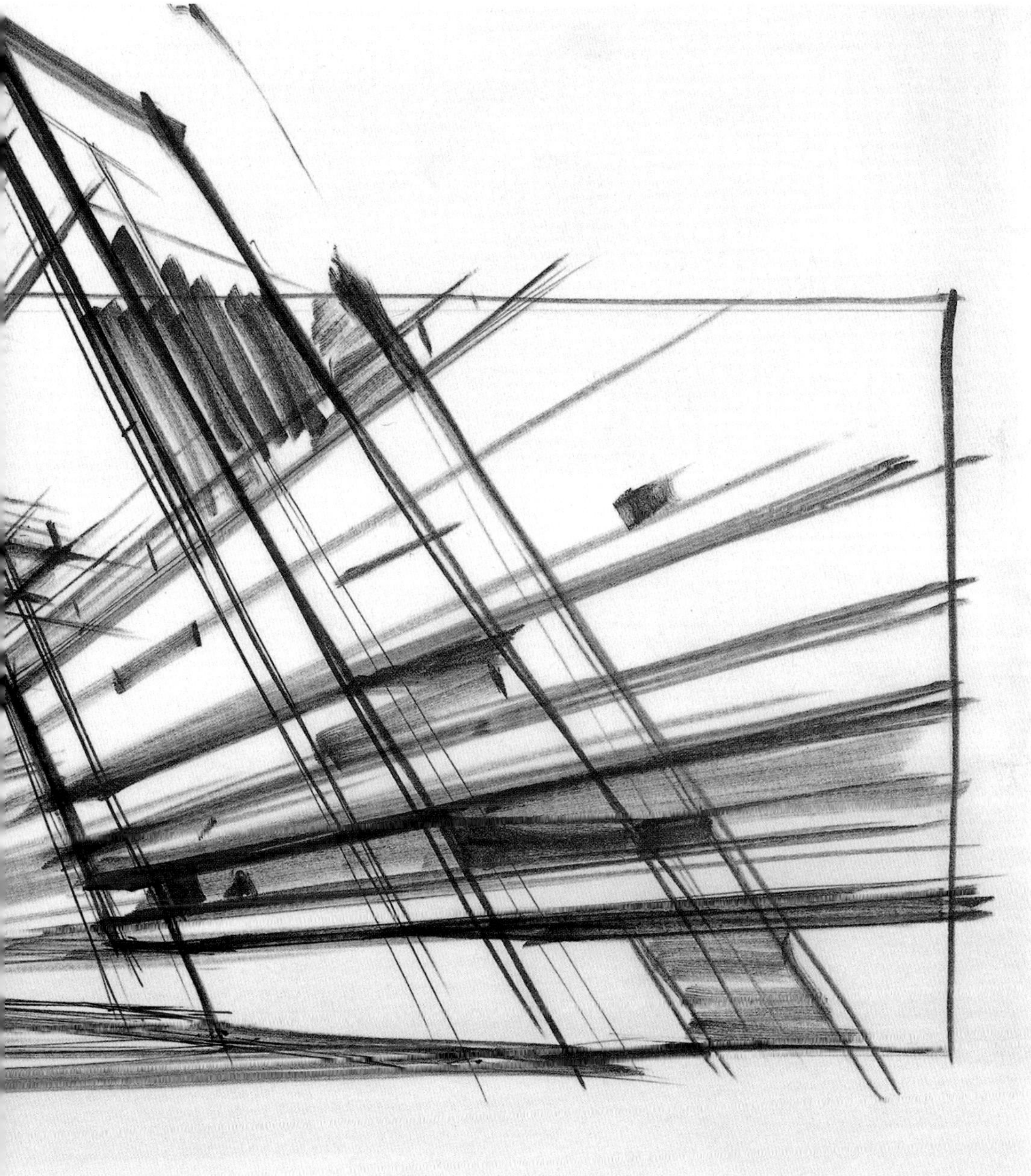

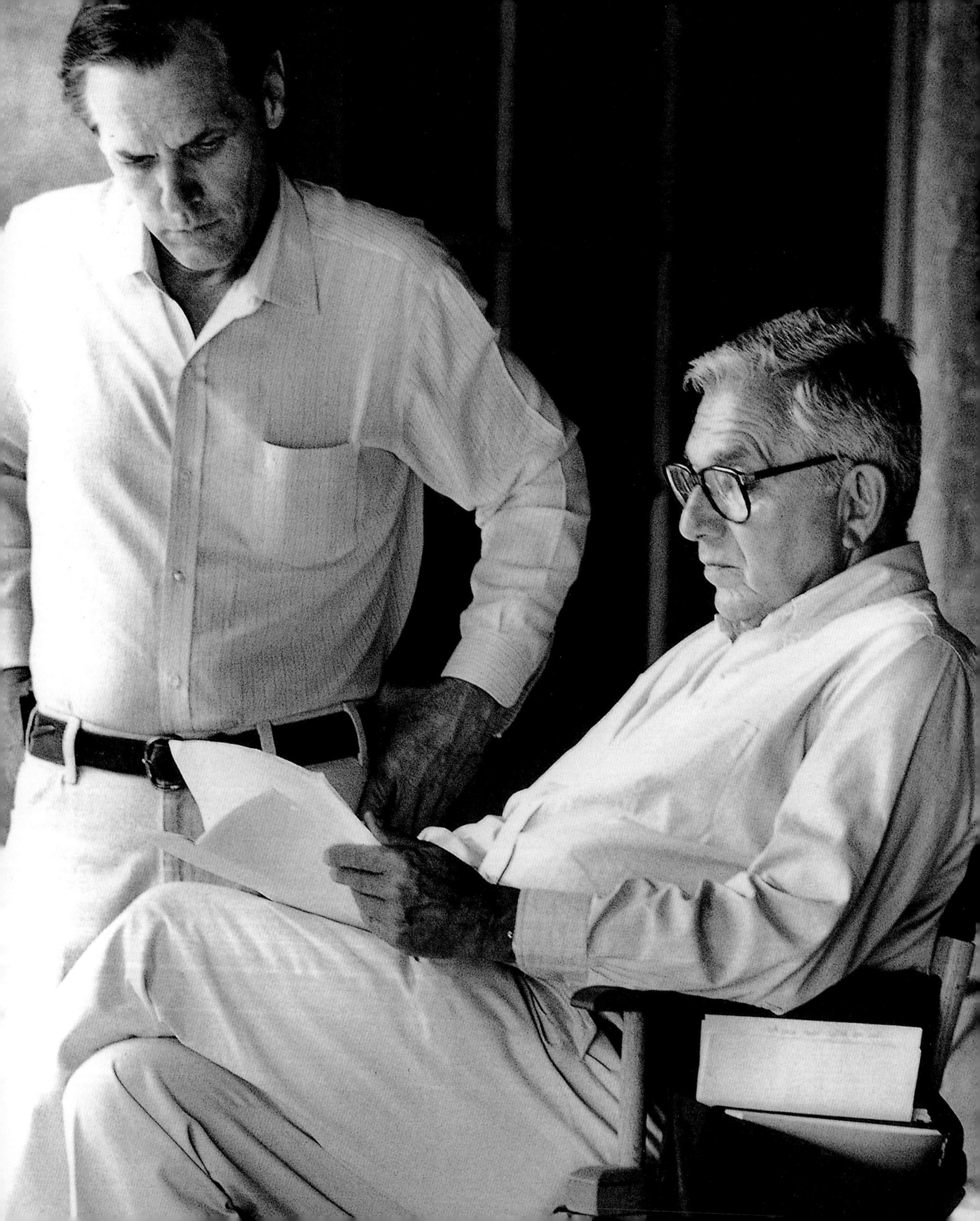

Hollywood

Das Filmgeschäft ist kein Ort für Sesshafte. Das Zuhause eines Produktionsdesigners ist dort, wo sein Zeichenbrett steht und wo er sein Team um sich versammelt. International arbeitende Filmleute gleichen den Kathedralenbauern des Mittelalters. Sie sind fahrende Meister ihres Fachs, Luxusnomaden, die ihre Handfertigkeit in jedem Land und in jeder Sprache unter Beweis stellen können – und müssen. Auch Ken Adam hat in seinem Leben in rund zwei Dutzend Ländern gearbeitet. Fremde Sprachen waren dabei kein Hindernis für ihn, denn Filmleute in der ganzen Welt verständigen sich in einer gemeinsamen Sprache – der Sprache des Films. Sie sind wie eine große internationale Familie, deren Mitglieder die gleichen Probleme und Erfahrungen teilen.

Es ist wohl kaum ein Zufall, dass Hollywood, die Welthauptstadt des Kinos, von jüdischen Emigranten und deren Nachkommen geprägt wurde. Das flüchtige Medium Film fand seine frühen Meister unter den Vertriebenen der alten Welt. Als Ken Adam 1971 zum ersten Mal in Hollywood arbeitete, um dort den Bond-Film *Diamantenfieber* vorzubereiten, kam er im Grunde in eine altbekannte Welt. Zehntausend Meilen von Berlin entfernt stieß Ken auf frühere Schulfreunde wie zum Beispiel Gottfried Reinhardt, den Sohn des Regisseurs Max Reinhardt. Mit ihm hatte sein Bruder Peter Adam am Französischen Gymnasium in Berlin Theater gespielt. Gottfried Reinhardt war Schauspieler geworden und als persönlicher Assistent von Ernst Lubitsch in die Vereinigten Staaten gekommen, wo er ein relativ erfolgreicher Drehbuchautor und Produzent wurde. Er produzierte zum Beispiel im Jahr 1951 *Die rote Tapferkeitsmedaille*, Regie führte er unter anderem bei *Verraten* (1954) und später, in Deutschland, bei *Menschen im Hotel* (1959).

Ken Adam mit seinem Assistenten Bill O'Brien (Paramount Studios, 1998)

Giganten im Studio

»Damals herrschten in den Studios noch die großen Bosse«, erinnert sich Ken Adam. »Viele waren irgendwann einmal aus Osteuropa emigriert, auf der Flucht vor Pogromen. Leute wie Jack Warner, Harry Kohn, Louis B. Mayer, David Selznick. Einige von ihnen waren Monster – knallhart, intelligent, skrupellos und vulgär. Aber ich mochte sie. Denn das waren Leute, die nur ein einziges Ziel in ihrem Leben hatten: Filme zu machen. Und sie waren auch bereit, sich dafür die Hände schmutzig zu machen.«

Wie launische Alleinherrscher saßen diese greisen Titanen in den Screening-Räumen und ließen sich Muster vorführen, während die Regisseure zitternd auf eine Geste der Huld, ein Lächeln oder ein Wort der Zustimmung warteten. Die Studiobosse waren gewöhnt zu bestimmen, was gedreht und wer aus welchem Winkel gefilmt wurde oder auch wie das Happy End eines Films auszusehen hatte. Ihre große Zeit neigte sich bereits in den Sechzigern dem Ende zu, als neue, selbstbewusste Regisseure auftauchten. Aber Ken Adam hatte einige von ihnen noch kennen gelernt und konnte sich dem Appeal dieser Giganten, die Maßanzüge aus den edelsten Stoffen trugen und ihre ebenfalls maßgeschneiderten Rolls-Royce auf eigens reservierten Parkplätzen abstellten, nicht entziehen: »Es war faszinierend, diese Moguln zu erleben. Ich werde nie vergessen, wie einmal Bob Aldrichs Linienflug nach San Francisco umgeleitet wurde. Bob tobte und ließ nach der Landung den Chef kommen: ›I'm going to buy TWA!‹, brüllte er.«

Ken Adam kannte Hollywood, und Hollywood kannte ihn. In England hatte er bereits für alle großen Studios gearbeitet, für MGM, Columbia, Warner Brothers und Universal. Der große Jack Warner wurde persönlich auf Ken Adam aufmerksam, als dieser während der Dreharbeiten zu *Des Königs Admiral* bei dem Versuch, den uralten, an der Kaimauer stehenden Mercedes des Schiffbauers mittels einer Kurbel zu starten, von dem unverzüglich losfahrenden Wagen erfasst wurde und mit ihm gemeinsam ins Hafenbecken von Villefranche stürzte. Damals schickte Warner ein Telex mit den Worten: »Ich übernehme für diesen Kerl keine Verantwortung!«

Adam kannte also die Produzenten, er kannte das Studiosystem, und er hatte seit seinen frühen Fregattenfilmen einen soliden Ruf als ausgekochter Profi, obwohl er Europäer war. Ken Adam war der Mann mit der Zigarre, der diese unmöglichen Sets entwarf, mit Kubrick zusammengearbeitet hatte und immer noch lebte. Ken Adam war bereits so etwas wie ein Klassiker.

Zu seinen ersten Erfahrungen in Hollywood gehörte die Beobachtung, dass Talent und Erfolg hier kein Kainsmal waren, wie es ihm bisweilen in Europa vorgekommen war: »Ich bin den Eindruck nie losgeworden, dass in England jedem mit Neid und Missgunst begegnet wird, der erfolgreich ist. Das ist in Hollywood undenkbar. Der Erfolgreiche wird gefeiert und herumgereicht, als sei Erfolg ansteckend.«

Ken und Letizia Adam zogen zunächst in die Villa ihrer Freunde Herbert Ross und Nora Kaye in Beverly Hills, die zu jener Zeit einen Film in Chicago drehten. Die Adams hatten gerade ihre Koffer ausgepackt, als sie frühmorgens von einem ungewohnten Geräusch geweckt wurden. Es klang, als würde ein Güterzug unter ihrem Schlafzimmer vorbeifahren: »Alles im Zimmer bewegte sich, die Möbel rutschten über den Boden, später sah ich, dass selbst das Wasser im Pool über die Ufer getreten war wie in einer umgestürzten Tasse. Ich rüttelte Letizia wach, und sie sagte mit geschlossenen Augen nur ›Terre moto‹.« Es war das große Erdbeben von 1971. Wenig später saßen mehrere Hollywoodgrößen auf dem Sofa der Adams: »Unser Haus wurde zu einer Art Flüchtlingscamp. Harry und Jacky Saltzman hatten sich aus ihrer Hotelsuite zu uns gerettet, Jacky hatte sich nur ihren Nerz übers Negligé geworfen und klammerte sich an ihren Schmuckkoffer. Der Regisseur Guy Hamilton kam mit seiner Frau angerannt, dazu ein italienischer Schriftsteller, der nur sein Rasierzeug dabei hatte und das Foto seiner Mutter. Die Hamiltons wohnten im 20. Stock eines Hochhauses, und ihre Wohnung pendelte wie eine Lämmerschwanz. Mrs. Hamilton weigerte sich, je wieder einen Schritt dort hinein zu tun. Unser Haus war aus Holz gebaut und deshalb relativ sicher. So kamen sie alle zu uns.«

Gleich nach seiner Ankunft wurde Ken von Lew Wassermann zum Lunch geladen, dem Boss der Universal Pictures Company, einer grauen Eminenz des Hollywood-Establishments. Das war eine Vorzugsbehandlung, die wenigen Produktionsdesignern zuteil wurde. Doch vor allem war es Robert »Bob« Aldrich, der die Adams durch das Minenfeld Hollywood geleitete. »Bob war ein Cousin der Rockefellers und der Vanderbilts, und außerdem ein ehemaliger Football-Star. Und dieser *big man* führte mich in Hollywood ein. Er genoss hohes Ansehen, auch weil er sich gegen seine Familie aufgelehnt hatte. Er besaß zudem einen offenen Verstand. Durch ihn habe ich alles Wichtige gelernt.«

Auch Cubby Broccoli, der Produzent der Bond-Filme, versprach Ken, ihm in Hollywood wichtige Türen zu öffnen. Er selbst stammte aus einfachsten Verhältnis-

»Cubby Broccoli war mit Howard Hughes befreundet, an den der Charakter des Willard Whyte in *Diamantenfieber* angelehnt ist. Er erzählte, dass Hughes die meisten seiner Geschäftsentscheidungen auf dem Klo sitzend zu treffen pflegte. Deswegen hatten wir einen entsprechenden Set mit allem Komfort und allen denkbaren elektronischen Gadgets gebaut. Leider fiel das meiste dem Schnitt zum Opfer.«

sen. Seine Eltern waren kalabresische Gemüsehändler mit einem Kohlgewächs im Wappen, und Broccoli hatte seine Karriere in einem Beerdigungsinstitut beginnen müssen, bevor er – auf Vermittlung eines ebenso mächtigen wie verschwiegenen Mannes – Regieassistent bei Twentieth Century Fox wurde. Die Bonds hatten ihn reich gemacht. Er lud die Adams in seinen Palast ein. Sein Cousin war mit einer Vanderbilt verheiratet und damit sozusagen Teil des amerikanischen Hochadels. Cubby hatte es geschafft. Und sein solider Ruf als ein Mann, der es verstand, die schönsten Frauen anzulocken, hatte ihn dem geheimnisvollsten aller amerikanischen Exzentriker empfohlen: »Cubby war einer der ganz wenigen Freunde von Howard Hughes – für mich immer noch einer der wichtigsten Charaktere der USA. Ein genialer Ingenieur, ein Abenteurer und besessener Filmregisseur. Und dabei vollkommen verrückt. Hughes war der Stanley Kubrick der amerikanischen Wirtschaftswelt. Ich erinnere mich, dass Cubby für den Film *Diamantenfieber* einen Besuch auf Hughes' Ranch in Nevada für mich arrangiert hatte. Als ich am Eingangsgatter erschien, fragte der Wächter, ob ich Howard Hughes sei. Der hatte seinen Boss noch nie gesehen.«

Um die Adams an den Planeten Hollywood heranzuführen, fuhr Cubby Broccoli sie erst einmal hinaus nach Las Vegas: »Die eine Hälfte der Stadt gehörte damals Hughes, in der anderen regierten Syndikate. Es war eine unglaubliche Szenerie. Auf jeden Mann kamen zehn sehr attraktive Mädchen, und es gab noch die Berufsspieler. Cubby, der fast jeden Abend Bakkarat spielte, wollte mich als seinen Glücksbringer dabeihaben. Er nannte mich den ›U-Boot-Kommandeur‹. Ich erinnere mich, wie er in einer Nacht 276 000 Dollar gewann und ein paar Tage darauf wieder verlor. Das war eine unglaubliche Summe für mich, und ich war schwer beeindruckt. Erst später erfuhr ich, dass die Casino-Bosse die Order ausgegeben hatten, uns, die Mitglieder des Filmteams, nicht zu viel Geld verlieren zu lassen.«

Ken Adam sollte in allen großen Studios von Hollywood arbeiten. »Hollywood ist nach wie vor die professionellste Filmindustrie in der Welt. Jeder, der in dieser Industrie arbeitet, ist ein absoluter Profi. Er wird Punkt sieben Uhr auf dem Set sein und bereit zur Arbeit.« In Hollywood schien alles möglich zu sein – sofern es nur mit Film zu tun hatte: »Egal, wo man steht oder sitzt oder liegt, wird über Film geredet, bei jeder Party werden Schauspieler abgeworben, Drehbücher hin- und hergeschoben, Quoten und Kurse berechnet. Die negative Seite an Hollywood ist, dass man nur etwas zählt, wenn man im Geschäft ist. Du bist immer nur so gut wie dein letzter Film. Wenn der schlecht war, spricht niemand mehr mit dir.«

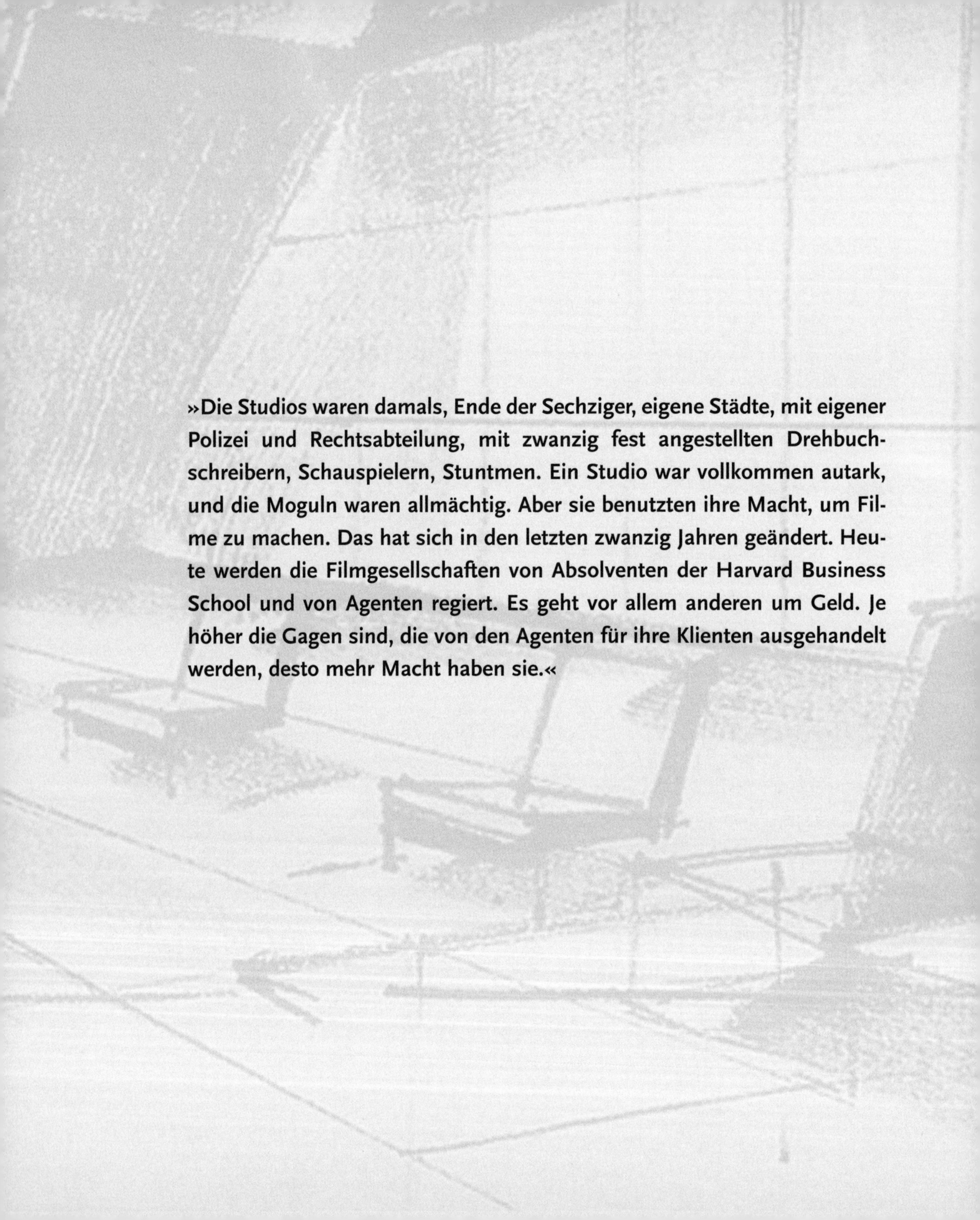

»Die Studios waren damals, Ende der Sechziger, eigene Städte, mit eigener Polizei und Rechtsabteilung, mit zwanzig fest angestellten Drehbuchschreibern, Schauspielern, Stuntmen. Ein Studio war vollkommen autark, und die Moguln waren allmächtig. Aber sie benutzten ihre Macht, um Filme zu machen. Das hat sich in den letzten zwanzig Jahren geändert. Heute werden die Filmgesellschaften von Absolventen der Harvard Business School und von Agenten regiert. Es geht vor allem anderen um Geld. Je höher die Gagen sind, die von den Agenten für ihre Klienten ausgehandelt werden, desto mehr Macht haben sie.«

Pasta am Pazifik

Als sich Ken und Letizia Adam in den siebziger Jahren jeweils nur für kurze Zeit in Los Angeles aufhielten, waren sie in der Regel zu Gast bei Freunden in Beverly Hills. Zunächst waren sie, wie sich Ken Adam erinnert, sehr beeindruckt vom luxuriösen Lebensstil ihrer Gastgeber, von den großzügigen Villen mit Swimming-Pools, Fitness-Studios und ausgedehnten, säuberlich zurechtgestutzen Gärten. Aber es ließ sich nicht übersehen, dass den meisten dieser Villen ein eigener Stil fehlte, es handelte sich im Allgemeinen um nicht ganz geschmacksichere Mischungen von europäischen und mexikanischen Architekturelementen. Manchmal überkam die Adams das Gefühl, sich in einer Filmkulisse zu bewegen.

Die Gelegenheit, sich ein eigenes Heim am Pazifik zu schaffen, ergab sich Ende 1979, als Ken und Letizia Adam zu einem längeren Aufenthalt in Hollywood eintrafen. Sie mieteten ein Haus in Malibu direkt am Strand. Für beide, die in ihren frühen Jahren mit ihren Familien viel Zeit am Meer verbracht hatten, wurde ein Stück Kindheitserinnerung wieder lebendig. Und das Haus am Strand war ein Gegengewicht zur Künstlichkeit von Hollywood und Beverly Hills. »Wir fühlten uns wie in einem anderen Teil der Welt. Mit den Hügeln und Bergen im Rücken und dem Pazifik mit seinen Buchten und Stränden vor uns war es wie in Südfrankreich oder an der italienischen Riviera.« Sie waren nach Hollywood gekommen, in die amerikanischste aller amerikanischen Arbeitswelten, und hatten sich dort bestens zurechtgefunden, aber im Geiste und im Herzen blieben sie Europäer. Für den begeisterten Autofahrer Ken Adam war es die schönste Art von Erholung, nach einem anstrengenden Tag in den Filmstudios auf dem Pacific Coast Highway oder durch die Schluchten des Küstengebirges nach Hause zu fahren.

Auch auf den gesellschaftlichen Landkarten Hollywoods war das Haus der Adams schnell verzeichnet, nicht zuletzt wegen Letizias in der Filmwelt legendärer Pasta: »Sie wurde gewissermaßen die Gertrude Stein von Malibu, es war die intellektuelle Atmosphäre eines Pariser Salons, nur dass der am Strand und bei Spaghetti stattfand.« Und Ken sorgte für einen Kulturtransfer der besonderen Art: Er führte den guten alten deutschen Brauch des Bleigießens in der Silvesternacht in Hollywood ein.

In den langen Jahren ihrer Ehe haben die Adams, bedingt durch Kens Beruf, die Heimatlosigkeit als Lebensform kultiviert – und dabei eine eigene Philosophie der Heimat entwickelt: Wohl fühlen sie sich da, wo sich Freunde gemeinsam mit ihnen an einen gedeckten Tisch setzen. Letizia bringt zwei Eigenschaften mit, die für ein solches Nomadenleben unverzichtbar sind: Sie vermag mit wenigen Handgriffen, gleich ob in einem Zimmer, einer Wohnung oder einem Haus, ein ihnen gemäßes Ambiente zu schaffen, und sie ist in der Lage, überall rasch Kontakte zu knüpfen und Freunde zu finden. Letizia hatte verstanden, dass ihr unruhiges Leben zwischen Hollywood, London, New York, Italien und vielen weiteren Orten jede andere Lebensform ausschloss. Sie opferte den Filmprojekten ihre eigene Arbeit, das Modeln und das Entwerfen von Garderobe und Handtaschen. Und sie entschied sich, keine Kinder zu bekommen. Ein immenses Opfer: »In diesem Geschäft ging es nicht. Aber ich hatte mich dazu entschlossen, bei Ken zu sein und ihn in seiner Arbeit zu unterstützen, indem ich ihm Tausende Meilen von unserem Haus in London entfernt die behagliche Atmosphäre eines Heimes schuf«, sagt sie. Sie sorgt sich um die Produktion wie um den eigenen Nachwuchs, bemuttert das Team und ihren gestressten Gatten, kocht Pasta, wenn es nötig ist, und pflegt die Freundschaften auf allen Seiten des großen Ozeans. »Letizia ist ein Phänomen«, sagt Ken Adam über seine Frau. »Sie ist *pane, pane, vino, vino,* sie hat das sicherste Auge, das ich kenne. Sie sieht sofort: Das ist ein Freund.« Ken hat ein unbedingtes Vertrauen in ihre Urteilskraft. Im Studio gilt er vielen als Autokrat, unbeirrbar, wenn er sich einmal eine Meinung gebildet hat. Doch wenn Letizia sagt: »Darling, bei diesem Blau bekomme ich Schüttelfrost«, dann wird die Wand umgestrichen, ohne jede weitere Diskussion. Die Ehe der Adams ist eines der ganz wenigen Beispiele einer nunmehr fünfzigjährigen Lebens- und Arbeitspartnerschaft im Filmbusiness.

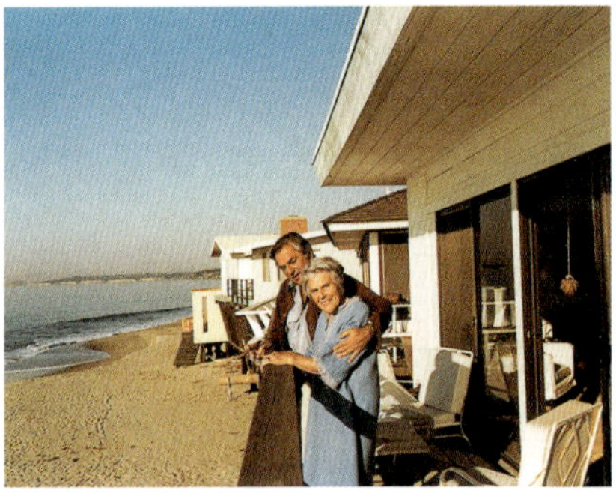

Ken Adam mit seiner Mutter auf der Terrasse des Hauses in Malibu (1980)

Zu den Adamschen Spaghetti-Partys in Malibu fand sich die gesamte in Los Angeles ansässige englische und italienische Kolonie ein. Ornella Muti und Verde Visconti, Michael Caine, Dennis Potter, Michael Powell, Christopher Isherwood und David Hockney, natürlich die Freunde Nora Kaye und Herb Ross, die Jewisons und Frankenheimers und später auch Francis Ford Coppola samt Familie und Weinflaschen aus eigener Produktion. Die Adams hatten Coppola 1979 in Cannes kennen gelernt, bei der Premierenfeier zu *Apocalypse Now*. Coppola wollte Ken Adam für ein geplantes Filmprojekt über den amerikanischen Bürgerkrieg verpflichten. 1861 hatten die Südstaatler die Dampffregatte »Merrimac« erbeutet und sie im Hafen von Norfolk mit Vier-Zoll-Eisenplatten zu einem Panzerschiff umrüsten lassen, dem ersten der Welt. Die Nordstaaten bauten daraufhin ihrerseits ein Dampfschiff, den »Monitor«, der im Januar 1862 vom Stapel lief. Coppola war begeistert von der Idee, die erste Seeschlacht der Kriegsgeschichte, in der zwei Panzerschiffe mitwirkten – sie fand am 9. März 1862 statt –, nachzuspielen. Und wer hätte mehr Erfahrung im Schiffebauen und Schiffeversenken gehabt als Ken Adam? Es wäre zweifellos eine interessante Zusammenarbeit geworden und vermutlich ein ideales Sujet für Ken Adams Zeichenstift – sieht man sich zum Beispiel die Skizzen zu *Peter Pan* an, die mit expressiven Strichen sowohl bedrohlich-düstere Ansichten eines Piratenschiffs als auch dramatisch aufgeladene, in ein unwirkliches Licht getauchte Landschaftsszenerien entwerfen. Leider wurde der Film nie gedreht (genauso wenig wie auch *Peter Pan*).

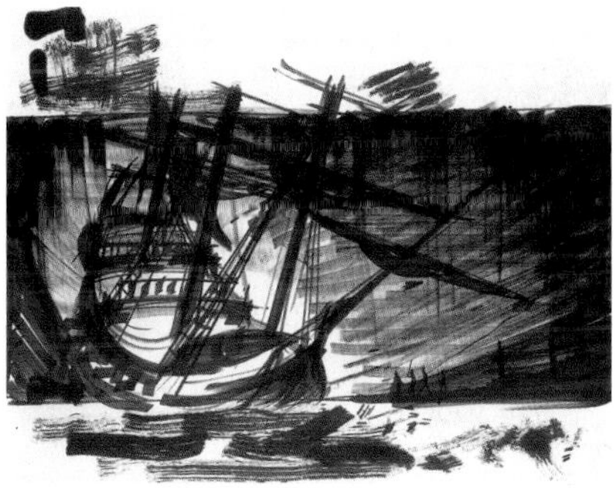

Entwurf des Piratenschiffs für das Filmprojekt *Peter Pan*

Die Adams versuchten auch, einen alten Freund aus Rom nach Malibu zu locken, Federico Fellini: »Er befand sich damals in einer depressiven Phase«, sagt Letizia, »und wir luden ihn zu uns ein, damit er Abstand von seiner gewohnten Umgebung in Rom und Cinecittá gewann.« Ken Adam wollte Fellini in die Hollywood-Kreise einführen, um ihm die Möglichkeit zu geben, hier vielleicht sein altes Projekt, einen Film über die US-Kultur, zu realisieren. Fellini lehnte ab. Er fürchtete, in Hollywood einem zu großen Druck ausgesetzt zu sein. In einem Brief vom 3. August 1980 schrieb er: »Ich trage mich gerade mit einigen Ideen für einen neuen Film, aber ich fühle mich ein wenig entmutigt und deprimiert. In Italien einen Film zu machen wird mehr und mehr zu einem unerreichbaren Traum, dem Traum eines armen Irren, der nicht gemerkt hat, dass die Zeiten sich geändert haben, dass alles anders geworden und dass Kino nur ein hübscher, extravaganter Zeitvertreib einer für immer untergegangenen Epoche gewesen

»Eines Tags kam Ray Stark, der Produzent des Films *Die Eule und das Kätzchen*, zu mir und sagte, ein Schauspieler sei nicht aufgetaucht und Barbra Streisand wollte, dass ich seinen Part übernähme. Es war die Rolle eines Kerls mittleren Alters, der Barbra dafür bezahlt, mit ihm ins Bett zu gehen, während George Segal dabei als Voyeur durchs offene Fenster zusieht. Mir wurde plötzlich klar, dass die Rolle vermutlich wenig bis gar keine Garderobe vorsah, sodass ich es für besser hielt, Letizia davon in Kenntnis zu setzen. Ihre erste Reaktion war, mir mit einem Taxi elegantere Unterwäsche und attraktivere Socken zu schicken. Als es losgehen konnte, genierte sich Barbra entsetzlich. Ich sagte ihr, dass sie eine wunderbare Figur hätte. Aber sie antwortete nur: ›Ja, aber die Leute denken, ich sei eine Art Sophia Loren!‹ Schließlich hatten wir die Szene im Kasten, und ich darf sagen, dass sich mein Strip darauf beschränkte, das Jackett abzulegen. Nach der Premiere schickte Ray Stark mir einen Brief: ›Du bist umwerfend als Schauspieler – die Sets sind grauenhaft.‹«

ist. Du meinst, ich sei zu pessimistisch? Hoffentlich hast Du Recht. Aber ehrlich gesagt, erscheint mir schon die Planung für einen Film ein Unterfangen zu sein wie eine neue Invasion der Normandie oder die Landung auf dem Mond; ich meine damit, es ist ein Vorhaben, das längst schon verwirklicht wurde und mittlerweile von keinerlei Nutzen mehr für irgendjemanden ist.«

Im Gespräch mit Letizia und Ken bekundete er sein Interesse an den großen amerikanischen Schriftstellern: »Sucht mir eine gute Geschichte von Poe oder Fitzgerald, und ich verfilme sie.« Dieser Vorschlag stieß auch bei den Produzenten in Adams Freundeskreis auf Interesse – doch von den großen Studios wurde er nur belächelt: Für Hollywood war der Name Fellini offensichtlich kein ernsthaftes Angebot.

Schwierige Stars

Als Ken Adam zum ersten Mal Barbra Streisand traf, es war in New York bei den Vorbereitungen für den Film *Die Eule und das Kätzchen*, erinnerte sie ihn an einen alten Bekannten, an Stanley Kubrick: »Beide waren Brooklyner Juden, beide waren außergewöhnlich intelligent und auf ihre Weise zugleich naiv, und beide hatten dieselbe oft nervtötende Art, alles zu hinterfragen.«

Barbra Streisand war damals der große Weltstar. Sie hatte gerade *Funny Girl* und *Hello Dolly* gespielt und wurde als Sängerin wie als Schauspielerin gleichermaßen von Kritik und Publikum auf Händen getragen. Sie war froh, in ihrer Geburtsstadt New York drehen zu können. Die Adams wollten einen Pasta-Abend in der Wohnung italienischer Freunde für sie organisieren: »Barbra fing sofort an, Italienischstunden zu nehmen. Aber als es dann so weit war, bekam sie plötzlich kalte Füße.« Ken fuhr zu ihrem Apartment, um sie abzuholen. Barbra schlug vor, ihm ihre Sammlung viktorianischer Knöpfe zu zeigen: »Ich koche dir auch schnell etwas.« Nach längeren Verhandlungen willigte sie schließlich doch ein

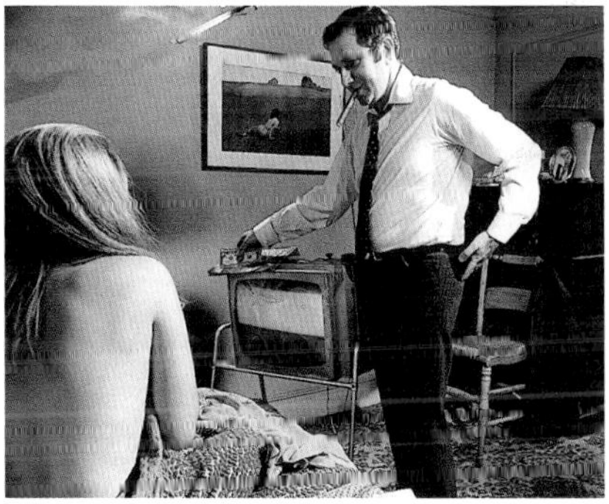

Mit Barbra Streisand in einer Szene aus *Die Eule und das Kätzchen* – der einzige Auftritt Ken Adams als Schauspieler

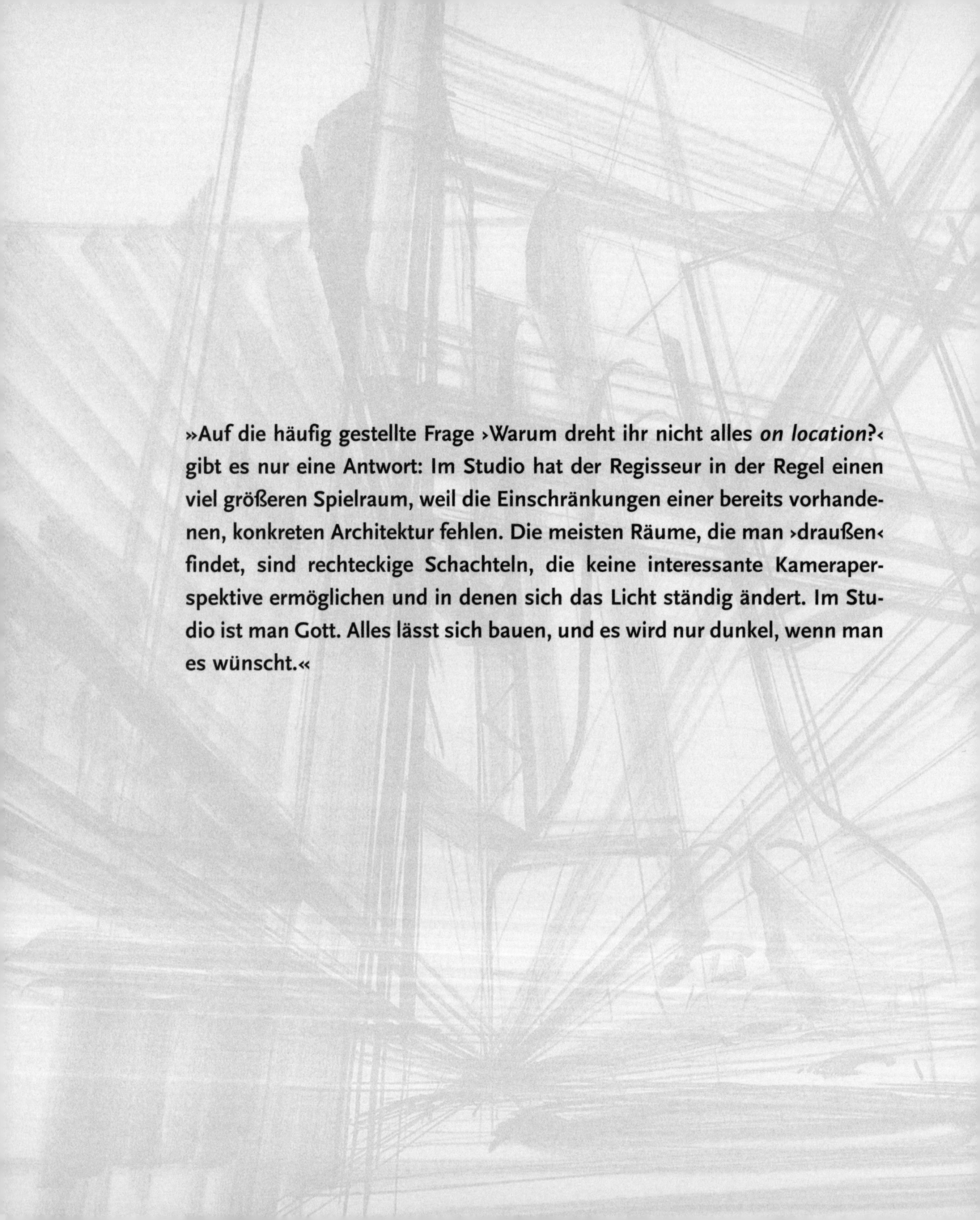

»Auf die häufig gestellte Frage ›Warum dreht ihr nicht alles *on location*?‹ gibt es nur eine Antwort: Im Studio hat der Regisseur in der Regel einen viel größeren Spielraum, weil die Einschränkungen einer bereits vorhandenen, konkreten Architektur fehlen. Die meisten Räume, die man ›draußen‹ findet, sind rechteckige Schachteln, die keine interessante Kameraperspektive ermöglichen und in denen sich das Licht ständig ändert. Im Studio ist man Gott. Alles lässt sich bauen, und es wird nur dunkel, wenn man es wünscht.«

mitzukommen, da sie davon ausging, dass man zu dieser Zeit kein Taxi finden würde. Aber Ken hatte seinen Wagen dabei. »Noch im Fahrstuhl des Hauses unserer Freunde sagte sie, sie hätte furchtbare Kopfschmerzen und wollte lieber wieder heim. Natürlich genoss sie dann den Abend sehr und aß mehr Spaghetti als alle anderen. Aber so war Barbra: sehr schüchtern und nicht in der Lage, etwas leicht zu nehmen.«

Joseph L. Mankiewicz war eine Ausnahmegestalt in Hollywood. Der vierfache Oscar-Preisträger hatte in den Studios den Ruf eines intellektuellen Filmemachers – das reichte hier normalerweise aus, um einem Regisseur seine Karriere gründlich zu ruinieren. In Hollywood galt die Regel: Ein guter, also erfolgreicher Film braucht einen Star, ein auflösbares Problem und die richtige Mischung aus Action, Sex und Witz. Intellektualität war in diesem Rezept nicht vorgesehen. Aber Mankiewicz *war* erfolgreich. Ken Adam berichtet: »Joe war der Regisseur von *Alles über Eva* und der Bruder von Hermann Mankiewicz, der *Citizen Kane* geschrieben hat. Sein Vater war mit Albert Einstein befreundet gewesen. Joe hatte noch in Berlin als Journalist gearbeitet. Er begrüßte mich mit den Worten: ›Hör mir zu, Ken. Für meine Filme engagiere ich die besten Talente der Welt. Dann setzen wir uns zusammen und reden darüber, wie ich mir den Film vorstelle. Ist dir das erst einmal klar, hast du vollkommen freie Hand bei der visuellen Umsetzung. Ich nutze deine Ideen und jedes nur verfügbare Talent von dir. Ist der Film erfolgreich, wird mir als Regisseur sowieso alle Ehre zuteil, ist der Film ein Flop, kann ich die Schuld immer dir zuschieben.‹«

Doch *Mord mit kleinen Fehlern*, der Film, den Ken Adam mit Mankiewicz drehte, wurde kein Flop. Er handelt von der Begegnung des alternden, weltabgeschiedenen Schriftstellers Andrew Wyke, gespielt von Laurence Olivier, mit dem Liebhaber seiner Frau, dargestellt vom jungen Michael Caine. Es ist ein Zwei-Personen-Stück. Das gab Ken Adam die Möglichkeit, die Ausstattung zum dritten Hauptdarsteller zu machen: die Bauten, die Requisiten und die Automaten in Menschengestalt – die letzten Freunde, die Wyke noch geblieben sind. Fast der gesamte Film spielt im Innern seines Hauses. Ken Adam baute alle Sets als eine zusammenhängende Einheit. Man konnte von jedem Punkt des Sets in alle anderen Zimmer sehen. Das machte es einfacher, die Kontinuität der Handlung in der Inszenierung zu betonen, und es gab dem Zuschauer die Gelegenheit, sich in der Geographie der Örtlichkeiten leichter zurechtzufinden.

Mankiewicz und Adam hatten sich acht Tage lang zusammen eingeschlossen, um das visuelle Konzept für *Mord mit kleinen Fehlern* zu erarbeiten. Das war ein Luxus, den Adam seit den Zeiten der Zusammenarbeit mit Stanley Kubrick nicht mehr erlebt hatte. »Joe war überhaupt nicht davon überzeugt, dass *Mord mit kleinen Fehlern* funktionieren würde. Er glaubte, die Zeit des Dialog-Films sei vorbei, und nahm an, dass die Leute gar nicht mehr in der Lage seien, die notwendige Konzentration aufzubringen. Ich war völlig anderer Meinung. Schließlich hatte sein Film *Alles über Eva* einen Riesenerfolg gehabt.«

Die enge Kooperation mit dem Regisseur motivierte Ken enorm. »Natürlich ist es zuweilen leichter, bereits existierende Räume zu verwenden, aber paradoxerweise kann ein Set die Realität manchmal überzeugender darstellen. Der verzwickte Plot verlangte jedoch eine bestimmte Architektur: eine Treppe vor einem Erkerfenster, ein Labyrinth, eine Galerie, die zwei Drittel des Raumes einnimmt. Es wäre unmöglich gewesen, ein solches Haus zu finden. Ich musste also ins Studio gehen. Später wurde ich oft gefragt, wie ich es geschafft hätte, für dieses feudale Herrenhaus eine Drehgenehmigung zu ergattern.« Alle Wände wurden aus Fiberglas gebaut, um sie schnell umstellen zu können. Ken Adam wollte mit diesem aufwendigen Set einen stilisierten Realismus erzeugen, der mit der theatralischen Handlung des Films harmoniert: »Wohin auch immer eine Kamera ausgerichtet war, erfasste sie eine reizvolle Komposition oder ein interessantes Detail.« Um die Weltfremdheit Wykes zu unterstreichen, wählte Adam behutsam Möbel und Accessoires aus den dreißiger Jahren aus, die Fotografien an den Wänden zeigen Porträts berühmter Entertainer jener Zeit. Eine Frau aus Harrogate war bereit, ihre umfangreiche Puppen- und Automatensammlung zur Verfügung zu stellen. Vor dem ersten Drehtag ließ sich Mankiewicz zwei Tage in Ken Adams Set einschließen: »Ich möchte im Set leben«, war seine Begründung, »ich möchte jedes Requisit und jedes Detail in mich aufsaugen, bevor ich mit dem Drehen anfange.«

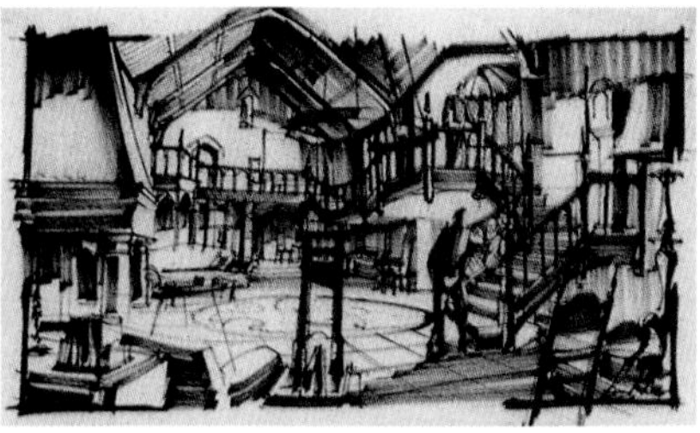

Der verschachtelte Set von *Mord mit kleinen Fehlern*: das Innere des Hauses des zurückgezogen lebenden Schriftstellers Andrew Wyke

Mord mit kleinen Fehlern, 1972 gedreht, war für Ken Adam ein wichtiger Film, weil er nach langer Zeit wieder einen Raum nach seinem Empfinden »theatralisieren« konnte: Joe Mankiewicz erlaubte es ihm, seine Phantasie von der Leine Hollywoods zu lassen und in den Pinewood Studios in England eine Welt zu entwerfen, in der jedes Detail darauf geprüft worden war, wie es auf die Handlung und das Spiel einwirken könnte. Auch wenn der Film in Deutschland nicht die Aufmerksamkeit erhielt, die er verdient gehabt hätte, sieht Ken Adam in dieser Arbeit eines seiner Meisterwerke. Für *Mord mit kleinen Fehlern* erhielt er eine Nominierung für den British Academy Award.

Ausflug auf die Bühne

Was den »Adam style« vor allem auszeichnet, das Prinzip der stilisierenden Theatralisierung, konnte er insbesondere bei diesem Film konsequent realisieren. Das Experiment, dieses grundlegende Gestaltungsmittel einmal an seinem Ursprungsort, nämlich auf der Bühne, anzuwenden, hatte eigentlich schon lange angestanden. Eine Gelegenheit bot sich anlässlich einer Inszenierung der Oper *Fanciulla del West* von Giacomo Puccini.

Aufgrund einer Empfehlung des Dirigenten Zubin Mehta wurde Ken Adam das Angebot unterbreitet, das Bühnenbild für eine Inszenierung dieser Oper zu gestalten. Der Dirigent hatte anscheinend bei einem Abendessen in Hollywood mit Lew Wasserman und Alexander Golitzen, dem legendären Art Director der Universal Studios, über dieses Projekt gesprochen. »Mehta vertrat die Ansicht, die Oper könne viel vom Kino lernen. Es war die Zeit der großen Italo-Western, und Mehta hatte offensichtlich einige von ihnen gesehen. Er war gerade dabei, Puccinis *Fanciulla del West* für Covent Garden, das Londoner Royal Opera House, vorzubereiten, und er wollte die Oper mit einem Hauch von Hollywood-Glamour gestaltet haben. Golitzen sagte: ›Das ist ein Job für Ken Adam.‹«

Natürlich war das ein Job für Ken Adam. Obwohl Puccinis Oper über die Liebe einer Saloonbesitzerin im Wilden Westen zu einem schneidigen Banditen einen weitgehenden Naturalismus verlangte, stilisierte Ken Adam die Szenenaufbauten für die drei Akte durch Übertreibung verschiedener Elemente, wobei er einige Akzente in expressionistischer Manier setzte. Zu bauen waren ein Saloon, eine Trapperhütte und eine Goldmine. »Im Film muss ich für die Kamera zeichnen. Hier musste ich die Begrenzung der Theaterbühne beachten, die Szenerie auf einen unveränderlichen Zuschauerraum hin entwerfen und dabei alle möglichen Perspektiven der auf verschiedenen Plätzen sitzenden Zuschauer berücksichtigen. Ich zeichnete den Polka-

Saloon des ersten Aktes zwar realistisch, aber in leichter perspektivischer Verkürzung, sodass die Bar länger erschien, als sie war. Für den dritten Akt, der in einer Goldmine spielt, entwarf ich eine enorme Treppe, ausladend wie für eine Hollywood-Gala – das Problem war nur, wie sich erst bei der Generalprobe herausstellte, dass die Musik zu Ende war, bevor die Sänger am Fuße der Treppe angekommen waren.« Ken Adam versetzte diese technische Unzulänglichkeit geradezu einen Schock, aber Zubin Mehta beruhigte ihn – wenn es wirklich nicht passen sollte, könne er immer noch einige zusätzliche Takte in die Partitur einfügen. Ken Adam wurde an diesem Beispiel klar, wie viel bei der Inszenierung einer Oper von der guten Zusammenarbeit zwischen Dirigent, Regisseur und Bühnenbildner abhängt und welchem Element dabei unbedingter Vorrang gebührt: Sowohl Regie als auch Bühnenbild haben sich ganz in den Dienst der Musik zu stellen. Überhaupt zeigt sich bei einem Rückblick auf Ken Adams Arbeit als Designer, dass ein schlüssiges Raum- und Ausstattungskonzept die Pläne eines Autors oder eines Regisseurs nicht unerheblich beeinflussen oder verändern können – sei es bei den großen Bond-Produktionen, bei einem Kammerspiel wie *Mord mit kleinen Fehlern* oder eben bei der Oper *Fanciulla del West*. Erst im Zusammenspiel aller Faktoren entsteht eine überzeugende Mischung aus Bild, Bewegung und Licht, die dann auf der Kinoleinwand (oder auch auf der Bühne) die Zuschauer in ihren Bann zieht.

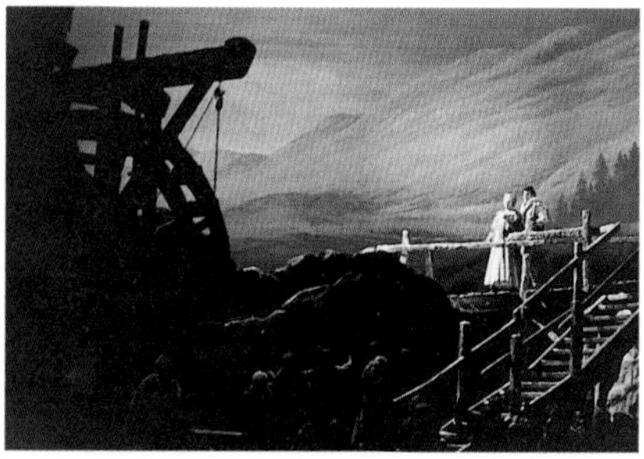

Szenenfoto aus einer Aufführung der Oper *Fanciulla del West* mit dem Bühnenbild von Ken Adam (3. Akt, in der Goldmine)

Die Inszenierung von *Fanciulla del West* mit Ken Adams Bühnenbild wurde in den nächsten fünfzehn Jahren immer wieder gespielt. Ken brachte die Arbeit etliche weiße Haare ein. Da waren nicht nur mehrere Streiks der britischen Bühnenarbeiter, da war vor allem die allabendliche Anspannung, ob wirklich alles funktionieren würde – denn auf der Bühne gibt es im Gegensatz zum Film immer nur einen Take und keinen zweiten Versuch. Ken Adam ging nebenbei auch in die Annalen der Operngeschichte als »Mr. Big« ein. Nie zuvor hatte es ein größeres Bühnenbild gegeben als bei der Premiere von Puccinis *Fanciulla del West* in Covent Garden. Der Umbau zwischen den Akten dauerte je eine Dreiviertelstunde. Als Ken Adam nach der Royal-Gala-Vorstellung Prinz Charles vorgestellt wurde, entschuldigte er sich bei diesem für die leider notwendigen langen Unterbrechungen. Prinz Charles beruhigte ihn: Nach seinem Eindruck habe der größte Teil des Publikums diese zusätzliche Zeit an der Bar im Foyer sehr genossen. Nicht ganz sicher, ob dies als Kompliment gemeint war, sorgte Ken Adam dafür, dass in den folgenden Aufführungen die Umbauten in etwas weniger als einer halben Stunde erfolgen konnten.

In den Jahren 1980/81 arbeitete Ken Adam an dem Film *Pennies from Heaven* (auf Deutsch: *Tanz in den Wolken*). Es war das letzte je von Metro-Goldwyn-Meyer produzierte große Hollywood-Musical, ein Musical mit einer ernsten, eher traurigen Geschichte. Für Regie und Produktion zeichnete Kens Freund Herb Ross verantwortlich. Bei den komplizierten Tanzszenen assistierte seine Frau Nora Kaye, eine berühmte Ballerina aus den fünfziger Jahren. Der Film basierte auf einer BBC-Fernsehserie von Dennis Potter, die ihren großen Erfolg nicht zuletzt dem Cockney-Akzent des Hauptdarstellers verdankte, einer Mischung aus Antiheld und Großmaul, wie sie die Briten lieben. Für das Kino wurde die Handlung vom Londoner East End in das Chicago der großen Wirtschaftskrise Anfang der dreißiger Jahre verlagert – eine nicht unproblematische Verschiebung, die dem Stoff einiges von seinem Reiz und seiner Überzeugungskraft nahm. Es handelt sich um die Geschichte eines romantischen, testosterongeplagten und daher unglücklich verheirateten Musikalien-Vertreters, im Film verkörpert von Steve Martin. Immer auf der Suche nach einem Leben, wie es in seinen Noten steht, schwängert er eine ziemlich naive Schullehrerin, die daraufhin in den Bars von Chicago untergeht. Aufgrund einer Verwechslung wird er des Mordes verdächtigt, angeklagt, zum Tode verurteilt und schließlich hingerichtet – nicht unbedingt ein klassischer Musicalstoff.

Ross' Verfilmung ist ein Spiel mit den Klischees und Mustern der großen alten Hollywood-Musicals. So behält er etwa die alten Songs bei und lässt seine Schauspieler die Lippen dazu bewegen, ohne Rücksicht darauf, ob es eine Frauen- oder Männerstimme ist – ein ironisch gemeinter Bruch mit Rollen und Zuschauererwartungen. Doch bei aller Selbstironie möchte *Tanz in den Wolken* auch ernst genommen werden.

Ken Adam entschied sich, einen Teil des »El-Street«-Areals in Chicago in den Metro-Goldwyn-Meyer-Studios in Culver City als Set nachzubauen, mitsamt der berühmten Hochbahn, der das Viertel seinen Namen verdankte. Als er zum ersten Mal das Studiogelände von Metro-Goldwyn-Meyer betrat, hatte er den Eindruck, in

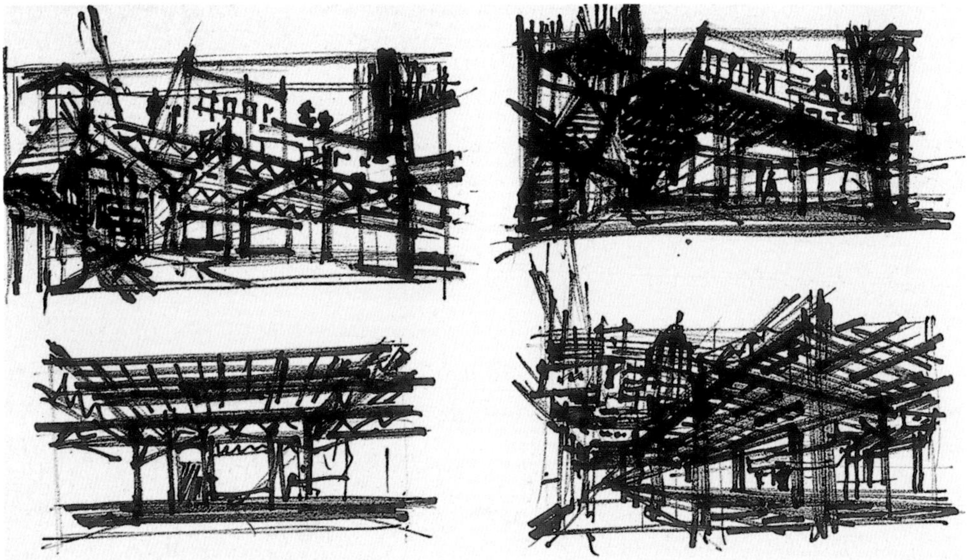

Studien zur »El-Street«-Straßenkreuzung in Chicago *(Tanz in den Wolken)*

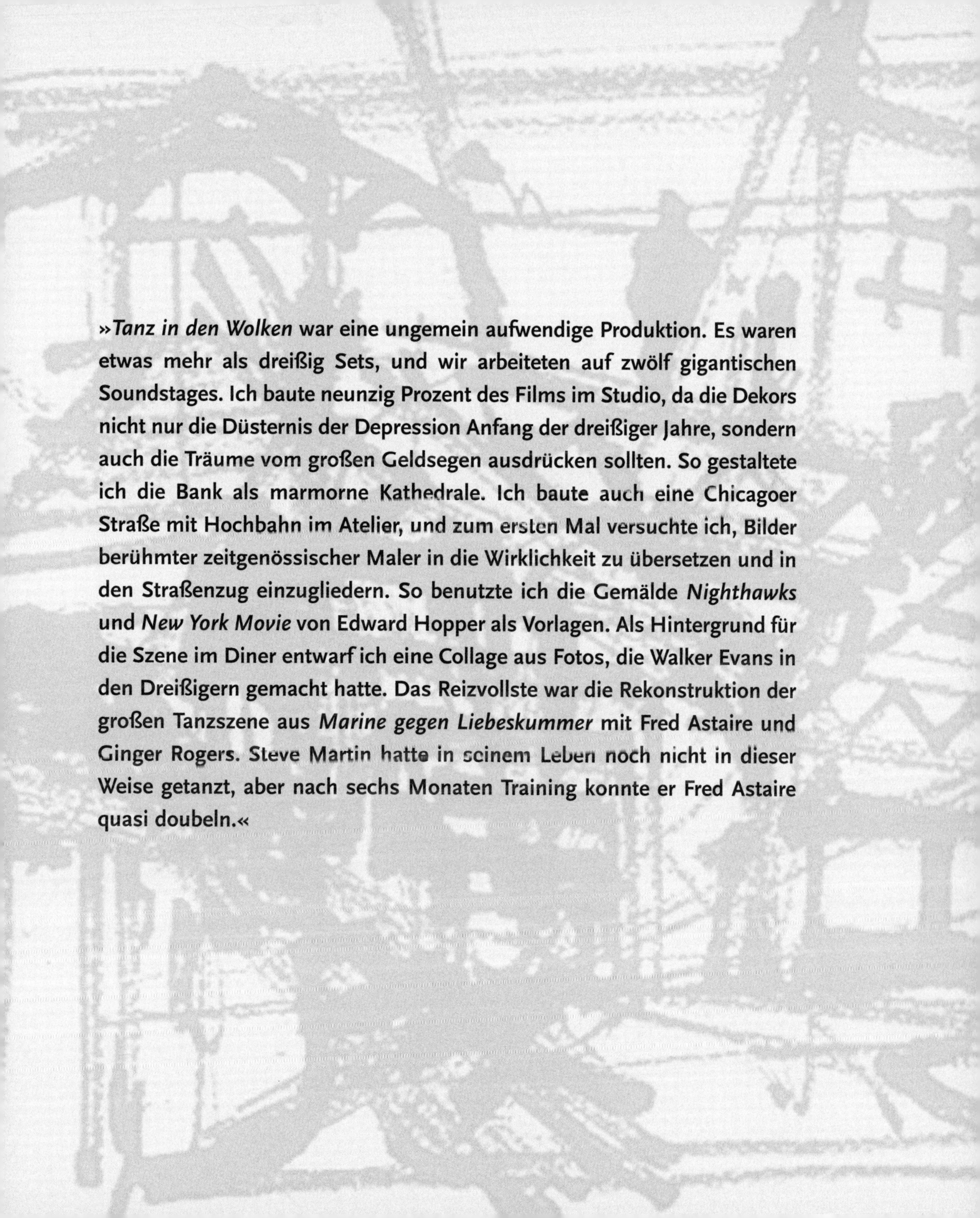

»*Tanz in den Wolken* war eine ungemein aufwendige Produktion. Es waren etwas mehr als dreißig Sets, und wir arbeiteten auf zwölf gigantischen Soundstages. Ich baute neunzig Prozent des Films im Studio, da die Dekors nicht nur die Düsternis der Depression Anfang der dreißiger Jahre, sondern auch die Träume vom großen Geldsegen ausdrücken sollten. So gestaltete ich die Bank als marmorne Kathedrale. Ich baute auch eine Chicagoer Straße mit Hochbahn im Atelier, und zum ersten Mal versuchte ich, Bilder berühmter zeitgenössischer Maler in die Wirklichkeit zu übersetzen und in den Straßenzug einzugliedern. So benutzte ich die Gemälde *Nighthawks* und *New York Movie* von Edward Hopper als Vorlagen. Als Hintergrund für die Szene im Diner entwarf ich eine Collage aus Fotos, die Walker Evans in den Dreißigern gemacht hatte. Das Reizvollste war die Rekonstruktion der großen Tanzszene aus *Marine gegen Liebeskummer* mit Fred Astaire und Ginger Rogers. Steve Martin hatte in seinem Leben noch nicht in dieser Weise getanzt, aber nach sechs Monaten Training konnte er Fred Astaire quasi doubeln.«

einem Filmmuseum gelandet zu sein. Cary Grant kam regelmäßig vorbei, um beim Drehen zuzuschauen, Walter Matthau und Klaus Kinski liefen über das Gelände, Luciano Pavarotti spielte eine Rolle in *Geliebter Giorgio*, produziert von Alain Bernheim, Billy Wilder war mit *Buddy Buddy* beschäftigt und Robert Aldrich bereitete *Kesse Bienen auf der Matte* vor. Es wurden gleichzeitig fünf oder sechs große Produktionen gedreht. »Billy Wilder fragte mich allen Ernstes, weshalb wir immer bis acht Uhr abends arbeiteten, wo er doch schon um drei Uhr nachmittags seine Szenen im Kasten hätte. Das war die Vorgehensweise eines Regisseurs der alten Schule, der seine Drehbücher noch selbst schrieb: Man durchdenkt eine Szene so lange, bis sie sitzt und nur noch abgedreht werden muss.«

Ken Adam glaubte an *Tanz in den Wolken*. Aber trotz der atemberaubenden Tanzeinlagen blieb der Erfolg an der Kasse aus. Vermutlich war es noch zu früh für eine derartig gewagte Mischung aus Selbstironie und Sentimentalität. Zwanzig Jahre später würde Lars van Triers Film *Dancer in the Dark* mit der gleichen Idee die Preise der großen Festivals abräumen. *Tanz in den Wolken* fiel damals durch alle Raster. Wegen seines Glamours unterschätzten ihn die seriösen Kritiker, und das Musicalpublikum war von dem religiösen Mystizismus und dem etwas drastischen Ton verunsichert, der aus der Vorlage übernommen wurde. Vielleicht war es aber auch nur die irritierende, künstlich anmutende Stimme der Hauptdarstellerin, die an die Synchronisierung von Micky Mouse erinnerte. Ken Adam vermutet im Rückblick: »Das amerikanische Kinopublikum war auf eine Komödie eingestellt, weil Steve Martin die Hauptrolle spielte. Er hatte gerade viel Erfolg mit dem Film *Reichtum ist keine Schande* gehabt, und sie wollten ihn einfach nicht als Verlierer sehen.« In Hollywood, wo allein dem Erfolg und den Erfolgreichen gehuldigt wird, ist für Verlierer eben kein Platz, auch nicht auf der Leinwand.

Zu allem Überfluss blieb Ken Adam auch die Nominierung für den Oscar verwehrt. Die Art Directors Guild in Los Angeles hatte ihm nicht gestattet, im Abspann als Production Designer aufgeführt zu werden. Denn er zahlte seine Beiträge beim New Yorker Verband und durfte seinen Titel auch nur bei dortigen Produktionen benutzen. Es gab zwar ein gegenseitiges Abkommen, um derartige Eseleien auszuschließen, aber in der Zeit, als *Tanz in den Wolken* gedreht wurde, waren beide Gewerkschaften gerade verfeindet. Daher taucht Ken Adam nur getarnt als »Associate Producer« und »Visual Adviser« auf. »So ist Hollywood«, sagt Ken Adam und fügt hinzu: »Inzwischen ist *Tanz in den Wolken* ein Kultfilm geworden.«

That is Hollywood!

Ken Adam hatte schnell verstanden, dass zu Hollywood auch die oft bittere Erfahrung gehört, wie rasch und unerwartet Projekte wieder ausgesetzt und abgesagt werden können. Gleich seine ersten beiden Filmpläne, *Destinies* von John Frankenheimer und *Dress Grey*, eine Gore-Vidal-Verfilmung, wurden abgebrochen, ohne dass Adam wirklich hätte sagen können, weshalb. In keiner Phase seines Lebens hat Ken Adam so oft für die Schublade gearbeitet wie in den Jahren in Hollywood.

Manche seiner besten Zeichnungen schafften es nie in die dritte Dimension, so zum Beispiel die eindrucksvollen Skizzen zu dem Filmprojekt *Fantasticks*. Das gleichnamige Musical, eine Parodie auf Shakespeares *Romeo und Julia*, in der die Elternpaare eigens einen Streit inszenieren, um ihre Kinder dazu zu animieren, sich ineinander zu verlieben, war am New Yorker Broadway sehr erfolgreich gewesen – mit der längsten Spielzeit, die je ein Musical dort erzielt hatte –, und Michael Braun, ein langjähriger, stets etwas geheimnisvoller Freund der Adams, hatte sich vorgenommen, einen Film daraus zu machen. Braun war einer der allgegenwärtigen Gäste auf Hollywood-Partys und eng befreundet mit John Paul Getty jr. Einen Sommer lang arbeitete Ken Adam an den Skizzen, er rettete sie vor den Katastrophen des Jahres 1982, den Sturmfluten und kalifornischen Waldbränden. Doch als er seine Arbeit beendet hatte, war Michael Braun verschwunden, und er ließ nie wieder etwas von sich hören.

Noch bitterer war die Erfahrung mit dem hoch gehandelten *Special Project* der Twentieth Century Fox. Die Produzenten Dan Melnick und Herb Ross waren ständig auf der Suche nach neuen Ideen, um das Kino gegenüber dem Fernsehen attraktiver zu machen. Also schlugen sie Marvin Davis, dem Chef von Fox, vor, neue High-Tech-Unterhaltungszentren zu entwerfen, die so glamourös und schillernd sein sollten wie die Filmpaläste der zwanziger und dreißiger Jahre, dabei aber zugleich ausgestattet mit den neuesten elektronischen Errungenschaften. Ken Adam wurde beauftragt, sie zu entwerfen: »Ich sollte ein Design finden, das die Intensität der Kintopp-Pionierjahre mit dem Nonplusultra der modernen Technik verband. Ich bekam ein Büro in Dan Melnicks Gebäude bei Fox und einen der wenigen Parkplätze vor dem Haus, denn Danny meinte, mein Rolls Royce wäre gut fürs Prestige des Projektes.«

Ken Adam nahm all sein Wissen und Können zusammen und besann sich auf den kreativen Wahnsinn, der die Bond-Filme möglich gemacht hatte, er stellte sich an seinen Zeichentisch, legte die Montechristo-Zigarren bereit und fing an zu zeich-

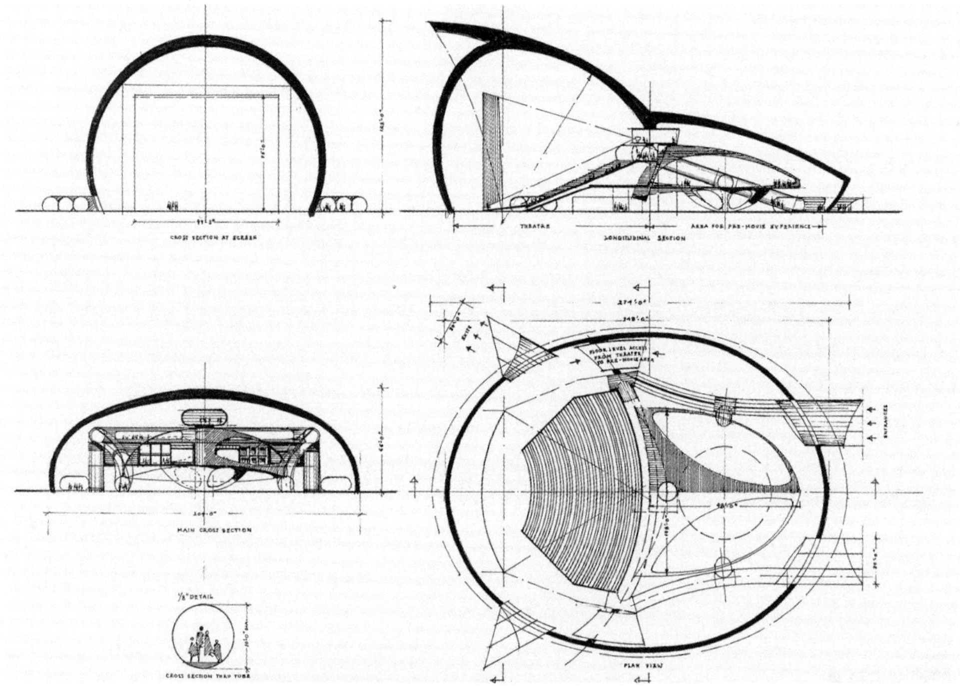

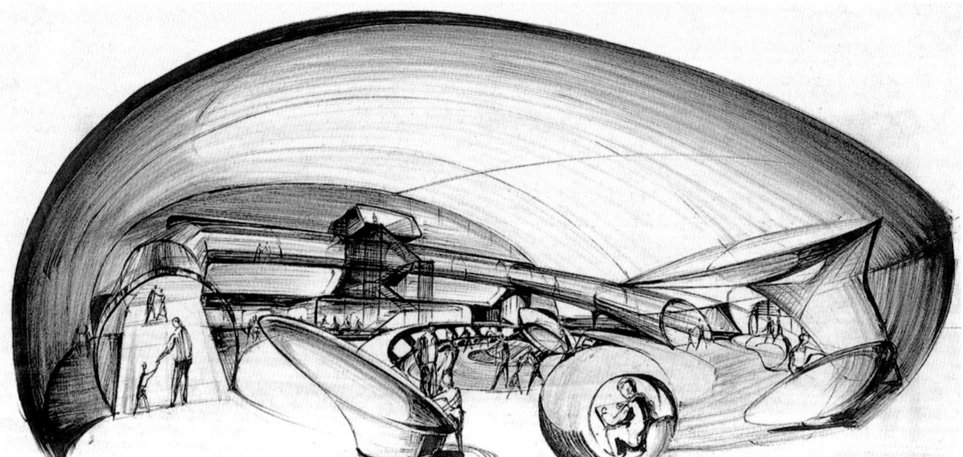

Entwürfe für die Eingangshalle eines Multimediazentrums der Twentieth Century Fox *(Special Project)*

nen: Die Zuschauer sollten das Kino durch eine Art Raumstation betreten. Die Säle wären mit IMAX-Technik und einer gigantischen Panorama-Leinwand ausgestattet gewesen. Das Ganze sollte in einem aufblasbaren Dom untergebracht werden, der in fünfzehnfacher Ausfertigung im ganzen Land errichtet worden wäre, überall dort, wo es ausreichend große Parkplätze gab.

Neun Monate lang recherchierte Adam für das *Special Project*. Er sprach mit Technikern am Jet Propulsion Lab der NASA, dem Zentrum für die Erforschung des Weltraums mithilfe unbemannter Sonden, und am California Institute of Technology in Pasadena. Er lernte mehr über aufblasbare Strukturen, als er jemals hätte wissen wollen. Dennis Potter schrieb bereits ein Drehbuch für die ultimative Kinoerfahrung. Als Ort der Handlung war ein riesiges Raumschiff vorgesehen. Die Idee war folgende: Nach zwanzig Jahren im All sollte die Raumschiff-Besatzung auf einem fernen Planeten landen und allmählich herausfinden, dass es sich um die gute alte Erde handelte, allerdings zur Zeit von Adam und Eva.

»Ende 1982 präsentierten wir das Projekt dann den Mitgliedern der Fox-Führung. Sie waren begeistert und wir dachten, dass wir alle bald reich sein würden.« Einen Monat später wurde das Unternehmen abrupt gestoppt, angeblich, weil es zu einem Streit zwischen Dan Melnick und Marvin Davis gekommen war, ausgelöst durch diverse Millionen, die Melnick für den Umbau seines Büros ausgegeben hatte. »Was auch immer der wahre Grund war – wir standen alle auf der Straße, und es ist nie wieder ein Wort über das *Special Project* der Fox geredet worden. *But that is Hollywood*« – ein halb wehmütiger, halb belustigter Stoßseufzer, der Ken Adam häufig entfährt.

Möglicherweise waren gerade die achtziger Jahre in Amerika nicht die beste Zeit für einen Dramatiker des Filmsets wie Ken Adam. Die Filmästhetik dieser Zeit bot einfach nicht den Spielraum, den er für seine Visionen benötigte. Er kam nach Hollywood, als die alten Moguln ratlos waren und nicht wussten, wie sie auf das Fernsehen und auf junge, rebellierende Regisseure reagieren sollten. Er stellte bald fest, dass die Übernahme der Studios durch Agenten, Anwälte und die smarten Jungs von der Harvard Business School die Sache nicht besser machte: »Diese Leute scheuen das Risiko. Sie machen große Versprechungen, trauen sich aber nicht, Entscheidungen zu treffen. Denn wenn sie etwas entschieden haben, liegt ihr Kopf auf dem Schafott.« Ken Adam verließ Hollywood wieder, als multinationale Mischkonzerne ihre Megaproduktionen planten, in denen Handlung und Sets durch spektakuläre Spezialeffekte ersetzt werden. Die Invasion der jungen Autorenfilmer in die amerikanische Filmindustrie sollte Hollywood nur vorübergehend verändern. Mit dem enormen Erfolg von *Der weiße Hai* und *Krieg der Sterne* (letzterer gewann einen Oscar – gegen *Der Spion, der mich liebte*) begann die Epoche der Großproduktionen, und der finanzielle Erfolg wurde wieder zum ausschlaggebenden Kriterium für die Beurteilung eines Films. Das Kino wurde zu einem Feld der Materialschlachten, in denen es nicht auf die subtile visuelle Wirkung von Räumen ankam, wie sie die Sets von Ken Adam entfalten, sondern auf Thrill und Geschwindigkeit. Die entscheidenden Fragen lauteten: Wer präsentiert die spektakulärsten Spezialeffekte? Wer hat das größte Budget und schafft es, gleich am ersten Wochenende an die Spitze der Kinocharts zu gelangen? Im Kino wurde die Architektur von der Action abgelöst, aber Ken Adam sah darin keinen Grund, seinen Stil zu ändern. Er glaubte und glaubt weiter an die Magie theatralisierter Räume – und es sollte sich erweisen, übrigens nicht nur in Europa, sondern auch in den Vereinigten Staaten, dass sich sein Konzept gegenüber vielen Moden und auch technischen Neuerungen in der Filmwelt würde behaupten können.

Im Jahr 1983 kehrten Ken und Letizia Adam nach Europa zurück. Das Haus in Malibu, in dem sie drei Jahre gewohnt, in dem sie sich wohl gefühlt, in dem sie Freunde empfangen und Partys gefeiert hatten, in dem sie aber auch von heftigen Stürmen heimgesucht und von Buschfeuern und Erdrutschen bedroht worden waren, gaben sie auf. Neue Herausforderungen in anderen Teilen der Welt warteten auf sie, das Nomadenleben, das der Beruf von Ken ihnen auferlegt hatte, ging weiter. Ken Adam arbeitete zunächst an *König David*, der Verfilmung eines biblischen Stoffes, in den englischen Pinewood Studios sowie an verschiedenen Drehorten in Italien, dann in Kanada für den Film *Agnes – Engel im Feuer*. Dieses religiöse Drama handelt von einer jungen Nonne, die des Mordes an ihrem Neugeborenen angeklagt wird. Der Film wartete mit einer weiblichen Starbesetzung auf: Neben Meg Tilly, die die Titelrolle übernommen hatte, spielten Jane Fonda und Anne Bancroft.

Eine Einladung zu einem in vielerlei Hinsicht außergewöhnlichen Filmprojekt erhielt Ken Adam 1985. Zusammen mit Bernardo Bertolucci und dem Produzenten Jeremy Thomas sollte er die Dreharbeiten für einen Film über den letzten Kaiser von China vorbereiten. Als erstes ausländisches Team durften sie in der verbotenen Stadt filmen und wurden von dem noch lebenden Bruder des letzten Kaisers begleitet. Bertolucci und Ken Adam trafen sich in London, um über das Konzept und die Logistik des Films zu sprechen. Adam hatte die chinesische Architektur nie sonderlich gelegen. Es bereitete ihm keine Probleme, Kino im Stil des Barock, der Gotik oder des 18. Jahrhunderts zu machen. Aber China war etwas anderes, etwas Fremdes und ganz Neues. Eine detailgenaue historische Rekonstruktion kam auch hier nicht in Frage. Also erfand er, sich selbst treu bleibend, für *Der letzte Kaiser* einen chinoiserierten Adam-Stil: Runde Öffnungen, ornamentale Gitter, verkürzte Perspektiven, schräge konstruierte und dadurch bedrohlich wirkende Wände. Anstelle von Scheinwerfern arbeitete Adam mit Lampions. »Über einen Zeitraum von mehreren Monaten habe ich Konzepte und Skizzen ausgearbeitet. Mit ein oder zwei Ausnahmen war Bernardo so begeistert von ihnen, dass er sie unbedingt mit nach Italien nehmen wollte, um sie seinem Kameramann Vittorio Storaro zu zeigen. Ich bot ihm Kopien an, die er, wie ich später erfuhr, in eine schöne Ledermappe gebunden hatte.« Ken Adam fuhr nach Rom, um sich sein Art Department aufzubauen, während Jeremy Thomas immer noch Schwierigkeiten hatte, die nötigen Geldgeber zu finden. Dann flog er zu einer Sitzung mit dem Regisseur und Produzenten Dino di Laurentis nach New York, um ein anderes Filmprojekt zu bereden. Das war der Anfang vom Ende.

»Bei meiner Rückkehr nach Rom erwartete mich ein Telex von Bernardo, in welchem er mir mitteilte, dass er meine Dienste nicht länger benötigte. Es war eine Kurzschlussreaktion. Offenbar hatte Bernardo sich darüber aufgeregt, dass ich mit Dino gesprochen hatte, mit dem er seit geraumer Zeit auf Kriegsfuß stand« – eine typische US-Filmbusiness-Reaktion, auch wenn die Beteiligten zivilisierte Europäer waren. Bertolucci bezeichnete Adam als empfindsame »Primadonna« und reagierte seinerseits wie eine enttäuschte Braut. Ken Adam reiste wutschnaubend ab: »Sie sagten, meine Entwürfe würden nicht verwendet werden. Mein Art Department wollte ebenfalls gehen, aber ich bat sie zu bleiben, weil sie es sich nicht leisten konnten, ohne Arbeit zu sein. Es war ein Alptraum.« Einige Tage später kam ein sechs Seiten langer Entschuldigungsbrief von Bertolucci. Aber die Entscheidung war gefallen. Es sollte das einzige Mal sein, dass Adam die Dienste eines Rechtsanwalts in Anspruch nehmen musste, um zumindest einen Teil seines Honorars zu bekommen. Bertoluccis Haltung war eindeutig und alles andere als kooperativ: »Ich bin Regisseur, was du für Probleme mit dem Produzenten hast, interessiert mich nicht.«

Bertoluccis Anwälte weigerten sich, Ken Adam seinen wichtigsten Wunsch zu erfüllen: die Nennung im Vorspann, und sei es nur als »künstlerischer Berater«. Ihr Argument lautete, Adams Entwürfe hätten bei der Gestaltung der Sets keine Verwendung gefunden – »eine Unwahrheit, wie mir mein Art Department versichert hatte«.

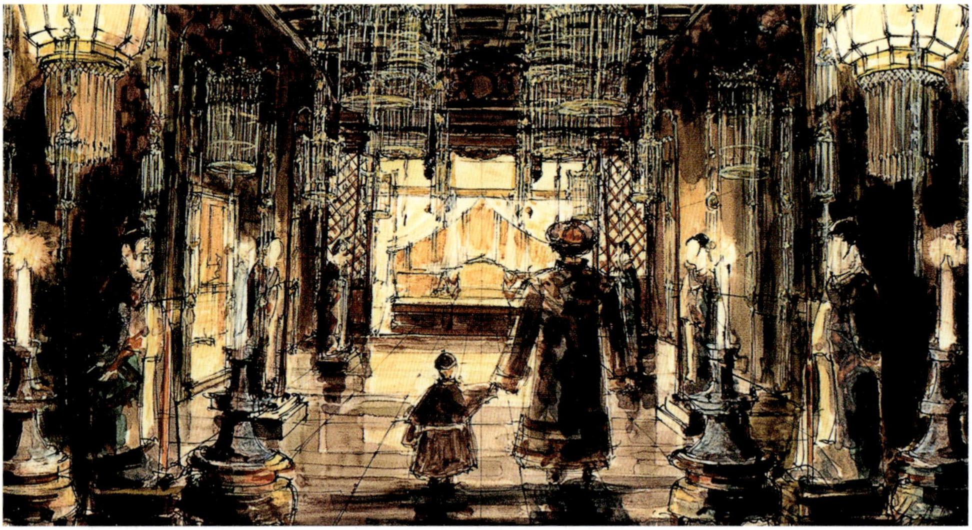

Der dreijährige Pu-yi, der letzte Kaiser von China, bei dem Besuch der sterbenden Kaiserwitwe *(*Studie für *Der letzte Kaiser)*

Der letzte Kaiser erhielt neun Oscars, darunter einen für die beste Art Direction. Das war eine bittere Erfahrung, zumal für jemanden, der für den Film lebt, und zwar immer für den Film, der gerade ansteht. Wer sich mit Leib und Seele einem Projekt verschreibt, läuft Gefahr, dass jedes gescheiterte Projekt das Gespenst einer gescheiterten Lebensphase heraufbeschwört.

Im November 1990 kehrten die Adams nach Los Angeles zurück, für nahezu fünf Jahre. Diesmal würde es eine Zeit werden, die nicht von einer Serie unrealisierter Projekte überschattet war. Im Gegenteil: Insbesondere für die Filme *Der Doktor – Ein gewöhnlicher Patient* und *Die Addams Family in verrückter Tradition*, beide in diesen Jahren gedreht, erntete Ken Adam viel Anerkennung, letzterer brachte ihm sogar eine Oscar-Nominierung ein. Auch das kann Hollywood sein.

Letizia und Ken Adam mieteten in Malibu den oberen Stock eines Hauses, das wiederum direkt am Strand lag. Es besaß eine große Terrasse, von der aus man einen wunderbaren Blick auf den Pazifischen Ozean genoss. Letizia möblierte das Apartment vollkommen neu und bepflanzte die Terrasse, während Ken eine neue Küche entwarf – einer der dauerhaftesten Sets, die er je konzipiert hat. Mit dem letzten Haus, das sie in Malibu bewohnten, rückten sie dem Ozean schließlich noch näher: Es war von dem Architekten Richard Neutra entworfen worden, sehr groß und stand auf Pfeilern im Meer. »Wir hatten das Gefühl, in einem Schiff zu wohnen.«

Für Letizia wie auch für Ken zählen die Jahre in den Strandhäusern in Malibu zu den glücklichsten ihres Lebens. »Das Wohnen am Meer hatte etwas Heiteres«, erinnert sich Ken, »es war nie langweilig. Man konnte Delphinen und Seehunden beim Spiel in den Wogen zusehen, häufig kamen auch Wale in die Nähe des Strandes, und jeden Tag besuchte uns eine Möwe, die wir auf den Namen ›Ciccio‹ getauft hatten. Und, nicht zu vergessen, dort haben wir die spektakulärsten Sonnenuntergänge erlebt, die man sich vorstellen kann. Es war wie ein zweites Zuhause – wir hatten allerdings auch immer die Sicherheit, dass wir jederzeit in unser Haus in London zurückkehren konnten.«

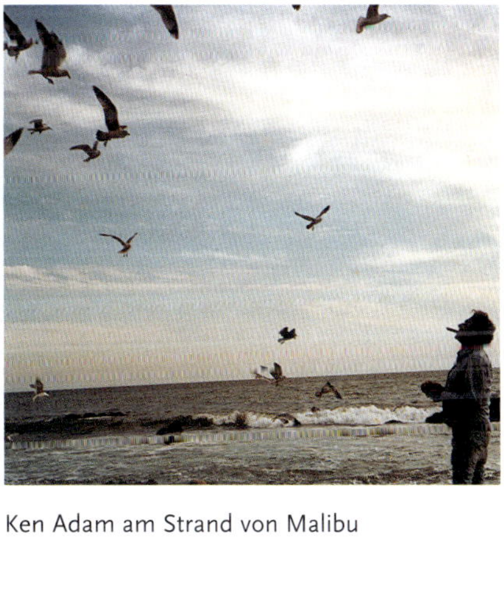

Ken Adam am Strand von Malibu

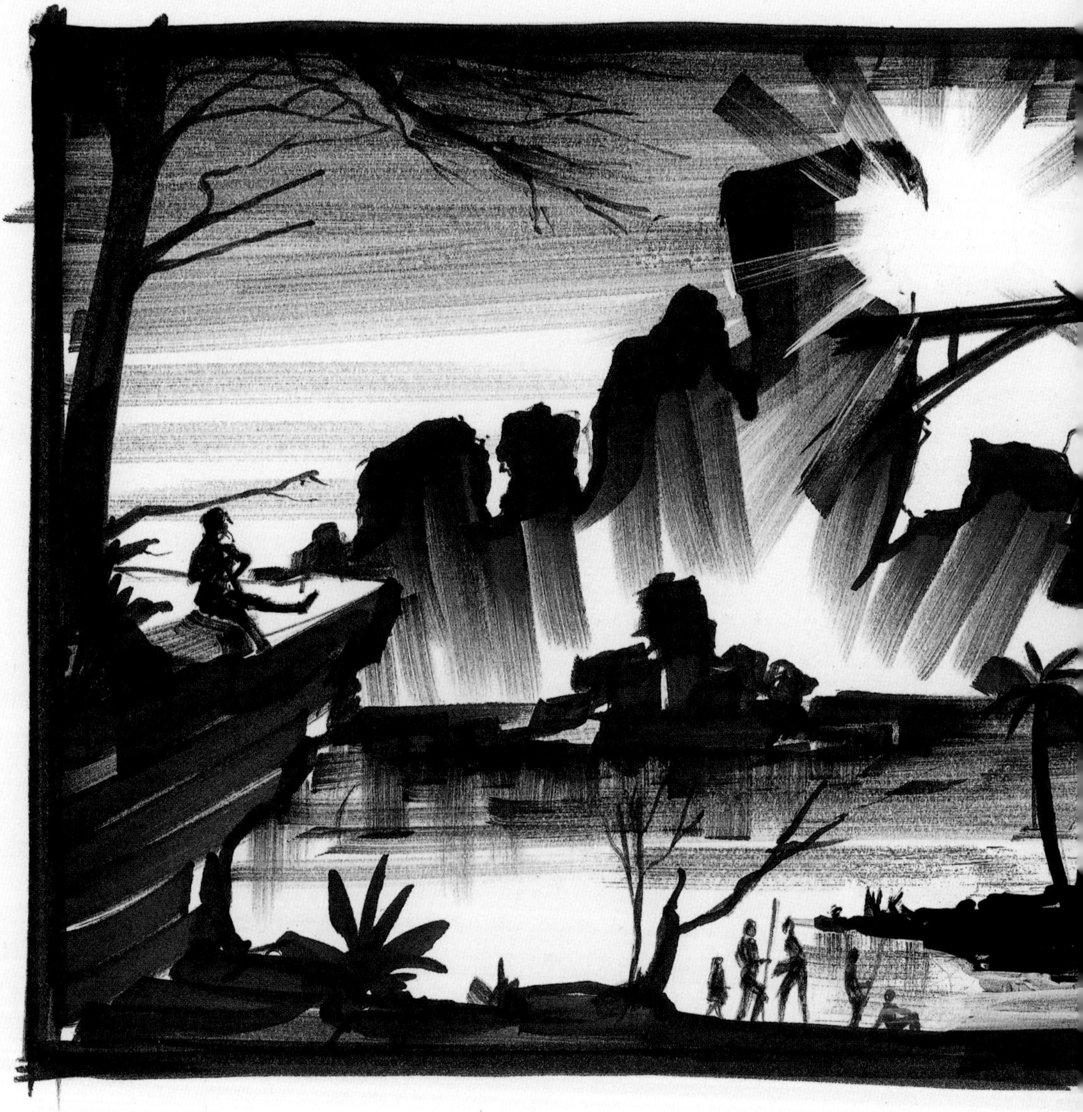

Entwurf der Landschaftsszenerie von »Nimmerland« *(Peter Pan)*

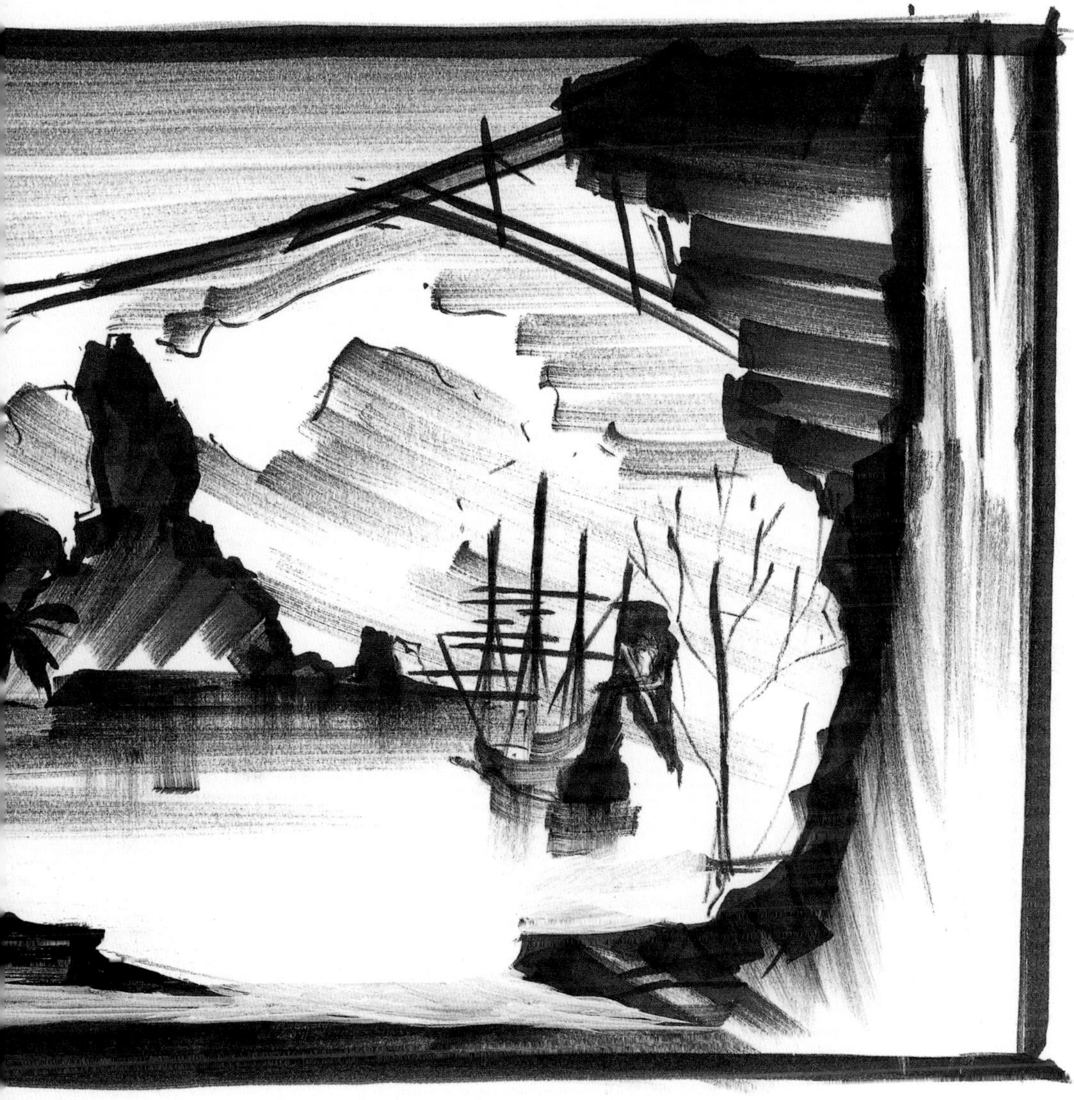

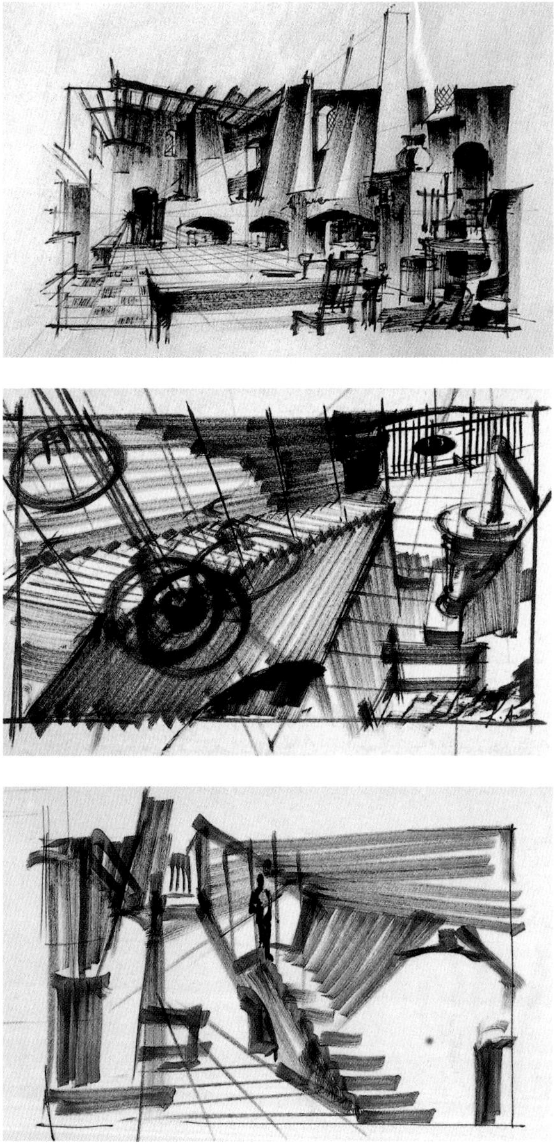

Skizzen für zwei Sets von *Mord mit kleinen Fehlern*. Oben die Küche, in der Mitte und unten die Treppe zum Keller aus unterschiedlichen Perspektiven

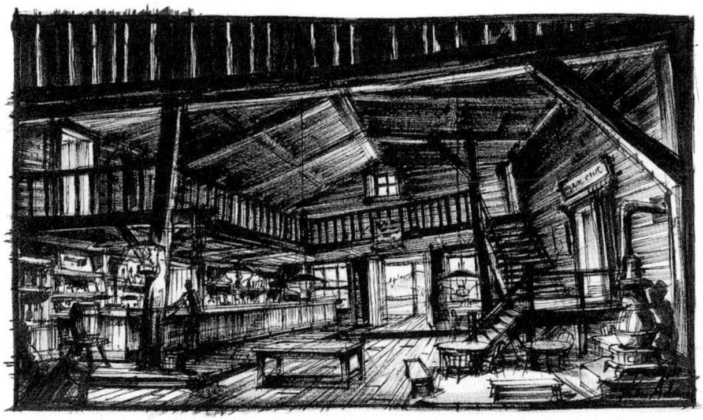

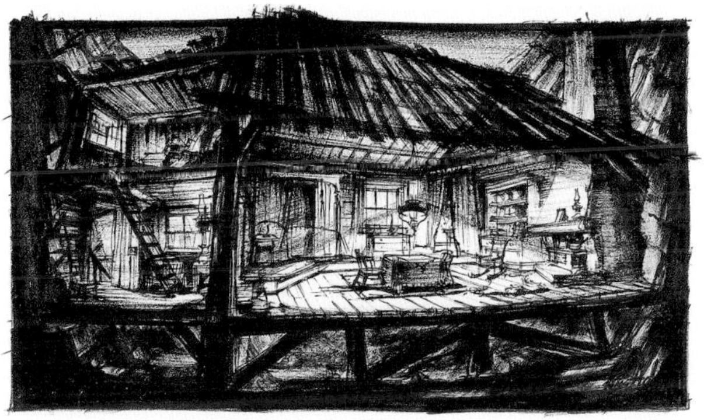

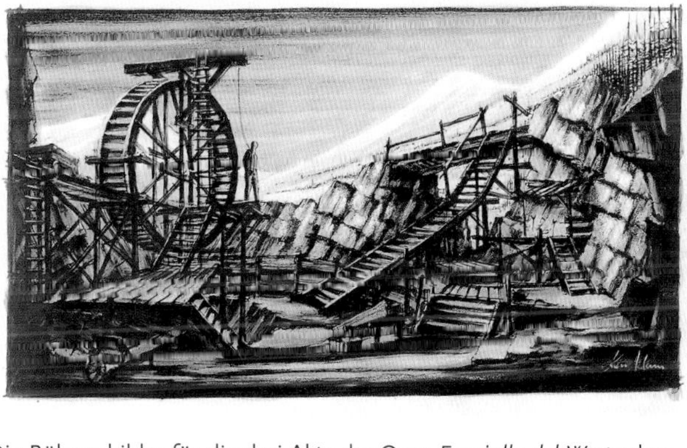

Die Bühnenbilder für die drei Akte der Oper *Fanciulla del West*: oben der Saloon, in der Mitte die Trapperhütte und unten die Goldmine

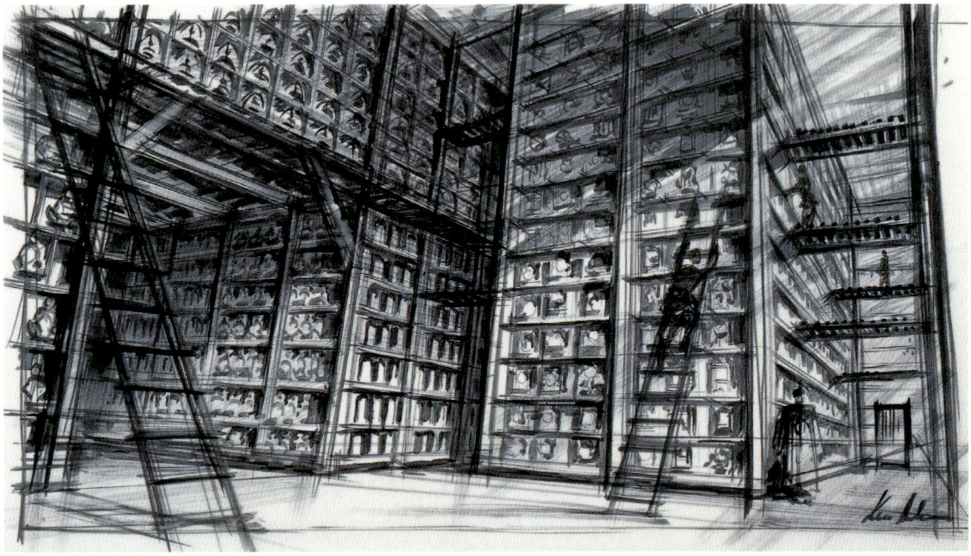

Entwurf für das Innere des Lagerhauses *(Der letzte Kaiser)*

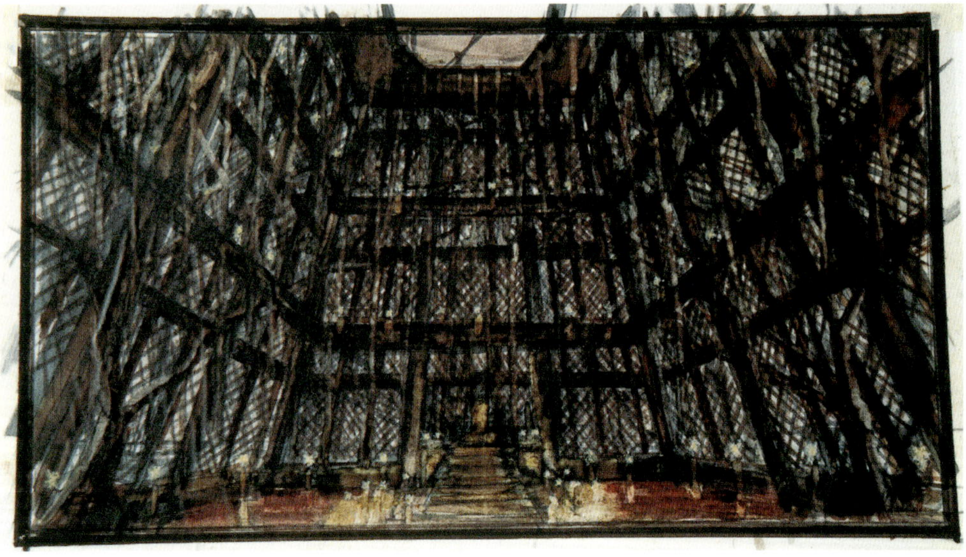

Entwurf des Schreins *(Der letzte Kaiser)*

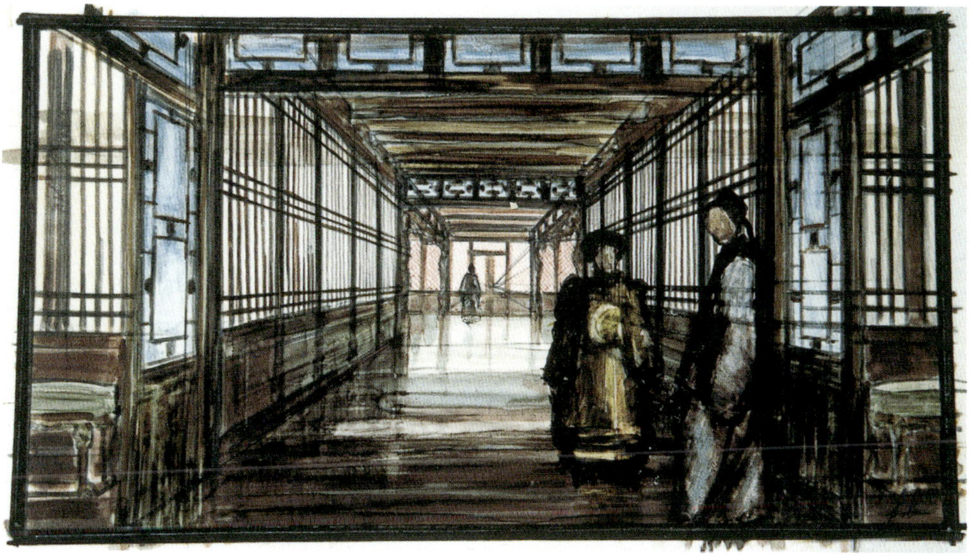

Entwurf eines Korridors im kaiserlichen Palast *(Der letzte Kaiser)*

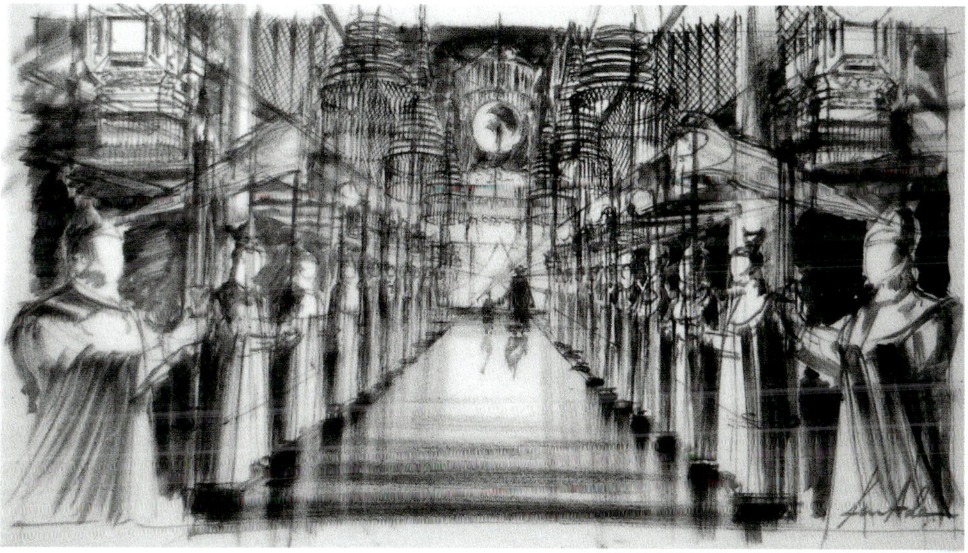

Pu-yi auf dem Weg zur sterbenden Kaiserwitwe (Studie für *Der letzte Kaiser)*

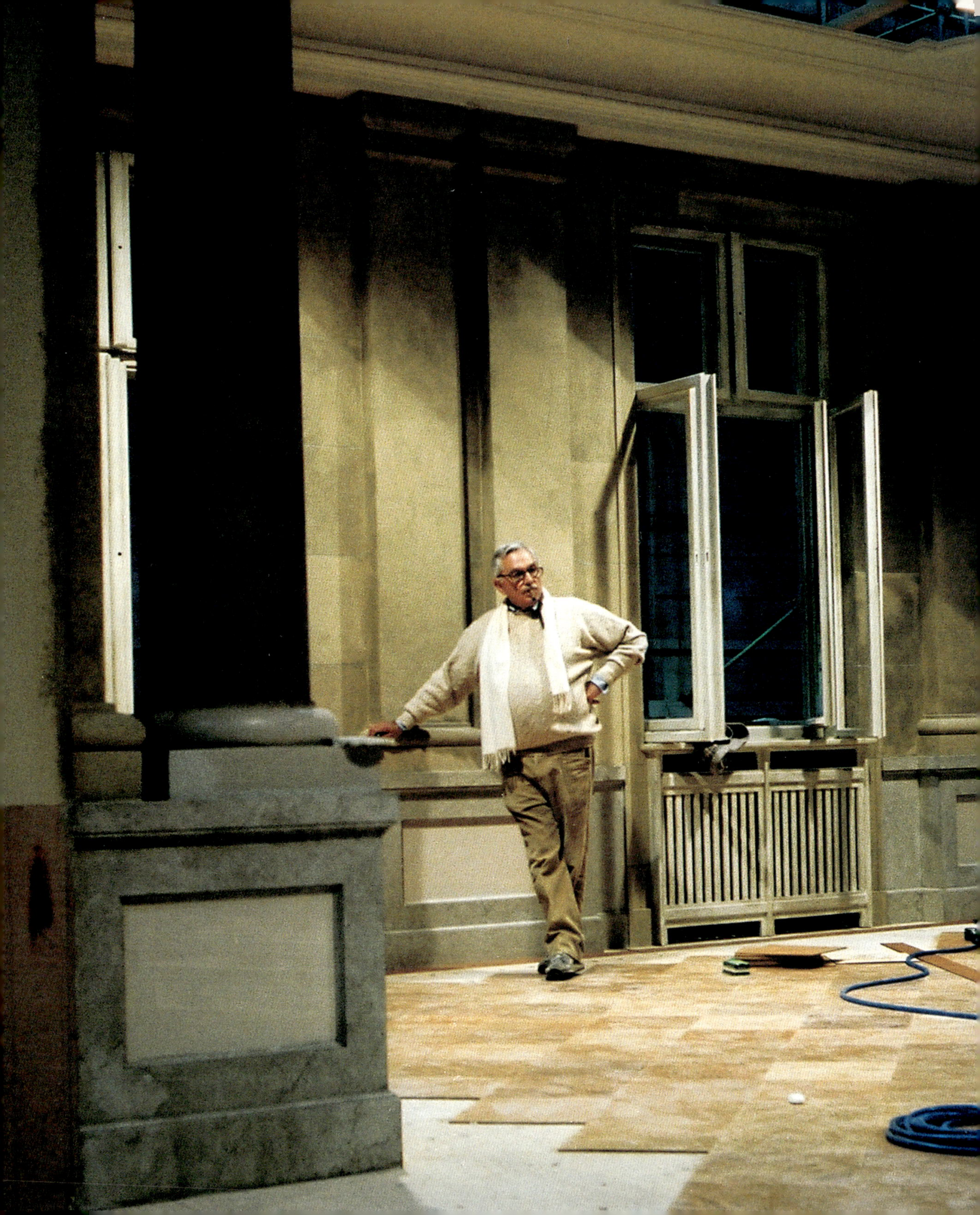

London – Berlin – London

Es ist die perfekte Maschine. Ein geschmiedeter Sechszylinder-Motorblock mit Zwillingsvergasern, cremeweiße Kotflügel, die sich an die Karosserie schmiegen wie die sprungbereiten Läufe einer Katze, vorn ein glänzender Kühler, der aussieht wie ein antiker Tempel. Und über der endlos langen Motorhaube verneigt sich ein silbernes Nymphchen, als nehme es den Applaus der Vorübergehenden entgegen. Das 1959er Rolls-Royce Silver Cloud I Cabriolet steht in der Montpelier Street im Londoner Stadtteil Knightsbridge vor einem schmalen Stadthaus, durch dessen unterstes Fenster man, bei indiskret gerecktem Hals, die Silhouetten zweier Academy-Award-Statuetten erkennen kann. Jeden Morgen zur gleichen frühen Zeit wird der Wagen von einem gepflegten älteren Herrn mit gut geschnittenem Gesicht angelassen, den man ebenso für einen Schauspieler wie für einen Tankerkönig halten könnte: Ken Adam fährt zum »Royal Automobile Club« in der Pall Mall, um dort in bester Gesellschaft einige Bahnen zu schwimmen.

Den Eingang zu seinem Haus hat Ken Adam in den sechziger Jahren selbst gestaltet, mit einer gekrümmten, sich der Decke anschmiegenden Wand im Bauhaus-Stil. Im zweiten Stock sind die wenigen aus Berlin-Tiergarten geretteten Familienschätze untergebracht, eine Liebermann-Skizze, ein Frauenporträt von Lesser Ury, der väterliche Schreibtisch. Auf dem Zeichentisch im Parterre stehen, neben Zigarrenetuis und den Flo-Master-Stiften, nur die beiden Oscars und das Modell einer »Hawker Typhoon«-Maschine. In den Regalen sind Bücher zu finden wie *The Art of Warfare in Biblical Lands, Rokoko, Scott's last Expedition*, eine aus Berlin gerettete *Propyläen Kunstgeschichte* aus dem Jahr 1923 sowie der Band *Asiatische Reiterspiele* von Carl Diehm, einem Freund des Vaters. Dazwischen hängen mehrere bedeutsame Urkunden: die sechs Nominierungen

Ken Adam am Set von *Der Fall Furtwängler* in Potsdam-Babelsberg

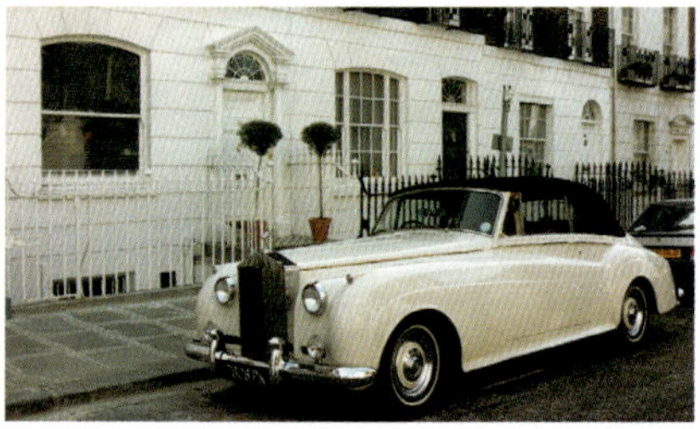

Ken Adams Rolls-Royce vor dem Haus in der Montpelier Street

für den Academy Award, der Ehrendoktor des Royal College of Arts sowie der Ehrendoktor der Universität von Greenwich und über alldem ein hoher britischer Orden – »... the Most Excellent Order of the British Empire ...« (OBE). Wie aus dem dazugehörigen Schreiben von Königin Elisabeth II »to Our trusty and well beloved Kenneth Adam Esquire« hervorgeht, wurde er verliehen für dessen herausragenden Beitrag zum britischen Film.

Der Mann, der mit dem Namen Klaus Hugo Adam als Filius vom Sport- und Modegeschäft »S. Adam«, Leipziger Straße, in eine Bürgerlichkeit hineingeboren wurde, die es nicht mehr lange geben sollte, und der sich seither Filmwelten als Ersatz für eine verlorene Welt geschaffen hat, ist angekommen. Was nicht heißt, dass er auch seinen Frieden gefunden hat. »Das geht nicht bei meiner Vergangenheit«, betont er. »Ich bin ein unruhiger Geist«, immer etwas mißtrauisch, ob der Boden, auf dem er steht, nicht doch plötzlich nachgeben könnte.

Das Schicksal hat die Familie Adam nicht gerade mit Samthandschuhen angefasst. Viele Verwandte sind dem Naziregime zum Opfer gefallen, er selbst ist mit seinen Eltern und Geschwistern aus der Heimat vertrieben worden. Aber die Überlebenden haben es verstanden, sich mit den veränderten Lebensbedingungen zu arrangieren und neu zu orientieren. Selbst die Mutter Lilli hat sich noch einmal ein neues, ein zweites Leben aufgebaut. Sie ist 1988 hochbetagt in ihrem Haus in Hampstead, Greencroft Gardens, gestorben. Bruder Peter, nach Ken Adam »der intelligenteste von uns allen«, machte eine erfolgreiche Karriere als Geschäftsmann, war Kunstsammler und ein internationaler Bridge-Spieler. Er starb 1976 an der Alzheimer-Krankheit. Schwester Loni lebt in London und hütet die Erinnerungen, und Dieter, der jüngste Bruder, ist nach Neuseeland ausgewandert, wurde dort Versicherungsunternehmer und gründete eine »Adam Foundation« für junge Künstler. *Tout compte fait*, es hätte schlechter kommen können.

»Ich werde häufig zu Veranstaltungen eingeladen, auf denen ich nicht als Filmdesigner sprechen soll, sondern als Kriegsheld und Zeitzeuge.« Das wundert Ken Adam. Natürlich muss es jemanden, die noch voll im Arbeitsleben steht, überraschen, plötzlich als Person gefragt zu sein, die Auskunft über eine weit zurückliegende Epoche geben kann. Und doch liest Ken Adam jedes neue Buch über die Geschichte der Royal Air Force im Zweiten Weltkrieg. Der Krieg ist präsenter, als ihm das im hektischen, unsteten Alltag im Filmbusiness bewusst gewesen ist.

Ehrungen aus Hollywood

Auch in seinem nunmehr neunten Lebensjahrzehnt treffen mehr Angebote bei Ken Adam ein, als er annehmen kann. Es kommt vor, dass innerhalb einer Woche nacheinander Volker Schlöndorff, István Szabó und Harvey Keitel am Apparat sind. So kann sich Ken Adam den Luxus leisten, bei der Auswahl der Drehbücher wählerischer zu sein als früher. Manchmal trägt das Skript nicht weit, manchmal ist es nur eine Kleinigkeit, die nicht stimmt. Das Angebot, das Produktionsdesign für den nach einem Roman von Michael Ondaatje gedrehten Film *Der englische Patient* (1996) zu übernehmen, wies er zurück. Seine Begründung lautete: »Der Produzent versuchte, alles für den halben Preis zu bekommen. Wenn eine Kooperation schon so anfängt, hört man besser gleich auf. In meinem Alter muss ich mir schon genau überlegen, welchen Film ich mache.«

Auch wenn Ken Adam seit 1998 nicht mehr in Hollywood gearbeitet hat, kommen weiter Ehrungen aus Los Angeles. Die Directors Guild lud ihn zu ihrer Gedenkveranstaltung am 16. Mai 1999 anlässlich des Todes von Stanley Kubrick ein. Die Motion Picture Academy plant für das Jahr 2003 eine Werkausstellung. Und auch die begehrte schlanke, goldene Statuette tritt immer wieder in Erscheinung: Im Jahr 1994 wird Ken Adam ein weiteres Mal für den Oscar nominiert, diesmal für die Komödie *Die Addams Family in verrückter Tradition*. »Ich empfand eine große Nähe zu den Charles Addams Cartoons in *The New Yorker*. Vielleicht wegen ihrer Düsternis und ihres Humors, vielleicht auch wegen der verzerrten Perspektiven, die er verwendet. Das war nicht weit entfernt von meinen Visionen, und ich beschloss, sie möglichst originalgetreu in Sets umzusetzen, ohne ihren Charme und den schwarzen Humor zu beeinträchtigen. Mir blieben nur acht Wochen für die Vorbereitung des Films. Es war ein organisatorischer Alptraum, aber alle gaben ihr Bestes. Wir haben den Film zu über 90 Prozent im Studio gedreht, in guter alter Hollywood-Tradition.« Dennoch wurde in diesem Jahr einem anderen Film der Oscar für die beste Art Direction zugesprochen. The winner was: *Schindlers Liste*,

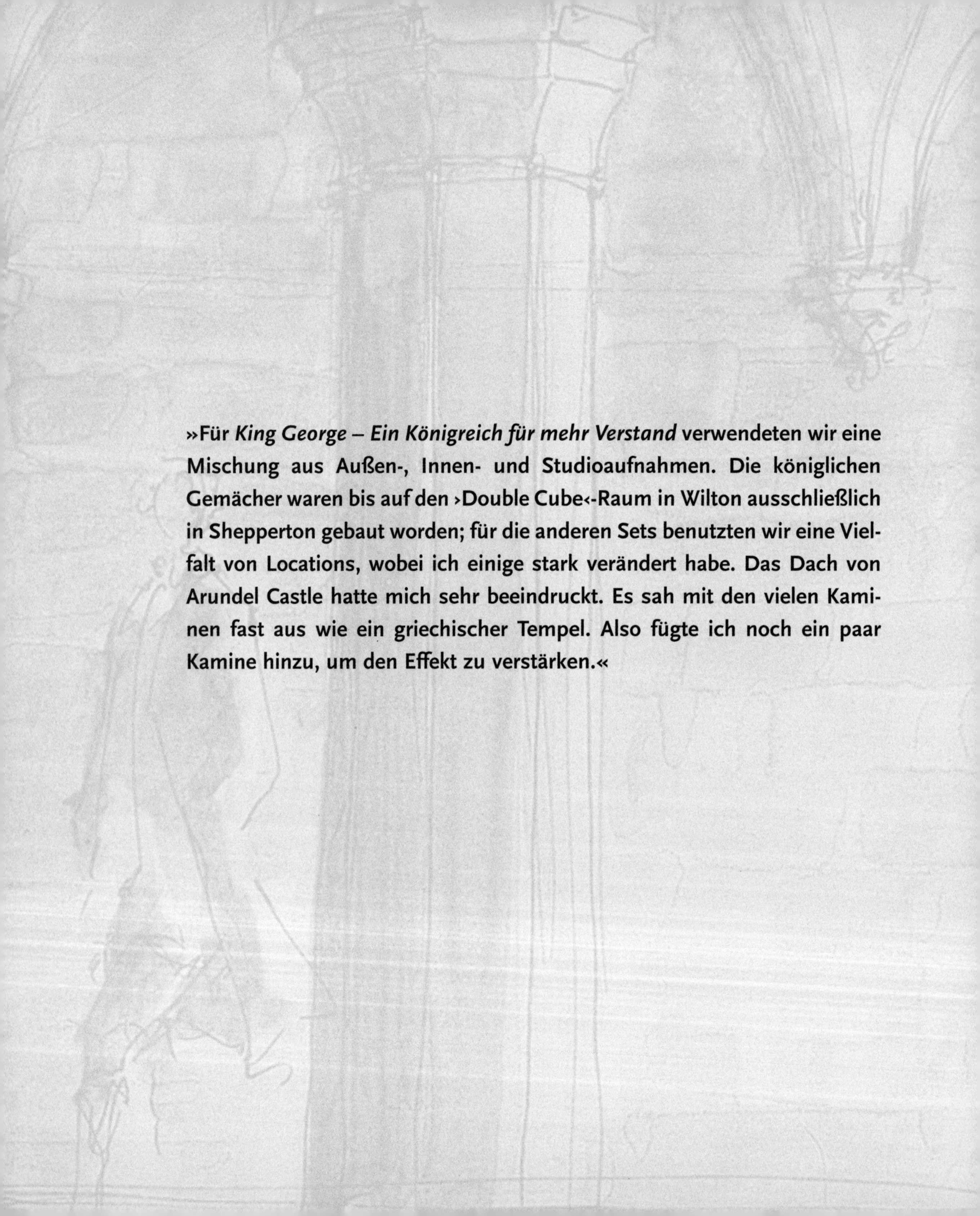

»Für *King George – Ein Königreich für mehr Verstand* verwendeten wir eine Mischung aus Außen-, Innen- und Studioaufnahmen. Die königlichen Gemächer waren bis auf den ›Double Cube‹-Raum in Wilton ausschließlich in Shepperton gebaut worden; für die anderen Sets benutzten wir eine Vielfalt von Locations, wobei ich einige stark verändert habe. Das Dach von Arundel Castle hatte mich sehr beeindruckt. Es sah mit den vielen Kaminen fast aus wie ein griechischer Tempel. Also fügte ich noch ein paar Kamine hinzu, um den Effekt zu verstärken.«

das unter der Regie von Steven Spielberg entstandene Werk über den Industriellen Oskar Schindler, der in Krakau mehr als tausend Juden vor nationalsozialistischer Verfolgung bewahrte und ihnen damit das Leben rettete.

Doch Ken Adam brauchte auf seinen zweiten Oscar nicht lange zu warten. Er kam schon bei der nächsten Gelegenheit. Fast zwanzig Jahre nach *Barry Lyndon* drehte Ken Adam mit *King George – Ein Königreich für mehr Verstand* einen weiteren Film aus der von William Thackeray beschriebenen Epoche: Die fortschreitende geistige Umnachtung des Monarchen Georg III., der von 1760 bis 1820 regierte, führt zu einem Machtkampf zwischen dem Tory-Premierminister Pitt und der adeligen Whig-Opposition, der schließlich durch die therapeutischen Künste eines Arztes glücklich beendet wird. Mit seinen puderstaubenden Perücken, den Diskursen über königlichen »Stuhlgang« und königliches »Wasser lassen« ist der Film erfrischend frech und darüber hinaus voller Anspielungen auch auf lebende Personen blauen Bluts. »Die Sets sind ein gutes Beispiel für die Reduzierung auf das Wesentliche. Man muss spüren, was man sagen möchte, um das Dramatische einer Szene betonen zu können. Ein Stuhl, zwei Bilder, ein Zimmer, das genügt. Man darf einen Raum nicht überfrachten. Im Grunde ist das auch die Bauhaus-Philosophie.« Im Schloß Kew, wo Georg kuriert werden soll, sind die Bilder von den Wänden entfernt, als sollten die so entstandenen hellen Stellen an verschwundene Erinnerungen gemahnen. Eine Schwindel erregende Wendeltreppe, die der König hinaufhastet, wird zur Brücke in den Wahnsinn: »Ich liebe diese Szene. Der König rennt los im Studioset von Windsor, läuft über die echte Treppe von St. Paul's Cathedral und kommt schließlich auf dem Dach von Arundel Castle an – und das Ganze soll in Windsor spielen. Das ist Produktionsdesign!« Produktionsdesign im Sinne Ken Adams: Die Imagination verfügt über die Realität und setzt sie neu zusammen, um die beabsichtigte Wirkung zu erzielen. Auf diese Weise wird das reale Element, hier die Wendeltreppe, zur Metapher. Und die Dynamik der Szene beschränkt sich nicht auf konkrete »Action«; sie liegt auch, und das ist entscheidend, in der Transformation des realen Geschehens in die Sphäre des Abstrakten

Eine zentrale Stelle des Films ist der Dialog zwischen dem König und seiner Gemahlin (»Irgendetwas ist im Gange, irgendetwas ist nicht in Ordnung«) auf dem Dach von Arundel Castle. Ken Adam hat für diesen Set zusätzliche Kamine aufstellen lassen: ein kalter Wald aus toten Schornsteinen, ein Set wie für eine griechische Tragödie.

Für Ken Adam stellt *King George – Ein Königreich für mehr Verstand* in mancherlei Hinsicht das Gegenteil von *Barry Lyndon* dar. Dieser Film wurde in acht Wochen

»Es gibt Regisseure, die einen Film vom Visuellen aus entwerfen, und es gibt Regisseure, die oftmals als Schriftsteller und Drehbuchautoren angefangen haben und die mehr auf das gesprochene Wort achten als auf die Szenen im Hintergrund. Das ist dann für mich schwieriger. Ich würde es vielleicht nicht ein ewiges Ringen nennen, aber auf jeden Fall eine harte Übung in Diplomatie.«

gedreht, ohne Nervenzusammenbrüche, ohne unablässige Diskussionen über Kerzenstärken und mit einem bescheidenen Budget von acht Millionen Pfund: »Es fing schon damit an«, berichtet Ken Adam, »wie Nick Hytner, der Regisseur, mich in New York besuchte. Er hatte nur eine Plastiktüte in der Hand. Er hatte noch nie einen Film gedreht. Aber in der Plastiktüte war dieses unglaubliche Drehbuch von Alan Bennett. Und es gab ein gutes britisches Team, das glänzend zusammenarbeitete, und erstklassige Schauspieler. Die Chemie stimmte einfach. Man redete miteinander. Deswegen wurde es auch ein guter Film.« Hytner hatte das Stück über King George schon erfolgreich am Theater inszeniert und bereitete zu jener Zeit die Aufführung von *Miss Saigon* am Broadway vor. Ken Adam fürchtete, dass die Studiobosse ihm zu viele Kompromisse aufzwingen würden: »Ich sagte ihm: ›Wenn die Produzenten mehr Nahaufnahmen haben wollen, gib sie ihnen, das kostet dich nichts. Aber wenn sie dir dein Konzept ausreden wollen, dann schick sie zum Teufel.‹«

Wo *Barry Lyndon* die düstere, distanzierte Beschreibung eines Anti-Helden war, ist *King George – Ein Königreich für mehr Verstand* ein leichter, fast gefälliger Film: »Es ist, verglichen mit *Barry Lyndon,* insgesamt gesehen eine hellere, aufgeräumtere Welt«, schrieb der Kritiker und Ken-Adam-Kenner Philip French. Dennoch oder vielleicht gerade deshalb bekam Ken Adam im März 1995 seinen zweiten Oscar für das Produktionsdesign von *King George – Ein Königreich für mehr Verstand.*

Es sollte nicht die letzte Auszeichnung bleiben, die ihm Hollywood verlieh. Die Art Directors Guild in Los Angeles, die Ken Adam in seiner Karriere nicht immer nur unterstützt hatte – als man ihm etwa die Nennung als Produktionsdesigner im Abspann von *Tanz in den Wolken* verwehrte –, würdigte die Leistung eines der größten Produktionsdesigner des 20. Jahrhunderts mit einem besonderen Akt. Im Februar 2002 erhielt Ken Adam eine der höchsten Auszeichnungen, die im Filmgeschäft zu vergeben sind: den »Life Time Achievement Award«, die Ehrung für das Lebenswerk eines Künstlers.

Späte Rückkehr nach Berlin

Als Ken Adam bereits auf die achtzig zuging, begann auch jene Stadt wieder eine bedeutsame Rolle für ihn zu spielen, die er gegen seinen Willen aus seinem Leben hatte verdrängen müssen: Berlin. Dabei hatte er geglaubt, mit seiner Heimatstadt bereits abgeschlossen zu haben. Ein Filmmensch ist da zu Hause, wo die Kamera

»Bob Aldrich und ich kehrten an einem eiskalten Dezembertag nach Berlin zurück. Die Mauer war noch nicht gebaut, und so kam die Hälfte unserer Studioarbeiter aus dem Osten. Von unserem Haus in der Tiergartenstraße standen nur noch einige verbrannte Mauern. Ich mietete eine Gründerzeitvilla in der Ballenstedter Straße, in der Nähe des Kurfürstendamms. Dort gab es dann einen ›Festabend‹, wie zu Zeiten meines Vaters. Ich lud Mannequins von den Frühjahrsschauen ein, engagierte ein Orchester und fand sogar einige Kellner, die früher im Hotel Adlon gearbeitet hatten und meinen Vater noch von den Veranstaltungen dort kannten. Ich wurde von Leon Uris gefragt, wie ich mit meiner Geschichte mit den deutschen Mädchen fraternisieren könnte. Aber dann fraternisierten alle so intensiv, dass viele Ehen zerbrachen – auch die von Bob Aldrich.«

steht. Und Ken Adam war ein Weltbürger, seine Heimat die internationale Welt des Films geworden.

Als er zusammen mit dem Regisseur Bob Aldrich Berlin 1958 anlässlich der Dreharbeiten zu *Vor uns die Hölle* besuchte, hätte Ken Adam Gelegenheit gehabt, sentimental zu werden, und – war es nicht geworden. Er wusste, dass die meisten Studioarbeiter der Ufa auch im Dritten Reich Studioarbeiter gewesen waren, und der Gedanke hatte ihn nicht über Gebühr gequält. Er war als Brite gekommen, hatte er sich gesagt. Die surreale Frontstadt-Situation, dadurch hervorgerufen, dass zwei ideologische Systeme in dieser Stadt unvermittelt aufeinander stießen (Berlin war damals noch nicht von der Mauer geteilt), die Nachtklubs, die Arbeit mit Aldrich – das alles hatte Ken Adam von den schmerzlichen Erinnerungen abgelenkt.

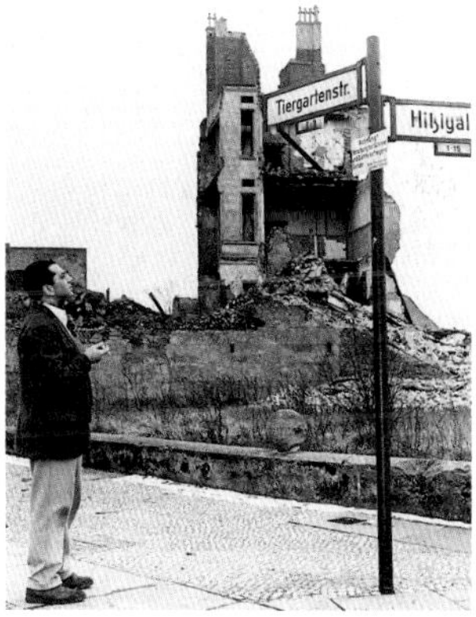

Ken Adam 1958 vor den Ruinen seines Elternhauses an der Tiergartenstraße in Berlin

Als seine Mutter Lilli Adam ihn 1958 in Berlin aufsuchte und durch die alten Geschäfte am Kurfürstendamm schlenderte, empfand sie weder Schmerz noch Heimweh. Lilli Adam hatte sich nach dem Tod ihres Mannes ein neues, eigenes Leben in London aufgebaut und keinen Grund, der Vergangenheit nachzutrauern: »Mutter war kein bisschen sentimental. Berlin gehörte für sie letztlich der Vergangenheit an, nicht mehr der Gegenwart. Mir kam die ganze Atmosphäre damals in Berlin wie eine Verlängerung der zwanziger und frühen dreißiger Jahre vor. Jeder wollte eine gute Zeit haben, weil keiner wusste, wie lange es in dem ungewissen politischen Klima noch gut gehen würde. Zwei Jahre später sollte die Mauer gebaut werden und Berlin auf die schiefe Bahn geraten, aus einer Swinging City wurde eine gedoppelte Provinzstadt.«

Für den Spionagefilm *Finale in Berlin* (1966) kam Ken Adam lediglich für eine Woche in die Stadt, um die geeigneten Drehorte zu finden, dann musste er schon wieder abreisen, um mit den Vorbereitungen für den nächsten Bond-Film beginnen zu können. Sein Art Director Peter Murton führte die Arbeit zum Abschluss.

Beim nächsten Aufenthalt in der Stadt seiner Kindheit fast ein Jahrzehnt später stieß Ken Adam erneut auf die düsteren Jahre Deutschlands: »1975 drehten Tinto

Brass und ich *Salon Kitty* in Berlin, die Geschichte eines vom Reichssicherheitsdienst geführten Luxusbordells, in dem deutsche Generäle und Politiker sowie Ausländer belauscht werden sollten. Das Originalgebäude der ›Pension Schmidt‹ stand damals noch, in einer Seitenstraße des Kurfürstendamms. Das Abhörzimmer der Gestapo war im Keller gewesen, und als ich hinunterkletterte, fand ich dort noch Reste der Aufzeichnungsapparate.«

Die Sets für *Salon Kitty* waren in der Manier der Maler Gustav Klimt, George Grosz und Otto Dix gehalten, das neue Bordell ganz im Stil des Art déco gestaltet. Ken hatte Möbel, Tapeten, Teppiche, Lampen selbst entwerfen müssen, mit Hilfe von Büchern und Fotos und den eigenen Erinnerungen aus der Tiergartenstraße 8. *Salon Kitty* wurde ein sehr erfolgreicher Film.

Während der Dreharbeiten in Berlin vermischten sich immer wieder die erlebte Vergangenheit und die Dreharbeiten zu der fiktiven Geschichte, und die Erinnerung nahm nicht zuletzt Einfluss auf die Sets, die Ken Adam gestaltete. Als er schließlich im Oktober 1989 nach Berlin reiste, um dort mit Gene Hackmann und Mikhail Baryshnikov die Agentenkomödie *Company Business* zu drehen, kam den Filmleuten überraschend die Gegenwart in die Quere: Am 9. November fiel die Mauer. Das Drehbuch, das noch von den Konstellationen des Kalten Kriegs ausging, musste täglich umgeschrieben werden und konnte doch mit den rasanten politischen Veränderungen nicht Schritt halten: »Wir sind von den dramatischen Entwicklungen jeden Tag erneut völlig überrannt worden. Die Story hatte bald überhaupt keinen Sinn mehr. Das kümmerte mich ehrlich gesagt wenig. Hauptsache, ich war Augenzeuge der ersten Monate des wiedervereinigten Berlin.«

Der Fall der Mauer und der Umzug der Bundesregierung nach Berlin hatten für Ken Adam zur Folge, dass die Stadt ihm wieder näher rückte. Berlin war wieder im Gespräch, es herrschte Aufbruchstimmung. Und zugleich knüpfte man an gute alte Traditionen an, auch im Filmbusiness: Volker Schlöndorff hatte die ehemaligen Ufa-Filmstudios in Potsdam-Babelsberg zu neuem Leben erweckt und fragte Ken Adam bei jeder Gelegenheit, ob er nicht Lust habe, dort zu arbeiten. Schlöndorff hatte Adam bereits 1977 eingeladen, an der Verfilmung von Günter Grass' Roman *Die Blechtrommel* mitzuwirken. Aus Zeitgründen musste Adam damals ablehnen: Er hatte gerade zugesagt, die Ausstattung für *Moonraker – streng geheim* zu übernehmen.

Zur Jahrtausendwende plante die neue Bundeshauptstadt eine große Ausstellung zur Feier der Wissenschaften. Es wurde, wie sich erst später herausstellte, die

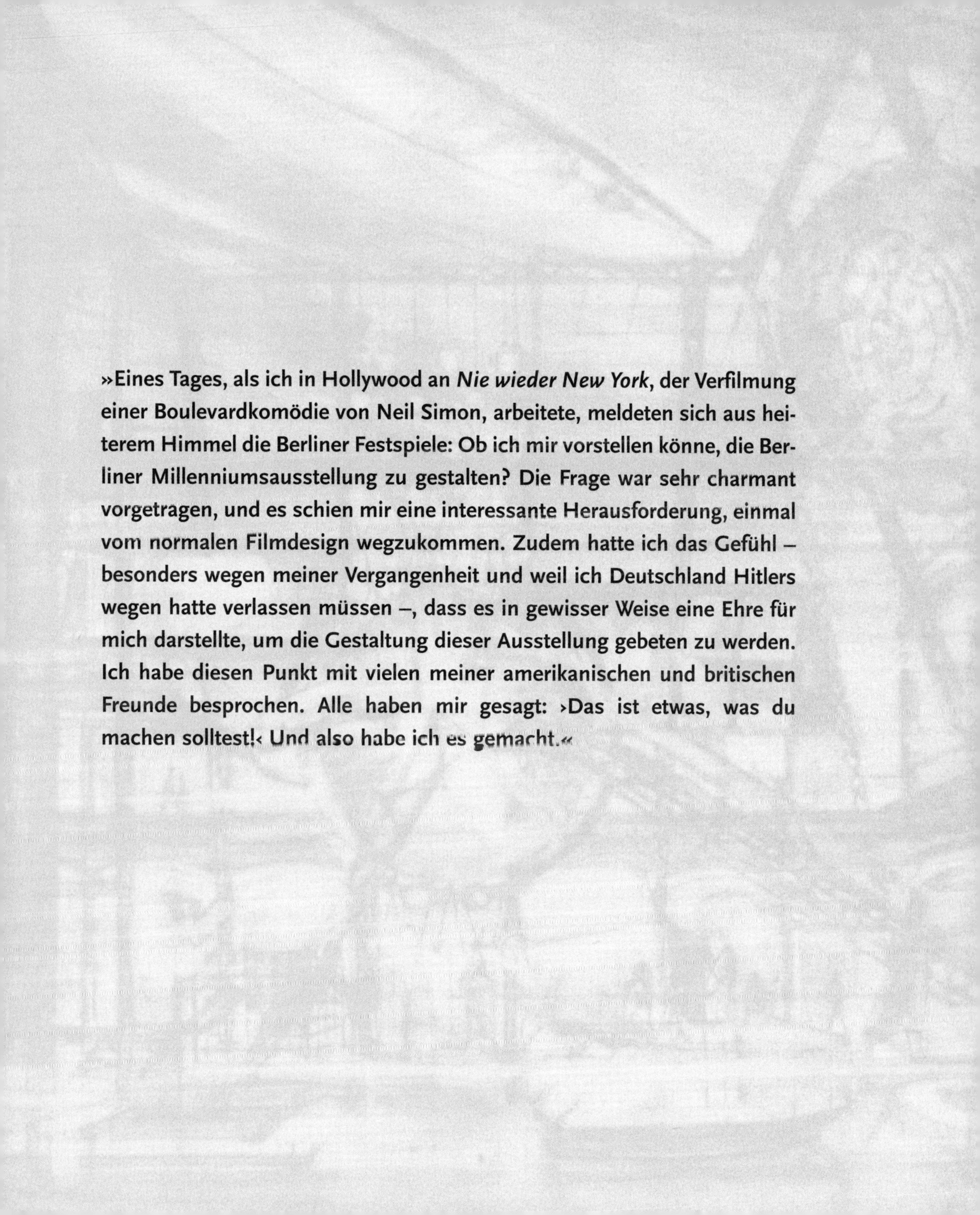

»Eines Tages, als ich in Hollywood an *Nie wieder New York*, der Verfilmung einer Boulevardkomödie von Neil Simon, arbeitete, meldeten sich aus heiterem Himmel die Berliner Festspiele: Ob ich mir vorstellen könne, die Berliner Millenniumsausstellung zu gestalten? Die Frage war sehr charmant vorgetragen, und es schien mir eine interessante Herausforderung, einmal vom normalen Filmdesign wegzukommen. Zudem hatte ich das Gefühl – besonders wegen meiner Vergangenheit und weil ich Deutschland Hitlers wegen hatte verlassen müssen –, dass es in gewisser Weise eine Ehre für mich darstellte, um die Gestaltung dieser Ausstellung gebeten zu werden. Ich habe diesen Punkt mit vielen meiner amerikanischen und britischen Freunde besprochen. Alle haben mir gesagt: ›Das ist etwas, was du machen solltest!‹ Und also habe ich es gemacht.«

kostspieligste Ausstellung in der Geschichte der Stadt. Auf »Sieben Hügeln«, so der Titel des Unternehmens, sollte der Wissensstand der Epoche mit allen nur denkbaren technischen Mitteln präsentiert werden. Der Zentralbereich der Ausstellung sollte unter der thematischen Überschrift »Kern« im Lichthof des Martin-Gropius-Baus stehen. Den Kuratoren schwebte eine möglichst spektakuläre Konstruktion vor, etwas Atemberaubendes, Technisches, Futuristisches, wie es in diesen alten Bond-Filmen zu sehen war ... Also eine Aufgabe für Ken Adam.

Gereon Sievernich, einer der Ausstellungskuratoren, rief Ken Adam Mitte April 1998 in Malibu an und unterbreitete ihm das Angebot, die Gestaltung dieser Ausstellung zu übernehmen. Welche Ironie, diese Einladung: Das »Tausendjährige Reich« hatte Klaus Adam aus Berlin vertrieben; zur Jahrtausendfeier wurde er in die Stadt zurückgeholt. Gewiss war es auch eine Ehre für Ken Adam, vor allem aber war es so etwas wie ein stiller Triumph.

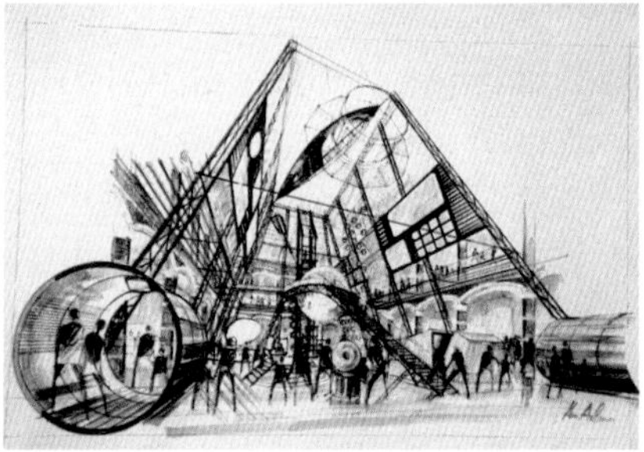

Skizze für den von Ken Adam gestalteten Zentralbereich der Ausstellung »Sieben Hügel« im Berliner Martin-Gropius-Bau

Sievernich hatte auch ein Foto des Martin-Gropius-Baus nach Malibu geschickt: Es handele sich, erläuterte er, um ein Gebäude im Stil des Berliner Historismus, 1881 erbaut, dessen Innenhof die italienische Renaissance zitiert. Als Sievernich einige Tage später an der amerikanischen Westküste eintraf, hatte Ken Adam die ersten Entwürfe für den »Kern« der Ausstellung »Sieben Hügel« bereits fertig. Sie wurden im weiteren Verlauf der Arbeit nicht wesentlich verändert: »Es war ein Design ganz im Bond-Stil. Ich hatte erwartet, von den Ausstellungsmachern etwas zurückgestutzt zu werden, und mich schon auf einen Kompromiss eingerichtet. Aber Sievernich kam und sagte: ›Das kriegen wir hin.‹ Es war genau das, was Ron Udell, der Construction Manager aus den Pinewood Studios, immer gesagt hatte. Und es war genau das, was ich hören wollte.«

Ken hatte sich einen himmelsstürmenden Entwurf ausgedacht. Er wollte auf das Weltall zielen: »Das gab mir die Chance, den Lichthof optisch zu erhöhen und zugleich die viktorianische Architektur im Blick zu behalten, die mir am Martin-Gropius-Bau sehr gut gefällt. Mir schwebte zunächst eine auf den Kopf gestellte

Pyramide vor. Doch hätte ich damit zu viel an Bodenfläche verloren. Also stellte ich sie wieder auf die Füße. Am Ende wurde es nahezu kathedralenhaft. Die Pyramide erwies sich als ein äußerst praktisches Konzept. Sie bietet Gelegenheit, eine Vielzahl von Projektionsflächen anzubringen, die in einem natürlichen Neigungswinkel zum Publikum am Boden stehen.«

Der Martin-Gropius-Bau, in dem einst das preußische Kunstgewerbemuseum untergebracht war, steht im Herzen von Berlin, zu Zeiten des Kalten Kriegs nur wenige Meter von der Mauer entfernt, zu Zeiten des Dritten Reichs in unmittelbarer Nachbarschaft zum Hauptquartier der Gestapo. Die Kellerruinen dieser Kommandozentrale des Bösen waren noch zu sehen, als Ken Adam im Herbst 1998 nach Berlin kam, um in dem Lichthof des Gropius-Baus eine Pyramide aus Waffenstahl zu bauen.

Gun metal, Rotguss, hatte Ken schon in *Dr. No* für Bonds Zigarettenetui verwendet. Nun baute er eine ganze Kathedrale daraus, ein raumschiffartiges Gebilde voller Maschinen, Monitore und Kunstwerke. Es ist unverkennbar der »Adam style«, der hier noch einmal zur Entfaltung kam. Mächtige Winkel sind durch den Lichthof gelegt, wie in dem Film *Der Spion, der mich liebte* fahren die Besucher in einem gläsernen Fahrstuhl durch die verschiedenen Plattformen, und wie in *Dr. Seltsam oder Wie ich lernte, die Bombe zu lieben* und *Dr. No* findet sich ein Globus an exponierter Stelle. Mitten im »Kern« leuchtet, als eine Art Allerheiligstes, eine transparente, aus Schalen zusammengefügte Erdkugel, fünf Meter im Durchmesser, in der innerirdische Magmakanäle und vulkanische Adern zu glühen scheinen. Hoch über ihr hängt, zugleich Rosette und Auge zum All, die Stirnplatte eines Teilchenbeschleunigers; eine zwanzig Meter hohe stählerne Doppelhelix steht für den Kern des Lebens, der Schädel des René Descartes für die Hardware des Cogito.

Ken Adams Rückkehr nach Berlin hätte spektakulärer nicht sein können. Und seine Heimatstadt sollte ihn so schnell nicht wieder loslassen. Im Oktober 1998 wurde er eingeladen, im Rahmen der »Berliner Lektionen« im Renaissance-Theater über seine Arbeit zu berichten. Unmittelbar nach der Ausstellung »Sieben Hügel« begab sich Ken Adam zusammen mit dem Regisseur István Szabó auf Locationsuche für *Taking Sides* (deutscher Titel: *Der Fall Furtwängler*), einen Film über den Dirigenten Wilhelm Furtwängler und das Dritte Reich, mit Harvey Keitel und Stellan Skarsgård in den Hauptrollen. Die Arbeit an den Sets war für Ken Adam eine Arbeit an der eigenen Biographie. Er streifte durch Berlin-Charlottenburg, stöberte in Archiven, traf auf Menschen, die sich für seine eigene Geschichte interessierten. Eine Schlüsselszene in *Der Fall Furtwängler* schildert die Vernehmung des Dirigenten kurz nach Kriegsende durch einen jungen Offizier der Alliierten, der selbst als Jude aus Deutschland vertrieben worden ist.

»Ken ist jemand, der sich die Hände schmutzig macht. Er kümmert sich um alles und hat ein sehr sicheres Auge für Details, zum Beispiel bei den Kostümen«, sagt Yves Pasquier, der Produzent des Films. »Er hat es geschafft, jung zu bleiben, ich vermute, weil er sich so die verlorenen Jahre seiner Jugend zurückholen kann. Ohne ihn wäre unser Film ein anderer geworden.«

Der Fall Furtwängler gab Ken Adam die Möglichkeit, ein weiteres Mal ein klein wenig Rache an der Geschichte zu nehmen: »Ich war erstaunt«, berichtet Pasquier, »wie viel Mühe Ken Adam sich mit einer Nebenszene machte, in der die Alt-Berliner Wohnung der aristokratischen Mutter einer Sekretärin gezeigt werden sollte. Er beharrte darauf, dass der Lampenschirm eine ganz bestimmte Form und einen ganz speziellen rosa Farbton haben müsste, und ließ zwei ovale Bildnisse nachmalen. Ich war erstaunt über diesen Eifer, bis mir klar wurde, dass er sich sein Berliner Elternhaus nachbaute.«

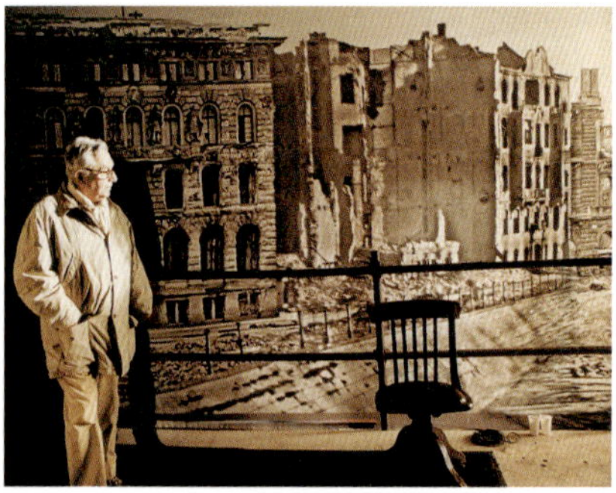

Ken Adam vor der Kulisse des zerstörten Berlin *(Der Fall Furtwängler)*

Ken Adam wusste nur zu gut, um was es in dem Film ging. »Jeder ist auf seine Weise entwurzelt«, erläutert er, »und István erwartete von den Sets, dass sie diesen Umstand unterstreichen sollten. Also schlug ich vor, Furtwängler nicht in irgendeinem Opernhaus dirigieren zu lassen (die alte Philharmonie steht ja nicht mehr), sondern in der Ruine des Berliner Doms. Während meiner Recherchen zu dem Film war ich auf ein Foto gestoßen, das Furtwängler in einer ähnlichen Situation zeigte. Auch das Verhör sollte nicht in einem Gebäude mit einem Treppenhaus im Nazi-Stil spielen. Dann erinnerte ich mich an das wunderschöne Treppenhaus im Bode-Museum, und dort drehten wir.« In einer Szene geht der in die Fremde heimgekehrte jüdische Emigrant durch ein Aktenarchiv. Ihm fällt eine bauliche Veränderung auf, und er entdeckt, dass er sich in einer umgebauten Synagoge befindet: »Ein Set, auf den Letizia mich gebracht hat. Wir drehten die Szene dann in der Parochialkirche.«

Drei Monate lang pendeln die Adams zwischen Berlin und Potsdam-Babelsberg hin und her. Rainer Schaper, selbst Filmarchitekt und Geschäftsführer von Studio Babelsberg, ist hocherfreut, eine Filmlegende bei sich auf dem alten Ufa-Gelände zu haben, und erhofft sich insgeheim eine Wiederbelebung jener großen Zeit, als in Babelsberg Marlene Dietrich, Billy Wilder, Fritz Lang und Zarah Leander arbeiteten. Ken allerdings beurteilt die Situation nüchterner, der Blick des Heimgekehrten auf seine früheren Landsleute ist rein professioneller Natur: »Die Ostdeutschen sind gute Tischler und hervorragende Marmoristen. Denn anders als in England und Hollywood war Arbeitszeit in der DDR nie ein wirtschaftlicher Faktor. Teuer waren die Materialien. Es gibt zwar jetzt hier eine moderne Media Installation und eine Filmhochschule, doch die Hallen, die aus den zwanziger Jahren stammen, sind noch nicht modernisiert worden, und die Wände sind nicht geräuschisoliert.« Und noch etwas sei ihm aufgefallen: »Mancher arbeitet, als wäre er im Widerstand.«

Filmdesign per Mausklick?

Eines Morgens wird Ken Adam in Babelsberg von einem jüngeren Herrn mit Baseballmütze begrüßt, der ihm überschwänglich Komplimente macht und sich als John Nelson vorstellt: »Ich habe die Computeranimation für den Film *Gladiator* gemacht« – für die er einige Monate später einen Oscar erhalten würde. Nelson sagt, er wäre ohne die Arbeiten von Ken niemals zum Film gekommen: »Ihre Filme machen mich immer noch stumm vor Bewunderung«, bekennt er. »Sie haben das alles mit so viel Leichtigkeit gemacht. *Goldfinger* ist heute noch genauso frisch wie damals!« Ken Adam wird zu einem Videoschirm komplimentiert, dort führt Nelson ihm vor, wie ganze Amphitheater mit ein paar Mausklicks hochgezogen, wie Völkerscharen aus einigen Dutzend Statisten geklont werden. Für den Film *Sodom und Gomorrha* (1961), gedreht unter der Regie von Robert Aldrich, musste Adam noch in die Wüste fahren und mit marokkanischen Hilfskräften die Mauern von Sodom auftürmen, aus Mörtel und Stein und so massiv, dass sie heute noch stehen; er musste sich seine hellhäutigen Sodomiterinnen noch mühsam aus den Nato-Basen des Landes zusammensuchen, weil die Bordelle des Landes sie nicht hergeben wollten, und die nötigen Reiterscharen beim König von Marokko persönlich erbitten. »Ken, schauen Sie sich das an«, sagt Nelson. Tatsächlich, die *Gladiator*-Szenerie ist gigantisch. Größer als jeder Bond-Vulkan.

»Heutzutage werden die meisten Filme *on location* gedreht. Die Arbeit eines Produktionsdesigners hat sich dadurch natürlich verändert. Sie ist immer noch wichtig, aber in den letzten zwanzig Jahren ist der Kameramann, berechtigterweise oder nicht, fast noch wichtiger geworden. Er wird auch deutlich besser bezahlt. Das ist teilweise auch die Schuld der Produktionsdesigner, denn sehr viele von ihnen tragen ihre Bezeichnung zu Unrecht. Sie haben nie im Studio gearbeitet.«

»Computer sind eine enorme Hilfe, aber sie sind nach wie vor Werkzeuge, die man programmieren muss«, betont Adam. »Man braucht immer noch den Produktionsdesigner, der das alles entwirft. Das Rückgrat eines Films bildet das Drehbuch, und die *computer generated images* sind lediglich Hilfsmittel, die dazu dienen, eine Geschichte zu erzählen. Aber sie dürfen nicht die Hauptsache werden. Die Gefahr dabei ist, dass die Schauspieler sich nicht mehr ernst genommen fühlen.« Bei der Rückkehr zum eigenen Set, einem kärglich eingerichteten, von den Ruinen der Reichshauptstadt umgebenen Verhörzimmer, gesteht Ken Adam, dass ihm schon ein wenig unwohl gewesen sei beim Anblick der digitalen Zauberei: »Für diese Jungs bin ich ein Guru. Aber ich frage mich, ob man eine Gladiatorenarena der Römerzeit zeigen darf, als handele es sich um die Miami-Superbowl. Zu den Zeiten von Kaiser Augustus hat es die Vogelperspektive nicht gegeben, es gab keine Luftschiffe. Also sollte man die Vogelschau auch nicht nachstellen, wenn es einem um historische Genauigkeit zu tun ist.« Und Ken Adam fährt fort: »Die Studios hatten früher zwanzig, dreißig Schreiber unter Vertrag. Heute glauben sie, dass möglichst spektakuläre Bilder allein einen Film tragen können. Das ist ein Irrtum. Das Drehbuch ist das Wichtigste. Denn es hat vor 3000 Jahren Geschichten gegeben, und es werden auch in 3000 Jahren noch Geschichten erzählt werden.«

Trotzdem ist es gewiss kein Zufall, dass sich die jungen Filmdesigner, die heutzutage am Computer eine wahre Bilderflut erzeugen, gerade auf Ken Adam berufen. Schließlich war er es gewesen, der mit seinen Entwürfen zu den Bond-Filmen vorgeführt hatte, welch große Bedeutung dem Design zukommen kann. Die Dominanz des Designs, das hat er allerdings auch stets betont, sei nur dann gerechtfertigt, wenn es, wie bei den 007-Filmen, nicht wirklich auf die Handlung ankomme. Sonst hätten sich die Sets – mit der ihnen eigenen Aussagekraft – der Gesamtidee des Films unterzuordnen: als Hintergrund für die Schauspieler, als Überraschungseffekt für den Zuschauer und als integraler Bestandteil der Handlung, der Geschichte, die sie erzählt, sowie der Botschaft, die sie vermitteln will.

Ken Adam sagt heute, er habe bei einigen Bond-Filmen vielleicht den Fehler gemacht, Sets zu entwerfen, die in ihrer Großartigkeit den Schauspieler überwältigten. »Von Laurence Olivier habe ich gelernt, in welchem Maße schon einzelne Requisiten einen Schauspieler beeinflussen können. In dem Film *Kein Koks für Sherlock Holmes* hatte er sich entschieden, eine ganze Szene vor einem Kamin zu spielen, den ich entworfen hatte. Als ich ihm bei der Probe zusah, wurde meine Aufmerksamkeit durch drei Bronze-Statuetten abgelenkt. Ich schlich mich hin und räumte sie fort.

Nach dem Dreh sagte Olivier zu mir: ›Ich bin froh, dass du das getan hast. Sie passten einfach nicht.‹« Nicht jedes Detail eines Sets müsse, sagt Adam, auch später auf der Leinwand zu sehen sein. Aber die Schauspieler bräuchten einen glaubwürdigen Set, um auch glaubwürdig spielen zu können. In dieser Auffassung unterscheidet sich Ken Adam grundlegend von vielen seiner jüngeren Kollegen. Seit die Computeranimation in den Studios heimisch geworden ist, werden Schauspieler oft nur auf Umrisse reduziert, die vor dem Bluescreen, dem künstlichen blauen Hintergrund, ihre Bewegungen ausführen: Schemen ohne echten Hintergrund. Für einen Meister des Raums wie Adam ist das nicht akzeptabel. Ein Schauspieler braucht Raum, um sich entfalten, und einen konkreten Raum, um in ihm spielen zu können. Und manchmal braucht er auch eine Schale Nüsse, wie Marlon Brando.

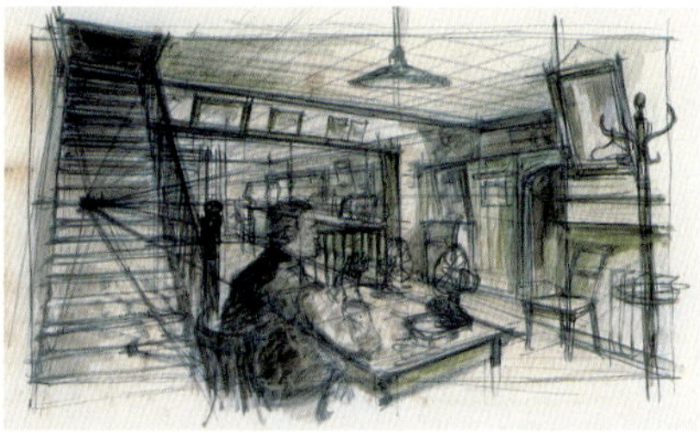

Entwurf eines Sets für den Film *Freshman*; im Vordergrund angedeutet der Schauspieler Marlon Brando

Für *Freshman* (1989), einen Mafia-Film mit Marlon Brando als Paten – und als Selbstzitat aus Coppolas berühmtem Filmepos –, sollte Ken Adam geeignete Drehorte im Stadtteil Little Italy in New York finden. Ein schwieriges Unterfangen: Einem der Location-Scouts wurde die Kamera zerschlagen, und die meisten Gitter vor den Social Clubs blieben unten. »Erst als die Produktionsfirma einen Deal mit einem der örtlichen Mafiabosse geschlossen hatte, durfte ich einen Klub von außen fotografieren und einen kurzen Blick hineintun. Das Schlimmste dabei war, jeden Tag die schlechten Spaghetti im Restaurant dieses Paten essen zu müssen – das war eine seiner Bedingungen. Ich baute die Räume dann im Studio nach, teilweise mit forcierter Perspektive, um die Wucht von Brandos Erscheinung zu betonen.«

Ken Adam war insbesondere von Marlon Brandos Professionalität beeindruckt. »Er stellte gleich zu Beginn klar, dass er bereit sei, acht Stunden pro Tag zu arbeiten, aber keine Minute länger. Das war aber kein Problem, denn die Male, die wir zehn oder mehr Stunden drehten, war sein Part in der Regel schon abgehandelt. Er ist zweifellos einer der größten Schauspieler, mit denen ich je gearbeitet habe. Nach alter Theatertradition benutzt er gerne Requisiten, um die Wirkung seiner Darstellung zu erhöhen. An einem Tag bat er mich beispielsweise vor einem Drehtermin im Social Club darum, ihm eine Schale mit Walnüssen als Dekoration auf seinen

Schreibtisch zu stellen. Zu unser aller Überraschung knackte er dann die Nüsse mit der bloßen Hand, um seinen Gegenspieler, der von Matthew Broderick gespielt wurde, bei ihrem ersten Aufeinandertreffen einzuschüchtern.«

Einen sehr direkten Bezug zum traditionellen Theater hat auch der Set für den Film *Der Fall Furtwängler*. Er basiert auf dem gleichnamigen Bühnenstück des britischen Dramatikers Ronald Harwood, dessen Handlung sich größtenteils in einigen wenigen Räumen abspielt. Für die Aussichten durch die Fenster auf Berlin und für Aufnahmen außerhalb dieser Räumlichkeiten hatte Ken Adam eine besondere Aufgabe zu lösen: Er musste Berlin als Ruinenlandschaft zeigen, er musste seine alte Heimatstadt noch einmal zerstören. Die Perspektive des Stücks und des Films ist allerdings nicht auf die Zerstörung gerichtet, sondern auf den Neuanfang nach der Katastrophe. Das mag Ken Adam seine Aufgabe erleichtert haben.

Sechs Monate hatten sich Letizia und Ken im »Savoy Hotel« in Berlin-Charlottenburg einquartiert, und als sie wieder abreisen mussten, merkten sie, dass es gar nicht so einfach war. Es fiel ihnen schwer, die Stadt zu verlassen, weil sie wieder ein Teil von ihr geworden waren. Sie hatten zu viele Freunde gefunden, waren Gast bei zu vielen Treffen und Veranstaltungen gewesen, hatten gesehen, dass man auf den Berliner Flohmärkten Kens Bond-Mobile noch finden kann, ohne langes Suchen.

Wäre er in den fünfziger Jahren gefragt worden, wo er wohl seinen 80. Geburtstag feiern würde, dann hätte Ken Adam vermutlich jeden Ort genannt, nur nicht die Stadt seiner Kindheit. Und wäre er im Krieg gefragt worden, hätte er wohl schon allein angesichts der Vorstellung, überhaupt jemals dieses Alter erreichen zu können, den Kopf geschüttelt. Als es aber so weit war und der 5. Februar 2001 näher rückte, schien es gar keine so gute Idee, in London zu bleiben, plötzlich war die Vorstellung verlockend, die neuen, jüngeren Freunde aus Babelsberg einzuladen, und am Ende war es Letizia, die sagte: »Warum nicht?«

So kehrte Ken, vormals Klaus Hugo Adam, genau 80 Jahre nach seiner Geburt nach Berlin zurück. Abends gibt es einen Empfang in der Wohnung von Gereon Sievernich, dem Mitkuratoren der Ausstellung »Sieben Hügel«. Der Botschafter Ihrer Majestät ist da, Freunde aus London und Filmkollegen aus Babelsberg oder Paris, die über den drohenden Schauspielerstreik reden. In der Mitte steht Ken Adam und hat Geburtstag. Es ist fast wie das Ende eines Hollywood-Films. Der Kreis hat sich geschlossen, und sei es auch nur für den Moment eines Festes. Ken ist wieder ein wenig Klaus an diesem Abend.

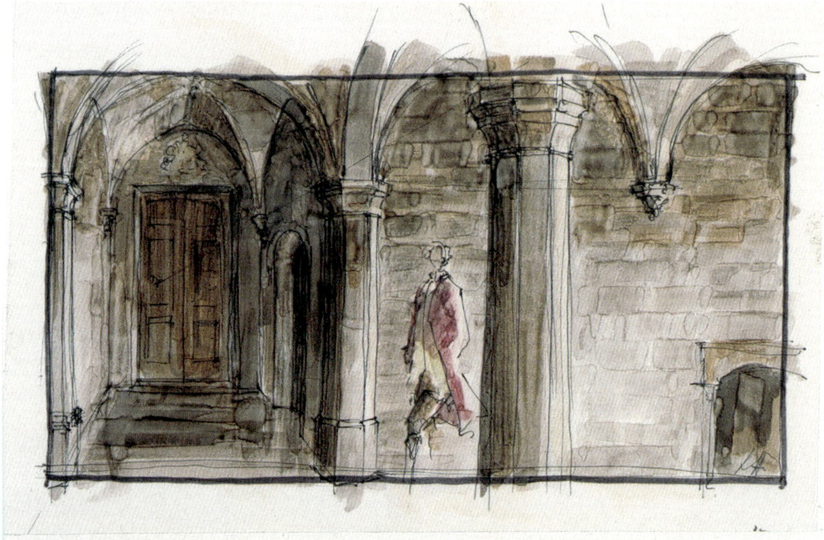

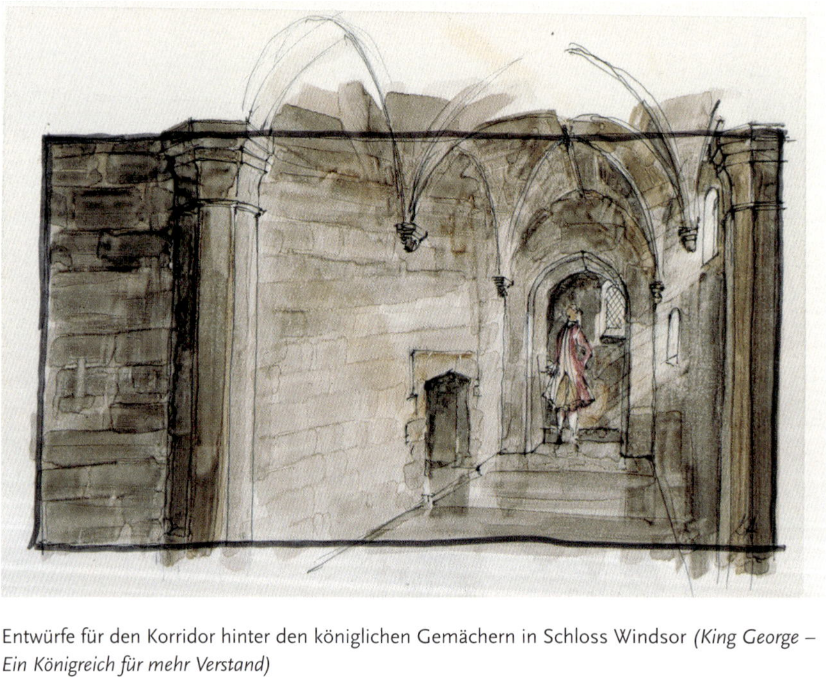

Entwürfe für den Korridor hinter den königlichen Gemächern in Schloss Windsor *(King George – Ein Königreich für mehr Verstand)*

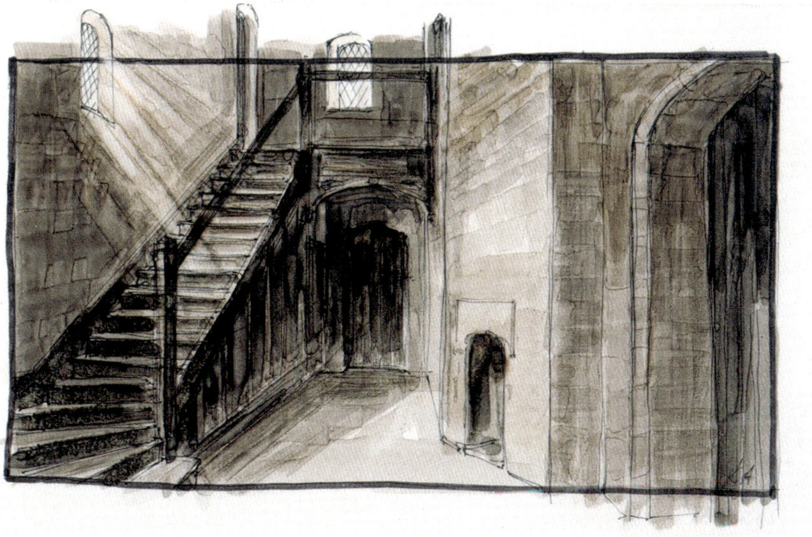

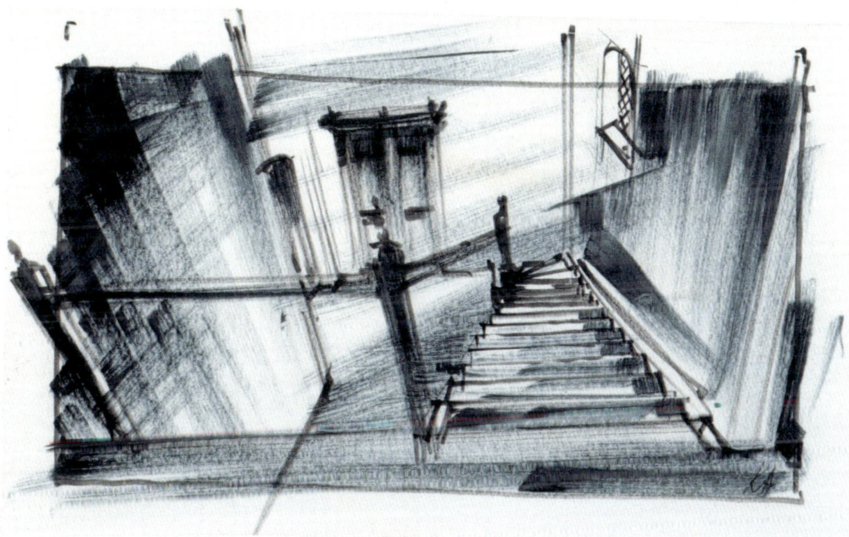

Studien zur Treppe hinter den königlichen Gemächern in Schloss Windsor *(King George – Ein Königreich für mehr Verstand)*

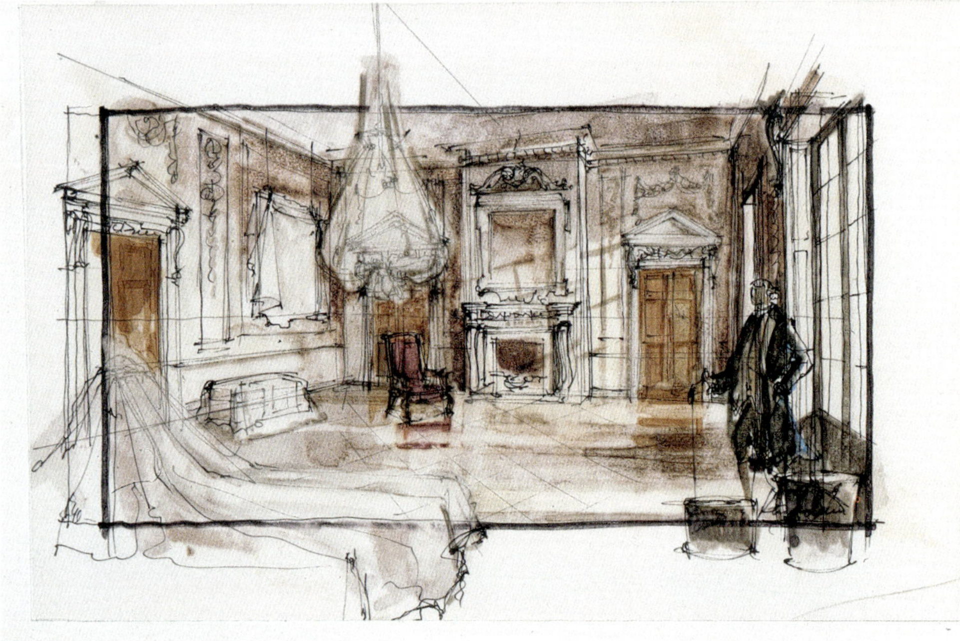

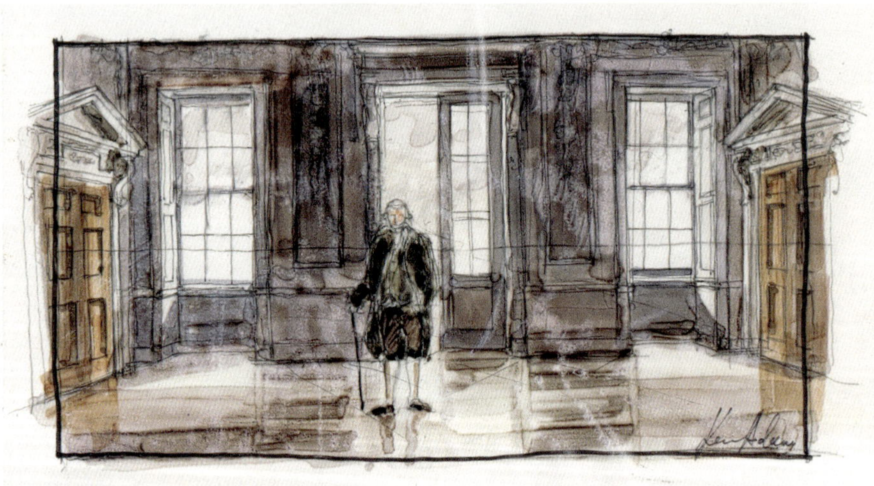

Studien zur Eingangshalle in Schloss Kew (oben mit teilweise noch verdecktem Mobiliar) *(King George – Ein Königreich für mehr Verstand)*

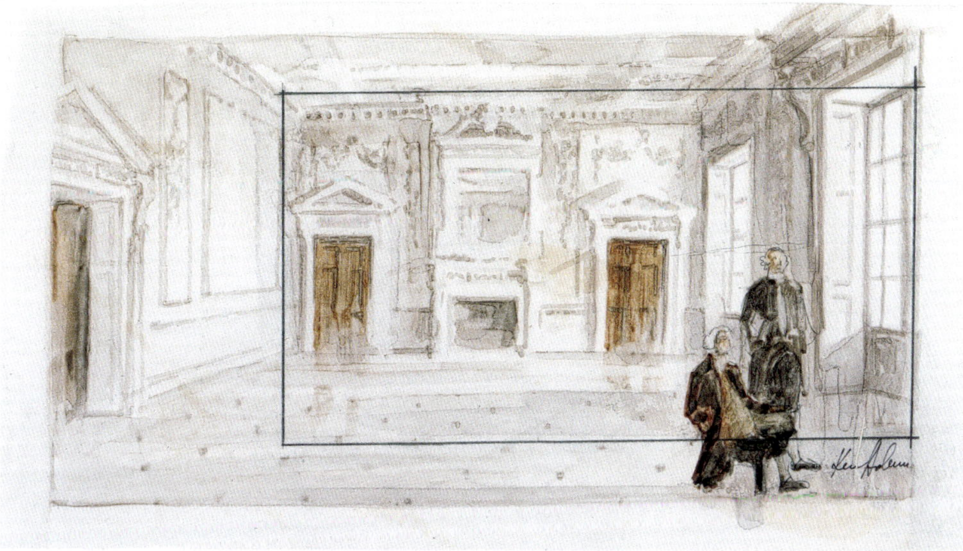

Studie zur Eingangshalle in Schloss Kew *(King George – Ein Königreich für mehr Verstand)*

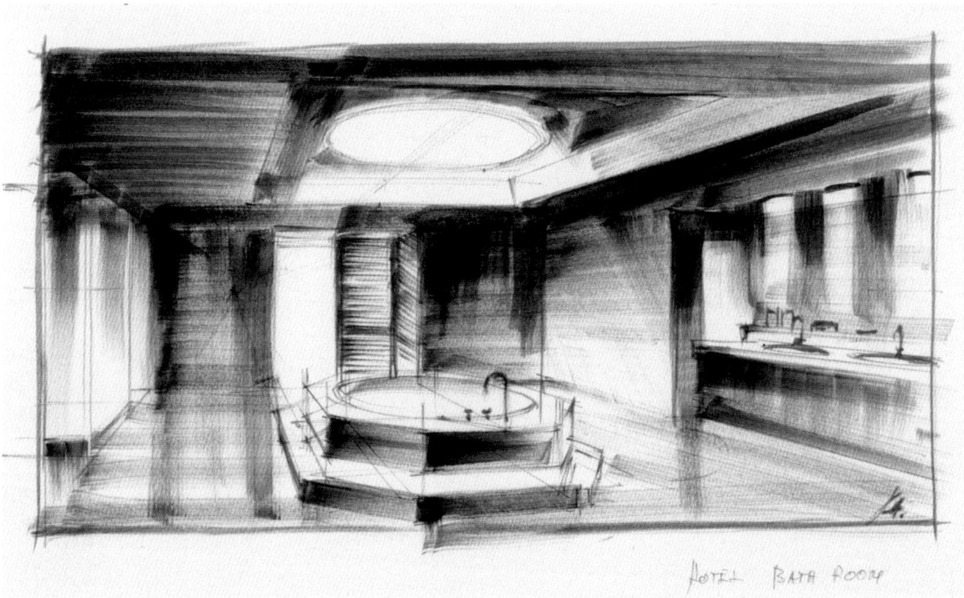

Entwurf für das Badezimmer des Hotels in Hawaii *(Die Addams Family in verrückter Tradition)*

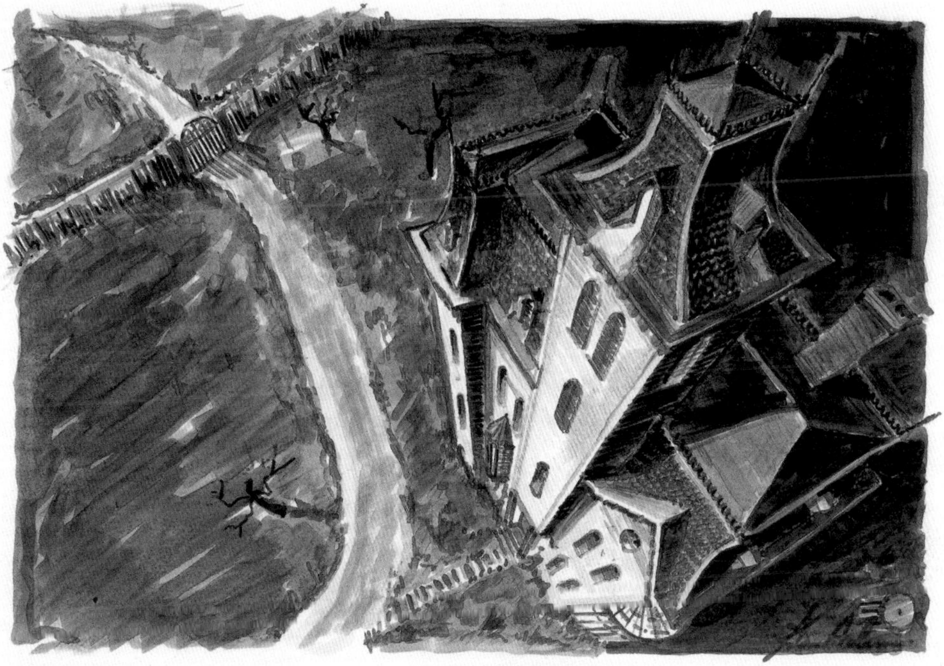

Das Haus der Addams Family aus der Vogelperspektive *(Die Addams Family in verrückter Tradition)*

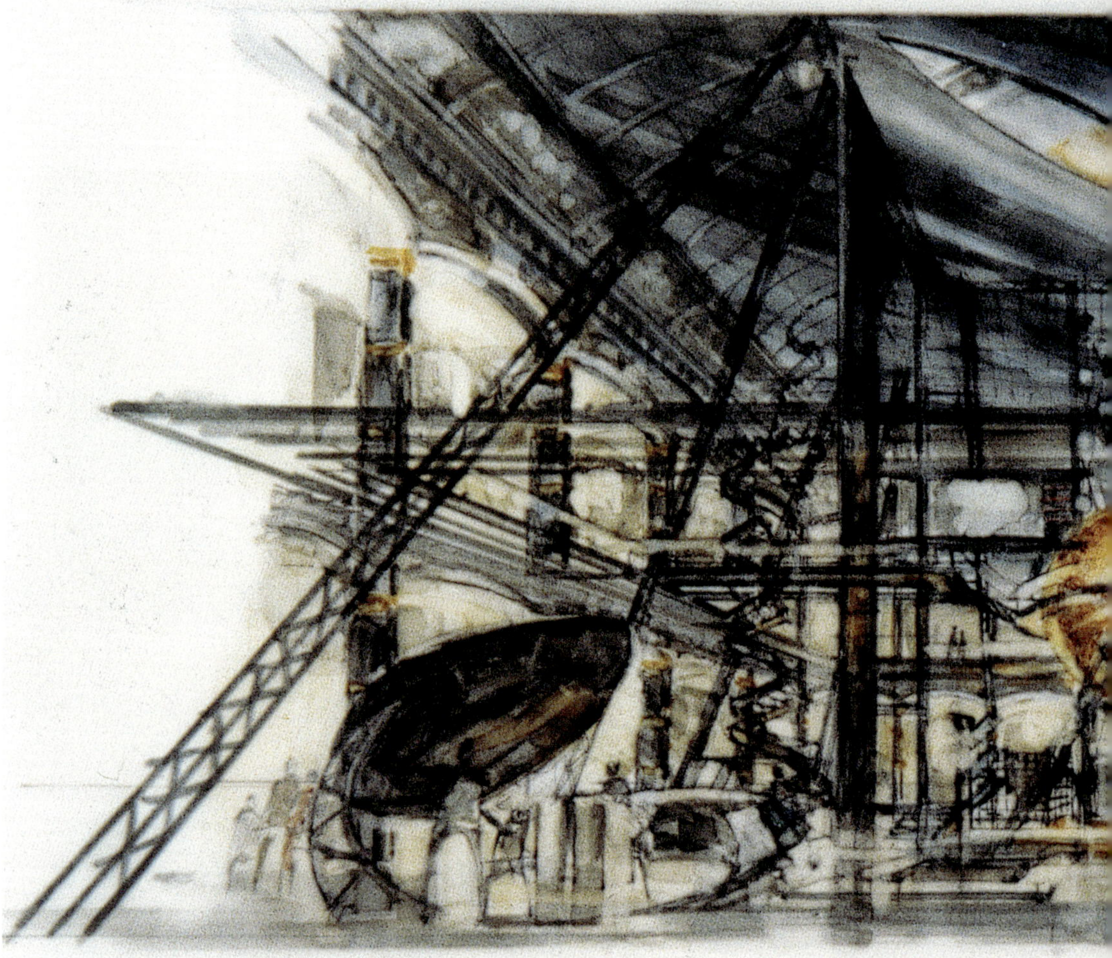

Studie zum »Kern«-Bereich der Ausstellung »Sieben Hügel« im Berliner Martin-Gropius-Bau; Seitenansicht

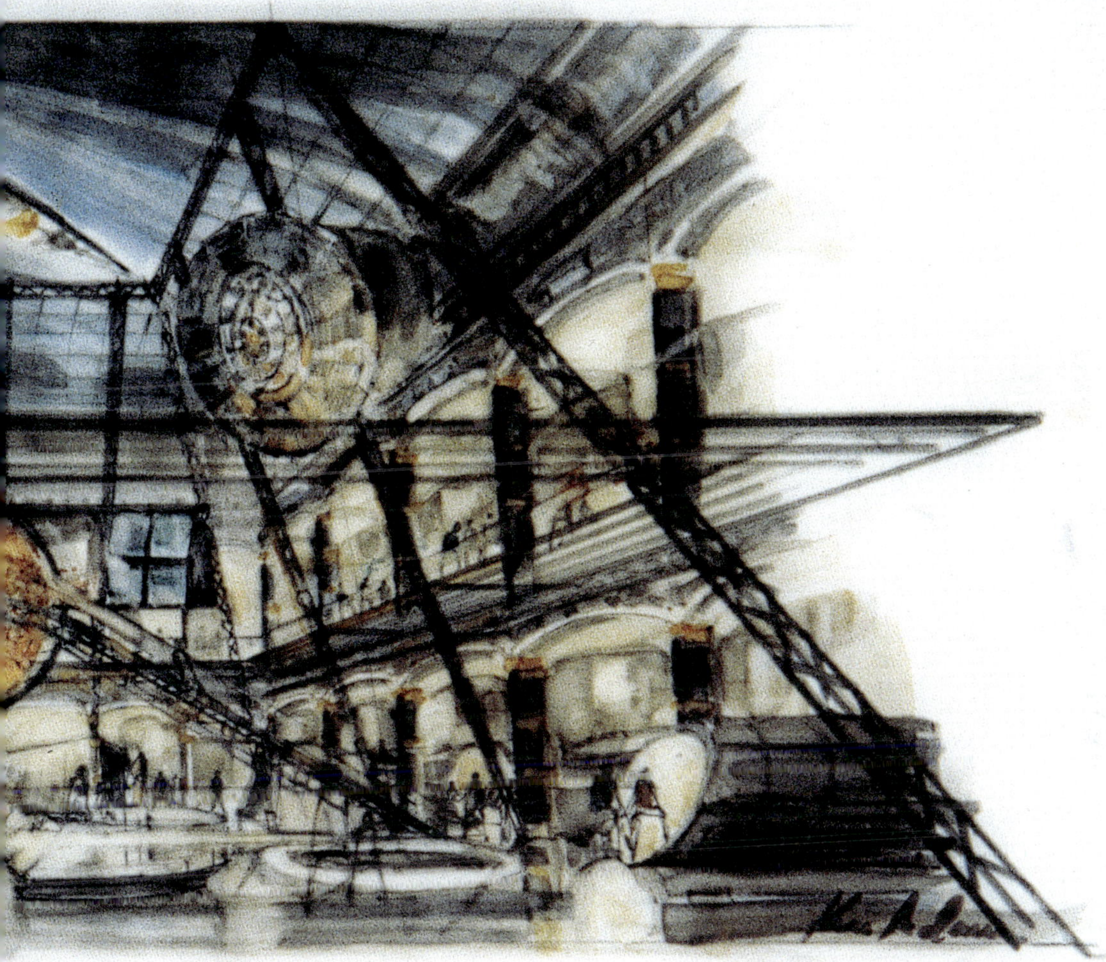

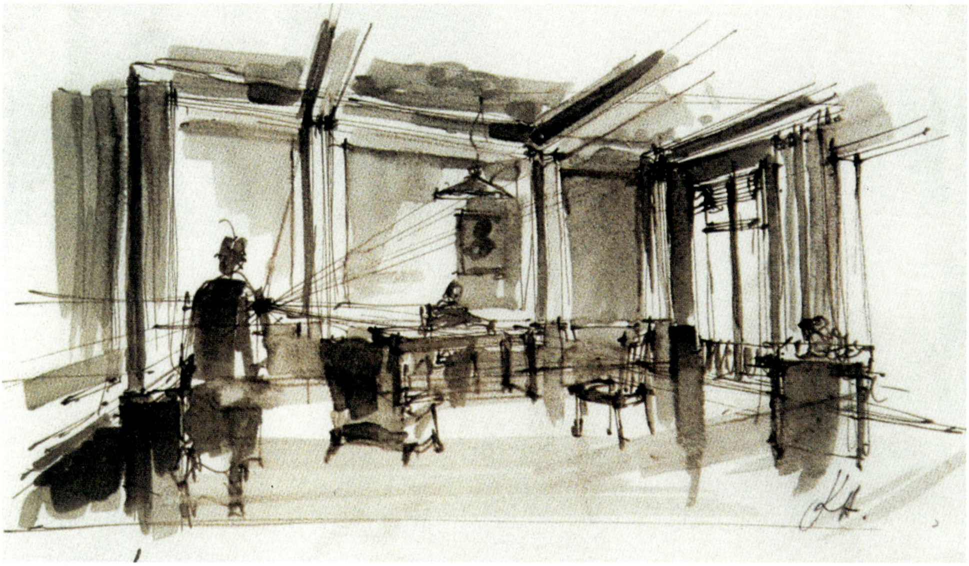

Erster Entwurf für das Büro, in dem das Verhör stattfindet *(Der Fall Furtwängler)*

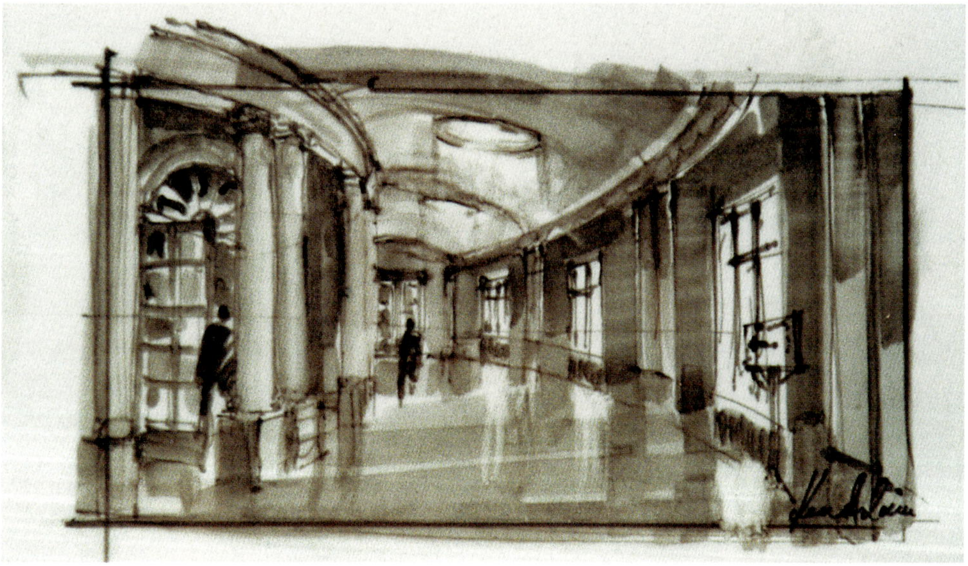

Entwurf für den Korridor *(Der Fall Furtwängler)*

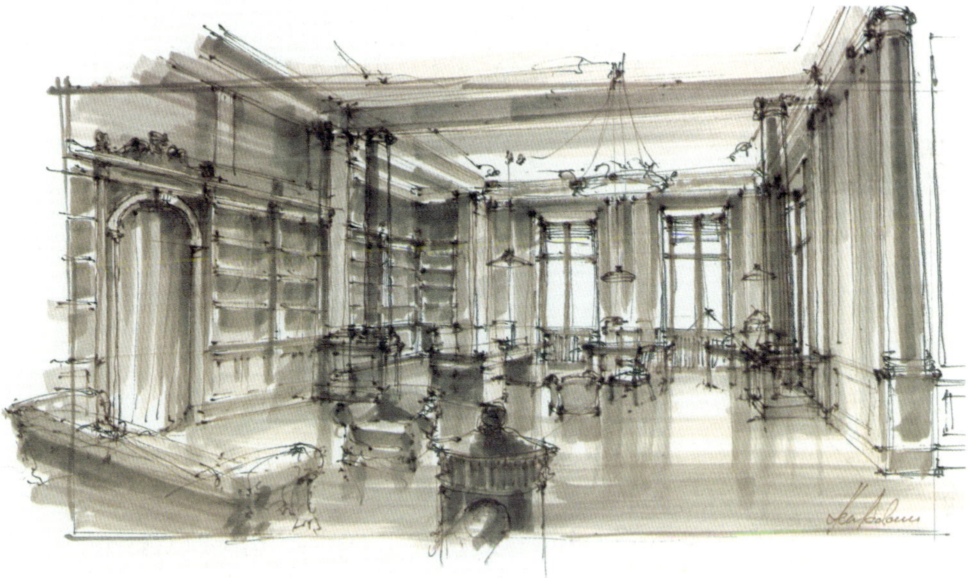

Endgültiger Entwurf des Verhörzimmers *(Der Fall Furtwängler)*

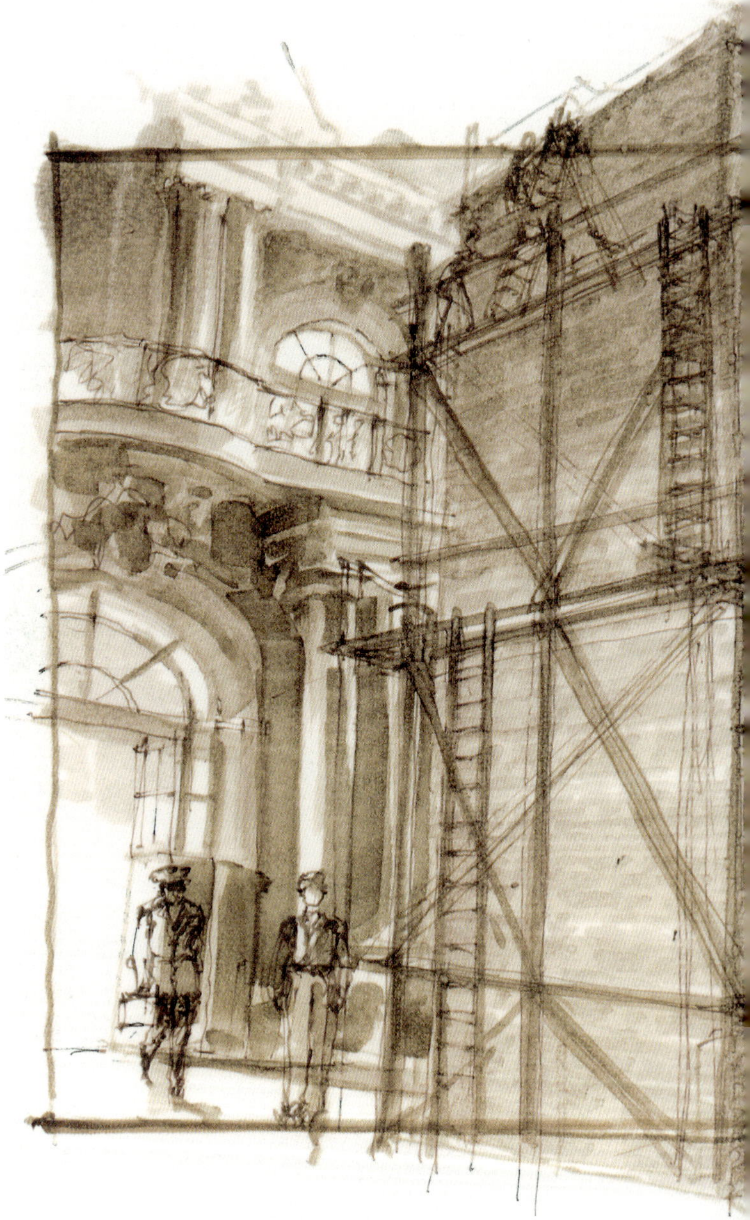

Entwurf für den großen
Treppenaufgang
(Der Fall Furtwängler)

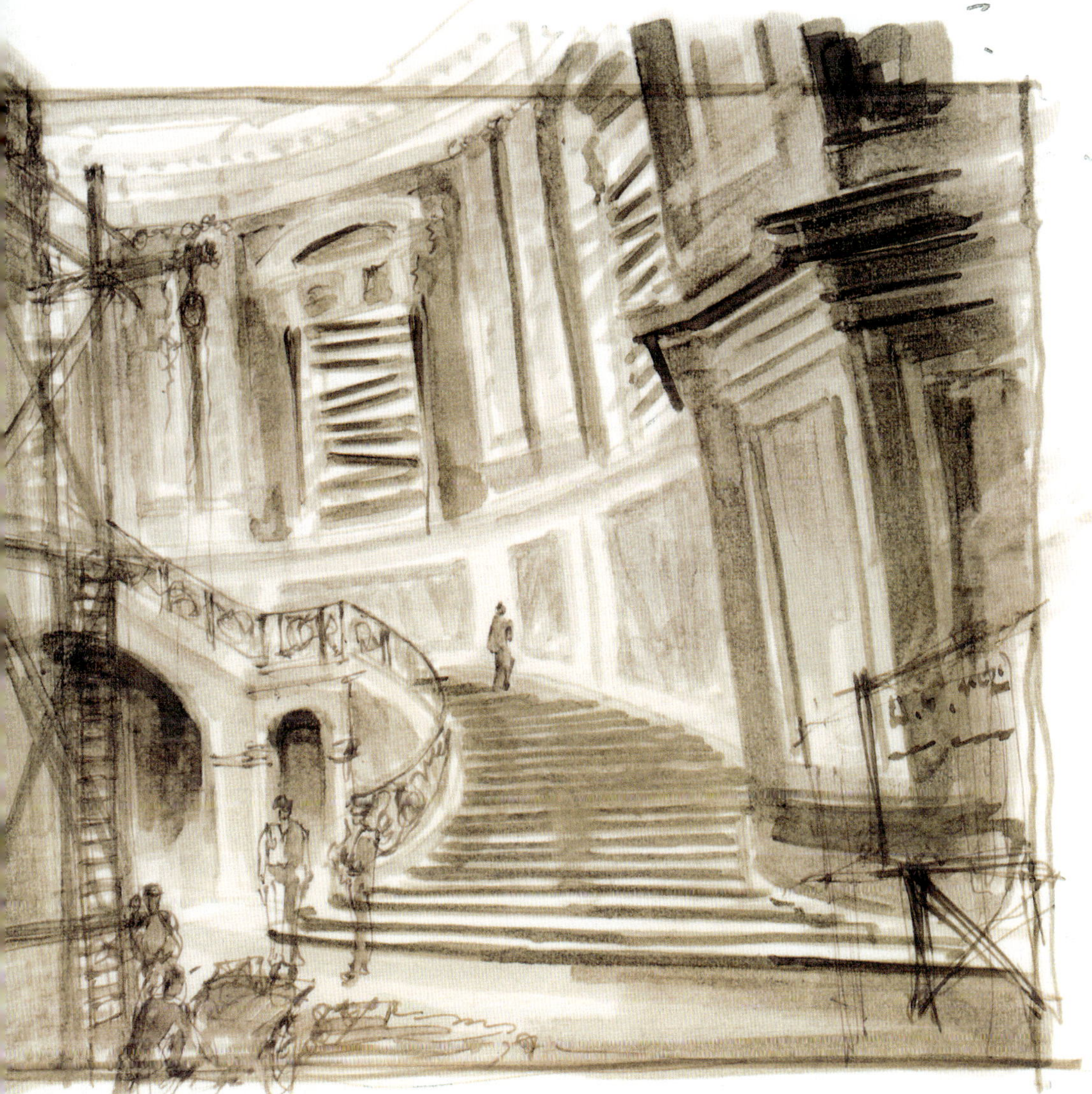

Epilog

Ken Adam hat sich sein Leben lang an die Fliegerweisheit gehalten: »Lass dich von nichts und niemandem zum Absturz bringen.« Nicht von einem besessenen Regisseur, nicht von technischen Problemen und knauserigen Produzenten, nicht von Goldfinger und schon gar nicht von Adolf Hitler. So konnte er, allen Gefahren zum Trotz, ein Leben führen, das so reich an Erfahrungen und an Erfolgen und streckenweise auch so abenteuerlich war, wie es sich vermutlich kein Drehbuchautor hätte ausdenken können.

Ken ist in mehr als achtzig Filmen um die Welt gereist, er hat mit Dutzenden von Regisseuren zusammengearbeitet, darunter nicht die einfachsten, er hat Hunderte von Kinowelten entworfen, Tausende von Sets skizziert – und ist doch nicht in den Pantheon abgerückt. Im Gegenteil. Als die Arbeit an diesem Buch, die er mit der gleichen Professionalität, dem gleichen Engagement betrieben hat wie seine Filmarbeiten, zu Ende ging, hatte Ken Adam bereits drei neue Filmprojekte in der Schublade, er dachte über die Beleuchtung des »Victoria & Albert Museum«-Neubaus nach und plante einen Aufenthalt in Los Angeles, um die ihm gewidmete Werkschau der Motion Picture Academy vorzubereiten.

Die Arbeit geht weiter. Solange der Vorrat an Flo-Master-Stiften und Montechristo-Zigarren reicht, solange Letizia Pasta kocht und ihre Geduld nicht erschöpft ist, wird Ken Adam sich weiter seine Filmwelten ausdenken. Er wird sich vor sein Zeichenbrett stellen, die Zigarre in der linken, den Stift in der rechten Hand, wird den Block aufschlagen, kurz den Fluchtpunkt markieren und dann der Welt mit schnellen Bewegungen einen Raum hinzufügen.

Aber der Film ist ein flüchtiges Medium. Die Sets, so gewaltig sie auch sein mögen, werden nach Ende der Dreharbeiten wieder abgebaut und verschrottet. Zukünftige Archäologen würden vergeblich nach Resten des War Room suchen, auch wenn viele Zeitgenossen überzeugt sind, dass es ihn gibt. Die Filmwelten sind nur auf Zelluloidbändern zu sehen. Wenn das Licht im Kinosaal wieder angeht, sind die Bilder verschwunden. Lediglich im Kopf des Betrachters haben sie, im besten Fall, eine Spur hinterlassen, der man später nachgehen mag. Standfotos sind kein Ersatz, lediglich eine blasse Gedächtnisstütze. Von Ken Adams Filmwelten bleiben die Erinnerungen. Und die Zeichnungen.

Nur in den Zeichnungen ist der Effekt des Adam-Stils in Ruhe abzulesen. In ihnen kann man die schiere Wucht der Perspektiven von »Fort Knox« auf sich wirken lassen, die kalte Technizität des War Room aus *Dr. Seltsam oder Wie ich lernte, die Bombe zu lieben*, die hell erleuchtete Düsternis der Kommandozentralen in den Bond-Filmen. Keine Computergrafik kann diesen Effekt ersetzen. Wie sollte die Dramatik der *Fantasticks*-Skizzen am Bildschirm erschaffen werden? Der Flo-Master ist am Ende ausdrucksvoller als jede Megapixelmaschine.

Ken Adams Werk ist ein eindrucksvoller Entwurf – ein Entwurf, in den die bitteren Erfahrungen von Emigration und Krieg eingegangen sind, ein Entwurf aber auch, der dazu auffordert, der Welt, wie sie nun einmal ist, standzuhalten und das Beste aus ihr zu machen. Ken Adam selbst ist in seinem Leben, stets mit Letizia an seiner Seite, dieser Aufforderung gefolgt: Er hat sich den Herausforderungen gestellt und der Wirklichkeit mit seinem Werk auch noch etwas hinzugefügt, was bleiben wird.

In Ken Adams Zeichnungen und in den Köpfen der Filmbetrachter bleibt eine Welt zurück, in der die Perspektiven trügerisch sind, in der die Maschinen herrschen wie gewaltige, unberechenbare Wesen, deren Macht man jedoch mit Intelligenz und Witz brechen kann. Es ist eine Welt, in der es keinen Himmel gibt, weil sie restlos von Menschen geformt wurde, eine Welt, die durchgängig technisiert ist, glatt und fremd. Manchmal ist sie bedrohlich, oft düster, nie ganz zu durchschauen, doch immer auch versehen mit Ausblicken und Lücken, durch die sich flüchten kann, wer nur mutig und frech genug ist und zudem die notwendige Portion Ironie mitbringt, dem Schrecken standzuhalten.

Anhang

Filmographie
Die Jahreszahlen in eckigen Klammern geben das Jahr an, in dem Ken Adam an den Filmen gearbeitet hat. An der sich daraus ableitenden Chronologie orientiert sich die folgende Auflistung. Die Angaben zum Stab berücksichtigen neben Produzenten, Regisseuren, Drehbuchautoren und Kameraleuten vor allem die Leiter und Mitarbeiter des Art Department.
Abkürzungen:
P (Produktionsfirma), Pd (Produzent), R (Regie), B (Drehbuchautor), K (Kamera), PD (Production Designer), AD (Art Director), AssAD (Assistant Art Director), SD (Set Decorator), Sp (Special Effects), Ko (Kostüme), D (Darsteller)

1 [1947]
This was a Woman
Großbritannien 1948
P: Excelsior Film. Pd: Marcel Hellman. R: Tim Whelan. B: Val Valentine, nach dem Stück von Joan Morgan. AD: Ivan King. Zeichner: Ken Adam.
D: Sonia Dresdel (Sylvia Russell), Barbara White (Fenella Russell), Walter Fitzgerald (Arthur Russell).
Studio: Riverside.

2 [1947]
The Brass Monkey
Großbritannien 1948
P: Diadem / Alliance. Pd. Nat A. Bronstein. R: Thornton Freeland. B: Alec Coppel, Thornton Freeland, C Denis Freeman. K: Basil Emmott (s/w). AD: Walter A. Scott. Zeichner: Ken Adam.
D: Carroll Levis (himself), Carole Landis (Kay Sheldon), Herbert Lom (Peter Hobart), Avril Angers (herself), Ernest Thesiger (Ryder-Harris).
Studio: Twickenham.

3 [1948]
The Queen of Spades
(Pique Dame / Der Spieler)
Großbritannien 1948
P: Associated British Picture Corporation / World Screenplays. R: Thorold Dickinson. B: Rodney Ackland, Arthur Boys nach Alexander Puschkin. K: Otto Heller (s/w). PD: Oliver Messel. AD: William Kellner. Zeichner: Ken Adam. Ko: Oliver Messel.
D: Edith Evans (Gräfin Ranewskaja), Anton Walbrook (Hermann Suvorin), Ronald Howard (Andrej).
Studio: Welwyn, Herts.

4 [1948]
(World Premiere)
Das Filmprojekt, an dem auch Marlene Dietrich mitwirken sollte, wurde nicht realisiert.

5 [1948]
Third Time Lucky
(Der Spielteufel)
Großbritannien 1949
P: Kenilworth / Alliance. Pd: Mario Zampi. R: Gordon Parry. B: Gerald Butler nach seinem Roman *They Cracked her Glass Slipper*. AD: Ivan King. Zeichner: Ken Adam. Bauleitung: Peter Dukelow.
D: Glynis Johns (Joan Burns), Dermot Walsh (Lucky), Charles Goldner (Flash).
Studios: Twickenham.

6 [1948]
Dick Barton Strikes Back
Großbritannien 1949
P: Exclusive Films. Pd: Anthony Hinds, Mae Murray. R: Godfrey Grayson. AD: Ivan King. AssAD: Ken Adam.
D: Don Stannard (Dick Barton), Sebastian Cabot (Fouracada), Bruce Walker (Snowey White).
Studio: Viking Studios, Kensington.
Außenaufnahmen: Blackpool; Londoner Zoo.

7 [1948]
Three Men and a Girl
Großbritannien 1949
P: Anatole de Grunwald Productions. R: Gordon Parry. B: Paul Darcy, Sid Colin nach einer Erzählung von Anatole de Grunwald. K: Otto Heller. AD: Tom Goswell. Zeichner: Ken Adam.
D: Kathleen Harrison (Isobel), Richard Murdoch (David Felton), Burgess Meredith (Dick).
Studio: Twickenham.
Außenaufnahmen: Französische Riviera.

8 [1948]
Obsession
(Der Wahnsinn des Dr. Clive)
Großbritannien 1949
P: Independent Sovereign Films. Pd: Nat A. Bronsten. R: Edward Dmytryk. B: Alec Coppel nach seinem Theaterstück *A Man About a Dog*. K: C. M. Pennington-Richards (s/w). AD: Duncan Sutherland. AssAD: Ken Adam.
D: Robert Newton (Dr. Clive Riordan), Phil Brown (Bill Kronin), Sally Gray (Storm Riordan).
Studio: Pinewood.

9 [1949]
Your Witness
Großbritannien 1950
P: Coronado Productions. Pd: David E. Rose, Joan Harrison. R: Robert Montgomery. B: Hugo Butler, Ian McLellan Hunter, William Douglas Home nach einer Erzählung von Hugo Butler. K: Gerald Gibbs (s/w). AD: Ralph Brinton. AssAD: Ken Adam.
D: Robert Montgomery (Adam Heywood), Leslie Banks (Colonel Summerfield), Patricia Wayne (Alex Summerfield).
Studio: Teddington.

10 [1949]
Captain Horatio Hornblower R.N.
(Des Königs Admiral)
Großbritannien 1950
P: Warner Bros. Pictures. Pd: Gerry Mitchell.
R: Raoul Walsh. B: Ivan Goff, Ben Roberts, Aeneas MacKenzie nach dem Roman von C.S. Forester.
K: Guy Green (Technicolor). AD: Tom Morahan.
AssAD: Ken Adam. Schiffsbauer: Bernard Voison.
D: Gregory Peck (Capt. Horatio Hornblower), Virginia Mayo (Lady Barbara Wellesley), Robert Beatty (Lieut. William Bush).
Studio: Denham; La Victorine, Nizza.

11 [1951]
The Crimson Pirate
(Der rote Korsar)
Großbritannien 1952
P: Norma Productions / Warner Bros. Pictures. Pd: Harold Hecht. R: Robert Siodmak. B: Roland Kibbee. K: Otto Heller (Technicolor). AD: Paul Sheriff. AssociateAD: Ken Adam. Sp: Russell Shearman. Ko: Margaret Furse, Marjorie Best.
D: Burt Lancaster (Vallo), Nick Cravat (Ojo), Eva Bartok (Consuelo).
Studios: Teddington; ABPC Studio, Elstree.
Außenaufnahmen: Ischia.

12 [1952]
The Master of Ballantrae
(Der Freibeuter)
Großbritannien 1952
P: Warner Bros. Pictures. R: William Keighley.
B: Herb Meadow nach dem Roman von Robert Louis Stevenson. K: Jack Cardiff (Technicolor). AD: Ralph Brinton. AssociateAD: Ken Adam. Ko: Margaret Furse. AssKo: Letizia Adam.
D: Errol Flynn (James Durisdeer), Anthony Steel (Henry Durisdeer), Roger Livesey (Col. Francis Burke), Beatrice Campbell (Lady Alison).
Studio: ABPC, Elstree.
Außenaufnahmen: Palermo, Sizilien.

13 [1953]
(Ah non, Cherie)
Großbritannien 1953
Nicht realisiert.

14 [1953]
The Intruder
Großbritannien 1953
P: Ivan Foxwell Productions. Pd: Ivan Foxwell.
R: Guy Hamilton. B: Robin Maugham, John Hunter, Anthony Squire nach dem Roman *Line on Ginger* von Robin Maugham. K: Ted Scaife (s/w).
AD: Joseph Bato. AssAD: Ken Adam.
D: Jack Hawkins (Wolf Merton), Hugh Williams (Tim Ross), Michael Medwin (Ginger Edwards), George Cole (John Summers).
Studio: Shepperton Studios.

15 [1953]
Star of India
(Die Burg der Verräter)
Großbritannien / Italien 1954
P: Raymond Stross Productions / Titanus.
Pd: Raymond Stross. R: Arthur Lubin. B: Seton I. Miller, C. Denis Freeman nach einer Erzählung von Herbert Dalmas. K: C. M. Pennington-Richards (Technicolor). AD: Cedric Dawe. AssAD: Ken Adam.
D: Cornel Wilde (Pierre St. Laurent), Herbert Lom (Vicomte de Narbonne), Jean Wallace (Katrina), Yvonne Sanson (Madame de Montespan).
Studio: Riverside.

16 [1953/54]
Helen of Troy
(Die schöne Helena)
USA/Italien 1955
P: Warner Bros. Pictures. R: Robert Wise. B: John Twist, Hugh Gray. K: Harry Stradling (Warnercolor).
AD: Edward Carrere. AssAD: Ken Adam. Ko: Roger Furse.
D: Rossana Podestà (Helena), Jacques Sernas (Paris), Cedric Hardwicke (Priamos), Stanley Baker (Achilles).
Studio: Cinecittà, Rom.

17 [1953]
The Devil's Pass
Großbritannien 1957
P: David Henley Partnership. Pd+R+B: Darcy Conyers.
K: S. D. Onions (s/w). AD: Ken Adam.
D: Christopher Warbey (Jim), Charles Leno (Headmaster), John Slater (Bill Buckle), Richard George (Ted Trelawney).
Studio: Viking Studio, Kensington.
Außenaufnahmen: Brixham, Devon.

18 [1955]
Ben Hur
(Ben-Hur)
USA 1959
P: MGM. R: William Wyler. AD: William A. Horning, Edward Carfagno.
Ken Adam wirkte im Frühjahr 1955 an der Budgetaufstellung und der ersten Planung des Films mit.

19 [1955]
Soho Incident
Großbritannien 1956
P: Film Locations / Columbia Pictures Corporation.
Pd: M. J. Frankovich, George Maynard. R: Vernon Sewell. B: Ian Stuart Black nach dem Roman *Wide Boys Never Work* von Robert Westerby. K: Basil Emmott (s/w). AD: Ken Adam.
D: Faith Domergue (Bella Francesi), Lee Patterson (Jim Bankley), Rona Anderson (Betty Walker), Martin Benson (Rico Francesi).
Studio: Walton on Thames.

20 [1955]
Around the World in Eighty Days
(In 80 Tagen um die Welt)
USA 1956
P: The Michael Todd Company. Pd: Michael Todd, William Cameron Menzies. R: Michael Anderson.
B: S. J. Perelman, James Poe, John Farrow nach dem Roman von Jules Verne. K: Lionel Lindon (Technicolor, Todd-AO). AD: Ken Adam (für Studio- und Außenaufnahmen in England und Frankreich), James W. Sullivan (Studioaufnahmen in Hollywood, sonstige Außenaufnahmen). PD: William Cameron Menzies (Art Department England). Sp: Lee Zavitz.
Set-up Sketches: Olga Lehmann. Scenic Artist: Gilbert Wood. Bauleitung: Peter Dukelow, Cyril Craysmark (MGM), Ko: Anna Duse, Miles White.
D: David Niven (Phileas Fogg), Cantinflas (Passepartout), Robert Newton (Inspector Fix), Shirley MacLaine (Prinzessin Aouda).
Studio: MGM, Elstree; Billancourt, Paris.
Außenaufnahmen: London; Paris.
Auszeichnung: Nominierung von Ken Adam für den Oscar.

21 [1956]
Child in the House
(Ein Kind kommt ins Haus)
Großbritannien 1956

P: Laureate / Golden Era. Pd: S. Benjamin Fisz. R: C. Raker Endfield. B: C. Raker Endfield, Charles de Lautour nach dem Roman von Janet McNeill. K: Otto Heller (s/w). AD: Ken Adam. Bauleitung: Wally Smith.
D: Phyllis Calvert (Evelyn Acheson), Eric Portman (Henry Acheson), Stanley Baker (Stephen Lorimer), Mandy Miller (Elizabeth Lorimer).
Studio: Walton-on-Thames.

22 [1956]
John Paul Jones
(Beherrscher der Meere)
USA 1959
P: Warner Bros. Pictures. R: John Farrow.
Ken Adam war 1956 an der Pre-Production des Films beteiligt. Damals sollte William Dieterle Regie führen, Boris Leven war als Production Designer vorgesehen. Wegen finanzieller Schwierigkeiten wurde das Projekt gestoppt und erst anderthalb Jahre später wieder aufgelegt. Die Entwürfe für die Schiffe, die Ken Adam bereits angefertigt hatte, wurden verwendet.

23 [1956/57]
Night of the Demon
(Der Fluch des Dämonen)
Großbritannien 1957
P: Sabre Film Productions. Pd: Frank Bevis. R: Jacques Tourneur. B: Charles Bennett, Hal E. Chester nach der Erzählung *Casting the Runes* von Montague R. James. K: Ted Scaife (s/w). PD: Ken Adam. Sp: George Blackwell, Wally Veevers.
D: Dana Andrews (Dr. John Holden), Peggy Cummins (Joanna Harrington), Niall MacGinnis (Dr. Karswell), Athene Seyler (Mrs. Karswell), Maurice Denham (Professor Harrington).
Studio: ABPC, Elstree.

24 [1957]
Battle of the V-1
Großbritannien 1958
P: Criterion Film. Pd: George Maynard, Vernon Sewell. R: Vernon Sewell. B: Jack Hanley, Eryk Wlodek nach dem Roman *They Saved London* von Bernard Newman. K: Basil Emmott (s/w). PD: Ken Adam. AD: Bernard Sarron. Ko: Morris Angel.
D: Michael Rennie (Stefan), Patricia Medina (Zofia), Milly Vitale (Anna), David Knight (Tadek).
Studios: Brighton Studios, Sussex; National Studios, Elstree.

25 [1957]
Gideon's Day
(Chefinspektor Gideon)
Großbritannien 1958
P: Columbia British / A John Ford Production. Pd: Michael Killanin. R: John Ford. B: T. E. B. Clarke nach dem Roman von J. J. Marric. K: Freddie Young (Technicolor). AD: Ken Adam. Bauleitung: Peter Dukelow.
D: Jack Hawkins (Chief Inspector George Gideon), Anna Lee (Kate Gideon), Anna Massey (Sally Gideon), Ronald Howard (Paul Delafield), Dianne Foster (Joanna Delafield).
Studio: MGM, Elstree.

26 [1958]
Ten Seconds to Hell
(Vor uns die Hölle)
Großbritannien / USA 1959
P: Hammer Film Productions / Seven Arts. Pd: Michael Carreras. R: Robert Aldrich. B: Robert Aldrich, Teddi Sherman nach dem Roman *The Phoenix* von Lawrence P. Bachmann. K: Ernest Laszlo (s/w). PD: Ken Adam.
D: Jack Palance (Eric Koertner), Jeff Chandler (Karl Wirtz), Martine Carol (Margot Hofer).
Studios: Bray; Ufa Studios Tempelhof, Berlin.

27 [1958]
The Angry Hills
(Hügel des Schreckens)
Großbritannien 1959
P: Raymond Stross Productions. Pd: Raymond Stross. R: Robert Aldrich. B: A. I. Bezzerides nach dem Roman von Leon M. Uris. K: Stephen Dade (s/w). PD: Ken Adam.
D: Robert Mitchum (Mike Morrison), Lisabeth Müller (Lisa Kiriakides), Stanley Baker (Konrad Heisler), Gia Scala (Eleftheria Pirikos).
Studio: MGM, Elstree.
Außenaufnahmen: Athen, Griechenland.

28 [1959]
Beyond this Place
(Hinter diesen Mauern)
Großbritannien 1959
P: Georgefield Productions. Pd: Maxwell Setton, John R. Sloan. R: Jack Cardiff. B: Ken Taylor nach dem Roman von A. J. Cronin. K: Wilkie Cooper (s/w). AD: Ken Adam.

D: Van Johnson (Paul Mathry), Vera Miles (Lena Anderson), Emlyn Williams (Enoch Oswald), Bernard Lee (Patrick Mathry).
Studios: MGM, Elstree; Riverside; Walton-on-Thames.
Außenaufnahmen: Liverpool.

29 [1959]
The Rough and the Smooth
(Das Bittere und das Süße)
Großbritannien 1959
P: Renown Pictures Corporation. Pd: George Minter.
R: Robert Siodmak. B: Audrey Erskine Lindop, Dudley Leslie nach dem Roman von Robin Maugham.
K: Otto Heller (s/w). PD: Ken Adam.
D: Tony Britton (Mike Thompson), Nadja Tiller (Ila Hansen), William Bendix (Reg Barker), Natasha Parry (Margaret Goreham).
Studio: MGM, Elstree.

30 [1959]
In the Nick
Großbritannien 1959
P: Warwick Films. Pd: Irving Allen, Albert R. Broccoli, Harold Huth. R+B: Ken Hughes. K: Ted Moore.
PD: Ken Adam.
D: James Booth (Spider Kelly), Anthony Newley (Dr. Newcombe), Anne Aubrey (Doll), Bernie Winters (Jinx Shortbottom).
Studio: MGM, Elstree.

31 [1959/60]
The Hellions
(Platznehmen zum Sterben)
Großbritannien 1961
P: Irving Allen Jamie Uys, GW Film. R: Ken Annakin.
Ken Adam war an der Pre-Production für diesen Film beteiligt, dessen Realisierung verschoben wurde.

32 [1959]
The Long Ships
(Raubzug der Wikinger)
Großbritannien / Jugoslawien 1963
P: Warwick Films (London) / Avala (Belgrad). R: Jack Cardiff.
Ken Adam suchte Schauplätze für Außenaufnahmen.

33 [1959]
Let's Get Married
Großbritannien 1960
P: Viceroy Productions. Pd: John R. Sloan. R: Peter Graham Scott. B: Ken Taylor nach dem Roman *Confessions of a Kept Woman* von Gina Klausen.
K: Ted Moore (s/w). PD: Ken Adam.
D: Anthony Newley (Dickie Bird), Anne Aubrey (Anne Linton), Bernie Winters (Bernie).
Studio: MGM, Elstree.

34 [1960]
The Trials of Oscar Wilde
(Der Mann mit der grünen Nelke)
Großbritannien 1960
P: Viceroy Productions / Warwick Productions.
Pd: Irving Allen, Albert R. Broccoli, Harold Huth.
R+B: Ken Hughes. K: Ted Moore (Technicolor).
PD: Ken Adam. AssAD: William Constable.
D: Peter Finch (Oscar Wilde), Yvonne Mitchell (Constance Wilde), John Fraser (Lord Alfred Douglas), James Mason (Sir Edward Carson), Nigel Patrick (Sir Edward Clarke), Lionel Jeffries (Marquise von Queensberry).
Studio: ABPC, Elstree.
Auszeichnung: Preis des Moskauer Filmfestivals für die beste Art Direction.

35 [1960/61]
(Regieprojekt)
Großbritannien 1960/61
Ken Adam und Maurice Binder planten ein gemeinsames Filmprojekt für Irving Allen. Der Film wurde nicht gedreht.

36 [1960/61]
Sodoma e Gomorra
(Sodom und Gomorrah)
USA / Italien / Frankreich 1961
P: Titanus (Rom) / Société Nouvelle Pathé Cinéma (Paris) / Société Générale de Cinématographie (Paris). Pd: Goffredo Lombardo, Joseph E. Levine.
R: Robert Aldrich. B: Hugo Butler, Giorgio Prosperi.
K: Silvano Ippoliti, Mario Montuori, Cyril Knowles (DeLuxe Color). PD: Ken Adam. SD: Gino Brosio.
Sp: Lee Zavitz, Serse Urbisaglia, Wally Veevers.
Ko: Giancarlo Bartolini-Salimbeni.
D: Stewart Granger (Lot), Anouk Aimée (Königin Bera), Stanley Baker (Astaroth), Pier Angeli (Ildith, Lots Frau).
Studios: Cinecittà, Rom; Shepperton, London.

37 [1960/61]
Dr. No
(James Bond – 007 jagt Dr. No)
GB 1962
P: Eon Productions. Pd: Harry Saltzman, Albert R. Broccoli. R: Terence Young. B: Richard Maibaum, Johanna Harwood, Berkeley Mather nach dem Roman von Ian Fleming. K: Ted Moore (Technicolor). PD: Ken Adam. AD: Syd Cain. Sp: Frank George.
D: Sean Connery (James Bond), Ursula Andress (Honey Ryder), Joseph Wiseman (Dr. No), Jack Lord (Felix Leiter), Bernard Lee (M), Lois Maxwell (Miss Moneypenny).
Studio: Pinewood.
Außenaufnahmen: Jamaika; Florida.

38 [1961]
The Roman Spring of Mrs. Stone
(Der römische Frühling der Mrs. Stone)
Großbritannien 1961
P: A. A. Productions / Seven Arts. Pd: Louis De Rochemont. R: José Quintero.
Ken Adam fertigte erste Entwürfe für diese Tennessee-Williams-Verfilmung an. Regisseur José Quintero hatte jedoch bereits Roger Furse als Production Designer engagiert.

39 [1962]
In the Cool of the Day
(Begierde an schattigen Tagen)
Großbritannien 1962
P: Metro-Goldwyn-Mayer British Studios / John Houseman Productions. Pd: John Houseman.
R: Robert Stevens. B: Meade Roberts nach dem Roman von Susan Ertz. K: Peter Newbrook (Metrocolor). AD: Ken Adam. Sp: Tom Howard.
D: Peter Finch (Murray Logan), Jane Fonda (Christine Bonner), Angela Lansbury (Sybil Logan), Arthur Hill (Sam Logan).
Studio: MGM, Elstree.
Außenaufnahmen: Griechenland.

40 [1962/63]
Dr. Strangelove or: How I Learned to Stop Worrying and Love the Bomb
(Dr. Seltsam oder Wie ich lernte, die Bombe zu lieben)
Großbritannien 1963
P: Hawk Films. Pd+R: Stanley Kubrick. B: Stanley Kubrick, Terry Southern, Peter George nach dem Roman *Red Alert* von Peter George. K: Gilbert Taylor (s/w). PD: Ken Adam. AD: Peter Murton. Sp: Wally Veevers, Victor Margutti. Scenic Painter: Alan Maley.
D: Peter Sellers (Group Captain Lionel Mandrake / President Muffley / Dr. Strangelove), George C. Scott (General »Buck« Turgidson), Sterling Hayden (General Jack D. Ripper), Keenan Wynn (Colonel »Bat« Guano), Slim Pickens (Major T. J. »King« Kong).
Studio: Shepperton.
Außenaufnahmen: Heathrow Airport, London.
Auszeichnung: British Film Academy Award für die beste Art Direction.

41 [1963]
Woman of Straw
Großbritannien 1964
P: Novus Film. Pd: Michael Relph. R: Basil Dearden.
B: Robert Muller, Stanley Mann, Michael Relph nach dem Roman von Catherine Arley. K: Otto Heller (Eastmancolor). PD: Ken Adam. AD: Peter Murton.
Ko: Beatrice Dawson, Christian Dior.
D: Gina Lollobrigida (Maria), Sean Connery (Anthony Richmond), Ralph Richardson (Charles Richmond).
Studio: Pinewood.
Außenaufnahmen: Mallorca.

42 [1963/64]
Goldfinger
(Goldfinger)
Großbritannien 1964
P: Eon Productions / Danjaq. Pd: Harry Saltzman, Albert R. Broccoli. R: Guy Hamilton. B: Richard Maibaum, Paul Dehn nach dem Roman von Ian Fleming. K: Ted Moore (Technicolor). PD: Ken Adam. AD: Peter Murton. AssAD: Michael White, Maurice Pelling. Sp: John Stears, Frank George.
Bauleitung: Ronnie Udell.
D: Sean Connery (James Bond), Honor Blackman (Pussy Galore), Gert Fröbe (Goldfinger), Harold Sakata (Oddjobb), Bernard Lee (M), Martin Benson (Solo), Lois Maxwell (Miss Moneypenny), Desmond Llewelyn (Q).
Studio: Pinewood.
Außenaufnahmen: Fontainebleau Hotel, Miami, Florida; Schweiz; Fort Knox, Kentucky.
Auszeichnung: Nominierung für den British Film Academy Award.

43 [1964]
The Ipcress File
(Ipcress – streng geheim)
Großbritannien 1965
P: Lowndes Productions / Steven, SA. Pd: Harry Saltzman. R: Sidney J. Furie. B: Bill Canaway, James Doran nach dem Roman von Len Deighton. K: Otto Heller (Technicolor). PD: Ken Adam. AD: Peter Murton.
D: Michael Caine (Harry Palmer), Nigel Green (Dalby), Guy Doleman (Major Ross), Sue Lloyd (Jean Courtney).
Studio: Pinewood.
Außenaufnahmen: London.
Auszeichnung: British Film Academy Award für die beste Art Direction.

44 [1964/65]
Thunderball
(Feuerball)
Großbritannien 1965
P: Eon Productions / Danjaq. Pd: Harry Saltzman, Albert R. Broccoli. R: Terence Young. B: Richard Maibaum, John Hopkins nach dem Roman von Ian Fleming und einer Erzählung von Kevin McClory, Jack Wittingham und Ian Fleming. K: Ted Moore (Technicolor). PD: Ken Adam. AD: Peter Murton, Michael White. SD: Freda Pearson. Sp: John Stears. Ko: Anthony Mendleson.
D: Sean Connery (James Bond), Claudine Auger (Domino), Adolfo Celi (Emilio Largo), Luciana Paluzzi (Fiona), Bernard Lee (M), Lois Maxwell (Miss Moneypenny), Desmond Llewelyn (Q).
Studio: Pinewood.
Außenaufnahmen: Nassau, Bahamas.

45 [1965]
Funeral in Berlin
(Finale in Berlin)
Großbritannien 1966
P: Lowndes Productions / Jovera. Pd: Harry Saltzman, Charles Kasher. R: Guy Hamilton. B: Evan Jones nach dem Roman *The Berlin Memorandum* von Len Deighton. K: Otto Heller (Technicolor). PD: Ken Adam. AD: Peter Murton. SD: Vernon Dixon, Michael White.
D: Michael Caine (Harry Palmer), Eva Renzi (Samantha Steel), Paul Hubschmid (Johnny Vulkan), Oscar Homolka (Colonel Stok), Heinz Schubert (Aaron Levine), Wolfgang Völz (Werner).
Studio: Pinewood.
Außenaufnahmen: Berlin.

46 [1966]
(The Bells of Hell Go Ting-A-Ling-A-Ling)
Großbritannien 1966
Nicht realisiert.

47 [1966]
You Only Live Twice
(Man lebt nur zweimal)
Großbritannien 1967
P: Eon Productions / Danjaq. Pd: Harry Saltzman, Albert A. Broccoli. R: Lewis Gilbert. B: Roald Dahl, Harry Jack Bloom nach dem Roman von Ian Fleming. K: Freddie Young (Technicolor). PD: Ken Adam. AD: Harry Pottle. AssPD: Peter Lamont, Ivor Beddoes. SD: David Ffolkes. Sp: John Stears.
Bauleitung: Ronnie Udell. Builder: Bill Brown.
D: Sean Connery (James Bond), Akiko Wakabayashi (Aki), Donald Pleasance (Ernst Blofeld), Tetsuro Tamba (Tiger Tanaka), Teru Shimada (Osato), Karin Dor (Helga Brandt), Bernard Lee (M), Lois Maxwell (Miss Moneypenny), Desmond Llewelyn (Q).
Studio: Pinewood.
Außenaufnahmen: Kyushu, Japan.

48 [1967]
Chitty Chitty Bang Bang
(Tschitti Tschitti Bäng Bäng)
Großbritannien 1968
P: Warfield Productions / Dramatic Features. Pd: Albert R. Broccoli. R: Ken Hughes. B: Roald Dahl, Ken Hughes nach Geschichten von Ian Fleming. K: Christopher Challis (Technicolor). PD: Ken Adam. AD: Harry Pottle. SD: Rowland Emett. Sp: John Stears. Ko: Elizabeth Haffenden, Joan Bridge.
D: Dick Van Dyke (Caractacus Potts), Sally Ann Howes (Truly Scrumptious), Gert Fröbe (Baron Bomburst), Anna Quayle (Baroness Bomburst), Lionel Jeffries (Grandpa Potts).
Studio: Pinewood.
Außenaufnahmen: England; La Bastide Blanche, Frankreich; Schloss Neuschwanstein, Deutschland.

49 [1968/69]
Goodbye, Mr. Chips
(Goodbye, Mr. Chips)
Großbritannien 1969
P: Metro-Goldwyn-Mayer British Production / Keep Films / APJAC Productions. Pd: Arthur P. Jacobs. R: Herbert Ross. B: Terence Rattigan nach dem Roman von James Hilton. K: Oswald Morris (Metrocolor).

PD: Ken Adam. AD: Maurice Fowler. Ko: Julie Harris. D: Peter O'Toole (Arthur Chipping), Petula Clark (Katherine), Michael Redgrave (Prinzipal), George Baker (Lord Sutterwick).
Studio: MGM, Elstree.
Außenaufnahmen: Sherborne School, Dorset; Pompeji und Paestum, Italien.

50 [1968]
On Her Majesty's Secret Service
(James Bond 007 – Im Geheimdienst Ihrer Majestät)
Großbritannien 1969
P: Eon Productions / Danjaq. Pd: Harry Saltzman, Albert R. Broccoli. R: Peter Hunt.
Ken Adam war an den ersten Vorbereitungen und der Locationsuche für den Film beteiligt. Als sich die Dreharbeiten verzögerten, musste Ken Adam die Arbeit wegen der bereits geleisteten Zusage zum Film *Die Eule und das Kätzchen* abbrechen.

51 [1969]
(Peter Pan)
Großbritannien 1969
Nicht realisiert.

52 [1969]
(Lord L)
Großbritannien 1969
Nicht realisiert.

53 [1970]
The Owl and the Pussycat
(Die Eule und das Kätzchen)
USA 1970
P: Rastar Productions. Pd: Ray Stark. R: Herbert Ross. B: Buck Henry nach dem Theaterstück von Bill Manhoff. K: Andrew Laszlo, Harry Stradling (Eastmancolor). Designer: Ken Adam. PD: John Robert Lloyd. AD: Robert Wightman, Philip Rosenberg. SD: Leif Pedersen. Ko: Ann Roth.
D: Barbra Streisand (Doris Wadsworth), George Segal (Felix Sherman), Robert Klein (Barney), Allen Garfield (Ladenbesitzer).
Studio: Fox Studio, New York City.
Außenaufnahmen: Manhattan.
[Ken Adam hat einen kurzen Auftritt als Freier von Barbra Streisand.]

54 [1971]
Diamonds Are Forever
(Diamantenfieber)
Großbritannien 1971
P: Eon Productions / Danjaq. Pd: Harry Saltzman, Albert R. Broccoli. R: Guy Hamilton. B: Richard Maibaum, Tom Mankiewicz nach dem Roman von Ian Fleming. K: Ted Moore (Technicolor). PD: Ken Adam. AD: Bill Kenney, Jack Maxsted. SD: Peter Lamont, John Austin. Sp: Leslie Hillman, Whitey McMahon. Special Photographic effects/Matte artist: Albert Whitlock, Wally Veevers. Sketch artist: Tom Wright.
D: Sean Connery (James Bond), Jill St. John (Tiffany Case), Charles Gray (Blofeld), Lana Wood (Plenty O'Toole), Bernard Lee (M), Lois Maxwell (Miss Moneypenny), Desmond Llewelyn (Q).
Studios: Universal, Los Angeles; Pinewood.
Außenaufnahmen: Santa Barbara, Kalifornien; Las Vegas.

55 [1972]
Sleuth
(Mord mit kleinen Fehlern)
Großbritannien 1972
P: Palomar Pictures International. Pd: Morton Gottlieb. R: Joseph L. Mankiewicz. B: Anthony Shaffer nach seinem Theaterstück. K: Oswald Morris (DeLuxe). PD: Ken Adam. AD: Peter Lamont. SD: John Jarvis. Bauleitung: Mike Redding. Sketch Artist: Ivor Beddoes. Ko: John Furniss.
D: Laurence Olivier (Andrew Wyke), Michael Caine (Milo Tindle).
Studio: Pinewood.
Außenaufnahmen: Athelhampton, Dorchester, Dorset.
Auszeichnung: Nominierung für den British Film Academy Award.

56 [1972]
The Last of Sheila
(Sheila)
USA 1973
P: Warner Bros. Pictures. Pd+R: Herbert Ross.
B: Stephen Sondheim, Anthony Perkins. K: Gerry Turpin (Technicolor). PD: Ken Adam. AD: Tony Roman. SD: John Jarvis.
D: Richard Benjamin (Tom), Dyan Cannon (Christine), Raquel Welch (Alice), James Coburn (Clinton Green), James Mason (Philip).
Studio: La Victorine, Nizza.
Außenaufnahmen: Französische Riviera.

57 [1973/74]
Barry Lyndon
(Barry Lyndon)
Großbritannien 1975
P: Hawk Films / Peregrine Productions / Warner Bros. Pictures. Pd+R+B: Stanley Kubrick nach dem Roman *The Luck of Barry Lyndon, Esq.* von William Makepeace Thackeray. K: John Alcott (Eastmancolor). PD: Ken Adam. AD: Roy Walker, Jan Schlubach (Deutschland). SD: Vernon Dixon. Ko: Ulla-Britt Söderlund, Milena Canonero. Make-up: Ann Brodie, Alan Boyle, Jill Carpenter, Barbara Daly.
D: Ryan O'Neal (Barry Lyndon), Marisa Berenson (Lady Lyndon), Patrick Magee (Chevalier de Balibari), Hardy Krüger (Hauptmann Potzdorf), Steven Berkoff (Lord Ludd), Gay Hamilton (Nora Brady).
Außenaufnahmen: Irland; England; Potsdam, Deutschland.
Auszeichnung: Oscar für die beste Art Direction.
Auszeichnung: Nominierung für den British Film Academy Award.

58 [1975]
Salon Kitty
(Salon Kitty)
Italien / Bundesrepublik Deutschland / Frankreich 1976
P: Coralta Cinematografica (Rom) / Cinema Seven Film (München) / Fox Europa (Paris). Pd: Giulio Sbarigia, Ermanno Donati. R: Tinto Brass. B: Ennio De Concini, Maria Pia Fusco, Tinto Brass. K: Silvano Ippoliti (Eastmancolor). PD: Ken Adam. AD: Enrico Fiorentini, Jan Schlubach. SD: Giovanni Checchi. Sp: Otello Sisi. Ko: Ugo Pericoli, Jost Jacobs.
D: Helmut Berger (Hauptmann Helmut Wallenberg), Ingrid Thulin (Kitty Kellermann), Teresa Ann Savoy (Margherita), Bekim Fehmiu (Hauptmann Hans Reiter).
Studio: Dear, Rom.

59 [1975]
The Seven-Per-Cent Solution
(Kein Koks für Sherlock Holmes)
USA 1976
P: Universal Pictures. Pd+R: Herbert Ross.
B: Nicholas Meyer nach seinem Roman. K: Oswald Morris (Technicolor). PD: Ken Adam. AD: Peter Lamont. SD: Peter James. Sketch Artist: Ivor Beddoes. Ko: Alan Barrett.
D: Alan Arkin (Sigmund Freud), Vanessa Redgrave (Lola Deveraux), Robert Duvall (Dr. Watson), Nicol Williamson (Sherlock Holmes), Laurence Olivier (Prof. Moriarty).
Studio: Pinewood.
Außenaufnahmen: Wien; am Rhein.

60 [1976]
The Spy Who Loved Me
(Der Spion, der mich liebte)
Großbritannien 1977
P: Eon Productions. Pd: Albert R. Broccoli. R: Lewis Gilbert. B: Christopher Wood, Richard Maibaum nach dem Roman von Ian Fleming. K: Claude Renoir (Eastmancolor). PD: Ken Adam. AD: Peter Lamont. Sp: Derek Meddings, John Evans. Special Photographic Effects: Alan Maley. Ko: Ronald Paterson. Make-up: Paul Engelen.
D: Roger Moore (James Bond), Barbara Bach (Major Anya Amasova), Curd Jürgens (Stromberg), Richard Kiel (Jaws), Caroline Munro (Naomi), Walter Gotell (General Gogol), Bernard Lee (M), Lois Maxwell (Miss Moneypenny), Desmond Llewelyn (Q).
Studio: Pinewood.
Außenaufnahmen: Sardinien; Kanada; Ägypten; Bahamas; Japan.
Auszeichnung: Nominierung für den Oscar.
Auszeichnung: Nominierung für den British Film Academy Award.

61 [1977]
Star Trek – The Motion Picture
(Star Trek – Der Film)
USA 1979
P: Paramount. Pd: Gene Roddenberry. R: Robert Wise.
Ken Adam arbeitete 1977 drei Monate an der Vorbereitung des Filmprojekts mit, bis es von der Produktionsfirma gestoppt wurde. Als es wieder aufgenommen wurde, stand Ken Adam nicht mehr zur Verfügung.

62 [1978/79]
Moonraker
(Moonraker – streng geheim)
Großbritannien / Frankreich 1979
P: Eon Productions / Les Productions Artistes Associés (Paris). Pd: Albert R. Broccoli. R: Lewis Gilbert. B: Christopher Wood nach dem Roman von Ian Fleming. K: Jean Tournier (Technicolor). PD: Ken Adam. AD: Peter Lamont, Max Douy, Charles Bishop, Harry Lange. SD: Peter Howitt, Pierre Charron, Andre Labussière. Sp: John Evans, John Richardson,

René Albouze, Serge Ponvianne. Visual effects supervisor: Derek Meddings. Ko: Jacques Fonteray. D: Roger Moore (James Bond), Lois Chiles (Holly Goodhead), Michael Lonsdale (Hugo Drax), Richard Kiel (Jaws), Corinne Clery (Corinne Dufour), Bernard Lee (M), Lois Maxwell (Miss Moneypenny), Desmond Llewelyn (Q).
Studios: Epinay, Billancourt, Boulogne, alle in Paris. Außenaufnahmen: Kalifornien; Florida; Brasilien; Frankreich; Venedig.

63 [1979]
(Destinies)
USA 1979
Nicht realisiert.

64 [1979]
(The Aquarius Mission)
USA 1979
Nicht realisiert.

65 [1980]
(Dress Grey)
USA 1980
Nicht realisiert.

66 [1980/81]
Pennies from Heaven
(Tanz in den Wolken)
USA 1981
P: MGM / Hera Productions. Pd: Nora Kaye, Herbert Ross. R: Herbert Ross. B: Dennis Potter nach seiner BBC-Fernsehserie. K: Gordon Willis (Metrocolor). Visual Consultant: Ken Adam. AD: Fred Tuch, Bernie Cutler. Set design: Christopher Burian-Mohr. SD: Garrett Lewis. Illustrator: Thomas J. Wight. Sp: Glen Robinson. Ko: Bob Mackie.
D: Steve Martin (Arthur Parker), Bernadette Peters (Eileen), Jessica Harper (Joan), Christopher Walken (Tom).
Studios: MGM (Culver City); Goldwyn (Hollywood). Außenaufnahmen: Disney Ranch; Galena, Illinois; Bakersfield, Kalifornien.
Auszeichnung: New York Independent Film Critics Award.

67 [1981/82]
Special Project for 20th Century Fox
USA 1981/82
Im Auftrag der 20th Century Fox entwickelte Ken Adam Budgetpläne und entwarf Zeichnungen und Modelle für ein großes Kino- und Multimediaprojekt, das jedoch nicht realisiert wurde.

68 [1982]
(The Fantasticks)
USA 1982
Für die geplante Verfilmung des erfolgreichen Broadway-Musicals fertigte Ken Adam eine Vielzahl von Entwürfen an. Das Projekt wurde jedoch nicht realisiert.

69 [1983]
(Mermaid)
USA 1983
Nicht realisiert.

70 [1983/84]
King David
(König David)
USA 1985
P: Paramount Pictures. Pd: Martin Elfland. R: Bruce Beresford. B: Andrew Birkin, James Costigan.
K: Donald McAlpine (Technicolor). PD: Ken Adam. AD: Terry Ackland-Snow, Aurelio Crugnola. SD: Peter Howitt, Franco Fumagalli. Ko: John Mollo.
D: Richard Gere (David), Edward Woodward (Saul), Alice Krige (Batseba), Denis Quilley (Samuel), Niall Buggy (Nathan).
Studio: Pinewood.
Außenaufnahmen: Sardinien; Matera, Italien.

71 [1984/85]
Agnes of God
(Agnes – Engel im Feuer)
USA 1985
P: Columbia-Delphi IV Productions. Pd: Patrick Palmer, Norman Jewison. R: Norman Jewison.
B: John Pielmeier nach seinem Theaterstück.
K: Sven Nykvist (Metrocolor). PD: Ken Adam.
AD: Carol Spier. SD: Jaro Dick. Set Dresser: Dan Conley, Martin Freedman. Ko: Renée April.
D: Jane Fonda (Dr. Martha Livingston), Anne Bancroft (Mutter Miriam Ruth), Meg Tilly (Schwester Agnes), Anne Pitoniak (Martha Livingstons Mutter).
Studio: Toronto.
Außenaufnahmen: Montreal und Umgebung.

72 [1985]

The Last Emperor

(Der letzte Kaiser)

Italien / Volksrepublik China 1987

P: TA Films (Rom) / Yanco Films (Beijing) / Recorded Picture Corporated. Pd: Jeremy Thomas. R: Bernardo Bertolucci.

Ken Adam wurde vom Produzenten als Production Designer eingestellt. Er arbeitete neun Monate lang an dem Film, suchte geeignete Drehorte und zeichnete Entwürfe. Kurz vor Beginn der eigentlichen Dreharbeiten wurde die Zusammenarbeit beendet.

73 [1986]

Crimes of the Heart

(Verbrecherische Herzen)

USA 1986

P: Crimes of the Heart Production / De Laurentiis Entertainment Group. Pd: Freddie Fields. R: Bruce Beresford. B: Beth Henley nach ihrem Theaterstück. K: Dante Spinotti (Technicolor). PD: Ken Adam. AD: Ferdinando Giovannoni. SD: Garrett Lewis. Set Dresser: Tim Pope. Ko: Albert Wolsky.

D: Diane Keaton (Lenny Magrath), Jessica Lange (Meg Magrath), Sissy Spacek (Babe Magrath Botrelle), Sam Shepard (Doc Porter).

Außenaufnahmen: Southport und Wilmington, North Carolina.

74 [1986]

(Zorba)

Großbritannien 1986

Nicht realisiert.

75 [1986]

(Conquering Horse)

Ken Adam erstellte einen vorläufigen Dreh- und Studioplan und recherchierte für dieses nicht realisierte Projekt von Regisseur Michael Cimino.

76 [1987]

The Deceivers

Großbritannien 1988

P: Merchant Ivory / Michael White / Cinecom / Film Four International. Pd: Ismail Merchant. R: Nicholas Meyer. B: Michael Hirst nach dem Roman von John Masters. K: Walter Lassally (Fujicolor). PD: Ken Adam. AD: Gianfranco Fumagalli, Ram Yedekar. Set Dresser: Letizia Adam. Ko: Jenny Beavan, John Bright.

D: Pierce Brosnan (William Savage), Saeed Jaffrey (Hussein), Shashi Kapoor (Candra Singh), Helena Michell (Sarah Wilson), Keith Michell (Colonel Wilson).

Außenaufnahmen: Indien.

77 [1988]

Dead Bang

(Dead Bang – Kurzer Prozess)

USA 1989

P: Lorimar Film Entertainment. Pd: Steve Roth. R: John Frankenheimer. B: Robert Foster. K: Gerry Fisher (Metrocolor). PD: Ken Adam. AD: Richard Hudolin, Alan Manzer. SD: Art Parker. Set Dresser: Tedd Kuchera, Janice Blackie. Sp: Clifford P. Wenger. Zeichner: Carl Ebner. Illustrator: John L. Jensen. Ko: Jodie Tillen.

D: Don Johnson (Jerry Beck), Penelope Ann Miller (Linda), William Forsythe (Arthur Kressler), Bob Balaban (Elliot Webly), Frank Military (Bobby Burns).

Studio: Warehouses, Calgary, Canada.

Außenaufnahmen: Calgary, Alberta und Rocky Mountains, Kanada.

78 [1989]

The Freshman

(Freshman)

USA 1990

P: Tri-Star Pictures. Pd: Mike Lobell. R+B: Andrew Bergman. K: William A. Fraker (Technicolor). PD: Ken Adam. AD: Alicia Keywan, Dan Davis. SD: Gordon Sim, Gary J. Brink. Scenic Artist: Günter Bartlik, Michael Zansky. Sp: Neil Trifunovich. Ko: Julie Weiss.

D: Marlon Brando (Carmine Sabatini), Matthew Broderick (Clark Kellog), Penelope Ann Miller (Tina Sabatini), Maximilian Schell (Larry London), Bruno Kirby (Victor Ray).

Studio: Toronto.

Außenaufnahmen: Toronto; New York City.

79 [1989/90]

Company Business

(Company Business)

USA / Deutschland 1991

P: Steven-Charles Jaffe / Pathé Entertainment. Pd: Charles Jaffe. R+B: Nicholas Meyer. K: Gerry Fisher (Technicolor). PD: Ken Adam. AD: Albrecht Konrad. Ko: Yvonne Blake.

D: Gene Hackman (Sam Boyd), Mikhail Baryshnikov (Pjotr Grushenko), Kurtwood Smith (Elliot Jaffe),

Terry O'Quinn (Colonel Grissom), Oleg Rudnick (Grigori Golitsin).
Studio: CCC-Filmstudios, Berlin.
Außenaufnahmen: Washington, DC; Paris; Berlin.

80 [1990/91]
The Doctor
(Der Doktor)
USA 1991
P: Touchstone Pictures / Silver Screen Partners IV. Pd: Laura Ziskin. R: Randa Haines. B: Robert Caswell nach dem Roman *A Taste of my Own Medicine* von Ed Rosenbaum. K: John Seale (Technicolor). PD: Ken Adam. AD: William J. Durrell Jr. SD: Gary Fettis. Set Dresser: Donald Kaeding, Michael Bates, Eric A. Hulett, Kurt V. Hulett. Ko: Joe Tompkins.
D: William Hurt (Dr. Jack McKee), Christine Lahti (Anne McKee), Mandy Patinkin (Dr. Murray Caplan), Elizabeth Perkins (June Ellis), Adam Arkin (Dr. Eli Blumfield).
Studio: Umgebautes leeres Warenhaus Valencia, Kalifornien.
Außenaufnahmen: San Francisco; Malibu; Los Angeles.

81 [1991]
(Night Ride Down)
USA 1991
Nicht realisiert.

82 [1992]
Undercover Blues
(Undercover Blues – Ein absolut cooles Trio)
USA 1993.
P: Lobell / Bergman / Hera / MGM. Pd: Mike Lobell. R: Herbert Ross. B: Ian Abrams. K: Donald E. Thorin. PD: Ken Adam. AD: William J. Durrell Jr. SD: Jeff Haley. Ko: Wayne Finkelman.
D: Kathleen Turner (Jane Blue), Dennis Quaid (Jeff Blue), Fiona Shaw (Novacek), Stanley Tucci (Muerte).
Studio: Laird International Studios, Culver City.
Außenaufnahmen: New York City; New Orleans.

83 [1992/93]
Addams Family Values
(Die Addams Family in verrückter Tradition)
USA 1993
P: UIP / Paramount Pictures. Pd: Scott Rudin. R: Barry Sonnenfeld. B: Paul Rudnick im Ausgang von den Figuren von Charles Addams. K: Don Peterman (DeLuxe Color). PD: Ken Adam. AD: William J. Durrell Jr. SD: Marvin March. Ko: Theoni V. Aldredge.
D: Anjelica Huston (Morticia Addams), Raul Julia (Gomez Addams), Christopher Lloyd (Uncle Fester), Joan Cusack (Debbie Jellinsky), Christina Ricci (Wednesday Addams).
Studios: Paramount; Warner Bros.; Studio City.
Außenaufnahmen: Los Angeles.
Auszeichnung: Nominierung für den Oscar.
Auszeichnung: Preis des London Film Critic Circle für die »Best Technical Achievement of the Year«.

84 [1994]
Boys on the Side
(Kaffee, Milch & Zucker)
USA / Frankreich 1994
P: Le Studio Canal+ / New Regency Enterprises / Alcor Films. Pd: Arnon Milchan, Steven Reuther, Herbert Ross. R: Herbert Ross. B: Don Roos.
K: Donald E. Thorin (DuArt colour). PD: Ken Adam. AD: William F. O'Brien. SD: Rick Simpson. Ko: Gloria Gresham.
D: Whoopi Goldberg (Jane), Marie-Louise Parker (Robin), Drew Barrymore (Holly), Matthew McConnaughey (Abe).
Studio: Studio City.
Außenaufnahmen: New York City; Tucson, Arizona.

85 [1994]
The Madness of King George
(King George – Ein Königreich für mehr Verstand)
Großbritannien 1994
P: Close Call Films / Channel 4. Pd: Stephen Evans, David Parfitt. R: Nicholas Hytner. B: Alan Bennett nach seinem gleichnamigen Theaterstück. K: Andrew Dunne. PD: Ken Adam. AD: John Fenner. SD: Carolyn Scott. Ko: Mark Thompson.
D: Nigel Hawthorne (King George III), Helen Mirren (Queen Charlotte), Ian Holm (Dr. Willis), Rupert Everett (Prince of Wales), Rupert Graves (Greville), John Wood (Thurlow), Amanda Donohoe (Lady Pembroke).
Studio: Shepperton.
Außenaufnahmen: Kew Palace; Wilton House; Arundel Castle; Eton College; St. Paul's Cathedral; Westminster Abbey; St. George's Chapel, Windsor.
Auszeichnung: Oscar für die beste Art Direction.
Auszeichnung: Nominierung für den British Film Academy Award.
Auszeichnung: Preis des London Film Critic Circle.

86 [1995]
Bogus
(Bogus)
USA 1996
P: Yorktown / New Regency. Pd: Norman Jewison, Arnon Milchan, Jeff Rothberg. R: Norman Jewison. B: Alvin Sargent nach einer Erzählung von Jeff Rothberg und Francis X. McCarthy. K: David Watkin (DeLuxe Color). PD: Ken Adam. AD: Alice Keywan. Ko: Ruth Myers.
D: Whoopi Goldberg (Harriet Franklin), Gérard Depardieu (Bogus), Haley Joel Osment (Albert Franklin), Nancy Travis (Lorraine Franklin), Denis Mercier (M. Antoine), Andrea Martin (Penny).
Studio: Toronto, Old Steel Mill.
Außenaufnahmen: New York City; Toronto.

87 [1995/96]
(Dr. James Barry)
USA 1995/96
Nicht realisiert.

88 [1996/97]
In & Out
(In & Out)
USA 1997
P: Spelling Films / Paramount. Pd: Scott Rudin. R: Frank Oz. B: Paul Rudnick. K: Rob Hahn (DuArt colour). PD: Ken Adam. AD: Charles V. Beal. SD: Leslie A. Pope. Ko: Ann Roth.
D: Kevin Kline (Howard Brackett), Joan Cusack (Emily Montgomery), Tom Selleck (Peter Malloy), Debbie Reynolds (Berniece Brackett), Wilford Brimley (Frank Brackett).
Studio: Umgebaute Waffenfabrik, New York City.
Außenaufnahmen: New York City.

89 [1997/98]
The Out-of-Towners
(Schlaflos in New York)
USA 1999
P: Cherry Alley Productions / The Cort / Madden Co. Pd: Robert Evans. R: Sam Weisman. B: Marc Lawrence nach einem Originaldrehbuch von Neil Simon. K: John Bailey. PD: Ken Adam. AD: William F. O'Brien, Charley Beal. SD: Kathryn Peters, Marvin March, George DeTitta. Ko: Ann Roth.
D: Steve Martin (Henry Clark), Goldie Hawn (Nancy Clark), John Cleese (Mr. Mersault), Marc McKinney (Greg), Oliver Hudson (Alan Clark)
Studio: Paramount (Los Angeles).
Außenaufnahmen: New York City; Los Angeles.

90 [2000]
Taking Sides
(Der Fall Furtwängler)
Babelsberg 2001
P: Little Big Bear FilmProduction. Pd: Yves Pasquier. R: István Szabó. B: Ronald Harwood. K: Lajos Koltai. PD: Ken Adam. Ko: Györgyi Szakács.
D: Harvey Keitel (Major Steve Arnold), Stellan Skarsgård (Wilhelm Furtwängler), Moritz Bleibtreu (Lieutenant David Wills), Oleg Tabakov (Oberst Dymshitz), Ulrich Tukur (Helmut Rode).
Studio: Babelsberg, Potsdam.
Außenaufnahmen: Berlin.

Weitere Projekte Ken Adams:

[1977]
La Fanciulla del West
Royal Opera House, Covent Garden, London.
Ken Adam schuf für diese Inszenierung der Oper von Giacomo Puccini das Bühnenbild.

[1985]
La Fanciulla del West
Charlston, North Carolina, USA
Neuinszenierung der Puccini-Oper mit dem Bühnenbild von Ken Adam.

[1985]
La Fanciulla del West
Spoleto, Italien.
Neuinszenierung der Puccini-Oper mit dem Bühnenbild von Ken Adam.

[1999/2000]
Sieben Hügel. Bilder und Zeichen des 21. Jahrhunderts
Martin-Gropius-Bau, Berlin.
Ken Adam gestaltete den »Kern«-Bereich der Millenniumsausstellung.

Literaturverzeichnis

Adam, Ken: Ich war ein Berliner. In: Berliner Lektionen. Berlin 1998

Baxter, John: Stanley Kubrick. A Biography. London 1997

Biskind, Peter: Easy Riders, Raging Bulls. Wie die Sex & Drugs & Rock'n'Roll Generation Hollywood rettete. Hamburg 2000

Broccoli, Cubby with Zec, Donald: When the Snow Melts. The Autobiography of Cubby Broccoli. London 1998

Churchill, Winston S.: Der Zweite Weltkrieg. Berlin, München, Wien 1998

Ettedgui, Peter: Filmkünste: Produktionsdesign. Reinbek 2000

Hügel, Hans-Otto; Moltke, Johannes v. (Hrsg.): James Bond. Spieler und Spion. Hildesheim 1998

Katz, Ephraim: The Film Encyclopedia. New York 1998

LoBrutto, Vincent: Stanley Kubrick. A Biography. New York 1997

Production Design: Ken Adam. Meisterwerke der Filmarchitektur. Ausstellungskatalog. Mannheim 1994

Seeßlen, Georg: War Rooms, Casinos & Gadgets. Die mythische Konstruktion der Bauten von Ken Adam. In: Production Design: Ken Adam. Meisterwerke der Filmarchitektur. Ausstellungskatalog. Mannheim 1994, S. 14-32

Seiff, Ingo: Mercedes-Benz. Porträt einer Weltmarke. Augsburg 1998

Sylvester, David (Hrsg.): *Moonraker, Strangelove* and other celluloid dreams: the visionary art of Ken Adam. Ausstellungskatalog. London 1999

Tesche, Siegfried: Das große James-Bond-Buch. Berlin 1999

Walker, Alexander; Taylor, Sybil; Ruchti, Ulrich: Stanley Kubrick. Leben und Werk. Berlin 1999

Bild- und Copyrightnachweis

akg-images, Berlin 58, 124

Archiv Ken Adam 36, 39, 40, 41, 42, 43, 44, 45, 46, 47, 48, 52, 55, 57, 61, 62, 65, 66, 67, 68, 71, 72, 75, 76, 82, 84, 86, 87, 88/89, 90 [© Christiane Kubrick] 92, 93, 94 [© Christiane Kubrick], 100, 105, 107, 108, 112/113, 114, 115, 116/117, 118, 119, 120, 121, 122, 125, 126, 130, 132, 139, 143, 145 unten, 154, 163, 176, 184, 185, 186, 187, 190, 192, 194, 195, 198, 202, 203, 204/205, 206, 207, 208, 209, 212, 214, 218, 219, 221, 222, 226, 228, 230, 231, 232, 233, 234, 235, 236/237, 238, 239, 240/241

Eon Productions 10/11, 14, 18, 19, 21, 24, 27, 28, 29, 32/33, 34/35, 81, 125, 127, 128, 135, 136/137, 138, 142, 144, 145 oben, 146, 147, 149, 150, 153, 154, 155, 156, 158, 160, 162, 164/165, 166/167, 168/169, 170/171, 172/173, 174/175, 180, 182, 188, 216,

Filmmuseum Berlin – Marlene Dietrich Collection 56

Jüdisches Museum Berlin 38 [Foto Jens Ziehe, Berlin]

kpa photo archive / Everett Collection 98, 99

Landesarchiv Berlin 49

NI Syndication 2 [Foto Denzil McNeelance]

Rittenberg, Joseph Gallus 224

Velten, Andreas 83, 210

Der Verlag hat sich intensiv darum bemüht, alle Rechteinhaber an den in diesem Buch enthaltenen Abbildungen zu ermitteln. Sollten trotzdem Inhaber von Bildrechten unberücksichtigt geblieben sein, bitten wir sie, sich mit dem Verlag in Verbindung zu setzen. Der Verlag verpflichtet sich, nachträglich geltend gemachte rechtmäßige Ansprüche nach den üblichen Honorarsätzen zu vergüten.

Dank

Autor und Verlag danken an erster Stelle und sehr herzlich Letizia Adam, die mit großem Einsatz, kritischen Nachfragen und ihrem unbestechlichen Urteil wesentlich zum Gelingen des Buches beigetragen hat.

Ein besonderer Dank gebührt darüber hinaus Barbara Broccoli und Eon Productions, namentlich Michael Wilson, für die Genehmigung der Reproduktion von Ken Adams Entwürfen zu den James-Bond-Filmen sowie Christiane Kubrick, die großzügig ihre Einwilligung zum Abdruck zweier Fotografien von Stanley Kubrick erteilt hat.

Dank gilt auch allen weiteren Personen und Institutionen, die uns bei der Arbeit an diesem Buch mit Auskünften, Rat und der Bereitstellung von Bildmaterial geholfen haben.